国家社会科学基金军事学重点项目（2020-SKJJ-B-001）

战争终极智慧

赵 磊 著

军事科学出版社

图书在版编目（CIP）数据

战争终极智慧 / 赵磊著 .—北京：军事科学出版社，2022.9（2024.6 重印）

ISBN 978-7-80237-956-5

Ⅰ .①战… Ⅱ .①赵… Ⅲ .①战争—研究 Ⅳ .①E8

中国版本图书馆 CIP 数据核字（2022）第 145815 号

书　　名：战争终极智慧

作　　者：赵　磊
责任编辑：杨永增
封面设计：纪　奕
出版发行：军事科学出版社（北京市海淀区青龙桥　100091）

标准书号：ISBN 978－7－80237－956－5
经 销 者：全国新华书店
印 刷 者：鑫海达（天津）印务有限公司
开　　本：700 毫米 ×1000 毫米　1/16
印　　张：23.75
字　　数：314 千字
版　　次：2022 年 9 月北京第 1 版
印　　次：2024 年 6 月第 3 次印刷
定　　价：85.00 元

销售热线：（010）62882626　55475305（兼传）
网　　址：http：//www.jskxcbs.top
电子邮箱：jskxcbs@163.com

编纂此书，所叙所述皆不逾征战之事

翻阅此书，所思所想或不止征战之用

——作者题记

目　录

导　论

战争作为人类社会一种特殊实践活动，无论从深度还是从广度看，都充斥着敌对双方智力的激烈对抗，或者说都展示着智慧的直接较量。在跌宕起伏的战场搏杀中，战争智慧无处不用、无时不在，一个充满智慧的头脑，常常能够拯救成千上万颗头颅。而即使是在歌舞升平的和平年代，战争智慧依然故我地顽强存在、谋深计远地深度运行，在安不忘危之中未雨绸缪，在猝然临战之时决胜千里。

何谓战争智慧？基于战争是生存的手段、智慧是生存的技巧这样的定位，**战争智慧无非就是运用生存手段的各种技巧**。通常，战争智慧具有主体性，人的思想、人的思维活动在起主导作用；战争智慧具有权谋性，想得深远、谋得奇特、动得诡谲是关键；战争智慧具有先导性，能够指引行动的方向、前瞻作战的进程；战争智慧具有务实性，必须依托一定物质基础和具体环境条件；战争智慧具有对抗性，始终存在优劣高低之分、成败胜负之别；战争智慧具有征服性，以处置棘手难题、应对极端事态为常态；战争智慧具有高效性，哪里充分展示智慧，哪里就会取得成效；战争智慧具有多样性，从政治、战略层面到战役、战斗层面均有体现；等等。作为经略战争、能打胜仗的卓识和睿智，战争智慧属于军事谋略范畴，又不完全等同于军事谋略。其一，足智多谋，智为前提。所谓智，是指聪明智慧；所谓谋，是指对问题的计议和对事情的策划。智是谋之本，有智才有谋，所以拿破仑会说："智才能开路！"道出了谋由智出的本质。其二，智重发现，谋重运筹。智，更偏重于以敏锐的洞察力循着细微迹象发现大问题，以深透的侵彻力透过事物现象看本质，以非凡的创造力拿出解决问题的对策办法；谋，更偏重于对规划计划进行完整的构思、缜密的布局、精准的计算和周全的考虑。智做的是“上篇文章”，谋做的是“下篇文章”，难怪爱迪生会说：“智慧的可靠标志就是能够在平凡中发现奇迹。”其三，谋中带略，可谓智慧。谋划的直接目标是设计方案、是统筹资源、是协调各方，终极目标却是出谋划策，拿出高人一筹的奇谋良策。前者类似于“形而下谓之器”，后者类似于“形而上谓之道”，而谋中有方略，或者谋中有韬略，自然会显现出某些智慧因素。其四，泛化理解，互为相通。超凡脱俗、人所未论，是卓识睿智的显著特征；奇谲诡异、骇人听闻，是权谋方略的本质属性。两者均有“非同一般”的底蕴，有“标新立异”的诉求，有“一鸣惊人”的共性，还有你很像我、我很像你的相似度，以及你能变成我、我能变成你的相通性。所以，战争智慧与军事谋略交叉使用、混合使用，也就不足为奇了。简单地说，战争智慧与军事谋略在内涵与外延方面的差别在于，一个更为专一，另一个较为宽泛。

从普遍意义看，战争智慧无论在认识还是理解上，无论在表现还是应用上，都是丰富多彩的，也是见仁见智的，并不是一件容易说清楚、讲透彻的事情。虽然战争智慧十分重要，非常普遍地见诸战场之上、见诸交战当中，非常广泛地受到关注并自觉地加以应用，但古往今来，历经无数战争，出现无数将帅，谁都没有提供关于战争智慧的标准而完整的答案，尽管他们无不或多或少、或深或浅，或在一个方面、或在多个方面感悟并触及战争智慧问题。

比如，有的人认为，战争智慧集中体现在胜人一筹的政略选择上，也包括政治优势，最需要经略人心士气的笼络与激发。战争是政治的继续。同时，政治必须能够给战争源源不断地注入力量、补充能量，才能保持战争的动力和活力，并将战争持续下去。因此，拥有坚实的政治基础、正确的政治策略和强大的政治优势，对于进行战争直至打赢战争无疑是极端重要的。孙膑有言：“卒寡而兵强者，有义也。”[①] 意思是说兵少而所以战斗力强的，是因为进行的战争是正义的。尉缭也说：“战不胜，守不固，非吾民之罪，内自致也。”[②] 认为打不了胜仗是因为内政和朝廷法令有问题造成的。刘安在《淮南子・兵略训》中更是一针见血：“兵之胜败，本在于政。”[③] 直指政治清明与否才是决定战争胜败的根源。列宁指出：“在任何战争中，胜利属于谁的问题归根结底是由那些在战场上群众的情绪决定的。”[④] 引申之，群众拥不拥护、支不支持、高不高兴、愿不愿意，对战争的胜负才真正具有决定性的影响力。朱德也认为：“战争的决定因素，不是技术，而是政治，而是政治制度和人心的向背。”[⑤] 毛泽东曾举例说明：“红军虽小却有强大的战斗力，因为在共产党领导下的红军人员是从土地革命中产生,为着自己的利益而战斗的，而且指挥员和战斗员之间在政治上是一致的。”[⑥] 美国第二次世界大战时期的罗斯福总统则写道：“柏林和东京的军国主义者发动了这场战争。但是，被激怒而聚集起来的全人类将结束这场战争。”[⑦] 这在一定意义上也可以说，潜藏于人类灵魂深处的正义感，如果得以强力感召和有效激发，能够凝聚成一股所向无敌的精神力量，这股精神力量可以转化为战胜敌人的物质力量，而成为终结和埋葬非正义战争的内在驱动力。英国的利德尔・哈特也说：“一切军事上的努力，都必须有人民大众的支持……甚至能否继续进行战争，也取决于一般群众是否同意。”[⑧] 总而言之，在战争中不断巩固诸如围绕共同利益而建立的统一战线等坚实的政治基础，积极采取诸如

① 万同林．中国古代兵法大全［M］．北京：国防大学出版社，1994：222.

② 万同林．中国古代兵法大全［M］．北京：国防大学出版社，1994：259.

③ 军事科学院．中国古代兵法选辑［M］．石家庄：石家庄陆军学校翻印，1984：9.

④ 列宁．列宁全集：第 31 卷［M］．北京：人民出版社，1963：117.

⑤ 曹步墀，程秀龙．兵家名言词典［M］．太原：书海出版社，1991：260.

⑥ 毛泽东．毛泽东选集：第 1 卷［M］．北京：人民出版社，1991：190.

⑦ 罗斯福．罗斯福选集［M］．北京：商务印书馆，1982：338.

⑧ 利德尔・哈特．战略论［M］．北京：战士出版社，1981：193.

着眼众志成城而争取人民群众等正确的政治策略，有效利用诸如政通人和、人心所向等强大的政治优势，常被看作是打赢战争最为关键的因素。

又如，有的人认为，战争智慧集中体现在超人一等的实力积蓄上，尤其是军事实力，最需要经略国力军力的增长与扩张。自有战争以来，战场就是靠实力进行对话的地方。实力不仅是取得资格的“入场券”，而且是决定胜负的“生死牌”，因此，强调和崇尚实力决胜毫不奇怪。克劳塞维茨认为：“武力有巨大的作用。只有在国家实力相等的条件下，法律和正义才会扮演角色；否则，强者会随心所欲，弱者将忍气吞声。”[①] 战争中，不讲实力优势只讲政治优势，甚至把政治优势上升为政治迷信，或者看作是政治万能，既是幼稚可笑的，更是十分危险的。苏联的沙波什尼科夫深刻指出：“战争决定政治的性质，一旦军事上失利，一旦军队未做好战争准备，再高明的政治也将一蹶不振。”[②] 他似乎想说明，军事较量的失败除了要付出血的代价，还常常会带来颠覆性和致命性的后果，即便具有政治先进性的一方占据着道义上的制高点，也并不理所应当、自然而然地就能赢得战争的胜利。列宁认为：“军事上的破产不可能不成为深刻的政治危机的开端。”[③] 面对日本军国主义蓄意挑起的侵华战争，毛泽东也有类似的看法：“两军敌对的一切问题依靠战争去解决，中国的存亡系于战争的胜负。”[④] 所以，能“战”远比能“喊”更重要，毕竟打仗是实打实、硬碰硬的事情。管仲就讲过：“国富者兵强，兵强者战胜。”[⑤] 意思是说国家富足的军力就强大，

① 军事科学院战略研究部．战略学［M］．北京：战士出版社，1981：82.

② 沙波什尼科夫．军队大脑［M］．北京：解放军出版社，1987：99.

③ 列宁．列宁军事文集［M］．北京：战士出版社，1981：13.

④ 毛泽东．毛泽东选集：第2卷［M］．北京：人民出版社，1991：554.

⑤ 曹步墀，程秀龙．兵家名言词典［M］．太原：书海出版社，1991：13.

军力强大的就能打胜仗。商鞅也说："兵不强，不可以摧敌。"[①]认为军队不强大，是不能摧毁敌人的。恩格斯曾指出："在任何地方和任何时候，都是经济的条件和资源帮助'暴力'取得胜利，没有它们，暴力就不成其为暴力。"[②]毛泽东强调："我们要战胜敌人，首先要依靠手里拿枪的军队。"[③]德国的戈尔茨更是掷地有声："我们是以我们刀剑的锐利，而不是以我们思想的锐利赢得我们的地位的。"[④]瑞士的约米尼也认为："从军事力量的天平上看来，钢铁至少是和黄金一样重。"[⑤]换言之，倘若国家有钱而军队"缺血""缺钙"，仍然不是真正的强大，是不能战胜敌人的。有人还把武器装备这个军事实力的主要构件，单独拿出来进行利与钝、新与旧、强与弱和多与少的比对，以此作为判断能否打胜仗的依据。唐朝的李筌在《太白阴经·器械篇》中说："器械不精，不可言兵；五兵不利，不可举事。"[⑥]大意是器械不精良，不可以谈军事；兵器不锋利，不可以采取军事行动。墨子也说："库无备兵，虽有义不能征无义。"[⑦]认为武库里没有储备兵器，虽然是正义之师，也不能征伐无义的敌人。司马穰苴则说："见物思侔，是谓两之。"[⑧]就是发现敌人的新兵器，应该仿效制造，以便与敌人保持力量的平衡。苏联元帅图哈切夫斯基指出："任何一支装备低劣的军队，不管它多么受渴望胜利的精神所鼓舞，那它也是永远对付不了用最新技术兵

① 许保林，刘子强．中外军事名言录［M］．北京：军事科学出版社，1986：29.

② 马克思，恩格斯．马克思恩格斯选集：第3卷［M］．北京：人民出版社，1972：211.

③ 毛泽东．毛泽东选集：第3卷［M］．北京：人民出版社，1991：847.

④ 曹步墀，程秀龙．兵家名言词典［M］．太原：书海出版社，1991：429.

⑤ 约米尼．战争艺术［M］．北京：战士出版社，1981：33.

⑥ 曹步墀，程秀龙．兵家名言词典［M］．太原：书海出版社，1991：25.

⑦ 曹步墀，程秀龙．兵家名言词典［M］．太原：书海出版社，1991：25.

⑧ 曹步墀，程秀龙．兵家名言词典［M］．太原：书海出版社，1991：27.

器装备起来的敌人的。”[①] 英国元帅蒙哥马利认为：“冷战需要使用平常的武器，而赢得热战则必须使用新式武器。”[②] 美国的亨利·罗文也说：“技术上的领先地位极为重要，但武器数量的多寡也起很大作用。技术发展中，有一部分成果可能会互相抵消，拥有较多武器的一方将占优势。”[③] 如此看来，兵强马壮、船坚炮利，无疑是打赢战争极为关键的因素。

再如，有的人认为，战争智慧集中体现在高人一招的韬略运筹上，特别是作战指导，最需要经略战略战术的机动与灵活。毫无疑问，战争是敌对双方以军事实力为物质基础而进行的角力与对抗。通常，这种角力与对抗将会遵循弱败强胜的游戏法则，但在实际交战过程中又并非完全是这样。管仲认为：“强者所道胜也，而强未必胜也，必知胜之理，然后能胜。”[④] 大意是国家强盛、军队强大有可能导致战争胜利，但强大不一定就必然获胜，还必须懂得取胜的道理，然后才能胜利。孙膑也说：“车坚兵利不得以为威。”[⑤] 就是说武器装备精良，不能认为就有威力。恩格斯讲得最为直白：“枪自己是不会动的，需要有勇敢的心和强有力的手来使用它们。”[⑥] 一语道破了人在战争中所独有的主体性、能动性和决定性。毛泽东更为深刻地指出：“战争是力量的竞赛，但力量在战争过程中变化其原来的形态。在这里，主观的努力，多打胜仗，少犯错误，是决定的因素。”[⑦] 换句话说，军力本身是死的，而军力运用是活的。军力能否发挥出应有效能，是由军力运用的好坏程度决定的。而这

① 许保林，刘子强 . 中外军事名言录［M］. 北京：军事科学出版社，1986：214.

② 曹步墀，程秀龙 . 兵家名言词典［M］. 太原：书海出版社，1991：430.

③ 曹步墀，程秀龙 . 兵家名言词典［M］. 太原：书海出版社，1991：430.

④ 万同林 . 中国古代兵法大全［M］. 北京：国防大学出版社，1994：48.

⑤ 万同林 . 中国古代兵法大全［M］. 北京：国防大学出版社，1994：230.

⑥ 马克思，恩格斯 . 马克思恩格斯全集：第 16 卷［M］. 北京：人民出版社，1965：211.

⑦ 毛泽东 . 毛泽东选集：第 2 卷［M］. 北京：人民出版社，1991：487.

并不取决于军力本身，只能取决于它的操纵者。凡用兵作战，术不出奇正，法不过攻防。打仗始终都会存在着一般规则和一定模式。历史地看，其中的战争基本规律、作战基本原则、制胜基本经验都是通用的，对于战争胜败的影响极大。而战争形态、战争样式、战争手段和战争方法却是发展变化的，要求战争指导必须着眼其特点、着眼其发展，不能一成不变，否则就要打败仗。所以，孙子提出："能因敌变化而取胜者，谓之神。"[①] 岳飞强调："运用之妙，存乎一心。"[②] 明朝的何良臣也说："善兵者，必因敌而用变也，因人而异施也，因地而作势也，因情而措形也。"[③] 就是说善于用兵的人，一定会根据敌情的变化而改变对策，根据不同的敌人而采取不同的措施，根据地形条件制造有利态势，根据不同情况布置阵形。俄罗斯的彼得大帝则谆谆告诫："不要死抱住条令——就像瞎子撞墙不知回头那样。"[④] 战争实践一再证明，僵化、保守而不知因时、因地、因敌制变的军队，只会让自己品尝失败的苦果。英国的丘吉尔认为："一个指挥官的成功，并不在于遵循某些规则或模式，而在于对当时形势中起支配作用的方面和全部参战部队具有全新的理解。战争中的每一次战斗都是独特的，需要对实际情况作深刻的分析。"[⑤] 不难理解，应对"独特的战斗"当然要有独特的方法。但独特的方法不是从天上掉下来的，指导战争和指挥作战的人们必须付出艰苦的甚至是痛苦的主观努力，才可能具有敌所不及的奇思妙法。毛泽东就曾指出："战争就是两军指挥员以军力财力等项物质基础作地

① 吴如嵩 . 孙子兵法浅说［M］. 北京：战士出版社，1983：74.

② 军事科学院 . 中国古代兵法选辑［M］. 石家庄：石家庄陆军学校翻印，1984：243.

③ 军事科学院 . 中国古代兵法选辑［M］. 石家庄：石家庄陆军学校翻印，1984：242.

④ 许保林，刘子强 . 中外军事名言录［M］. 北京：军事科学出版社，1986：121.

⑤ 许保林，刘子强 . 中外军事名言录［M］. 北京：军事科学出版社，1986：124.

盘，互争优势和主动的主观能力的竞赛。……主观指导的正确与否，影响到优势劣势和主动被动的变化，观于强大之军打败仗、弱小之军打胜仗的历史事实而益信。”① 由此可见，别看打仗都是有胜有败，却并非总是由物质力量的强弱多寡所决定的，主观指导的智愚正误往往也是决定性的因素。

战争历史源远流长，战争遗产浩如烟海，类似这些教人如何经略战争、如何打胜仗的卓见与宏论，可以说林林总总、汗牛充栋。公允地讲，这些论述大多是正确的也是精辟的，甚至是独到的，称得上是用兵箴言或者胜战警训，有的更是可以冠以“伟大的思想”或者“伟大的观念”这样的名号，其本身就是一些典型的战争智慧。那些想打胜仗的人们，理所当然地需要正确对待、认真研究，并充分借鉴、自觉吸纳。不过，关于战争智慧问题，看看上面的引述就会发现，不仅说来话长，而且说来话多，总让人觉得立场各异、角度不同、结论多样，似乎智慧多多、难说完备、不易把握。那么，有没有简而言之、一语就能道破的东西？或者说，**战争有没有终极智慧**？如果用孙子的观点看问题，则是“兵家之胜，不可先传也”（军事家取胜的秘诀，是不可以事先言传的）。然而，战争不是神物，并非人们想象的那样神乎其神、玄而又玄。如果有什么事情暂时没有办法简而言之，不能够被一语道破，一定是这个事情还没有被深刻地认识，没有被真正地发现，或者没有被精炼地概括。正所谓大道至简。关于战争智慧，一定会有简而言之、一语就能道破的“终极版”答案。

瑞士的约米尼曾经跟踪考查并深入研究过菲德烈大帝和拿破仑的战争实践，进而发现了一个能够制胜对手的重要而简单的秘密，就是“集中他的主力去攻击敌人的一翼”。他对这一发现极为兴奋，自豪地宣布：“我已经找到了研究战争理论的不二法门。”② 他由此还概括出认为“在一切的环境中都可以适用”、可作为“战争的

① 毛泽东．毛泽东选集：第 2 卷［M］．北京：人民出版社，1991：490-491.

② 约米尼．战争艺术［M］．北京：战士出版社，1981：2.

基本原理”的四条格言：一是利用战略上的行动，使我军的重量连续地投掷在一个战场中的决定点上面，同时，也投掷在敌人的交通线上面，而尽可能地不危及我方自己的交通线；二是设法用大吃小的办法来击败敌军；三是在战场上，也是要把我军的主力用在决定点上面，或是用在有最先击破必要的一部分敌军战线上面；四是还要作这样的安排,使这些主力不仅用在决定点上,而且还要切合时机，并且具有充分的力量。[①] 我们据此稍加调整即可知道，想要打胜仗只需建立以下逻辑链：第一步，选择决定点——用来解决从哪里下手、向哪里突破的问题；第二步，聚焦决定点——用来解决调动自己的主力部队聚集到选定的方向或目标上的问题；第三步，必须够分量——用来解决在一定时间内、在即将作战的地域拥有并保持着比敌人更强大兵力的问题；第四步，坚持大吃小——用来解决采取以多打少的方式方法来解决战斗的问题。约米尼还进一步地阐述了一个在所有用兵原则中最为重要、最为关键的原则：“战争艺术最主要的就是应该把我军的主力投掷到决定点上。”[②]

战争实践早已证明，约米尼的这一发现及四条格言对于打胜仗来说，非常有意义也非常有价值。尽管他所讲的，用我们今天的话来解析，无非就是集中兵力、击敌一点，进一步引申还带有一丝再及其余的内涵，如果追溯到遥远的说法，这类似于孙子所说“并敌一向”“以十攻一”，而且在他之前及之后，重视和强调这一问题的也大有人在。但是，我必须以崇敬的心情和钦佩的态度，来记述约米尼如此精到、如此透彻的“制胜逻辑链”，这主要是因为，他将此视作“在一切的环境中都可以适用”的“战争的基本原理”，似乎想把它提炼为战争艺术的终极法则，抑或是战争艺术的终极智慧。但他又有些不够自信，声称“就是把古今的名将都会集于一堂，让他们组织一个委员会去研究这个问题，他们也还是不可能为战争

① 约米尼. 战争艺术［M］. 北京：战士出版社，1981：49.
② 约米尼. 战争艺术［M］. 北京：战士出版社，1981：51.

的一切阶段，制定一套完善、绝对和不变的理论”[1]。可见，约米尼充分认识到，这一“战争的基本原理”不能解决战争的所有问题。但这并不妨碍他或许是第一位想揭示战争终极法则或探索战争终极智慧的思想者和探路者。

说实话，我当初恰恰是受到了这句话的“刺激”，以一种不服气、不信邪的“阴暗”心理开始“钻牛角尖”，默默探寻、苦苦思考到底有没有适用于“战争的一切阶段”、近乎“绝对和不变”的制胜机理问题或者叫作终极智慧问题。虽然我对战争充满着敬畏，对名将充满着景慕，但是，我不相信也不能理解，在那么多战争、那么多胜仗之中，怎么会没有一条简单、直观、明了，可以贯穿于“战争的一切阶段”的通则呢？如果是这样，那么马克思的警句“历史有许多惊人的相似”和托尔斯泰的名言“幸福的家庭都是相似的”，都将完全丧失得以存在的依托和得以传世的基础。这个近乎无解的疑问一直困扰着我，直到多年以后的某一天恍然大悟：**所有战争胜利的取得其实都是相似的，都是由战争终极智慧主导的。**很想揭示战争终极法则或探索战争终极智慧的约米尼没有意识到，他自己已经触摸过镶嵌在用来奖赏胜利者的桂冠上的那颗最为华贵、最为璀璨的明珠，如果说还留有什么遗憾，也仅仅是没有直接将它摘取下来收入囊中而已。下面，请允许我再记述约米尼的几段论述：

“一个国家又很少单独地去攻击一个具有危险性的强敌，为了达到（减弱一个具有危险性的敌人的力量，或是遏制它的侵略野心，也可以发动战争）这个目的，多半是先行组织一个同盟。[2]

“有时一个国家也会被动的，逼得非与几个国家同时作战不可，在这种情形之下，它最重要的应付方法就是要赶紧寻求与国，并且用各种手段，来抵消敌人的优势。[3]

“一个国家参加一个早就已经开始了的战争，其所获得的利益，

① 约米尼 . 战争艺术［M］. 北京：战士出版社，1981：5.
② 约米尼 . 战争艺术［M］. 北京：战士出版社，1981：6.
③ 约米尼 . 战争艺术［M］. 北京：战士出版社，1981：20.

要比任何其他的战争所获得的还要更多，这个理由是非常的显明。因为它可以选择最好的时机，并且把它的力量作具有决定性的使用，这样一来，当它的全部重量和影响加上去之后，战局的平衡状态马上就突然改观了。①

“一个二等的国家，假使在适当的时机能够把它的重量投入，以影响平衡的局面，那么它也照样可以做国际局势中的仲裁人。②

“一个侵入性的战争，若是要想成功，则规模的大小一定要和所想获得的目的，与所要克服的障碍，能够成比例。③

“每一个武装的人民都熟悉当地的小路和其间的联系；他到处都可以找到亲友来帮助他，指挥官也同样的熟悉地形，并且能够立即知道敌人的动静，而采取最好的方法去攻击他们。至于侵入军方面则完全不同，他们得不到情报，并且不敢派小队的人员去进行侦察；除了用刺刀，就找不到一点物资的供应；除了用密集的纵队，就无法保障安全；一切的行动都有盲人瞎马之感。④

“凡是敢于取攻势的方面，都是自以为具有某种优势，而且想立即把这种优势发挥到最高的限度。反而言之，取守势的方面，就希望使用迟滞的手段，极量地消磨敌人的优势，等到它出现了弱点之后，再向它反攻。⑤

“假使其他的条件都相等，那么哪一方面的主将本领高强，自然是获得胜利的最大保障。”⑥

诸如此类，还有许多。我相信，所有读过《战争艺术》一书的人，无不从中获益。那么，我们从上述内容当中又能发现什么呢？我发现，约米尼无论在战术层面还是在战略层面，都非常靠近过那个对

① 约米尼．战争艺术［M］．北京：战士出版社，1981：7.
② 约米尼．战争艺术［M］．北京：战士出版社，1981：7.
③ 约米尼．战争艺术［M］．北京：战士出版社，1981：11.
④ 约米尼．战争艺术［M］．北京：战士出版社，1981：18.
⑤ 约米尼．战争艺术［M］．北京：战士出版社，1981：52.
⑥ 约米尼．战争艺术［M］．北京：战士出版社，1981：25.

于打胜仗来说带有普遍意义甚至全部意义、具有决定性价值乃至终极性价值的东西，亦即他自己所说的“绝对和不变的”东西。他是如此地接近它，以至就差脱口而出。这个带有普遍意义甚至全部意义、具有决定性价值乃至终极性价值的东西又是什么呢？简而言之，就是**经略不对称。这正是那个一语就能道破的答案，也就是所谓战争终极智慧。**

凡战必有经略。所谓经略，乃经营谋划之意也。从古至今，没有不想打胜仗的将军，也没有不想打胜仗的军队。打胜仗最需要经略什么？如果用一句话来回答，最需要经略不对称。回顾人类战争史，我们不难发现，不对称是战争活动的一个鲜明特征，也是战争指导的一个基本规律。可以说，古往今来的所有战争都是不对称的，所有胜利都是不对称带来的。换言之，正因为有了不对称，才让胜利变得触手可及，并最终变为现实。“世无常胜将军”，这是一个非常严酷的历史事实；“战有常胜之法”，却是一种非常普遍的客观存在。这个常胜之法，就是经略不对称。对此具有本能领悟的杰出将帅，都曾利用这一战争终极智慧，在战争舞台上导演出许许多多生动而鲜活、激荡而辉煌的剧目，让后人叹为观止，却从未有人将这种领悟作为制胜秘诀进行全面而集中的提炼总结，即使如孙子这样备受尊崇的兵圣，也只是触及经略不对称的现象而非本质，只是涉猎了经略不对称的部分而非全部，并散见于各篇之中。

比如，《始计篇》中的“主孰有道？将孰有能？天地孰得？法令孰行？兵众孰强？士卒孰练？赏罚孰明？吾以此知胜负矣”[①]（哪一方君主更为贤明？哪一方将领更有能力？哪一方天时地利更能占据？哪一方执行法令更为严格？哪一方资源兵力更加充足？哪一方士兵训练更加有素？哪一方赏罚更加严明？通过这些比较，我就能知道谁胜谁负），换言之，就是要形成以有道对无道、以有能对无能、以有利对不利、以严饬对宽待、以充足对不足、以有素对无素、以

① 吴如嵩．孙子兵法浅说［M］．北京：战士出版社，1983：29.

严赏明罚对乱赏滥罚的不对称；“攻其无备，出其不意”①（攻打敌人没有防备的地方，在敌人没有料到的时机发动进攻），换言之，就是要形成以有备对懈怠、以突然对未料的不对称。

《作战篇》中的“兵闻拙速，未睹巧之久也。夫兵久而国利者，未之有也”②（指挥打仗只听说有拙于用谋但靠速度取胜的，没见过有巧于施计而能持久作战的。战争旷日持久而有利于国家的事情，从来也没有过），换言之，就是要形成以拙速对巧迟、以快战速决对久战不决的不对称。

《谋攻篇》中的“十则围之，五则攻之，倍则分之，敌则能战之，少则能逃之，不若则能避之”③（有十倍于敌的兵力就包围他，有五倍于敌的兵力就进攻他，用两倍于敌的兵力就分散他，有与敌人相等的兵力就善于抗击他，兵力比敌人少就要退却，实力比敌人弱就要避免决战），换言之，就是要形成以多打少的不对称；“故小敌之坚，大敌之擒也”④（所以弱小的军队如果只知硬拼，就难免要成为强大敌人的俘虏），换言之，就是要形成以机动灵活对死打硬拼的不对称；“识众寡之用者胜”⑤（知道根据敌我双方兵力的多少采取有效对策的可以取胜），换言之，就是要形成以内行清醒对外行混沌的不对称；“以虞待不虞者胜”⑥（以有充分准备来对付毫无准备的可以取胜），换言之，就是要形成以有备对无备的不对称。

《军形篇》中的“所谓善战者，胜于易胜者也”⑦（善于指挥打仗的，都是战胜容易战胜的敌人），换言之，就是要形成以多打

① 吴如嵩．孙子兵法浅说［M］．北京：战士出版社，1983：29.
② 吴如嵩．孙子兵法浅说［M］．北京：战士出版社，1983：41.
③ 吴如嵩．孙子兵法浅说［M］．北京：战士出版社，1983：47.
④ 吴如嵩．孙子兵法浅说［M］．北京：战士出版社，1983：47.
⑤ 吴如嵩．孙子兵法浅说［M］．北京：战士出版社，1983：47.
⑥ 吴如嵩．孙子兵法浅说［M］．北京：战士出版社，1983：48.
⑦ 吴如嵩．孙子兵法浅说［M］．北京：战士出版社，1983：58.

好打之敌对专拣硬骨头啃的不对称；“地生度，度生量，量生数，数生称，称生胜”①（土地面积的大小决定物力、人力资源的容量，资源的容量决定可投入部队的数目，部队的数目决定双方兵力的强弱，双方兵力的强弱可得出战争胜负的概率），换言之，就是要形成以多算对少算、以精算对粗算的不对称；“胜兵若以镒称铢，败兵若以铢称镒”②（胜利的军队较之失败的军队，在力量对比上如同用“镒”称“铢”那样占绝对优势；失败的军队较之胜利的军队，在力量对比上如同用“铢”称“镒”那样处于绝对劣势），换言之，就是要形成以绝对优势对绝对劣势的不对称；“胜者之战，若决积水于千仞之溪者，形也”③（胜利一方打仗，就像积水从千仞高的山涧冲决而出一样摧枯拉朽，这是有实力的表现），换言之，就是要形成以强大对弱小的不对称。

《兵势篇》中的“兵之所加，如以碫投卵者，虚实是也”④（攻击敌军，如同用石头砸鸡蛋一样容易，是因为采取了以实击虚的方法），换言之，就是要形成以实击虚的不对称；“故善战者，其势险，其节短。势如扩弩，节如发机”⑤（善于指挥打仗的，他所创造的态势会让敌人觉得十分严峻险恶，他所采取的进攻节奏通常非常短促有力。“势险”就像满弓待发的弩那样蓄势，“节短”就像扣动的弩机那样突然），换言之，就是要形成以泰山压顶之势突然发力、猛打快收对添油施压、逐步升级的不对称；“故善战人之势，如转圆石于千仞之山者，势也”⑥（善于指挥打仗的人所创造的战场态势，就像巨大的圆石从千仞高的山上滚落下来一样势不可当，这是有气势的表现），换言之，就是要形成以压倒性优势与态势对一般性优

① 吴如嵩 . 孙子兵法浅说［M］. 北京：战士出版社，1983：58.
② 吴如嵩 . 孙子兵法浅说［M］. 北京：战士出版社，1983：58.
③ 吴如嵩 . 孙子兵法浅说［M］. 北京：战士出版社，1983：58.
④ 吴如嵩 . 孙子兵法浅说［M］. 北京：战士出版社，1983：65.
⑤ 吴如嵩 . 孙子兵法浅说［M］. 北京：战士出版社，1983：65.
⑥ 吴如嵩 . 孙子兵法浅说［M］. 北京：战士出版社，1983：65.

势与态势的不对称。

《虚实篇》中的“凡先处战地而待敌者佚，后处战地而趋战者劳”[①]（大凡先期到达战地等待敌军的就主动安逸，而后到达战地匆忙投入战斗的就被动劳累），换言之，就是要形成以逸待劳的不对称；“行千里而不劳者，行无人之地也；攻而必取者，攻其所不守也”[②]（行军千里而不疲惫的，是因为选择了没有敌人阻碍的地区；进攻而必然会得手的，是因为攻击了敌人不防守的地方），“进而不可御者，冲其虚也；退而不可追者，速而不可及也”[③]（前进而使敌人不能抵御的，是因为冲向了敌人空虚的地方；后退而使敌人无法追击的，是因为行动快得让敌人追赶不上），换言之，就是要形成以乘隙蹈虚对攻关夺隘、避实击虚对强突硬打以及以快制慢的不对称；“我专为一，敌分为十，是以十攻其一也”[④]（我集中兵力于一点，而敌人分散在十处，我就是以十打一），换言之，就是要形成以集中对分散的不对称。

《军争篇》中的“善用兵者，避其锐气，击其惰归”[⑤]（善于指挥作战的，在敌人锐气正盛的时候要注意避开敌人，在敌人气势衰竭时候要积极打击敌人），换言之，就是要形成以盈对亏的不对称；“以治待乱，以静待哗”[⑥]（用自己的严整去对付敌人的混乱，用自己的镇静去对付敌人的轻躁），“以近待远，以佚待劳，以饱待饥”[⑦]（用自己部队的接近战场去对付敌人的远道而来，用自己部队的安逸休整去对付敌人的奔走疲劳，用自己部队的饱食去对付敌人的饥饿），换言之，都是要形成以部分有利对部分不利的不对称；“无

① 吴如嵩．孙子兵法浅说［M］．北京：战士出版社，1983：73.
② 吴如嵩．孙子兵法浅说［M］．北京：战士出版社，1983：73.
③ 吴如嵩．孙子兵法浅说［M］．北京：战士出版社，1983：73.
④ 吴如嵩．孙子兵法浅说［M］．北京：战士出版社，1983：73.
⑤ 吴如嵩．孙子兵法浅说［M］．北京：战士出版社，1983：82.
⑥ 吴如嵩．孙子兵法浅说［M］．北京：战士出版社，1983：82.
⑦ 吴如嵩．孙子兵法浅说［M］．北京：战士出版社，1983：82.

邀正正之旗，勿击堂堂之阵”[①]（不要截击旗帜整齐而部署周密的敌人，不要攻击阵容堂皇而实力强大的敌人），换言之，就是要形成以务实应变、隐忍待机对不计后果、急躁妄动的不对称。

《九变篇》中的“用兵之法，无恃其不来，恃吾有以待之；无恃其不攻，恃吾有所不可攻也”[②]（用兵的一个重要原则是，不要寄希望于敌人不会来，而要依靠自己做好充分准备，做到严阵以待；不要寄希望于敌人不会进攻，而要依靠自己拥有使其不能进攻的力量，做到坚不可摧），换言之，就是要形成以放弃幻想、真打实备对心存侥幸、只说不练的不对称。

《地形篇》中的“隘形者，我先居之，必盈之以待敌；若敌先居之，盈而勿从，不盈而从之。险形者，我先居之，必居高阳以待敌；若敌先居之，引而去之，勿从也”[③]（在隘形之地，我应先敌占领，并用重兵封锁隘口，以等待敌人的到来；如果敌人先我占领，并用重兵据守隘口，就不要攻击，如果敌人未用重兵据守隘口，则可以攻击。在险形之地，如果我先敌占领，必须控制视界开阔的高地，以等待敌人来犯；如果敌人先我占领，就应引兵撤退，不要攻击），换言之，就是要形成以趋利避害对不计利害的不对称。

《九地篇》中的“兵之情主速，乘人之不及，由不虞之道，攻其所不戒也”[④]（用兵之道贵在神速，要乘敌人措手不及的时机，选择敌人意料不到的路线，去攻击敌人没有戒备的地方），换言之，就是要形成以乘人不备、出奇兵攻人之虚对大张旗鼓、出正兵攻城略地的不对称。

《用间篇》中的“故明君贤将所以动而胜人，成功出于众者，先知也”[⑤]（那些明君贤将之所以一出兵就能战胜敌人，所取得的

---

① 吴如嵩．孙子兵法浅说［M］．北京：战士出版社，1983：82.

② 吴如嵩．孙子兵法浅说［M］．北京：战士出版社，1983：88.

③ 吴如嵩．孙子兵法浅说［M］．北京：战士出版社，1983：102.

④ 吴如嵩．孙子兵法浅说［M］．北京：战士出版社，1983：110.

⑤ 吴如嵩．孙子兵法浅说［M］．北京：战士出版社，1983：126.

功绩都远在普通人之上，就在于他们事先能够了解和掌握敌情），换言之，就是要形成以先知先觉对后知后觉甚至不知不觉的不对称，等等。

由此可见，一部博大精深、光照千秋的《孙子兵法》，到处显现着经略不对称的战争终极智慧。我之所以不厌其烦地引用并注释其中的一些思想和观点，只想说明，对于经略不对称这一“绝对的战争制胜机理”或者叫作“不变的战争终极智慧”，是从古至今就一直发挥着巨大作用的一种制胜策略，是包括孙子在内的所有研究战争和指导战争的人们都会朦胧产生的一种潜在神悟，可以说是所有战争制胜机理“背后的机理”，抑或说是所有战争智慧“背后的智慧”。它就像暗物质之作用于宇宙空间一样，尽管看不见、摸不着，却在深刻影响着战争领域的方方面面，是具有普遍性意义和决定性意义的一种大智慧。

那么，如何定义战争终极智慧？简单地说，**战争终极智慧就是经略不对称的艺术。**它具有三个方面的突出特点：一是无可替代性。战争智慧形形色色，时常会有花样翻新，但没有任何一种智慧可以超越或者取代经略不对称，即使你能找到战胜敌人的一种最新路径、最新手段、最新方法，也不过是与对手形成了以新制旧的不对称。二是全域贯通性。战争智慧在政略、战略、战役、战斗包括人的素质等各个层面都有具体表现，又有诸多不同，除了经略不对称可以穿透层级壁垒、普适各种需求外，没有任何一种智慧能够做到全领域贯通、全层面运用。三是绝对真理性。所有的战争智慧莫不试图在指导战争、指挥作战中显得更加能动而巧妙、更加善变而灵活，唯有经略不对称，从来不以人的意志为转移，成为具有绝对意义的不变的通则，什么时候坚持就会百战百胜，什么时候放弃就会百战百殆。鉴于真理既是相对的又是绝对的，而相对真理属于一定时间、一定空间的正确认识，且相对之中有绝对，任何相对真理都含有绝对真理的成分和颗粒。由此而论，只要战争仍能以某种顽强的生命力延续下去而没有彻底消亡，仍能以某种实际的形式或形态而得以具体展现，那么，战争终极智慧，亦即经略不对称的艺术，就始终具有绝对的制胜意义。也可以这样说，恰恰因为战争终极智慧既与战争相生相伴,并与战争共存共亡,从而决定了其本身的绝对真理性。

不过，真正引起人们对于经略不对称问题的直接关注，却是到了20世纪90年代初，由美国人提出并诠释“不对称作战”概念之后（不久又将其定名为“非对称作战”）。至于中国军人对于不对称在作战中实际意义、突出作用的真实感受和初步认识，则始于20世纪90年代爆发的海湾战争，并受到了美国人提出的不对称作战、非线式战场、防区外打击理论的深刻影响，继而推开“三非作战”（即非对称作战、非线式作战、非接触作战）问题的全面研究。

在《中国人民解放军军语》（2011年版）中，对非对称作战做出的是如下界定：非对称作战，亦称不对称作战。交战双方使用不同类型的部队、不同的作战手段和方法进行的作战。美军给出的定义则是，不同性质力量之间的作战。中美两军都是从战争领域或者说是作战角度对不对称作战做出界定。但是，我要说的“经略不对称”，还并非仅限于此，在内涵及广度上较之上述界定则更为宽泛：它不仅包含交战双方部队类型、作战手段、作战方法的不同，还包含战争观念、作战思想、作战力量、人心向背和战场信息、战场态势、战场空间以及行动样式、行动速度、打击效能等方方面面的差异。也就是说，这种不对称，既包括战术上的不对称也包括战略上的不对称，既包括局部上的不对称也包括总体上的不对称，既包括线性不对称也包括非线性不对称，既包括有形对比的不对称也包括无形对比的不对称,既包括同质比较的不对称也包括异质比较的不对称，既包括同一领域的不对称也包括不同领域的不对称，等等。**如果给经略不对称下一个定义，也许这样界定较为贴切：经营谋划在各个领域、各个方面所能拥有的与敌方不相匹配、不尽对等、不成比例、不够平衡的一切差异或优势。**经略不对称可以说是“经略不对称优势”的一种简化表述。用我在前面的话说，就是要努力实现政略上“胜人一筹”、实力上“超人一等”、韬略上“高人一招”，与此同时，还要努力实现尚未提及的速度上“快人一步”、长度上“长人一寸”、认知上“先人一代”，等等。

处于战争状态的敌对双方，彼此之间一定会存在着这样或那样的不对称。这些不对称有的是与生俱来，有的是人为造就，往往表现为某些方面的你优我劣或者我强你弱、此长彼短或者彼多此寡等状态，而且显而易见或随处可见。如果双方在战前能够大致保持着大多方面综合对比的“势均力敌”，而达成战略上的某种平衡，哪怕仅是一种脆弱的平衡，尽管“战争是政治的继续”，尽管可能存在着难以抑制的巨大政治需求，也不大可能走向战争，除非遇到战争狂人和政治疯子。但是，只要双方进入战争状态，就一定是其中一方自恃拥有一些敌所不及的不对称优势，自信能够凭借这些优势最终打赢战争，继而由政治躁动与军事冲动联姻而制造出一场血腥的战争。

我们常说，战争是作战双方力量的竞赛，实质上“赛”的是力量的大小，需要拥有我大敌小的力量不对称；我们又说，战争是作战双方意志的对抗，实质上“抗”的是意志的强弱，需要拥有我强敌弱的意志不对称；我们还说，战争是作战双方士气的较量，实质上“较”的是士气高低，需要拥有我高敌低的士气不对称；等等。战争的历史从过去到现在、从战略到战术，都在反复昭示并验证这样一个客观事实和内在规律：与敌方相比，即便你能拥有一个或几个方面的不对称优势也不一定打胜仗，但是，如果你根本就不拥有哪怕是一个或几个方面的不对称优势则一定要打败仗。

当然，进入战争状态后，敌对双方的不对称优劣态势并不完全由原先占据主动和优势地位一方的意志和愿望所掌控。如果经略得当，他可以继续巩固并扩大这些不对称优势，直至赢得战争；如果经略不当，则非常可能发生优劣易手、强弱换位的颠覆式剧变，而输掉战争。同样，原先居于被动和劣势地位的一方，如果经略得当，可以逐步缩小并改善不对称劣势，迎来局部态势直至整个局面的彻底转变；如果经略不当，则难逃一败再败直至灭亡的厄运。所以，一切胜利之战，不论在战略、战役、战术哪个层面，都暗含这样一种战争智慧，就是用不对称优势去打败对手；而一切失败之战，则都是因为无力改变力不如人、技不如人、势不如人、智不如人、政不如人以及人不为我用、地不为我用、天不为我用等不对称状态而造成的。

由此可见，在战争领域，决定胜负的关键，无非是强者是否注重经略与弱者之间更大的不对称优势，而弱者是否注重经略与强者之间更小的不对称差距而已。这种主观努力的实际意义和全部目的在于，掌握并运用一切已经拥有和可能拥有的对敌优势，用以扩大对手的某些劣势，或者抵消对手的某些优势，促成战斗、战役直至战争之胜利拐点的尽早到来。从这个意义上讲，经略不对称就是百战百胜的战争终极智慧。它确确实实能够从方方面面或者说从“战争的一切阶段”最为直接地影响、制约甚至决定着作战进程和战争结局，最大限度地改变、塑造着力量对比和战场态势。也就是说，经略不对称具有破解战争的一切阶段、一切行动近乎一切难题的特殊功效。无论过去、现在还是将来，在战争领域的一切方面经略不对称，都是确保打胜仗的最基本途径和最可靠方法。**我们必须牢记，不论占据优势还是处于劣势，不论占据主动还是处于被动，永远同你的对手打不对称之仗，这是击败敌人、赢得胜利的诀窍，更是铁律。**就像太阳每天注定要从东方升起一样，这是一个绝对真理。

第一章　本能之悟

战争最为直观和壮丽奇谲的表现形式，就是敌对双方在金戈铁马、炮火连天的战场上，展现着你来我往、攻防进退的力量大碰撞。这种由双方分别施加的作用力和反作用力之间的对抗与较量，往往惊心动魄，充满着惨烈和悲壮，充满着悬疑和风险。其间，各自拥有力量的多寡与强弱，施加力度的大小与巧拙，以及着力点选择的正误与优劣等情况，直接影响甚至决定着作战进程及战局发展的走向。因此，努力积蓄力量、大力扩张力量、巧妙运用力量，确保从战争、战役、战斗各个层面形成压倒对手的不对称优势，或者起码达成势均力敌的对称态势，向来为战争指导者所认同、所看重，并视之为能够战胜敌人而不被敌人战胜的基础和支柱。

第一节　人多势众的历史脉动

战争需要力量给予支撑，而力量首先来自数量的叠加和规模的扩大。不论无形的政治力量、精神力量，还是有形的经济力量、军事力量，没有数量的叠加和规模的扩大，就不会拥有和保持对敌优势。从人类早期的战争活动开始，特别在冷兵器时代，数量产生力量，数量就是力量，即成为一种潜在的主导性意识，并产生了深远的延续性影响。由此而使“韩信将兵，多多益善”成了人人追逐的目标，“多兵之旅必胜”成了广泛接受的信条，“集中优势兵力”成了最为重要的用兵法则，等等。到了科学技术迅猛发展使质量效能成为战斗力极其重要、极其关键的评价标准和衡量指标的今天，虽然数量就是力量的观念有所弱化，但数量优势仍是一种重要优势的现实无法回避，毕竟质量优势也需建立在一定的数量规模之上。因此，谁也不应小觑数量规模在战争中所呈现出来的惊人力量。

一、平民智慧里的古老法则

中国有句俗话，叫作“人多力量大”。这是普通民众在长期征服自然、改造自然的生产活动以及适应社会、重构社会的生活实践当中,对于如何克服劣势、如何发掘优势问题的经验总结和经典概括。它揭示了质朴的规律，透露着顶级的智慧：面对光怪陆离、千变万化的大自然和错综复杂、纠结百般的大社会所带来的种种生存威胁和发展压力，处于弱小的不对称劣势地位的人们，任何个体的自身力量都是微不足道的,只有把许多人的力量集中起来共同应对挑战，才能与之展开更为有力、更为有效地抗争。这样一个浅显而简单的道理，却昭示着一个天然而古老的法则，那就是：多胜少、聚胜散。人类对此具有本能的领悟，早已潜移默化而又自觉或者不自觉地应用于各个时代的战争之中。

早在4600多年前，中华民族的先祖们就有了这样的神悟，并在部族战争中应用了这样的制胜法则。相传，黎苗族首领蚩尤就是纠集了其81个氏族的力量进攻夏族，才将夏族首领炎帝揄罔打败，并自立为炎帝而统治中原的。其后，黄帝轩辕也是先联合了夏族各部落的力量，才展开与黎苗集团的武力对决，并审时度势地采取后退决战的策略，诱使蚩尤部族进至涿鹿之野，借助天候、地形之利，一举打败蚩尤，继而乘胜收复中原的。打仗其实就是一场接一场的力量竞赛。人人都懂得，势单则力薄，人多则势大，几个大汉联手很容易打倒一个大汉。从这个意义上也可以说，战斗直至战争的胜败结局，往往取决于有没有在数量上占据优势。《淮南子·兵略训》

认为："德均则众者胜寡"[①]（政治条件一样的，那就人多的战胜人少的）。克劳塞维茨也说："数量上的优势不论在战术上还是在战略上都是最普遍的制胜因素。"[②]其实质都是在表明，在其他方面因素大致相当的情况下，拥有数量优势的一方必然强于没有数量优势的一方。在力量优势更多地表现为人力优势的时代是这样，在力量优势更多地表现为技术优势的时代同样是这样。

当两军技术条件相近时，一支装备有 100 枚巡航导弹的军队，不会比装备有 1000 枚巡航导弹的军队更有优势。正因为如此，美国一直是联合直接攻击弹药也称"智能炸弹"（1998 年以来共制造出 25 万余枚）的第一大买家，除作战使用和训练消耗一部分外，截至 2013 年底，这种弹药储备已超过 10 万枚。而且毫不讳言，"大量订购联合直接攻击弹药是为了加强战备，以防出现策划者们所说的'大战'"[③]。所以，争取在数量上超过对手，形成以多打少、以聚打散的不对称优势，会成为很多战争指导者默默考量的关键因素和孜孜以求的重要目标，就一点也不奇怪了。毛泽东对此讲得更为极致，还提出了一个带有很强操作性的用兵原则："每战集中绝对优势兵力（两倍、三倍、四倍，有时甚至是五倍或六倍于敌之兵力），四面包围敌人，务求全歼，不使漏网。"[④]对于这种保持和扩大数量优势以制敌的策略，自涿鹿之战后，人们从未停止仿效、停止探索。在很长一段岁月中，部族之间、诸侯之间、国家之间纷争不断，战事频仍，人们都在有意无意之间，继续本能而非理性、零散而非系统地应用这样的法则，并享受着由此带来的胜利和喜悦。直到历史的车轮隆隆辗进 2000 多年后的战国时代，我们才第一次看到，有人将这一法则作了理论升华和概括，并付诸有明确理论指导的具体

① 军事科学院．中国古代兵法选辑［M］．石家庄：石家庄陆军学校翻印，1984：41.

② 克劳塞维茨．战争论：第 1 卷［M］．北京：商务印书馆，1982：195.

③ 参考消息 2014-04-25.

④ 毛泽东．毛泽东选集：第 4 卷［M］．北京：人民出版社，1991：1247.

战争实践。这个人就是战国时期的大谋略家、大纵横家苏秦。

苏秦早年曾到秦国，向秦王游说连横之策。所谓“连横策”，核心是远交近攻、各个击破，主要是通过分化敌对阵营，使之由聚变散，导致力量对比的变多为少，而无力抵御秦国的兼并和进攻，与此同时，远交的成果还相当于暂时扩充了自己阵营的力量。可见，“连横策”也是充满着多胜少、聚胜散的大智慧的。但可惜的是，苏秦的“连横策”未被秦王采纳。从敌对阵营中能够争取到哪怕是一个盟友，也等于给自己阵营增添了两份力量。因为在给自己阵营加上一份力量时，敌对阵营就会相应地减少一份力量。所以，列宁提出：“要利用一切机会，哪怕是极小的机会，来获得大量的同盟者，尽管这些同盟者是暂时的、动摇的、不稳定的、靠不住的。”① 只要能为我所用，争取一切可能的力量站到我们这一边，以不断充实和壮大己方阵营，无疑是一种谋取数量不对称的明智而有效的策略。

其后，苏秦闭门钻研兵法，得太公阴符之谋。于是再度出山，把姜太公“阴符之谋”的原理运用于伐交上，以“合纵策”成功说服燕、赵、韩、魏、齐、楚六国建立起“统一战线”，开始了联合抗秦的伟业。所谓“合纵策”，核心是并敌一向、以六对一，主要是把各诸侯国的力量凝聚起来，形成总体上以多制少的态势，通过“合众弱以攻一强”，来阻止秦国的兼并和进攻。公正地说，“合纵策”更能从形式和内容上充分体现多胜少、聚胜散的大智慧。同样可惜的是，“合纵策”虽气势恢宏、风光一时，却未能持久，更未实现“以五倍之地，十倍之众，发愤西向以攻山西千里之秦”② 的战略构想。但不管怎样，“合纵策”可以说是人类战争史上第一个以思想的启蒙和理论的自觉深刻阐释了多胜少、聚胜散法则的伟大战略。它并没有因为功败垂成而使夺目的光芒变得暗淡，也没有因为时光流逝

---

① 列宁 . 列宁选集：第 4 卷［M］. 北京：人民出版社，1960：225.

② 苏辙 . 六国论，引自《古文观止》下册［M］. 北京：中华书局，1959：515.

而使超凡的价值打了折扣。在其后的战争舞台上，不知有多少战争指导者，亦步亦趋地导演了许许多多在不同国家、不同集团、不同势力之间纵横捭阖的活剧和伐交结盟的好戏。他们让分分合合改造着力量构成，改变着强弱对比，改善着作战态势，并使之成为积蓄力量、扩张力量，超越对手、战胜对手的一种实用手段。而所有这一切，其智慧之源恰恰来自“合纵策”。

公元1991年1月17日，在苏秦提出“合纵策”两千多年之后（此时距涿鹿之战已经过去2个两千多年），以美国为首、有28个国家参加的多国部队，集结6个航母战斗群、4000架飞机、1.2万辆坦克和1.2万辆装甲车以及数十万大军，向伊拉克发起了“沙漠风暴”作战行动。这场战争，不仅让人再次领略了“合纵策”的多胜少、聚胜散的魔幻之力，而且全新认识了“合众强以攻一弱”的经略模式。但更为重要的有益启迪是，即便打高技术战争，也依然需要创造数量优势。这让今天的人们真真切切地看到了那个古老法则的顽强生命力。

二、1＜2——无须求证的数学公理

1如何变成2？答案是只需再加1。如果不加1，则永远小于2。这能说明什么问题？这说明，只有做好加法，才能壮大自己、弥补对敌劣势，才能建立平衡、形成对敌均势，才能改变格局、创造对敌胜势。反之，就没有优势、没有主动，更不会有胜利。

古往今来，所有战争指导者无人不想让自己的力量变得无比强大，并希冀用这样的力量与敌人作战。但是，一个国家、一个集团在一定的时间点或者时间段，能够动员和使用的自身力量通常是有限的。只有善于做加法的人，才可能最大限度和源源不断地调集资源，使自己成为较之对手拥有更多和持久力量的战场主宰者。1805年时，拿破仑曾对梅特涅夸下海口：他可以负担一个月3万人的消耗。①

① 富勒.战争指导[M].北京：解放军出版社，1985：24.

到了1813年，尽管拿破仑刚在对俄战争中损失50多万人，失去了大量军事骨干,但他回到巴黎后,很快又组织起一支人数众多的军队,并在吕岑、包岑之战中接连打败俄普联军，从而使他的军事声望重新大振。拿破仑用事实有力地证明，牛皮不是随便吹的，同时启迪人们，善于“内部挖潜”是做加法的一个基本着力点。但不得不说，并不是人人都有拿破仑那样的军事天赋。事实上，任何一个国家、一个集团，即使全民皆兵，倾举国之力以对付敌人，也会有一个“力量顶点”，成为用兵的极限。换言之，用“内部挖潜”做加法，终将撞到“天花板”，总有资源枯竭、力量到顶、积蓄见底的那一天。在上古时期,所有部落都是一个个的武装群体,每个成员都是战士。当整个部落投入交战时，就到达了他自身的“力量顶点”。这样的“力量顶点”，也存在于一场战争的任何一个具体战场上。它要么表现为部署在这一战场上的全部力量（包括预备力量）投入交战，要么表现为连同其他战场转来的后续支援力量也一并投入交战。能够在“力量顶点”到来之前打败对手，无疑是人们最想看到的结局。这需要在战前就精心选定自己力量所及、能力所及的作战目标，并在作战中把所掌握的和能使用的力量在恰当的时机坚决而巧妙地加上去。但无论什么人，到达“力量顶点”都是十分危险的事情。因为此时此刻，谁也不敢确定，当你把全部力量投入交战后，一定会战胜对手、赢得胜利。

拿破仑在打响滑铁卢战役之前，用各个击破的战法击败了普鲁士军队，迫使被击溃的普军向布鲁塞尔撤退。此时，他充分估计到自己面临的一个危险：向布鲁塞尔撤退的普军随时可能与滑铁卢的英军会合。为此，在滑铁卢战役的前一天，拿破仑决定抽出1/3的兵力，由格鲁希统领去追击普军。次日，拿破仑亲率7.6万法军同威灵顿率领的6.7万英军展开殊死搏斗。下午1时，战斗达到白热化，法军连续4次进攻均被击退，英军这边也好不到哪里，双方损失十分惨重，战事异常胶着，都已到达“力量顶点”。此时，拿破仑与威灵顿同病相怜：拿破仑指望格鲁希能迅速回军携兵助战，威灵顿则苦苦等待普军的及时增援。这天傍晚，当避开格鲁希追击的普军迂回到滑铁卢战场，并作为一支新锐力量加入战斗的时候，威灵顿瞬间拥有了压倒拿破仑的不对称优势，同时也决定了拿破仑兵败滑铁卢的悲惨命运。尽管拿破仑是善于做加法的高手，是“内部挖潜”的大师，此时甚至还有1/3的兵力没有投入交战，但已是远水不解近渴，想回天也无力了。

纵观整个拿破仑战争，呈现的是一幅以法兰西一国之力孤军奋战、独立应对欧洲列强先后建立的7次反法同盟的历史画卷。在如此不利的极端形势面前，拿破仑能够连战连捷、胜多败少，真的是胜得绚烂、败得悲壮。但必须看到，就积聚力量、扩张力量而言，拿破仑明显地“一手硬、一手软”，硬的是组织“内部挖潜”略显有余，软的是争取“外部施援”严重不足。他几乎没有盟友，与对手的博弈主要靠单打独斗。而其总体力量明显弱于欧洲封建国家和大不列颠帝国联合力量的现实，让1 < 2这一数学公理在对拿破仑战争做出最终历史裁决时，早已注定必将发挥带有根本性和决定性的功效：纵使拿破仑没有败在滑铁卢，也会最终败在其他一个什么地方。也许恩格斯的一段评述，更能说明问题的症结所在：（拿破仑失败）“主要的原因就是同盟国方面在兵力上占有巨大优势，一个在四分之一的世纪内连年战争因而力量消耗殆尽的国家，已不可能单独抵抗整个武装起来的世界对它的进攻。”[①] 在这里，力量规模大小所形成的不对称，决定了整个战争的趋向与结局。

也正是在这一点上，拿破仑应当拜中国人为师。在中国，从春秋时期开始，打仗就要先联络友好国家，然后才去与敌国交战。这就是史书上记载的“春秋必联与国而后战”[②]。管仲也曾说过：“必

① 马克思，恩格斯. 马克思恩格斯军事文集：第2卷［M］. 北京：战士出版社，1981：2.

② 李际均. 军事战略思维［M］. 北京：军事科学出版社，1998：193.

先定谋虑，便地形，利权称，亲与国，视时而动，王者之术也”[①]（必先确定计谋，占据有利地形，创造有利形势，团结友好国家，看准有利时机再采取行动，才是平定天下的方法）。可见，中国人很早就认识到了争取“外部施援”的战略意义和实战价值，十分注重把别人的力量加进来，让对手掉进 1 < 2 的不对称陷阱之中。《兵法百言》更是明确指出：“胜天下者用天下，未闻己力之独恃也。”[②]意思是说，想赢得天下的都要利用全天下之力，没听说过有单靠一己之力或者一国之力就可以独步天下、独霸天下的。这是因为，不论你有多么强大，拥有多么了不起的不对称优势，与全天下的力量之和相比，其实都不算强大。即使你用无比强大的实力去打天下，面对联合起来、相互支援的对手，也未必占得了上风、打得了胜仗。

美国人对此颇有心得。作为当今世界唯一的超级大国，无论经济实力、军事实力，还是政治影响力，美国都是其他国家无法比拟也无力单独与之抗衡的，但仍然热衷于在国际事务中和战争领域里做加法，大力争取“外部施援”。这固然有对联盟作战传统的承袭缘故，恐怕更有对战争经验的总结特别是对制胜机理的领悟因素。自立国以来，美国对外用兵都是联盟作战，而且只占便宜没吃亏（朝鲜战争例外。在中国力量对朝鲜人民施以援手后，美国纠集 16 个国家组成的所谓“联合国军”就再没占得上风）。其战争的成功经验一再强化着这样一种观念，就是组织联盟作战是一个得多于失、利大于弊的“赚钱生意”。所以，在国际舞台上，美国应对政治危机也好，应对战争威胁也罢，从来也不单打独斗，而是精于做加法，总要拉上一些“小兄弟”，结成双边或者多边政治联盟和军事联盟，把支持自己的力量搞得大大的，然后再去打政治仗、打军事仗。其结果是，当美国 + 英国 + 法国 + 德国 + 意大利 + 加拿大 + 澳大利亚 + 日本 +……，如此集聚起来的多国力量，即使只有量变而无质变，

① 军事科学院 . 中国古代兵法选辑［M］. 石家庄：石家庄陆军学校翻印，1984：40.

② 戴庞海，等 . 兵经百字　唐李问对［M］. 郑州：中州古籍出版社，2010：71.

也是具有压倒性的，如此营造出来的战略态势，较之单靠美国一家力量去打拼、去支撑，显然不可同日而语。这再度说明，善于做加法对于赢得战略、战役乃至战术不对称优势有多么重要。它可以让少的变多、弱的变强，可以让强者变得更加强大。

三、多多未必总益善

如果说，善于做加法一定会带来数量的增多、规模的扩大，那么，也仅仅是创造了多胜少、聚胜散的必备条件，未必就一定能够实现多胜少、聚胜散。这是因为，两军数量对比上存在的不对称，并不完全等同于两军力量释放的不对称：数量多可能会力量大，也可能会力量不大。毕竟数量的积累与力量的释放不是一回事。毛泽东曾深刻指出："战争是力量的竞赛，但力量在战争过程中变化其原来的形态。"[①] 这后一句话说得有些玄奥。简单地说，一支军队是货真价实的真有力量，还是外强中干的徒有其表，其实并不在于人多还是人少，关键在于人多要能凝聚、人少更要凝聚才会真正固化为能够与敌展开对抗的形态。到了真刀真枪的战场上，不能打仗，人多有何益？不会打仗，人多有何益？

一部恢宏浩瀚的战争史，向人们展现过太多这样既充满悲剧、更带有悖论的一个画面：两军对阵之初，一方倚仗着兵强马壮、人多势众的不对称优势，来势汹汹、杀气腾腾，但一经与对方交手，却演变成了狼奔豖突、抱头鼠窜的大溃败。如，中国历史上发生的齐鲁长勺之战、楚汉成皋之战、新汉昆阳之战、袁曹官渡之战、吴魏赤壁之战、吴蜀彝陵之战、秦晋淝水之战等有名的大战，都是一方在不可一世的以多打少、以强击弱的有利态势下，最终败下阵来、铩羽而归。出现如此局面，惨败的一方主要问题不是出在"多"上，而是出在"错"上：要么是在错误的时间、错误的地点打仗，要么是用错误的指导、错误的战术打仗。不过，细细想来，"多"的本

① 毛泽东．毛泽东选集：第 2 卷［M］．北京：人民出版社，1991：487.

身有时也会成为一个重大问题。1854年2月，奉天王洪秀全之命，曾立昌率7500余人组成的北伐援军，北上驰援被围困在天津静海一带的太平天国北伐军。沿途，随着捻军部众、清军溃勇和苏北、鲁南饥民的不断涌入，北伐援军激增至3万余人。迅速膨胀的北伐援军，一时间招招摇摇、浩浩荡荡。但是，林子大了，什么鸟都有。只要看看短时间激增而来的兵勇构成就不难发现，其中有政治投机的机会主义分子，有狐假虎威的散兵游勇，有准备浑水摸鱼的劫掠者，有只为混口饭不致饿死的饥民。这是一群鱼龙混杂、心怀异志的乌合之众，根本不是一支想打仗、能打仗的军队。表面上的人多势众，不能改变其一盘散沙的内在本质。3月18日，北伐援军进入山东地界，趁清军防守薄弱之机连克6城，于30日直逼临清城下。此地距北伐军从静海突围后、重陷3万清军包围的阜城仅200余里。曾立昌如能督师疾进，与北伐军合兵一处，即能迅速改变北伐军以少御多的不对称态势，甚至存在着反败为胜的可能性。然而，曾立昌经不住部众只图眼前利益的蛊惑，率兵围攻临清城10余日，非但没有得手，反遭清军围攻，被迫退到城南李官庄、清水镇一带另做打算。面对骤然紧张严峻的形势，北伐援军的一些部队开始动摇，不思北进、只想南归成为一股激荡涌动的暗流。就在曾立昌组织北伐援军领导层讨论下一步行动计划的当口，有数千人不听约束，相约南逃，而效者踵起，成群结队，不能制止。不得已，曾立昌传令撤退。本来即如沙上建塔、毫无凝聚力和稳定性的北伐援军，顷刻间就像失去了基础的大厦一样土崩瓦解，全军一片混乱，争先恐后向南溃逃。退至江苏丰县时还剩几千人，渡过黄河后仅存2000人，已是溃不成军。

应当说，曾立昌短期内将原本单薄的军力“做多”并没有错，毕竟仅靠不足8000人的部队孤军北上，想要有大的作为显然难度极大。但错就错在军力“做多”后的有效措施没能跟上，主要表现是对部队的多而不教、多而不训、多而不治。退一步说，如果要求曾立昌在不到两个月的时间里，把一群乌合之众带成所向披靡的虎狼之师算是一种苛求的话，那么，在如何驾驭人多势众的乌合之众冲锋陷阵问题上，他显然也未得其法，没有敢列“背水阵”的韩信等名将那样的智慧和魄力。当初，假如他真能督师疾进，主动“钻”进清军包围圈，与北伐军合兵一处，或许还有拼死一搏甚至扭转乾坤的希望。这恰如孙子所说：“凡为客之道，深入则专。……投之无所往，死且不北。死焉不得，士人尽力。兵士甚陷则不惧，无所往则固，深入则拘，不得已则斗”①（在敌国境内作战的一般规律是，越深入腹地，我军心就越坚固，越不容易被打败。……将军队置于无路可走的绝境，士卒就会宁死不退。既然宁死不退，就会殊死战斗。士卒深陷险境就不再会有恐惧，无路可走军心就会凝聚，深入敌境军队就不会离散，遇到不得已的情况就会殊死奋战）。像北伐援军这样一支没有凝聚力、没有战斗力，又没有经过严格训练、没有严明纪律约束的军队，如果真的把他们放在了没有退路的险恶境地，反倒会逼着他们做困兽之斗，为了生存而奋力死战。这样，表面的“多”才会转变为真正的“强”。

从部落战争开始，历史经验就告诉人们，形势越是恶劣，处境越是危险，外部越是施压，一个国家、一个集团、一支军队就越容易做到同仇敌忾、同心协力、同舟共济，越容易在内部弱化分歧、减少猜疑、消除不和，越容易凝聚力量、激发潜能、创造奇迹。其中一些宛如史诗般超凡出俗的历史事件，不仅令人由衷赞叹，还常常让人匪夷所思、回味无穷。晚年的张学良在评价与他同时代的历史人物时曾说，他最佩服毛泽东的地方，就是率领着两三万疲惫困厄的队伍，在几倍、十几倍敌人的围追堵截中转战驰骋两万五千里竟然没有溃散。由此看来，“少”未必就是“弱”，手握精兵远胜于统领乌合之众。反观毛泽东的对手们，从蒋介石的中央军到地方军阀的杂牌军，较之红军一个个都是兵多将广、人强马壮，可以说要风得风、要雨得雨。但他们彼此之间离心离德、各怀鬼胎，尔虞

① 吴如嵩．孙子兵法浅说［M］．北京：战士出版社，1983：110-111.

我诈、矛盾重重，相互算计甚至相互拆台，始终难以将数量多的优势转化为力量大的优势，始终没能利用好以多打少的不对称战胜对手。其实这也不奇怪。历史经验同样告诉人们，有人群的地方就会有异见、有纷争。在任何一个群体中，都是既会有内聚，也会有内耗。内聚与内耗相生相克，从来没有例外。只是因为环境或者条件的不同，会表现为或是内聚大于内耗、或是内耗大于内聚而已。当人们的利益相同、目标一致，或者需要抱团取暖、共同对外时，内聚就强，反之，内耗就大。关于这一点，在联盟作战中表现得尤为突出。拿破仑战争时，外表强大的反法同盟，其政治基础其实一直十分脆弱，各国之间利益冲突常常难以调和，令当时的英国首相乔治竟然说出如此泄气、丧气甚至有点绝望的话："同盟战略的真正弱点，就是它根本不存在，……同盟国各打各的仗。"[①] 乔治此言与 2000 年前的秦惠王在苏秦刚刚成功说服六国合纵时所说的一句话，竟有异曲同工之妙："诸侯不可一"（各诸侯国不可能团结得像一个人）。

纵观从古至今的所有联盟，"诸侯不可一"都是无一例外的一个突出特征和内在规律。无论是谁，想要在联盟内持久地维护团结、保持一致，几乎都是不可能完成的任务和不可能实现的目标。这是因为，为利而聚、利尽则散是联盟的突出特点，貌合神离甚至背信弃义从不缺位。这都源于联盟本身就是一种抱团取暖、聚力对敌，抑或狐假虎威、借力打力的权宜之计。所以，在某些时候、某种意义上，"多"未必一定就"好"，甚至未必一定就有力。但是，我们不能因为联盟具有如此不堪的"低劣"特性，就贬低甚至无视联盟战略对于积蓄力量、扩张力量所拥有的巨大意义和实际价值。我们的确看到过太多的做加法只带来了"臃肿"而非"肌肉"的历史事实，以及充满了钩心斗角而非齐心协力的拙劣表现，即便如此，多一个朋友毕竟会多一份力量，而失去一个朋友则很可能会给敌人增加一份力量，这个道理不言自明。进入 2010 年后，全世界都在观

① 李际均 . 军事战略思维［M］. 北京：军事科学出版社，1998：195.

看一位“大师”所做的精彩示范：在伴随着“美国衰落论”成为一种时尚的政治消遣并带来隐约的战略迷惘的今天，美国人死死拽住诸多“小兄弟”，执着地表演着“不抛弃、不放弃”，除了让人感慨其有心乏力导致霸权地位的微微晃动所带来的尴尬与无奈外，也让人领教了美国人注重积蓄力量、扩张力量以防患于未然的远见与精明。可以说，这是在战略上经略数量规模不对称的一种自然延续。

第二节　金戈铁马的惊艳传奇

战争是一部充满着血腥和毁灭的严酷历史。只要走进战争，杀人或者被杀就是司空见惯的现象，非此即彼，谁也不能幸免。正因为如此，当人们不得不直面战争时，第一位的本能反应，就是千方百计地保存自己，不择手段地消灭敌人。毛泽东深刻指出：“保存自己消灭敌人这个战争的目的，就是战争的本质，就是一切战争行动的根据，从技术行动起，到战略行动止，都是贯彻这个本质的。”[1]鉴于战争需要强大的力量，杀人需要有力的手段，所以，无论保存自己还是消灭敌人，都需要把从事战争的工具打造得更加尖端，打磨得更加锐利。从事战争的工具，古时称作精兵利器。所谓精兵，就是体质好、素质高的军队；所谓利器，用形象的语言叫作金戈铁马，用现代的话说叫作先进的武器装备。如果说，流血是战争不得不付出的惨重代价，那么装备就是力保军队少流血的基本依托。战争从石刀＋石斧、铜戈＋铜矛、铁枪＋铁戟，到火铳＋火砲、机枪＋坦克、飞机＋大炮，再到核弹＋导弹、导弹＋电脑这样一路走来，那些在战场上出生入死、浴血奋战的军人们，没有谁不想拥有他那个时代所能提供的最新、最好和最为有力的装备，以确保与对手形成手中武器上的不对称优势。这是因为，战争的历史已经用无数事例反复证明，两军之间所存在的装备差距，如果不是带有决定胜负

① 毛泽东．毛泽东选集：第2卷［M］．北京：人民出版社，1991：483.

的唯一性的话，那也必定会带有决定生死的致命性。

一、一寸长一寸强

“一寸长一寸强，一寸短一寸险”，这是中国武林流传久远的一个箴言。这一箴言，把刀枪剑戟、斧钺钩叉等冷兵器在实战对抗中存在的长与短、优与劣的不对称描述得入木三分。同时，也让人们豁然领悟了其中对长胜短、优胜劣不对称作战法则的隐晦阐释：从普遍意义上看，一件兵器长则偏强、更容易制胜对手，短则偏弱、更容易受制于对手。吴起说过：“锋锐甲坚，则人轻战”[①]（武器锋利、铠甲坚固，士兵就不怕打仗）。什么叫锋锐甲坚？对于冷兵器来说，不外乎锋利程度更高一些，兵器力臂更长一些，防护强度更大一些，等等；对于热兵器来说，则不外乎射程更远一点，射速更快一点，精度更高一点，威力更大一点，防护更好一点，如此而已。而恰恰是武器装备上这些不大起眼甚至微乎其微的左一点、右一点的小小不对称优势，却保证了在战场上常常取得大大的战果乃至创造大大的胜利。简单地讲，所谓打仗的制胜奥秘，就是谋取和创造超越对手大炮射程的胜利。

公元前 334 年，年仅 22 岁的亚历山大以马其顿和希腊联军最高统帅的身份，率领 3 万步兵、5000 骑兵，发起了针对波斯帝国的远征。在其后 10 年的征战中，亚历山大攻无不克、战无不胜，以少胜多、所向披靡，主要得益于他的父亲腓力二世发明的“马其顿方阵”。“马其顿方阵”的巨大优势和无比威力，一方面来自方阵主力——重装步兵的独特装备，其标准配备是每人左臂挽一盾牌，双手持一杆长达 6 米的长矛；另一方面是来自方阵的组织结构，如 16 人 ×16 人即可组成 1 个称作“辛塔哥马”的战斗单位。当 1 个“辛塔哥马”正面接敌时，通常是前 6 列平持长矛、后 10 列斜持长矛；当若干个“辛塔哥马”组成方阵向敌人进攻时，则会呈现一种长矛如林、密

① 军事科学院 . 中国古代兵法选辑［M］. 石家庄：石家庄陆军学校翻印，1984：133.

不透风的阵势。而敌人想要攻击当面的任一长矛手，除在稍远距离投掷标枪外，都必须先拨挡开至少 5 ~ 6 支长矛的拦阻，才能到达这个长矛手的近前展开肉搏。在这一搏杀过程中，对手要实施有效突破的难度是显而易见的。正是拜这一根根 6 米长矛所赐，使得马其顿军队在任一局部都能经常地大致保持着 5 倍甚至 6 倍于敌的不对称优势。这就是亚历山大能够常胜不败的战术秘密。

自有战争以来，人类就一直努力地延伸着“搏杀的手臂”。目的只有一个，就是确保在与敌人进行殊死搏斗时，具有先发制人的能力并形成我能打到你而你打不到我的不对称态势。从历史发展的进程看，这一努力得到了非常丰厚的回报：人类“搏杀的手臂”越伸越长，已从陆、海延伸到了空、天、网、电所有空间；交战双方的距离也越来越远，早已从视距内延伸到了视距外。虽然短兵相接、近身格斗还没有也不可能完全退出战争舞台，但时至今日，所有战争指导者仍对继续延伸“搏杀的手臂”情有独钟，而追逐这种以长制短的不对称博弈也丝毫没有过时的迹象。不仅如此，一场又一场的战争实践，还让人清楚地看到，延伸“搏杀的手臂”虽是显而易见的一种不对称优势，但在面对快速前进、快速后退的敌人时，却并非都能跟得上作战的节奏进而满足制敌的需要。只有把速度也提高起来，将打得远与跑得快融为一体，才会让“搏杀的手臂”真正如虎添翼，形成更加锐利、更加快捷，而且更加有力有效的不对称优势。在这方面，草原游牧民族居功至伟、贡献最大——他们驯服了马匹,这对人类文明发展和作战形态演变的强力助推和深远影响，无论怎么评价、怎么估量都不为过。骑兵，这个延续了数千年，直到 20 世纪 40 年代还在大量使用的古老兵种，从诞生之日起，就是让人望而生畏的既锐利又快捷的战争利器。

马匹被驯服后，很快成为游牧民族生产生活和行军打仗不可或缺的重要工具。当他们又开发出一种使用动物筋、角质物和木架构成的组合式弓时（这种弓射出的箭可达 300 码），便把自己锻造成人类有史以来最为有力也是最为可怕的战士。不过，在马鞍特别是马镫发明之前，能够骑马打仗的，都是经过特殊训练和拥有特殊技能的人。据考证，中国高马鞍的形制形成于西汉，已知最早的马镫见诸长沙汉墓出土的陶俑。即便如此，从赵威灵王倡导“胡服骑射”改革后而使军力大增，取得北驱匈奴、西抗强秦、东伐燕齐诸多胜利的史料分析，骑战相对于车战和步战，应当具有明显的不对称优势。这种不对称优势，随着小小马镫这个辅助性装备的发明和应用，而得到了进一步地巩固和放大：马背上的士兵可以更加安全、更加稳当地使用手中的弓箭和刀剑，或者借助马奔跑起来产生的冲击力挥舞长矛去攻击敌人。到13世纪初，一代天骄成吉思汗掀起“马背上的旋风”，更是让骑兵的威力达到了前所未有的登峰造极程度，其兵锋所及无坚不摧，让整个欧亚大陆都瑟瑟发抖。蒙古大军克敌制胜的力量源泉也是来自两个方面：一个是，虽然他们装备有长矛、刀剑还有弩炮，但最重要的武器仍是组合式弓。其所用的弓有100 ~ 160磅的拉力，射程达350码，还用油漆做了防水保护；而其对手所用的弓大多由单一材料紫杉木制成，拉力在75磅左右，射程为250码，这就使蒙古人在打得远上占据了很大的不对称距离优势。另一个是，他们全部由骑兵组成，其中，头戴铁盔、身穿带有铁制鳞片牛皮胸甲、手持长矛、弓或弯刀、战斧的重骑兵，与身穿轻盔甲或根本不穿盔甲、携带短剑、投枪和弓箭的轻骑兵之比约为2∶3，且每人至少配备2匹马，攻守进退具有很强的机动性和灵活性；而其对手特别是欧洲军队，主要由身穿昂贵盔甲、骑着高大战马的重骑兵和步兵组成，且打仗过度依赖装备笨重、动作迟缓的重骑兵，还无力解决重骑兵与步兵机动相协调的问题，这就使得蒙古人在跑得快和协调性上占据了不对称优势。凭借着这两方面十分突出而明显的优势，再加上用兵策略的巧妙得当，蒙古大军横扫欧亚，创造了无与伦比的辉煌战绩。

把打得远与跑得快融为一体，是战争史上值得大书特书的一个伟大创举。如果孤立地看，打得远更有利于消灭敌人，跑得快更有利于保存自己。但若综合地看，打得远与跑得快融为一体，既能更好地消灭敌人，又能更好地保存自己。其突出的表现是，攻则锐而不可当，退则快而不可追。也就是我取进攻，让你躲不开、跑不掉；你取进攻，让你打不着、追不上。如此不对称的作战格局或者战场态势，注定距离胜利会更加接近。进入热兵器时代以来，人们围绕解决打得远与跑得快的协调、融合问题，继续付出不懈的努力。从火炮由牵引变成自行，从飞机由装配机枪到加装导弹，等等，都是这种不懈努力带来的最为直观的结果。今天，当美国 X-37B 轨道测试飞行器在约 410 千米的外层空间、每 90 分钟左右绕地球飞行一圈的时候，我们从中看到了什么？可以看到“一小时全球到达、一小时全球打击”这样一种崭新的作战理念，在争夺打得远与跑得快相统一的制高点时所抢占的先机之利，看到未来一旦拥有由外层空间发起攻击的能力所形成的我能打到你而你打不到我的极端不对称的态势。这已经不是什么“争一寸之长”的优劣问题，而是变成了一种跨代隔代般的能级差距，其所形成的在距离与速度上的极端不对称，已让作战胜负的天平开始发生极其危险的倾斜，无法不引起人们的重点关注和高度警惕。

二、向“炮兵的敌人是炮兵”说“不”

在刀光剑影、枪林弹雨的战场上，两军之间展开的激烈较量，最常见、最明显、最基本的方式，往往是兵对兵、将对将，刀对刀、枪对枪的“对等较量”。可以说，这是作战的基本特点和一般规律。正因为如此，就连一代军事巨人拿破仑都说过“炮兵的敌人是炮兵”这样的至理名言。客观地看，做同物比较或者同质比较，这是作战筹划、作战计算的重要内容和基本方法，其本身无可非议，也无可替代。打起仗来，敌人有多少飞机、坦克和大炮，都是什么性能？我军有多少飞机、坦克和大炮，都是什么性能？孰优孰劣、孰强孰弱？对抗起来把握有多大、胜算有多少？对于这些问题，如果战前不掌握、事先不比较，做不到知彼知己、心中有数，显然是不被允许也是不能原谅的。但若真正走上了战场，是不是一定就要采取飞机对飞机、坦克对坦克、大炮对大炮的对等较量方式，其实也没有那么机械和教条，通常的情况是，既可以进行对等较量，也可以进行不对称较量，一切视战场的实际情况而定。关键在于能不能以己之长、克敌之短，进而夺取作战的胜利。

不过，回眸历史人们发现，能够组织实施“兵”来“将”挡、“刀”来“枪”防不对称作战的，往往更能体现人的超凡勇气和智慧，更能发掘装备的超常潜力和功能，也更能创造惊人的战绩、留下不灭的印记。1937 年 10 月 19 日，八路军 129 师 769 团一部，利用夜暗偷袭阳明堡机场，以步枪和手榴弹等低端武器实施近战，取得了击毁日军飞机 24 架、毙伤 100 余人的重大胜利，创造了用地面部队袭击机场而实现以地制空的传奇。同样，在第二次世界大战时期的北非战场上，面对滚滚涌来的大批英军坦克，“沙漠之狐”隆美尔急中生智，指挥德军用打飞机的 88 毫米高炮以直瞄平射方式打坦克，取得了意想不到的战果，他随即把高炮打坦克的新功能予以推广，以致英军称部署有这种高炮的阵地为“坦克陷阱”。不仅如此，在欧洲战场，隆美尔还曾使用高炮分队以直瞄平射方式打击盟军的摩托化部队，也获得了巨大成功。使用步枪、手榴弹打飞机，使用高炮打坦克、打步兵，都可归入到“战争奇葩”系列。但是，恰恰因为“出奇”，用于本行的装备干了本行之外的事，突破了装备使用的“功能固定症”，才让敌人始料未及、措手不及，从而成就了战争经典、创造了作战奇迹。这正是经略装备使用不对称的魅力所在。

然而，归根结底地说，在战场上出现这类情况，深层原因真的不是仅仅为了出奇而求奇，而是因为在装备发展和使用上，既存在着“同质比较、同质对抗”的习惯模式，也存在着“同质比较、异质对抗”的创新模式。一般情况下，当与对手进行同质比较而占据一定优势时，人们多会倾向于与其进行同质对抗；当与对手进行同质比较不占什么优势时，人们才会倾向于与其进行异质对抗。换言之，如果中国有强过日本的空军，就不大会用步兵去打飞机；如果隆美尔有多过盟军的坦克，也不大会想到用高炮去打坦克。同样道理，在海湾战争中，尽管美军使用直升机把伊军的装甲机械化部队打得溃不成军，充分展现了直升机打坦克具有卓越的不对称优势，并让“从空中打赢陆战”成为一种合理的未来构想，但战后的美国人却没有像一些人预想的那样给予直升机顺势拓展的空间和快速发展的机会，而是把陆战决胜的兵器依旧确定为坦克。为什么会这样？因为环顾全球，还没有哪国军队的坦克比美军更有优势，也没有哪国军队的空军比美军更有优势。有了这两个优势，再加上现有直升机相对于敌方直升机和坦克所拥有的不对称优势，也就没有那么迫切的需要和相当的动力去独立发展直升机这支新锐力量了。这非常符合博弈论的最新研究发现：人们普遍存在一种“赢稳输变”的心理反应，就是赢方更趋向维持现状，输方才趋向寻求变化。前者的反应恰如有的学者所总结的那样，胜利者总是喜欢在胜利的轨道上滑跑。而后者的反应似乎可以概括为，失败者总会处心积虑地找寻反败为胜以洗刷耻辱的崭新路径。从这个意义上讲，美军无论做出维持原有不对称优势的决定，还是做出开发新的不对称优势的抉择，都是再正常不过了。

当然，一旦出现与对手进行同质比较不占优势的情况，美国的反应同样会倾向于进行异质对抗。冷战时期，美苏争霸曾一度出现利于苏联而不利于美国的局面。当时，苏联拥有更好的火箭发动机，可以制造更大的导弹，且战略导弹数量远超对手；而美国战略投射主要依赖远程轰炸机，其数量是对手的 4 ~ 5 倍，但这些飞机的驻停机场大多处在苏军打击范围之内。如果苏联先发制人，大部分轰炸机将被摧毁。这就出现一个悖论：美国想要防止苏联进攻，就必须部署更多的战略轰炸机，其结果则更容易刺激苏联采取先发制人的行动。于是，美国人另辟蹊径，开始利用其信息产业方面的先发优势大造声势，甚至子虚乌有地提出一个“星球大战”计划，诱使苏联人在他们并不擅长的领域与美国人进行竞争。对于美国人来说，这种异质对抗的成效非常显著，不仅拖垮了苏联，还在信息化道路上取得长足进展，再次把战略主动权掌握在了自己的手中。而对于苏联人来说，这种异质对抗的后果非常严重，不仅没有赶上更不用说超越美国，还一步一步丧失了在同质对抗中已经拥有的不对称优势。其中的经验教训值得人们深思。

列宁说过："一支军队不准备掌握敌人已经掌握或可能拥有的一切武器、一切斗争手段和方法，谁都会认为这种行为是愚蠢的甚至是犯罪的。"[①] 这话没有错。不过，围绕武器装备发展与应用而展开的竞赛，到底应该采取什么样的思路和策略，也不能一概而论。由于后发的一方很容易坠入"对称思维"和"对称竞争"的误区，其突出表现是，你有什么、我也要有什么，你建什么、我就要建什么。如果按照这样的"路线图"照猫画虎、亦步亦趋地跟进追随，虽有可能实现"你有我有全都有"，却未必能实现"你优我优全都优"，最好的结果或许只是最大限度地接近拥有先发优势一方的能力水平，当"永远的老二"则很可能是早已注定的宿命。中国有句老话，叫作"文无第一、武无第二"。战场上当老二的结局必然是个悲剧。要防止发生这样的悲剧，在手段建设与运用上不仅需要"见贤思齐"，更加需要另辟蹊径：与其你有什么我就建什么，不如你怕什么我就建什么。也就是在努力争取用同质对抗的方式战胜对手的同时，更要准备用异质对抗的方式制衡对手、超越对手。尤其要拿出向"炮兵的敌人是炮兵"说"不"的勇气，以人无我有、人有我优、人优我强、人强我变的策略，争做敢闯新境、勇当第一的开路者、拓荒者。当年，苏联人开发的地效飞行器"里海怪物"曾经让美国人不得要领，充满惶恐与疑虑；今天，中国人制造的新型反舰导弹开始让航母沦为"鸡肋"，被迫因避险而远遁。这都充分说明，用异质对抗的不对称方式制衡对手、超越对手直至打败对手，前途一片光明，本就应该也是能够做到创造条件、克难而上、有所作为的。

① 列宁．列宁选集：第 4 卷［M］．北京：人民出版社，1960：249.

三、科技创新恒无敌

科学技术是核心生产力，也是军事发展的第一原动力。如果说，一部辉煌灿烂的社会发展史，就是一部科学技术的推动史，那么，一部壮丽奇谲的人类战争史，就是一部科学技术的创新史。千百年来，科学技术一直在创造和改善着从事战争的工具，并以自身蕴藏的巨大而惊人的能量，成为创造战争奇迹、改变历史进程的重要而伟大的物质力量。从这个意义上讲，科学技术的发展是战争手段之母。正是有了科学技术的进步，才带来了从武器装备到体制编制直至战争形态的一次又一次剧烈演变。未来学家托夫勒认为这种剧变发生过 3 次：一是由农业革命引起的第一次浪潮战争革命，二是由工业革命引起的第二次浪潮战争革命，三是由工业社会向信息社会过渡的第三次浪潮战争革命。俄罗斯的斯里普钦科则认为发生过 6 次，即步兵和骑兵出现后的第一代革命，火药和滑膛枪出现后的第二代革命，线膛炮和来复枪出现后的第三代革命，坦克、飞机出现后的第四代革命，核武器出现后的第五代革命，正在进行的以信息技术为核心的新军事变革是第六代革命。而美国的克雷派尼维奇认为，从 14 世纪至今已发生过 11 次，即 14 世纪上半叶的步兵革命，15 世纪前期的炮兵革命，15 世纪末的帆船革命，16 世纪初的堡垒革命，16 世纪后半叶的火药革命，18 世纪初的拿破仑革命，19 世纪中叶的陆战革命，19 世纪下半叶的海战革命，20 世纪上半叶的机械化革命，20 世纪中叶的核革命，正在进行的新军事变革是第 11 次军事革命。

不论怎样划分，都不难发现，科学技术的进步对人类战争的影响，恰恰发轫于战争工具或手段更新换代式的改进和脱胎换骨式的再造。这正如恩格斯指出的那样："暴力的胜利是以武器的生产为基础的。"[①] 科学技术的发展近乎无限地满足了人类对于拥有优越

① 马克思，恩格斯．马克思恩格斯选集：第 3 卷［M］．北京：人民出版社，1972：206.

战争工具或手段的一切渴望：在不断追求物质优势的过程中，拓展了更多的作战手段、更远的打击距离；在不断追求能量优势的过程中，发掘了更大的杀伤威力、更强的作战效能；在不断追求信息优势的过程中，拥有了更加多样的方式、更加透明的战场、更加快捷的行动和更加精确的打击。也正是在这一过程中，把每个重大科技创新成果所孕育的武器装备跃进发展的历史机遇一次次摆在了人们面前，被那些保持着清醒头脑和拥有科学眼光的先悟者们敏锐抓住，并果敢地采取行动，从而先人一步地获得了与对手展开较量的技术不对称优势。

英国科学家李约瑟提出过一个著名论断：蒸汽机 = 水排 + 风箱。他想以此说明，没有中国古代的技术成就，就不会出现西方近代工业革命的大心脏——蒸汽机。从蒸汽机的关键结构看，“风箱”解决的是双作式阀门问题，而“水排”提供的是直线运动和圆周运动之间的转换设备。“风箱”是我国宋代的发明，“水排”则早在《后汉书·杜诗传》中即有记载。这两样东西传到西方，成了蒸汽机发明至关重要的技术支撑，但中国人却与此擦肩而过。这样的“历史性地错过”还不止发生过一次。在我们前人的眼中，指南针是用来辨别方向测风水的，火药是用来驱鬼避邪求吉祥的，这两样东西到了西方人手中，却成了战斗力的“倍增器”。历史就是这般残酷、这般无情。多年以后，西方人利用中国人的发明制造出了空前强大的武器装备。他们用蒸汽机提供的动力，用指南针提供的航向，用火药提供的能量，以船坚炮利的不对称优势，一举打垮故步自封的中央帝国，给了这个在相当长历史进程中重文轻技的古老国家一个前所未有的深刻教训。

“师夷之长技以制夷”，这是时人的一种反思与对策。虽然认识上晚了一些、单了一些，总算看清了一个方面的不对称劣势之所在，开始明白技术差距的最终弥补和缩小，主要应依赖技术手段并通过技术对抗的途径才会根本解决。正所谓知耻而后勇。洋务运动随后蓬勃兴起，艰难开启了追赶西方列强的漫漫征程。这又恰好验证了恩格斯的一段句言："一旦技术上的进步可以用于军事目的并且已经用于军事目的，它们便立刻几乎强制地、而且往往是违反指挥官的意志而引起作战方式上的改变甚至变革。"[①] 其实，新技术、新武器的层出不穷，不仅会强制地促使作战方式、作战方法的一变再变，也会强制地促使在技术借鉴和武器研制上的奋起直追。当然，如果我们的前人不是把风箱、水排、司南、火药等技术发明视为"不入流"的奇技淫巧，如果拥有鉴赏和锐利的眼光并进行连贯而深邃的思索，如果能够触类旁通地促进技术发明的转化与应用，那么，奋起直追的或许是西方人而不是我们。尽管已经没有了如果，但类似事件和教训在历史上却并不少见，也并非为中国人所独有。

18 世纪末，当蒸汽机作为第一次技术革命的根本标志横空出世后，美国发明家富尔顿据此设计出无帆兵舰并觐见拿破仑。可在拿破仑看来，船没有帆就不能行走，用钢板代替木板做成的船肯定沉没，因而轻率地予以否决。后来，法军面对接受了富尔顿的设计理念而建成的英国强大船队时，就只剩下望洋兴叹了。1913 年，当莱特兄弟发明的飞机还只是体育器材时，有人就提出把飞机作为一种新武器来使用。可法国福煦元帅却认为"飞机对军队来说尽是废物"，未予理睬。而德国的有识之士很快认识到其巨大价值，在 4 年多时间里，研究改进了近 60 种不同型号的飞机，使德国在空战中一度居于领先位置。第一次世界大战中，当随军记者斯温顿提出制造坦克的新设想时，也曾被英国陆军大臣基切纳讥讽为"美妙的机械化玩具"，不予重视。幸而担任海军大臣的丘吉尔动用海军资金给予大力扶持，否则坦克将很难在短期内问世，更不可能在松姆河战役中一展身手、一鸣惊人了。

由此可见，一种全新的科学技术成果一旦产生并在军事领域得以运用，往往会引起力量对比、作战方式包括体制编制等诸多方面急剧而重大的变化。所以，无论陆地、海洋还是天空，抑或其他空

① 马克思，恩格斯. 马克思恩格斯选集：第 3 卷［M］. 北京：人民出版社，1972：211.

间领域，但凡战争足迹能够涉及的地方，一切与之有关的科技创新成果，都可能是一座座有待发掘、有待利用的宝藏。谁先发现、谁先领悟、谁先掌握、谁先应用，谁就会更多地占据战场上的主动和不对称优势。那些对于国家命运和战争胜败负有责任的人们，可以不是技术方面的专家，甚至可以完全不懂技术，但是，对科技创新成果必须怀有敬畏之心，必须保持高度敏感，甚至宁可过敏一点，也不能有稍许的迟钝，尤其不能因为个人科技素养不足，先入为主、主观臆断地予以漠视，直至予以扼杀，从而导致军队与抢占技术优势、赢得作战胜利失之交臂。要深刻认识和充分理解科技进步的惊人能量以及可能由此形成的巨大冲击力，对于哪怕是光怪陆离的科学幻想甚至不着边际的预言神话，也要有在未来的某一天突然活灵活现地变成现实的心理准备。一旦发生这种情况，心有灵犀的人们最有可能掌握先机之利，拥有人所不及的不对称优势，进而制敌于未有甚至无敌于天下。这是已被战争历史反复证明为千真万确的事情。

第三节　万物之灵的决胜底蕴

战争归根结底是人与人的对抗。在战争这一独特社会现象中，人自始至终都是主体，或者说，从来都是人而不是别的什么东西在支配、左右和主导着战争的发生、发展及结局。所以，人才是战争的第一位的因素，这是一个真理。人作为物质与精神高度统一的有机体，不仅是物质力量，更具有精神力量。人在战争中的关键性作用和决定性影响，不仅体现在人力的释放上，还体现在人心、人气、人智诸要素的发挥上。正因为如此，才足以称为“万物之灵”。《淮南子·兵略训》指出：“力敌则智者胜愚，势侔则有数擒无数”[1]（军事力量相当的，那就明智的战胜愚昧的；双方形势相近的，那就有谋的战胜无谋的）。说明人在智慧、谋略上的差异性与不对称对战

① 曹步墀，程秀龙.兵家名言词典［M］.太原：书海出版社，1991：39.

争的影响非常之大。历史上“孙膑赛马”的典故就是极好的例证。为扭转田忌与齐威王赛马屡战屡败的被动局面，孙膑通过对双方上驷、中驷、下驷三个级别的竞技力量进行对比分析，把客观存在的以上对上、以中对中、以下对下进行“对等较量”所形成的整体劣势，经主观努力变成了以上对中、以中对下、以下对上进行不对称较量所创造的局部优势，最终取得了以小负换大胜的比赛结果。“星星还是那个星星，月亮还是那个月亮”，但因为对“星星”和“月亮”进行了巧妙摆布，展现出来的“天象”却已天翻地覆、面目一新。其中，最为诡谲的一招，就是胜在了“人为制造”不对称上。在这里，恰恰是人的独特作用对比赛胜负的反转产生了根本性和决定性的影响。当然，人的独特作用并不仅限于智慧、谋略范畴，还会表现在信念、意志、勇气、体力等诸多方面，这一切都是战胜敌人、打赢战争的重要助推因素。

一、没有人的驾驭枪是自己不会动的

古人云：“剑不徒断，车不自行，或使之也。”[①]意思是说，宝剑自己不会砍断东西，车子自己不会走路，总得有人使用它们才会发挥既有的功能。这一思想的提出，比起恩格斯所讲的名言“枪自己是不会动的，需要有勇敢的心和强有力的手来使用它们”[②]早了 2000 多年。两者的时间跨度甚大甚远，阐释的却是同一问题，就是人的自觉能动性较之器物的技术功能性显然占据着统治和支配地位。在这里，人为主导、物为从属，人为主动、物为被动，是一种不可更改的天然关系。

对于打仗来说，武器是须臾不可或缺的重要物质力量，尤其是先进武器、新式装备，更是令人向往、趋之若鹜。随着武器装备自动化、智能化程度的飞跃发展，或许真的会有那么一天，战争双方

① 曹步墀，程秀龙 . 兵家名言词典［M］. 太原：书海出版社，1991：26.

② 马克思，恩格斯 . 马克思恩格斯全集：第 16 卷［M］. 北京：人民出版社，1965：211.

将主要采用无人系统组建的军队或者叫作机器人部队进行对抗。但再先进、再强大的武器装备，就其基本形态而言，都是没有生命、没有反应的“死的器物”，即使达到高度智能化程度，也是在人的意志支配下能够做出一些“人为化的机械反应”，或是“响应化的机械反应”，又或是“规则化的机械反应”。归根结底，这些拥有了感知力、学习力甚至某种决断力、执行力的家伙们，是受控于人的预定的或者是临机的决心意图，以便捷、高效地发挥出自身能量的最佳途径和方法，来实现“变异的人为操控”，或是“变异的自主行动”而已。尽管其本身可能蕴藏着令人畏惧、让人战栗的可怕力量，但从根本上讲，这种力量只能算作一种“死力”。它一如既往，恰如巴顿所言：“我们的迫击炮和大炮一旦开火，就是精良的武器。但是如果不响，就成了一堆破铜烂铁。”[①]没有人的操控、没有人的使用，或者说没有人的主导、没有人的支配，任何武器装备都不会自然而然、随心所欲地释放内在的能量、发挥应有的作用，这也包括智能化武器装备。我们已经看到，基于人工智能的新型武器装备，确实可以大大提升手工类任务、体力类任务和以数据为中心任务的执行效率，高效解决了侦控打评的“快慢”问题和“精准”问题，但在这些家伙们能够理解常识、思考创新、自我升级、摆脱人的控制之前，更可能发挥的是增效作用而非颠覆作用。假如智能化武器装备完全具有“自主感知、自主判断、自主决策、自主行动”的能力，并在战场上出现“态势实时感知、策略智能生成、任务自动加载、效能精确评估”的情况，将“人在回路中”变成“人在回路上”，直至变成“人在回路外”，那么，这不只会颠覆人与武器的关系，还可能彻底颠覆战争的本质，亦即让我们必须直面这样的问题：机器主导或者智能主导的战争还是人类的战争吗？如此看来，在达到这样的智能化程度之前，所谓的智能化最多也只能让人类从作战一线退至纵深或者退居幕后，不过是让人的影响从“有形

① 许保林，刘子强．中外军事名言录［M］．北京：军事科学出版社，1986：216.

之功”变成“无形之功”罢了，而绝不是让人类走开，彻底与战场说再见。从根本上讲，物质力量一旦失去人的驾驭和掌控，对于战争来说将变得毫无意义。所以，物很重要，人更重要。

在 1982 年爆发的马岛战争中，同样都是阿根廷军队，它的海军未放一枪、未发一炮，在“贝尔格拉诺将军”号巡洋舰被英军潜艇击沉后，从此在战场上消失得无影无踪，与“破铜烂铁”毫无二致。它的陆军先是奋勇夺占马岛、后是被动困守马岛，但先勇后怯最后全体投降的惊人表现，也让手中武器变成了“破铜烂铁”。只有它的并不强大的空军，在南大西洋的上空一遍又一遍地用英勇无畏的行动，向世人展现着军人的智慧、勇气和牺牲精神，并让低端的武器装备发挥出超常的作战效能。阿空军飞行员敢打敢拼，常常超低空掠海飞行隐蔽接敌，即使浪花溅到机身上也毫无惧色，每每强行突破英军的密集火网实施近战攻击，为了胜利不怕机毁人亡，并把人与武器的有机结合发挥到极致，硬是用少量先进的“超级军旗”飞机挂载“飞鱼”导弹，与大批落后的“普卡拉”和“天鹰”等飞机挂载普通炸弹巧妙编组，打出有力的“组合拳”，从而在与强敌的较量中取得举世瞩目的战绩。在其击沉、击伤的 16 艘英军舰船中，被普通炸弹击中的就有 14 艘。所以，物质力量只有加上人的因素，特别是加上主观努力，才有可能创造出惊世骇俗的战争奇迹。

打仗不光要看有没有好的武器装备，更要看有没有过人的胆气和勇于牺牲的精神。一颗胆怯的心和一双颤抖的手是用不好武器装备的，也是打不了胜仗的。战争实践一再昭示着这样一条重要作战法则，那就是勇胜怯。正所谓“狭路相逢勇者胜”。从广义上说，作战双方在战场上的任何一次正面交锋，都可以看作是“狭路相逢”。此时此刻，有没有能力、有没有力量战胜对手固然重要，而有没有勇气、有没有信心战胜对手更加重要。克劳塞维茨曾把“胆量”视为“人们在精神上战胜极大危险的可贵的力量”，比作“是使武器锋利和发光的真正的钢”。他认为，战争中“当一方的胆量超过对方时，他的胆量就因为对方怯懦而发挥了作用，因而胆量是真正的创造性的力量”[1]。不论在任何时候、任何情况下，打仗首先需要有一股压倒敌人的勇气和胆气，较之对手需要有一种居高临下、气吞山河，藐视一切、无所畏惧，大义凛然、视死如归的不对称精神优势，这一点在战役战斗中尤为关键。如果没有这一条，即使拥有再好的物质条件或者先进的武器装备也没有用。我们经常看到，正是依靠胆量这个“真正的创造性的力量”，才弥补了一些军队在战场上的某些物质力量的不足，最终以不对称精神优势打败了敌人、赢得了胜利。

我们当然不能说，在拥有一定的物质力量之后，只要有足够的勇气就能所向无敌。毕竟勇气还不是人的因素的全部，打仗也不只是需要有胆，在活力对抗的战争舞台上，往往更需要的是有胆有识。毛泽东曾经指出：“我们不许可任何一个红军指挥员变为乱撞乱碰的鲁莽家；我们必须提倡每个红军指挥员变为勇敢而明智的英雄，不但有压倒一切的勇气，而且有驾驭整个战争变化发展的能力。”[2]有胆有识，历来是对战争指导者提出的一种特殊要求。有胆有识者强，也是军事斗争的一个客观规律。历史地看，有胆有识更能使弱者变强、强者更强；而有胆无识或者无胆无识则常会使强者变弱、弱者灭亡。从这个意义上讲，必须经略与对手在勇敢＋智谋两个方面的不对称优势，才更有可能也更有把握打胜仗。毕竟战争除了遵循勇胜怯的法则之外，还遵循着智胜愚的法则。比如，劳师远袭，从来都是兵家大忌。但在马岛战争中，英国政府却敢于挥舞着特混舰队这杆“大枪”，不惜劳师万里，远渡重洋，去进攻敌人，不能不说很有胆量。而细究起来，其之所以有勇气做出这种绝地求生、险中求胜的超乎寻常的战争决策，恰恰在于非常有识：一方面，得益于正确的战略判断——认定阿军没有迎击英军大举出兵、重夺马岛的充分准备；另一方面，得益于果敢的战争决心——阿军占领马岛仅 3 天，英国

① 克劳塞维茨．战争论：第 1 卷［M］．北京：商务印书馆，1982：197.

② 毛泽东．毛泽东选集：第 1 卷［M］．北京：人民出版社，1991：182-183.

就派出了强大的特混舰队；又一方面，得益于坚定的作战行动——不惜蒙受重大损失，甚至冒着战争失利的风险，也要坚决打这一仗；再一方面，得益于积极的外交努力——有绝对把握争取包括美国在内的所有西方大国，建立有利于己的“统一战线”；等等。不难看出，在大智与大勇的双重作用下，一支军队更能在打破常规甚至大胆犯忌中取得惊人战果。同时表明，作为一个老牌军事强国，英国政府在战略全局的大智大勇上明显掌握着比阿根廷政府更为有力的不对称优势。

其实，不仅武器装备自己不会动，需要“有勇敢的心和强有力的手”来操控，就是军队这杆“大枪”也如同武器装备一样，作为从事战争的基本工具，如果没有上级的驾驭或指令，也是自己不会动的。所以，军队同样需要“有勇敢的心和强有力的手”来操控才能打胜仗，就像“铁娘子”撒切尔夫人在面对马岛突发事态时，当机立断地果敢做出决定那样。这自然而然地会对上级的血性和勇气构成一种实际考验和严峻挑战。不过，职位越高、责任越大的指挥员尤其是战争指导者，有卓越的智力要比有过人的胆量更为重要也更为有用。在面对战争博弈的大棋局时，特别是在应激应变的紧急状态下，战争指导者表现得是勇是怯，一定会受到智力因素的某些影响和制约。所谓智高者胆壮，讲的就是这个意思。至于同对手“过招”能不能实际取得勇胜怯的不对称地位，则又不只是受到智力一个因素的影响和制约，其他诸如综合国力、作战能力、战场环境、敌我阵营等因素，都会对敢战还是惧战产生程度不同的直接作用。

二、思想的锐利最具侵彻力

技术决定战术，这是久经战争实践检验的真理，也是军事斗争必须遵循的规律。历史上，任何一次军事技术的重大革新与突破，都无一例外地给以往的作战思想、作战样式和作战方法带来具有划时代意义的深刻变革与创新发展。如线膛枪的出现与运用，产生了“散兵战术”；飞机的出现与运用，产生了“制空权”思想；坦克的出现与运用，产生了“闪击战”理论；等等。恩格斯深刻指出：“每个在战史上因采用新的办法而创造了新纪元的伟大将领，不是新的物质器材的发明者，便是以正确的办法运用他以前所发明的新器材的第一人。”[①]此话可谓一语中的。

众所周知，开创战争历史新纪元，必须以拥有新技术、新装备为前提条件。但仅仅拥有新技术、新装备，而没有掌握实际运用的“正确的办法”，则并不能保证在战场上就能天然拥有作战优势、必然打开胜利之门。一般说来，“正确的方法”通常不是新技术、新装备的“随赠品”，并非与生俱来，而是另有一个追寻与分析、探索与发现、洞察与创造的过程，完全是人的思想的全新产物和智慧结晶。其中，思想的锐利，也就是明察秋毫的敏感、登高望远的前瞻、触类旁通的沉思、入木三分的深邃、一语成谶的卓越，才是在找寻“正确的方法”时发挥着原创性和决定性作用的本质因素。正是因为如此地超凡脱俗，所以，能为新技术、新装备提供“正确的方法”向来是少数人的专利，绝不是搞上几个“大会战”式的群众性运动就能发现和解决问题。尽管群众是真正的英雄，但即便发扬军事民主，集中群众智慧，也必然是其中的少数人突发奇想、先有顿悟，继而引领其他人沿着新思路探索前进，才最终找到克敌制胜的有效办法。真理往往由一人发现，这是历史的经验，也是历史的规律。换言之，新技术一定会催生新战术，但新战术却未必由新技术的发明者所创造，更多的时候来自个别思想先悟者的伟大发现。想当初，飞机是美国人发明的，但提出“制空权”理论的却是意大利人；航母是英国人发明的，但提出航母远袭作战理论的却是美国人；坦克也是英国人发明的，但提出集中使用坦克作战理论的却是英国的富勒和法国的戴高乐等人。彼时彼地，思想的火炬光芒四射，理论的巅峰就在脚下，新理念、新观点的巨大优势已在展现无与伦比的新胜旧、高胜低的不对称特征。它昭示着与新技术、新装备相适应相匹配并

① 马克思，恩格斯．马克思恩格斯全集：第7卷［M］．北京：人民出版社，1956：565.

确保其发挥最大最佳效能的新战术犹如一轮朝日喷薄欲出，预示着一个破旧立新、前无古人的伟大时刻和崭新时代即将到来。

然而，世间最远的距离恰恰是从头到脚的距离。新战术的发现与创造，无疑需要思想的锐利，而新战术的理解与运用，同样需要思想的锐利。知难行亦难，从来都是如此。西方有人说过，一切伟大思想都是简单明了的，诀窍在于，要赶在别人前面明白它们。这当然很不够，还特别需要赶在别人前面运用它们。唯有这样，才会真正拥有从思想不对称到行动不对称的全面优势。或许，扑面而来的思想风暴或者战术震撼足以对某些人形成猛烈冲击、让一些人醍醐灌顶，但不一定对任何人都会形成如此冲击、催生如此神悟。多数人的相对迟钝甚至不屑一顾虽然不能阻挡新思想、新战术的扩散与应用，但一种新思想、新战术最终能被什么人以及在多大程度上、在多短时间内所认知、所接受，才是能否转化为影响作战进程直至战争结局的巨大物质力量的关键所在。从这个意义讲，先觉者仅得其机，先行者方得其利。先觉的思想者往往只创造了一个前所未有的历史机遇，只有先行的实践者才会得到那些货真价实的真正好处。这中间，对一个伟大思想发现或者崭新战术突破是明智吸纳、快速消化，还是惯性抗拒、缓慢适应，终将在智胜愚、快胜慢的法则作用下造成作战双方的极端不对称。

战争历史有时就是这般诡异，充满着几家欢喜几家愁的戏剧性：最先受益于“制空权”理论的既不是美国人，也不是意大利人，而是德国人；最先受益于航母远袭作战理论的既不是英国人，也不是美国人，而是日本人；最先受益于集中使用坦克作战理论的既不是英国人，也不是法国人，而是德国人。当古德里安指挥着德国坦克集群将西欧置于闪击战的狂飙之中，一路横冲直撞、高奏凯歌的时候，没人料到，他师承于富勒、戴高乐等人的新思想、新战术，会收到如此超乎想象的惊人奇效。反观他的对手，最先发明坦克并最先提出坦克新战法的英法军队，因为思想僵化、抱残守缺，行动迟钝、故步自封，没能跟上战争演进的步伐，在锋芒毕现、一展雄风的闪击战面前既无招架之功、更无还手之力，被打得一败涂地。这能告诉我们什么？这说明，思想活力无疑是一种无比强大的特殊力量，具有像子弹一样置人于死地的超级能量。而能否因此发出耀眼夺目的光芒，其转折点就在于，能否及时促进思想的转变、完成思想的革新，并确保这一转变和革新被卓有成效地落实到具体行动上，就像把具有超级能量的子弹“叭”地一枪打出去一样。所以，思想的转变与革新，才是最根本的改变和最重大的革新，也是一切改变与革新之源。当技术进步已经实现突破并对战争活动产生重大影响时，作为战争指导者如果不思转变、不求革新，在新技术、新装备尤其是新思想、新战术面前表现迟疑、犹豫或者无动于衷，无异于把自己的军队置于必然败亡的危险境地。毕竟，经历过新思想、新战术磨砺和锻造的一方，其新技术、新装备的锋芒会变得更加锐利无比，甚至会所向披靡；而没有经历这番磨砺和锻造的一方，或许并不缺少新技术、新装备，但面对已经占领思想高地的对手时，因无力破解由此形成的不对称对抗格局，而只能匍匐在思想的洼地里，接受着无情的惩罚、蒙受着失败的耻辱。

无论从哪个意义上讲，思想的锐利对于战争的塑造都带有从头到尾、从里到外的彻底性。但凡思想触角所及，作战手段、作战方法也好，作战样式、战争形态也罢，抑或作战思想、作战原则，等等，都可能随着思想的翱翔而在对策的彼岸找到新的发现、催生新的创造，让一些人率先抢占制高点、夺取主动权，继而形成新于对手、强于对手的不对称态势。所以，不管什么人，只要保持着思想的锐利，也就掌握了谋取不对称优势、实现克敌制胜的一把利器。还是马克思的一段名言讲得更为经典：“批判的武器当然不能代替武器的批判，物质力量只能用物质力量来摧毁；但是理论一经掌握群众，也会变成物质力量。”[①] 狗尾续貂，赘述一句：理论力量或者叫作思想力量，具有物质力量无法比拟的特殊活力和强大威力，可以让

① 马克思，恩格斯．马克思恩格斯全集：第1卷［M］．北京：人民出版社，1972:9.

物质力量“颠三倒四”直至“死去活来”。

三、素质不对称比武器不对称更可怕

在战争领域，人与武器历来如影随形、相辅相成。其区别在于，武器是“死”的，人却是“活”的。说武器是“死”的，是说它原本携有多大的当量在释放时还是多大的当量，原本技术上有多大的优劣势在作战中还是多大的优劣势，始终是个常量，是一些可知、可测、可控的不变因素。说人是“活”的，是说人有认知能力却表现得或强或弱，有思维活动却表现得或巧或拙，有情感反应却表现得或急或慢，有知识储备却表现得或新或旧，有经验积累却表现得或多或少，有技能发挥却表现得或好或差，等等，全部都是变量，是一些发展不平衡、状态不确定、取向不一致的可变因素。鉴于武器是“死”的而人是“活”的，打仗又离不开人与武器的有机结合，所以，战争既是死力的对抗，又是活力的对抗。又因为死力对抗受制于人，而活力对抗中人的主观能动性、能力差异性和行为多变性会对作战成败产生直接而重大的影响，因此，活力对抗更带有决定意义，也是作战双方最主要、最广泛和最活跃的对抗。

毫不夸张地说，战争中活力对抗的结果，完全取决于人的综合素质的实际表现。其中，又以谋略素质、文化素质和军事素质的表现最为关键。军事谋略是指挥艺术的精华，谋略素质是衡量指挥艺术的主要尺度。古往今来，高明的战争指导者十分强调“上兵伐谋”“以计为首”，非常讲求“兵不厌诈”“兵以诈立”，都是主张深谋远虑、先谋后战的。而战争历来遵循着多算胜少算、精谋胜粗谋的制胜法则，通常是多谋则胜算于胸，先谋则主动于敌，相反，少谋而战者必殆，不谋而战者必败。海湾战争中，多国部队在占据着绝对不对称优势情况下，依然多谋于敌、精谋于敌，采用舆论欺骗、威慑恫吓、声东击西、避实击虚等一系列手段，打了一场空中强攻、海上佯攻、地面巧攻的精妙之仗。而萨达姆在入侵科威特之前，对西方大国是否出兵海湾心存侥幸，对其深度染指中东的野心和维护石油利益的图谋预想预判不够，未谋先战，轻启战端，虽能初战得胜，却以惨败告终。这正是：兵无强弱，将有巧拙；多算胜，少算不胜，而况于无算乎！谋略是思想的精灵，充满着匪夷所思、步步惊心的智慧以及变平凡为绝妙、化腐朽为神奇的活力。敌对双方一旦在施用计谋上存在以多对少、以巧对拙的不对称，那么，人的"谋略差"往往就是战争的"胜负差"。

"没有文化的军队是愚蠢的军队，而愚蠢的军队是不能战胜敌人的。"① 毛泽东的这一名言，称得上是"文化制胜论"或者叫作"愚蠢致败论"，向人们揭示了战争领域存在着有知胜无知的不对称法则。不过，有人对此并不完全认同。托夫勒就认为：知识贫乏的军队在冷兵器时代能英勇作战，在热兵器时代也能打败敌人，但在信息化战争中，他们将像没有文化的工人无法从事复杂生产一样，不知何去何从。如果说以往战争中，人的决定作用还可以表现为有人就有一切，技术落后可以通过发挥人的主观能动性来弥补、素质不够可以用数量规模优势来平衡、文化不高甚至没有文化也可以打胜仗的话，那么，在信息化条件下作战，发挥人的决定作用，则更多地取决于一支军队拥有怎样的科技素养。换言之，衡量一支军队有没有文化、是不是愚蠢，科技素养成了当今时代的主要标志。这是因为，信息化条件下作战从本质上讲是科技起主导作用的作战，敌对双方表面上拼的是技术装备，是双方科技能力、装备实力的集中较量，实质上拼的是科技素养，是双方科技意识、科技水平的直接对抗，在这里，科技素养已成为人与高新技术装备实现有机结合、形成体系作战能力的黏合剂和催化剂。美国人很早就认为："在精确的弹药和高技术武器的世界，每一个美国士兵就是陆军最终的灵巧的武器。"② 从中不难看出，美国人不仅对已装备的高技术武器得意扬扬，而且对自身科技素养的优势在委婉之中也流露着自信满满。必须承

① 毛泽东．毛泽东选集：第 3 卷［M］. 北京：人民出版社，1991：1011.

② 美国国防部长 1996 财政年度国防报告［M］. 北京：军事科学出版社，1996：375.

认，近期局部战争的实践确实证明，没有科技素养的军队是低劣低能的军队，这样的军队是注定摆脱不了被动挨打和惨遭失败的命运的。所以，源于高新装备、技术机理、科技素养等方面的敌有我没有、敌懂我不懂、敌会我不会的极端不对称，往往导致人的“科技差”也是战争的“胜负差”。

不过，并非没有例外。如果偏离传统的、正规的战场去考察，我们会发现，在非传统、非正规的战场上已经出现冲击甚至打破“有知才有力”“有知胜无知”法则的某些特殊事件。一群没有多少文化的人，如车臣的“黑衣寡妇”们，或是用极端思想驯化的人，如本·拉登的“基地”组织成员，又或是被邪恶教义洗脑的人，如奥姆真理教徒等，因无知而无畏，因歪理而狂热，拿着算不得像样的武器，打起了反人类、反社会的不对称战争。他们以“一人投命，足惧千夫”[①]（吴起语：一个人豁出命来，足以吓阻住一千人）的必死之心和超常勇气，用常人无法理解、无法想象的方式方法，展现着在极端状态下精神胜物质的不对称法则，经略着以小博大、以弱克强的不对称格局，并让这场战争看不到终结的尽头。如果只看效果而不论性质，可以说，选用什么样的思想和文化对人进行灌输、进行驯化实在是太重要了。由某种“信仰”武装起来的“战士”，或许没有多少作战素质，也未必懂得什么高新科技，却因为甘于为“信仰”去死拥有了精神直至将精神变为物质上的不对称优势，从而变得威力巨大、令人恐惧。

此外，军事素质的高低对作战行动的成败同样影响甚巨。对于打仗而言，手中掌握和使用的是什么样的武器很重要，但同时，是什么样的人在掌握和使用这些武器更加重要。长期以来，以色列军队在中东地区始终保持着对阿拉伯军队的一贯优势，有人对此觉得不可思议，在 1982 年的黎巴嫩战争后，曾向阿以双方军队的高级将领求证过同一个问题：以色列在黎巴嫩的胜利能否说明，以军使用

① 曹步墀，程秀龙．兵家名言词典［M］．太原：书海出版社，1991:230.

的美制兵器性能优于叙军使用的苏制兵器？叙利亚一位将军的回答是："苏联的兵器非常优良，与美制兵器并无二致，而且对我们的士兵来说，苏制兵器更合适。以色列的胜利并不能归于武器。"[①]以军总参谋长拉斐尔·艾坦将军的回答则是："如果我们双方互换手中的武器，那么，作战结果也将如此。"[②]顺着叙利亚那位将军的思维逻辑走下去，可以推导出一个重要结论：如果"以色列的胜利并不能归于武器"，那么除了归于真主或上帝，就只能归于人的因素了，也就是两军之间在操作技能或者军事素质方面存在着熟练对笨拙、高超对低劣的不对称。同样的武器、同样的威力，换手如换刀，发挥各不同，足见人的"素质差"对于"装备差"以及"胜负差"所具有的决定性影响。这进一步回答了在战争中到底什么东西最可靠、什么差距最可怕这样一个敏感问题。那么，在战争中到底什么东西最可靠、什么差距最可怕？一言以蔽之，是人不是物。

第四节　吞吐宇宙的极限雄心

在人类历史上，从不缺乏吞吐宇宙、纵马天下、威加海内的英雄人物。但总的看，其他多数人不得不去体味心有余而力不足、想得到而做不到的无奈，感慨敌未灭而身先死、志还在而人已老的无情。我们生活的这个世界，是一个充满了各种极限的世界，有速度的极限、力量的极限、距离的极限、生命的极限等等。科学研究表明，宇宙浩瀚无垠，也是有边界的。在战争领域，人们同样会受到各种极限的困扰与挑战，需要正视和适应，稳妥加以处置，否则，就可能导致灾难性的后果。比如，进攻速度有极限，超过了就可能造成前方行动与后方保障的脱节；装备效能有极限，超过了就可能失去相互之间的掩护与配合；作战能力有极限，超过了就可能力所不及而难以取得预想效果；作战目标有极限，超过了就可能无法实现甚至适

① 特雷弗·N. 迪普伊. 把握战争［M］. 北京：军事科学出版社，2001：223.

② 特雷弗·N. 迪普伊. 把握战争［M］. 北京：军事科学出版社，2001：224.

得其反。作为战争指导者，要对许多费思量的大事做出抉择，包括对作战决心做出抉择，定打不打；对作战目标做出抉择，定打什么；对作战地域做出抉择，定在哪打；对作战重心做出抉择，定往哪打；对作战编成做出抉择，定用谁打；对作战目的做出抉择，定打到什么程度；等等。其间，要对力量与力量的运用进行谋划，对欲望与欲望的控制进行平衡，对有度与无度的把握进行协调，对可能与不可能、可为与不可为、可胜与不可胜等重大问题做出斟酌与决断。聪明的指挥员是不会让这一切出现过载、过量、过限和过度的情况的。

一、把无度的征伐禁锢起来

回顾人类历史不难发现：攻伐征战，本属平常；无休无止，必受其殃。所以，中国兵家先贤留给后世的一个极其重要的训诫就是：国大兵强，好战必亡。《战国策·齐策》指出："战无不胜而不知止者，身且死，爵且后归"[①]（虽然打仗没有不胜的，如果不知道适可而止，那就不仅会自取灭亡，爵位也将失去）。《吴子·图国》则认为："以数胜得天下者稀，以亡者众"[②]（靠多次战争的胜利而取得天下的很少，由此而致亡国的却很多）。《文子·符言》也提出："小国寡民，虽有什伯之器而勿用"[③]（国家小、人民少，即使有各种各样的兵器也不要使用）。他们都想说明一个问题，就是打仗一定要有度而不能无度，一定要有节制而不能无节制，必须量力而行、适可而止。

冷战结束后，美国独占无人可及的"一超"地位。随之而来的是，以枪杆子为后盾的"美利坚帝国"全面出击，频频展示着好战的本性，从海湾战争到科索沃战争，一仗接着一仗，加速全球扩张。在遭受"9·11"事件沉重一击后，更是祭出融入了霸权思维与强权政治的"单边主义"，变本加厉地使用"硬实力"，又从阿富汗战争到伊拉克战争，

① 曹步墀，程秀龙．兵家名言词典［M］．太原：书海出版社，1991：7.

② 曹步墀，程秀龙．兵家名言词典［M］．太原：书海出版社，1991：6.

③ 曹步墀，程秀龙．兵家名言词典［M］．太原：书海出版社，1991：7.

一路打杀过来，攻无不取、战无不胜。但是，正所谓过犹不及，物极必反。美国在单极巅峰上独领风骚没几年，很快显露出“体力透支”“生理疲劳”的状态，虽然还能保持着超级大国一副“钢筋铁骨”的强硬体貌，却已难独力支撑一场中等规模的战争，需要“小兄弟”出钱出力才勉强得以维持，不得不由单纯崇尚“硬实力”开始向注重“软实力”“巧力量”实施转变。战争恰似一个无比贪婪、极其可怕的“黑洞”，不论有多么雄厚的人力、物力和财力资源，一不小心就会被无情地吞食殆尽。即便国大兵强，也招架不住连绵不断、旷日持久的战争对军力财力的长期侵蚀和无限消耗。任其发展下去，无异于自伤自残，一个大国被战争拖累甚至被战争拖垮的历史悲剧就会重演。这说明，用兵不能到极限，尤其不能过极限，穷兵黩武从来不是明智的战争政策。只是美国要当“龙头老大”、维护世界霸权，有时这是不得不付出的代价。它自己非常清楚，经过多年来持续不断的攻伐征战，已经被拖得有些筋疲力尽，以往那些人所不及的不对称优势，有的虽有增强，有的却在萎缩，有的则不复存在。更让它感到不安的是，债台高筑、危机迭起，以及“硬实力”的过度消耗，使其同盟凝聚力、局势掌控力、战略影响力出现了相对衰落的不祥迹象。因此，骨子里虽然好战但已不再滥战，主动跳出泥潭、收缩力量，养精蓄锐、再图发展，逐步恢复和扩大自身优势，以确保在后续的战略竞争中不落下风，开始成为一种内在的迫切需要。从这个意义上讲，特朗普打出所谓“美国优先”的招牌，多少带有一些“拨乱反正”甚至还有一点“韬光养晦”的意味，也算得上是对症下药、正当其时。或许，美国历史学家保罗·肯尼迪的一句忠告可能发生了作用：不要经不起地缘战略过度扩张的诱惑，要考虑国内实力的基础。而能够让他做出这样一种“收缩性”“克制性”的战略抉择，不仅需要理智与反思占上风，还需要有足够的勇气和胆识去推行。就像进攻会有顶点，聪明的指挥员在到达顶点之前都会及时转入防御而不是一味强调进攻一样，所谓的“美国优先”就属于因为进攻而防御、因为扩张而收缩、因为好战而慎战的一个“补救性”“预防性”举措。至于能不能达成修复战略态势、增强战略弹性、保持战略后劲的既定目的，还要看这一举措能不能走得通，以及最终能够走多远。

2010年以来的美国看上去已不再“意气风发”，颇有些“英雄气短”，尤其在用兵打仗问题上，慢慢收敛起一触即跳、逆我者亡的放任态度，变得谨慎起来。用特朗普的前任奥巴马的话讲，这叫作“不干蠢事”。足见，即便是强国甚至超级大国，其力量和资源也不是无限的，不能没有节制地任意挥霍。早在对付利比亚卡扎菲的时候，美国就只剩吆喝不玩活了：摆个姿态、虚晃一枪、有所交代，如此而已。在后来对待伊朗核问题、整治叙利亚巴沙尔（2017年和2018年两次小规模空袭叙利亚目标之举，可看作是与俄罗斯展开的一种政治博弈）、处置克里米亚危机、解决朝鲜核导问题上，美国以往的战争霸气、强权脾气与巨人豪气统统变得不够硬气甚至没了脾气。可见慎战胜好战、有度胜无度法则对其在力量运用方面带来了明显变化，形成了重大制约。这充分说明一个道理，就是用兵知始，更要知止。用兵打仗，知道什么时候、什么条件、什么情况下对谁开战很重要，而知道什么时候、什么条件、什么情况下结束作战，特别是根本就不能开启战端尤为重要。好战而无度，只会眼睁睁看着已有力量和优势逐步消耗殆尽，最终伤及自身直至伤筋动骨；慎战而有度，却能积攒力量并留有余地，维持或掌握着战略主动以及战略回旋的可控局面。

其实，拥有战略优势一方，隐忍不战就会有弹性、就会存后劲，就会与对手持续保持不对称的有利态势，并迫使对手去承受这些实实在在的压力。即使到了非战不可的地步，也要知道打到什么程度不会超过力量极限，不会走向事物发展的反面，这才是真正有智慧的表现。如果任由战无不胜、屡战屡胜蒙蔽心智，而对力量运用不加控制，难免会带来灾难性的毁灭恶果。毕竟，力量使用得越多，受到的消耗就可能越大，受到的损失就可能越大。但是，我们又不得不说，拥有较大力量优势并处在战略进攻地位的一方，很容易受到功利主义的极大诱惑，而这种诱惑有时让人非常难以抗拒。毕竟发动战争往往是一笔利润丰厚、回报丰厚的大生意，抓住机会赌赢一把，就可能获得一本万利的巨大收益。尤其是，如果战争冒险能够实现对预期利益的成功追逐，那么反过来，又会刺激和激励人们采取更大的冒险行动，展开对更大利益的无尽追逐。正因为如此，才会让一些人对战争只见其利、不见其害，得陇望蜀、欲壑难填，甚至更加没有节制、无度征伐。日本一直属于偏居海上的小国寡民一类的国家。但自16世纪后期开始，其统治阶级“雄心”万丈，慢慢把原本的一只小虫变成了争强好斗、侵略成性的毒蛇猛兽。先是丰臣秀吉提出以武力征服朝鲜、占领中国，进而夺取印度的侵略蓝图，后由佐藤信渊于1823年在《宇内混同秘策》中提出“我国而欲制他邦，必先以并吞支那为始”的扩张构想，再于明治维新后逐步形成以侵略中国为主要目标，沿着朝鲜“利益线”、满蒙“生命线”“大东亚共荣圈”进行扩张的疯狂战略，最终以1927年臭名昭著的《田中奏折》出笼为标志，完成对其侵略战略的思想固化。日本据此不断发动着侵略战争，尤其在明治维新后，更是达到丧心病狂、无以复加的程度：1874年入侵中国台湾，1875年侵略朝鲜，1879年吞并琉球，1894年再次入侵朝鲜并蓄意挑起中日甲午战争，1904年又发动日俄战争。这些战争，都让日本从中获得了超乎预期的巨大“战争红利”，也使它在选择战争、从事战争问题上更加狂妄自大、轻率而为，更加“坚定不移”、不能自拔。自1931年发动“九一八”事变后，日本在名为寻求“共荣”、实为自取灭亡的不归路上越走越急、越行越远，它无休无止地升级战事、扩大战争，又先后发动了全面侵华战争和太平洋战争，终于走到由盛而衰的拐点，走向由胜而败的终点，被世界反法西斯正义力量把“大日本帝国”一举打回“小日本”的原形。日本之败，败就败在贪心不足蛇吞象、用兵无度不设限，长期处于以有限的资源进行无限的攻伐上。正如他们自己在《日本近代史》中所说：“像这样没有间断地从战争走向战争的国家，近代世界历史上，除日本而外，找不到第二国。”[1]小国寡民的日本，通过一次次赌上国家命运，侥幸发了几次战争“洋财”，这种战争指导本身就十分愚蠢且极其危险，因为一次失败就会万劫不复。但它显然没有顾忌或者不屑顾忌这个问题，丝毫不懂“不竭一国之力以供军，不竭一军之力以供战”[2]（不能用尽国家的力量来养兵，不能用尽全军的力量来打仗）的道理，整个国家都被眼前的胜利所激励，被更大的利益所诱惑，被战争的狂热所绑架，不知收敛、不自量力、不留余地，每战都是“以命相搏”，盲目乐观地无视极限，随心所欲地超越极限，最终让自己彻底败亡。其中的教训极为深刻。

打仗攸关国家的生死存亡，无论国大兵强还是国小民寡，对待兴师致战这种大事，必须慎之又慎，尤其不能嗜战好战、没有节制、无度征伐，让自己疲惫不堪地连续狂奔在路上，处于“超限运行”的状态。否则，再强的力量、再大的优势，都将后继乏力、走向衰亡，最终化为乌有，这就是战争本身的固有逻辑。所以，在力量运用上，必须拥有冷静的头脑，保持超常的自制，注重营造以慎战对好战、以有度对无度的不对称态势，决不让刀轻率出鞘、任意挥舞，也决不让箭任性上弦、随意发射。

二、给欲望的放纵画出红线

心比天高，这是中国人对欲望的一种极致描述。欲望是什么？一定程度上，欲望可以说是藏在心头想要实现的某种理想。一个人的欲望或者理想，极而言之能有多大？《三国演义》中，曹操在与刘备煮酒论英雄时，就讲过一段颇具震撼力的豪言壮语：“夫英雄者，胸怀大志，腹有良策，有包藏宇宙之机，吞吐天地之志者也。”英雄的欲望、英雄的理想，竟是如此的旷世绝伦、骇世惊俗。

欲望的无极限常会造就理想的无极限。比起曹操就那么一说，

① 李际均．军事战略思维［M］．北京：军事科学出版社，1998：123.

② 戴庞海，等．兵经百字　唐李问对［M］．郑州：中州古籍出版社，2010：68.

能够把理想的无极限做到前无古人、后无来者，令人瞠目结舌、惊心动魄的，数千年来唯有德皇威廉二世一人。威廉二世从1888年至1918年统治德意志长达30年之久，其“征服全欧、统一世界”的战略构想，完整体现在1905年后成文的《德皇雄图秘著》之中。姑且放下其征服欧洲的战略不表，单看他的征服世界战略，就可知道有多么地荒诞无稽，多么地痴心妄想。威廉二世提出“永远维持我帝国于不敝，及统一世界”的3套方案。A案：“与美国缔结攻守同盟”，以德美同盟为基础，唆使美国与日本开战，德美联合击败日本海军。B案：如前案不能实现，则“笼络俄国，而促使与日本为复仇之战”，德国进行海上支援作战。事成之后德俄瓜分日本。C案：如前两案均不能实现，则“抛弃征服日本之念，速将日美各种问题解决，使美日和好如初，而组织日德美三角同盟”。作为权宜之策，由德美日三国瓜分世界，即“日本得经德美两国之同意，领有亚洲之全部及南洋之一部；德国得日美两国之同意，领有全欧及非洲全部并澳大利亚之一部；美国得日德两国之同意，领有南北美洲之全部及澳大利亚之一部”。对中国的侵略，他提出“朕已略取胶州湾，为极东计划之第一步”，“朕以胶州湾为策源地，以窥伺支那北部固属事实，然朕有夺取台湾以图支那南部之一念亦事实也”。最后对美作战，夺取巴拿马运河，征服智利，实现“占领南美全土之大企图”。如此空前绝后、敢想敢为的大战略，无论怎样任其肆意挥洒和全力拼搏,都是不可能完成的历史使命和战略任务，终将一无所成、一无所获。

所以，更多的时候，理想很丰满，现实很骨感。作为战争指导者，因为受到欲望的本能驱使或者叫作理想的自觉驱动，对战争有一些赋予大意图、大设计的想法和勾画应属正常，但必须清醒地知道，欲望能够抵达的地方，并不代表实际有能力、有资源可以支持、保障你最终到达那个地方，在把这些想法变成大手笔、大行动的现实时，切不可太过草率、太过随意、太过理想化。战争毕竟是一项充满着血雨腥风、惊涛骇浪，决定着或败或胜、你死我活的事业，既消费不起鲁莽，更消费不起浪漫。这就要求，心之所思可以无际涯，行之所动不能无边界。简单地说，就是欲望可以有，放纵不可为。正如《春秋·众仲》所说：“兵犹火也，弗戢，将自焚也”[①]（动用武力就像用火一样，不加控制，就会把自己毁掉）。在打仗问题上，无论什么人，都必须尊重现实性、正视有限性，必须扼住欲望的躁动，管住欲望的放纵。西汉末年，剪除曹操、匡扶汉室，一直是刘备魂牵梦萦的远大政治理想。能够灭曹兴汉何尝不是最好的结果，但在联吴抗曹才勉强支撑着三分天下的格局下，靠刘备的单挑独斗哪里会有一举灭曹的可能性？理想与实力的极端不对称，让他别无选择，只能对这种强烈欲望加以收敛和控制，反过来去接受三分天下有其一而后视情争天下的现实谋划。无疑，刘备是聪明而务实的。他在接受诸葛亮的建言后，给现实战略明确了有限的目标，给政治理想画出了醒目的红线，让无限的政治理想仅为有限的战略目标服务。可以看到，刘备从这种以无限罩有限、以有限寓无限的不对称经略中获益良多：他懂得了该出手时就出手，先是巧借荆州，后是谋占益州，打下鼎足而立的基础；同时，也懂得了该放手时要放手，只图鼎足西南的霸业，缓谋威加海内的伟业，并在形式上保留却在实质上放弃不切实际的空想，从而拥有了一个攻虽不足、守则有余的全新局面。

只要是战争，都会受到人的欲望或者理想的蛊惑与驱动。在某种意义上，战争其实就是人的欲望或者理想在控制与放纵之间纠结和较量之后的最终态度、最后决断的最直接、最实际反映。也可以说，指导战争存在着现实主义与理想主义之争。一场战争，沿着它的发生、发展直至终结的轨迹，就可以知道是在打现实主义的战争，还是在打理想主义的战争。现实主义的战争有进攻、有防御、有退却，甚至有让步、有妥协，多能立足实际，讲求物质条件，具有很强的自控力；而理想主义的战争习惯于猛打猛冲，鄙夷防御和退却，只想到处抢占尽量多、尽量大的地盘，多是充满幻想，强调精神作用，

① 曹步墀，程秀龙．兵家名言词典［M］．太原：书海出版社，1991：7.

具有极强的狂热性。考虑到理想主义之中常常会有一厢情愿的空想成分，甚至会有极端状态下的狂想可能，比如征服全世界之类，如果仅仅作为战略性构想或者政治性口号来提出，虽空泛空洞倒也无妨无害，倘若真把它们作为战争狂想曲来奏响，那就只会带来深重的灾难和完全的毁灭。

历史上，亚历山大东征、蒙古帝国西征，以及拿破仑发动的战争、希特勒挑起第二次世界大战，在过度扩张中虽能暂时攫取巨大的利益，但最终不是彻底败亡就是迅速崩溃了。利德尔·哈特曾对打败拿破仑的威灵顿有一段评价，或许能让人们更为深刻地认识打现实主义的战争与打理想主义的战争的差别："与拿破仑不同，他并不受战争浪漫性所感染，那足以产生幻想和自欺。这是他们成败的根本原因。"[①] 他还引用另一位传记作家的话作为佐证："直接的和狭隘的现实主义是威灵顿个性的本质。这正是他产生缺点和招致失败的原因。但是，就其社会事业的广阔境界来说，这一点又使他上升到了几乎接近于天才的地步。"[②] 由此可见，把欲望或者理想控制在现实主义的框架内不仅是必要的，而且是必须的。毕竟在战争指导上，遵循着现实主义对理想主义的不对称法则，通常都会少一些风险，反之，就会多出很大的风险。我们可以看到，以现实主义为依据，或者依托现实主义抵御理想主义的诱惑所形成的不对称，去打理想主义的战争，还存在着胜利的可能性；而以理想主义为依据，或者依托理想主义超越现实主义的界限所形成的不对称，去打狂想主义的战争，则没有不以失败告终的。两个截然不同的不对称，往往成为是生是死、是存是亡的分水岭。因此，作为战争指导者，必须拒绝狂想、拒绝狂热，保持定力、保持克制，对于理想主义的战争要有足够的警惕，绝不能任其泛滥、任其放纵，而使自己陷入万劫不复的深渊。

① 李际均．军事战略思维［M］．北京：军事科学出版社，1998：6.

② 利德尔·哈特．战略论［M］．北京：战士出版社，1981:162.

三、让理性的光芒照耀战场

战争是理性的，也会是非理性的。但归根结底地说，理性的终将战胜非理性的。理性的战争指导，其表现是审时度势、因势利导，量敌用兵、因机制变，见可而进、适可而止，而不是一厢情愿、见利忘害，急于求成、意气用事，明知不可为而为之，甚至不顾一切地拿国家、军队生死存亡的命运作赌注。对于战争指导者而言，理性是控制风险的“阀门”，是避免失败的“围墙”。通常情况下，只要“阀门”不松、围墙“不倒”，用兵打仗就不会过限，也就有了百战不殆的基本保证。

1945 年 8 月 15 日，日本无条件投降后，为掌握东北毛泽东洞若观火、棋高一招，早在 4 月底就反复提及：“只要我们有了东北，那末中国革命就有了巩固的基础。”9 月 17 日，即批准“向南防御、向北发展”的战略方针，后又指示：“竭尽全力，霸占全东北。”[①]决心“以锦州为中心地区，为我全力集中作战之战略枢纽”，要求林彪“一战解决问题”。当一个历史性机遇突然降临的时候，围绕谋有利之局、造全胜之势进行理想化设计，力求以尽善的努力，来实现战略利益最大化，这是任何一个战争指导者都会具有的条件反射式的本能反应。毛泽东也不例外。当他看到东北局势出现天赐良机，呈现日本人投降、苏联人“代管”、国民党军队远在天边的总体态势，认为“利用目前国民党及其军队尚未到达东北（估计短时间内不能到达）以前的时机，迅速发展我之力量，争取我在东北之巩固地位”，非常有可能。毫无疑问，这体现的是一种战略理性，主要是围绕谋局造势进行整体谋划，具有总揽全局、深谋远虑，着眼可能、创造条件，抓住机遇、主动作为的明智而坚毅的一面。但又不得不说，在这背后，也有一些低估对手等非理性成分，具有过于乐观的一面。这种理性与非理性因素交织作用的结果，导致战略指导与战场实际

① 东北解放战争大事记［M］. 北京：中共党史资料出版社，1987：15.

出现了想得好而做不到的偏差。

作为战略方向一线指挥员的林彪，何尝不想实现毛泽东的作战决心和战略意图，但在蒋介石迅速调兵遣将，杜聿明一路猛攻猛打的步步紧逼下，先失山海关，再战丢绥中，很快陷入想打打不赢、想守守不住的被动境地。1945 年 11 月 21 日，林彪到达东北后发给中央的第一个比较重要的电报，竟是要求允许撤退，避免锦州决战。中央于次日回电，继续坚持在锦州西部打大仗的决心。但此时，仗已经不是决心想打、上级要打就能打得成了。当有意图而无条件，或者有意图而无能力的情形出现时，理不理解上级意图、执不执行上级意图已经不重要了，重要的是作为一线指挥员，有没有足够的睿智和精明、有没有足够勇气和魄力，把部队从绝地死局中解救出来，避免打败仗，避免全军覆没。中国古代兵家曾把"不能而自能"[①]列为将败的首要因素。认为打仗不能意气用事、一厢情愿，不能鲁莽草率、盲目蛮干。要知道，战略意图的实现抑或作战胜利的取得，不是仅凭主观愿望和意志努力就可以获得的。在战场上，做不到就是做不到，千万不要勉强去做而留下祸患。如果明知不具备作战的条件或者胜利的可能，却搞竭力而战、死力而战或者拼死一战、最后一战，企图变不可能为可能，是极其不明智的，甚至注定要失败的。此时敢于"亮剑"，固然精神可嘉，却只剩下死得壮烈而已。不要忘了，军队是为打仗存在的，也是以打胜仗为目标追求的。在军就要以"言战"和"争胜"为重。怎么争取打胜仗，怎么避免打败仗，才是问题的关键和把握的重心。所以，孙子提出一个重要原则，就是"先胜而后求战"[②]，明确反对"先战而后求胜"。有这样的认识，恰恰展现的是理性胜非理性不对称法则的内在逻辑。这一内在逻辑正如毛泽东后来在抗美援朝战争时发给彭德怀的电报中提出的那样："我们应当在稳当可靠的基础上争取一切可能的胜利"，"不

① 万同林．中国古代兵法大全［M］．北京：国防大学出版社，1994：231.
② 吴如嵩．孙子兵法浅说［M］．北京：战士出版社，1983：58.

做办不到的事”。[1] 这一指示，显然让理性牢牢占据了战争指导的制高点。

必须承认，面对错综复杂、千变万化的战场情况，只有保持理性，懂得当进则进、该退则退，随机应变、游刃有余的指挥员，才不会不顾客观实际地逞匹夫之勇，才算得上是战争棋坛上的顶尖高手。杜聿明仅用2个军的兵力就把林彪打得节节后退，而杜聿明的身后还有蜂拥而来、如狼似虎的5个军。优势在谁，不言自明。在实力不济、抵挡不住的情况下，如果不想全军覆没，就只有组织退却了。身在作战第一线的林彪，更能全面、细致、具体地了解掌握敌我双方的实际情况和关键症结，这也迫使他较早地用客观、审慎的眼光和态度观察眼下的战场态势和作战问题，不得不理性地指挥部队且战且退、一退再退。就这样，一路从山海关、兴城、锦西、锦州、义县、阜新退到四平，在“化四平街为马德里”的战略指导下，林彪打了东北战场上的第一个惨烈之仗，伤亡很大仍无力挽回颓势，果断地再次撤退，一直向北退过了松花江才止步。这还是拜托蒋介石犯了错误、出了昏招，让国民党军队不再进攻和追击才得以实现的。

由此可见，林彪打仗无疑是理性的。与毛泽东的战略理性不同，他表现的多是一种战役战斗方面的理性，主要是围绕谋胜虑败进行细致谋划，高度重视“先为不可胜，以待敌之可胜”[2]（先确保自己不被敌人战胜，再等待有利时机战胜敌人），具有关注眼前安危、斟酌局部利害、计较实际得失、看重具体胜败的突出特征。应当说，战役战斗必须服从服务于战略需要，这不是问题，问题是围绕战略意图展开的主要战役战斗行动一旦失利或者彻底失败，原来的战略需要还能否存在、如何实现？这才是症结所在。存人失地，地仍可得；存地失人，必将人地皆失。从这个意义上讲，能够确保主要战役战斗的胜利或者只是确保不败，就是对战略全局和战略需要的最

① 毛泽东.毛泽东军事文集：第6卷［M］.北京：军事科学出版社，中央文献出版社，1993：140-141.

② 吴如嵩.孙子兵法浅说［M］.北京：战士出版社，1983：58.

大支持、最大贡献。这也正如毛泽东所说：“全局性的东西，不能脱离局部而独立，全局是由它的一切局部构成的。……但若组成战争全局的多数战役失败了，或有决定意义的某一二个战役失败了，全局就立即起变化。”[①] 所以，即便上级有意图也要有条件实现，才能采取与上级意图相对应、相一致的行动，这是一种科学正确的态度，体现的是实事求是的思想路线。如果打不赢，甚至导致全军覆没，你即使理解并执行了上级意图又有什么实际意义？陈云在后来的一封信中，就把避免锦州决战、成功撤出四平，视为共产党人进入东北前 7 个月中的两件大事。并说，如果这两件事当时有错误的话，东北就很难有以后的好形势了。此时的中央终于对战争指导做出调整，由“独霸东北”“最后一战”变成“让开大路、占领两厢”。这无疑是理性对于非理性的又一次胜利。

其实，林彪的这种理性是受到过毛泽东的深刻影响的。毛泽东用兵打仗，向来谨慎且理性，曾提出过一系列重要思想与原则，比如：“两个拳师放对，聪明的拳师往往退让一步”；“‘比宝’不是龙王向龙王比，而是乞丐向龙王比，未免滑稽”；“打破‘围剿’的过程往往是迂回曲折的，不是径情直遂的。首先而且严重的问题，是如何保存力量，待机破敌”[②]；“凡被迫处于不利地位，根本上危及军力的保存时，应该勇敢地退却”；“放弃土地是为了保存军力，也正是为了保存土地；因为如不在不利条件下放弃部分的土地，盲目地举行绝无把握的决战，结果丧失军力之后，必随之以丧失全部的土地，更说不到什么恢复土地了”[③]；“危害人民的问题同此道理。不在一部分人民家中一时地打烂些坛坛罐罐，就要使全体人民长期地打烂坛坛罐罐。惧怕一时的不良的政治影响，就要以长期的不良

① 毛泽东 . 毛泽东选集：第 1 卷［M］. 北京：人民出版社，1991：175-176.

② 毛泽东 . 毛泽东选集：第 1 卷［M］. 北京：人民出版社，1991：203，237，197.

③ 毛泽东 . 毛泽东选集：第 2 卷［M］. 北京：人民出版社，1991：498，508.

影响做代价”[1]；“一切有把握的战役和战斗应坚决地进行决战，一切无把握的战役和战斗应避免决战，赌国家命运的战略决战应根本避免”[2]；等等。不难看出，他的理性思维无处不在，战争指导非常明智，高度重视理性指导，反对非理性指导。也正因为不管顺境还是逆境，他都拧紧控制风险的“阀门”、筑牢避免失败的“围墙”，保持着以理性对非理性的不对称，才能统领人民解放军由小到大、由弱到强，不断从胜利走向胜利，从辉煌走向辉煌。

① 毛泽东．毛泽东选集：第1卷［M］．北京：人民出版社，1991：212.

② 毛泽东．毛泽东选集：第2卷［M］．北京：人民出版社，1991：506.

第二章　政略之悖

战争固然是一种特殊的社会活动形态，但首先是一种直接的政治选择行为。这是由战争呈现为国家之间、民族之间、阶级之间以及政治集团之间，旗帜鲜明地围绕各自利益展开赤裸裸的斗争的本质决定的。鉴于战争只能作为政治斗争的最高形式和最后手段被选用，导致一旦走向战争，必然是一种决定敌对双方不同命运的政治对决。这种政治对决的成功与失败往往取决于诸多因素，其中，最意味深长的是双方围绕政略选择所进行的无形博弈与潜在较量。这些无形博弈与潜在较量，通常能够展现彼此之间进步与落后、正义与邪恶、文明与野蛮、新生与腐朽的根本对立或不可调和，并能让人大致看清战争的发生、发展及其结局的基本走向和可能结果。从这个意义上讲，政治之于战争，具有全方位、全过程、全要素的决定性。简单说来，政治不行，一切为零。但有些诡谲的是，敌对双方在诸多方面存在着迥异的形态、悬殊的对比和巨大的反差等诸多不对称，也会导致实际的比拼与碰撞并不完全按照“政略优则战争胜”的法则和规律来运行，还可能出现事与愿违的情况，产生一些不以人的意志为转移、不以政治的优劣为尺度的对抗结果。或许，这就是战争的悖论。

第一节　“正”与“反”的碰撞

选择和确定政治方向，历来是一个关乎国家存亡、民族兴衰和事业成败的大问题。通常，选对了方向，就会一顺百顺、满盘皆活；选错了方向，就会一错再错、满盘皆输。从根本上讲，决定成败的从来不是细节问题，最为紧要的是方向问题。细节问题只能影响好坏，不会影响大的前途和总的命运；而方向问题却能决定雄起还是没落、富强还是贫弱、辉煌还是暗淡、成功还是失败。显而易见，无论高瞻远瞩还是审时度势地做出顺应时代发展、符合实践要求、确保优势发挥的正确选择，都十分不容易，往往需要超凡的智慧、过人的胆识和宏大的气魄才能看得清、找得准、走得对。借用一位西方作家的话说就是，唯有伟大人物所具有的万钧之力，才能将历史冲开一个明显的缺口，并把人类引上崭新的道路。

一、选择不同方向就是选择不同结局

《淮南子·兵略训》有言："地广人众，不足以为强；坚甲利兵，不足以为胜；高城深池，不足以为固；严令繁刑，不足以为威。为存政者，虽小必存；为亡政者，虽大必亡"[①]（地盘大、人口多，不一定算强大；盔甲坚、兵力壮，不一定能取胜；城楼高、沟垒深，不一定算坚固；法令严、刑罚多，不一定有威信。采取有利于求生存、谋发展好政略的，国家虽小也能存在；采取不利于求生存、谋发展坏政略的，国家虽大也会灭亡）。其中的"存政"与"亡政"之说，昭示着治政之道具有存与亡的不对称。

何谓治政之道？简单地说，就是治理大到一个国家或社会、小到一个单位或部门所采取的路线、方针和政策。治政有"存政"与"亡政"之别，也就意味着所采取的路线、方针和政策，要么是有利于生存与发展，可以走向兴旺发达的，要么是不利于生存与发展，可能走向自取灭亡的。作为国家领导者，就其主观愿望和内在动机而言，没有谁会主动去拥抱亡国之政，相反，无不想用兴国之政来实现长江后浪推前浪、一代更比一代强的政治抱负。但是，任何一套路线、

① 军事科学院．中国古代兵法选辑［M］．石家庄：石家庄陆军学校翻印，1984：10.

方针和政策,其本身是正确还是错误的,是确保成功还是招致成败的,只有具体实践才能给出最后答案，才能决定理想是最终实现还是中途破灭。

隋炀帝，这个中国历史上有名的亡国暴君，也曾怀有延续开皇之治，做个有为雄主的梦想。刚一登基就不遗余力地大兴土木，掘长堑、建东都、挖运河、筑驰道、修长城，铺开了一个又一个规模浩大的工程,结果却弄得民怨沸腾;与此同时,肆无忌惮地大举用兵,先是击败契丹，攻灭吐谷浑，后是北巡震慑突厥，挥师进驻流求（今台湾），再是三次侵伐高丽，发动了一场接一场无休无止的战争，结果却弄得军疲民惫。公正地说，隋炀帝的政略选择及其所作所为并非完全错误、没有价值，但确实存在项目上得多了一些、措施用得猛了一些、步子走得急了一些等问题。他就像一个浅薄的“富二代”,仰仗上一辈积累的巨大财富过着“挥金如土”的奢侈生活一样,其治政之道显然没有过多考虑滥用民力对人民所造成的沉重负担与压迫，没有过多考虑长期战争对社会所带来的巨大破坏与撕裂，不懂得不作死就不会死的道理。当不堪其苦、忍无可忍的百姓揭竿而起，随着他自己被部下逼死，短短 14 年光景，其“慨然慕秦皇汉武之功”“统一寰宇，甲兵强锐”“风行万里，威动殊俗”的政治理想，最终化作南柯一梦。

反观唐太宗,一个历代为之歌功颂德的盛世贤主,同为“皇二代”,却能把国家和人民带上繁荣富强、幸福安康的道路，成就了彪炳史册的“贞观之治”。究其原因，主要是他的政略选择较之隋炀帝完全不同。对内，他懂得“水能载舟、亦能覆舟”的道理，大力恢复隋末遭到严重破坏的社会经济，施行一系列休养生息、安民惠民的政策，不断改善并融洽君民关系，从而实现国泰民安；对外，不像隋炀帝那样一味地开疆拓土、搞武力征服，而是恩威并用，采用民族自治、和亲安抚等政策,因此受到边疆民族的更大尊崇而被称为“天可汗”，继而达成稳边固边的目的。

可见,用“存政”、去“亡政”,没有不振兴、不发展的;用“亡政”、去“存政”，没有不败亡、不毁灭的。高明的国家领导者和战争指导者，只要看清对手施行的是“存政”还是“亡政”，就知道可否与之一战、能否战之必胜了。这就像李世民看清隋炀帝的治政是苛政暴政引得人神共愤，进而鼓动父亲李渊于晋阳起兵反隋夺天下一样。战争首先比拼的是什么？当然是双方的政治。人们都说，战争是政治的继续。其实进一步看，决定战争胜负的，在某种意义上恰恰是战争所要继续的是什么样的政治，抑或说，有什么样的政略选择，就会有什么样的战争结果。谁的路线、方针和政策更有利于上下和谐、更有利于社会发展、更有利于国家强盛，谁就必然会让对手在无形的博弈与潜在的较量中拉开距离，难以望其项背，从而拥有更大的政治优势和军事优势。所以，如果拥有“存政”对“亡政”的不对称，就没有不赢得胜利的道理。

二、符合趋势＋适合自己＝正确选择

什么是正确的政略选择？有没有特定的评估标准？从历史发展的轨迹和政治博弈的经验看，答案无非就是两句话：一是符合趋势；二是适合自己。符合趋势，是说你的政略选择一定要适应天下大势，与时代的前进方向相一致，与历史的发展潮流相合拍，借用孙中山的话讲，就是“天下大势，浩浩荡荡，顺之者昌，逆之者亡”。适合自己，是说你的政略选择一定要发挥自身优势，与潜力、实力相匹配，与理想、理念相衔接。二者兼备，多能笑到最后。二者缺一，要么符合趋势但不适合自己，如早期的中国共产党人一味模仿十月革命经验，机械地走“城市暴动”的道路，结果到处碰壁、屡屡失败；要么适合自己但不符合趋势，取得的往往也是适得其反的效果。

1945 年 4 月，在世界反法西斯战争取得最后胜利的前夜，毛泽东敏锐洞察到，中国即将面临两个前途、两种命运的重大抉择：“或者是一个独立、自由、民主、统一、富强的中国……或者是另一个中国，半殖民地半封建的、分裂的、贫弱的中国。”[①] 他登高疾呼：

① 毛泽东．毛泽东选集：第 3 卷［M］．北京：人民出版社，1991：1026.

"我们的任务不是别的，就是放手发动群众，壮大人民力量，团结全国一切可能团结的力量，在我们党领导之下，为着打败日本侵略者，建设一个光明的新中国，建设一个独立的、自由的、民主的、统一的、富强的新中国而奋斗。我们应当用全力去争取光明的前途和光明的命运，反对另外一种黑暗的前途和黑暗的命运。"[①] 他从彻底消灭日本侵略者、不许中途妥协，废止国民党一党专政、建立民主的联合政府，人民的自由，人民的统一，人民的军队，土地问题，工业问题，文化、教育、知识分子问题，少数民族问题，外交问题 10 个方面，提出了一整套具体纲领和政策[②]，不仅在党内统一了思想、明确了方向，还在党外和全国人民中间赢得了广泛支持和拥护，足见这是一个识大势、有格局的好政略。日本无条件投降后，他不顾个人安危，亲赴重庆与蒋介石谈判，也是基于敌强我弱的实际、出于阻止内战的需要，积极做出的适合自己情况的正确决定。

反观铁了心继续法西斯独裁统治、不许民主改革，不是将重点放在反对日本侵略者方面而是放在反对人民方面，在打败日本侵略者后准备打内战、将中国拖回到老状态里去[③] 的国民党，自恃实力强大，坚持反共立场，其选择了恰恰是相反的政治方向：先是口蜜腹剑、虚与委蛇，在政治这个不流血的战争舞台上蒙骗全国人民；后是逆潮流而动、反民心而为，不顾"民穷财尽，国库空虚，人民渴望和平，谁要打仗就是天下之罪人"的大背景、大趋势，在战争这个流血的政治舞台上悍然挑起内战，把政治反动的真面目完全暴露在光天化日之下。客观地看，国民党这一政略选择显然更适合自己的实力和"理念"，却并不符合当时人心思定、企盼休养生息的社会期望总趋向，失道之误、反动之极显而易见。到了国民党政治腐朽、经济崩溃、军事完败的统治后期，已是想战没了资本，想谈

① 毛泽东 . 毛泽东选集：第 3 卷［M］. 北京：人民出版社，1991：1026.

② 毛泽东 . 毛泽东选集：第 3 卷［M］. 北京：人民出版社，1991：1065-1086.

③ 毛泽东 . 毛泽东选集：第 3 卷［M］. 北京：人民出版社，1991：1052.

没了资格，把抗战结束时所拥有的好局、胜局，最终弄成了残局、败局，不得不退走台湾，实在是从政治方向的选择之初就埋下了祸根、种下了苦果。

所以，方向正才会事业兴，路线正才会步步赢。就像毛泽东所说的那样："路线正确就有一切，没有人可以有人，没有枪可以有枪，没有政权可以有政权，路线不正确，有了也可以丢掉。"[①]当初，正是他独具慧眼，把马克思主义基本原理与中国革命具体实践相结合，高人一筹地提出走"农村包围城市"道路，把中国革命从"城市暴动"的失败中解救出来，为中国革命指明了正确的前进方向，从而结出没有胜利会有胜利的果实。这恰恰是以正制误的方向不对称所催生的奇效。历史经验一再表明，找对了方向，弱小的可以变得强大，像葡萄牙这样的小国也能成就强国梦、争雄梦；走对了道路，腐朽的可以化作神奇，像德国这样的战败国也能在战争废墟上重新崛起、再成强国。如果方向出错、路线有误，那就只剩下南辕北辙、心想事不成的份儿了。由此可以理解，毛泽东为什么终其一生，都高度重视路线斗争问题。因为在他看来，"思想上政治上的路线正确与否是决定一切的"，一旦在政治方向或路线选择上犯错误，将直接造成全局性、深远性、颠覆性的严重后果。对于政治家、战略家来说，这是需要学深悟透的首门功课。

三、勇于"转身"才可能实现"翻身"

古往今来，不论哪朝哪代，一旦国计民生陷入深度危机，或者内忧外患成为严重威胁，在政略选择上就会遇到一个绕不过去的沉重而激昂的话题，那就是：革命？还是变革。尽管从本质上讲，革命就是变革，变革也是革命，但两者仍存在着明显的差异：革命一定是流血的变革，而变革可以是不流血的革命。历史地看，无论政治变革还是军事变革，也无论主动变革抑或被动变革，大多都是为

① 建国以来毛泽东文稿：第13册［M］. 北京：中央文献出版社，1998：242.

富国强兵选择了新的方向、开辟了新的路径。所以，选择变革就是选择机会、选择希望、选择新生，反之，就要面对停滞、面对衰落、面对死亡。20 世纪上半叶，中国在毛泽东的领导下选择革命，彻底打碎旧世界、埋葬旧制度，带来了真正意义上的国家独立和民族解放，中国人民从此站立起来；到了下半叶，中国在邓小平的领导下选择改革开放，突破现有体制、施放内在能量，实现了社会经济突飞猛进的快速发展，带来了国防和军事实力的大幅跃升。充分表明，革命是重生之母，变革是活力之源。

同样，在战争领域这个“死生之地”，要胜利、要生存，是没有任何疑义的唯一选择。但战争并不是想胜利就能取得胜利、想生存就能满足生存的。如果没有一支比对手强大、比对手优秀的军队，就战胜不了敌人，那么，胜利与生存就只能想想而已。要实现打赢战争的梦想，防止“人为刀俎、我为鱼肉”的不利态势出现，紧要关头必须及时换脑筋、采取大动作，尤其要善于借助大方向的调整与转变，找到追赶对手、超越对手的捷径，来求新求变、图存图强。战国时期，通过商鞅变法，秦国变了，但六国没变，造成秦国拥有了打败六国的不对称优势，进而横扫天下，构建了中国历史上首个大一统格局；19 世纪，通过明治维新，日本变了，但大清没变，造成日本拥有了打败大清的不对称优势，进而一举取代中国，攫取了东亚地区国际秩序主导权。所以，当历史走到十字路口，变不变方向、行不行改革，往往就是胜与败的距离，就是荣与辱的抉择。

一般说来，不是走到绝境，是很难决定“转身”的。而即使决定“转身”，有时也未必就能“翻身”。保守势力的阻挠与抵制，“民曰不便”的托词与忐忑，包括“祖宗之法”的威权与惯性，都会让改革这一政略选择往往带有某种不确定性。大清帝国在连连遭受鸦片战争、太平天国等一次次内忧外患的折磨，被搞得焦头烂额、风雨飘摇之际，终于开启了以“自强”为目标的一场“器物变革”——洋务运动；在甲午战争中完败于“蕞尔岛夷”之后，更是深受强烈刺激，诱发求变欲望，激活求变潜力，轰轰烈烈推行了一场政治变革——戊戌变法。要说大清帝国并不缺乏“转身”的勇气，但第一个“转身”治标不治本，第二个“转身”无力而短命。它显然已看清自己与包括日本在内的西方列强之间存在着极大的不对称劣势，虽有生于忧患之虑，采取变法求强的超常措施以挽回颓势，却无多难兴邦之局，变法刚刚开始就被扼杀在摇篮之中。想得到未必做得成这一变革史上的常见悲剧，让其借“变革”求“翻身”的企图变得遥不可及。它就像一只睡狮，微睁了一下眼睛，接着又昏然睡去，继续保持着“狼醒狮睡”甚至是弱肉强食的不对称状态，直至局势完全失控、不可收拾。

其实，“转身”难不仅会在政治领域时有所见，就是在战争领域也会时有发生。我们常会看到一种战争现象，它近乎另类的“死于安乐”。这就是胜利者顶着上一场战争的耀眼光环顾影自怜，导致故步自封、停滞不前，最终倒在了下一场战争的炮火硝烟之中。第一次世界大战，法军曾用阵地战阻挡住 40 万德军对凡尔登要塞的猛烈进攻，这个决战性战役给法国带来了巨大胜利和无上荣耀，也让他们因此背上了沉重的历史包袱。到第二次世界大战前，当德军专心磨砺“闪击战”的刀刃时，法军却在大兴土木构筑“马其诺防线”，并扬言“我们唯一的战略，就是采取守势，以坐待德国的耗竭”，企图再次以阵地战打败德军。问题是，他们没有等来幻想中的那一刻，只等来了自己的坐以待毙和亡国之痛。虽然法军中不乏如戴高乐这样对战争的新特点、新变化洞若观火的有识之士，但军界最高层置若罔闻，他们对敌人的新发展、新动向可能给自己造成巨大的不对称劣势缺乏想象力，根本不想因时而动、因敌制变，结果酿成了又一个历史悲剧。

这一切足以说明，对于治政而言，僵化与停滞是衰败的开始；对于作战来说，僵化与停滞是失败的先兆。你在僵化之时，对手却在求变之中；你在停滞之时，对手却在进步之中，如此不对称的竞争格局，怎能不加速此消彼长的演进，怎能不带来敌强我弱的变局？而实现大反转的根本途径在于，突破保守的羁绊、做出革新的决断，尤其在历史的紧要关头，“转身”才有出路，“变向”才有希望。只有及时地“转向”而行甚至不惜“反向”而行，形成革新对守旧的不对称，通过变法求强、变革谋胜，才有可能进入新境界、迎接新胜利。

第二节　“殊”与“同”的对决

在做出政略选择这样带有原则性、根本性的重大问题上，最需要拥有大智慧、展现大气魄、形成大思路。面对各种不同的甚至是截然相反的关键选择，是亦步亦趋、萧规曹随，还是另辟蹊径、勇闯新路，是顺势而动、因势利导，还是逆势而上、力挽狂澜，是锋芒不露、韬光养晦，还是锋芒逼人、扬威耀武，以及什么时候亦步亦趋、什么情况下另辟蹊径，什么时候顺势而动、什么情况下逆势而上，什么时候锋芒不露、什么情况下锋芒逼人，对此能够保持清醒认识、做出正确决断、进行高明处置，实非轻松之举。而若不会把握和运筹“殊”与“同”政略不对称，是很难拥有主动和优势地位的。

一、“大路朝天，各走一边”

中国5000多年历史文化源远流长、博大精深，就算反映人们日常生产生活的一些民谚俗语，也都充满着政治智慧、蕴藏着斗争策略。比如，“长江后浪推前浪，前浪拍死在沙滩上”，就有同路而行、必有一争的寓意，且可能出现后发先至的局面；又如，“你走你的‘阳关道’，我走我的‘独木桥’”，就有分道扬镳、自树一帜的寓意，且可能实现自主、自立、自强的目标，等等。搞政治讲求高超的斗争之术，搞军事需要诡谲的制胜之道。无论一个好的政略选择，还是一个好的战略决断，一定会竞争有术、制胜有道，有助于塑造态势、改善格局。而政略选择上最容易让对手为之震惊、受到震撼的简捷有效办法，一个是与众不同，选择走独到特别之路；一个是针锋相对，选择反其道而行之。

考察一代政治家、军事家曹操的一系列重大政治决策，最见功力、最为成功的当属“挟天子以令诸侯”。在当时群雄并起，争相“靠实力以制敌手”的大背景下，他能审时度势、果断出手，把看似无用的傀儡皇帝汉献帝刘协“请”到身边，立起政治上的“法统牌坊”。这一与众不同的政略选择，让他迅速掌握以朝廷名义发号施令的政治主导权，可以名正言顺按照自己的意愿进行攻伐进取，最终以并不强大的力量统一了中国北方，成为三国当中实力最强的一家。可以说，这是一次求异性政略与趋同性政略的巅峰对决，其成功的秘诀在于，能够想人所未想之策、做人所未做之事、谋人所未谋之局，采取的是“剑走偏锋”的超常举措，达成的却是“一剑封喉”的最佳效果。所以，大家都看好的事，你也看好，这不能叫作独具慧眼；大家都去做的事，你也去做，这不能叫作独具匠心。真正的政治行家、战略高手，能够独占鳌头、独步天下，大多是因为仔细去看并能够看清大家都不看好的事，审慎去做并能够做好大家都不去做的事，在反过来看会怎么样、反过来做会怎么样的斟酌评估之中，发现最新的突破方向，找到更好的发展路径。这正是经略“殊”对“同”的政略不对称的奇妙之处、可鉴之处。曹操的老对手刘备即使没有这样的政治功力，起码也有这样的政治悟性。早年，刘备同其他诸侯列强一样，也是将战略进取的方向和重点放在中原，他为此奋战17年，却无安身之地。幸得诸葛亮为其指出“先取荆州、再取西川”新的发展方向，才完成了一次堪称华丽而完美也是最为重要的战略转身，终于建立起属于自己的稳固根据地。如果说，曹操的“挟天子以令诸侯”，一策行而占全局主动，那么，刘备的弃中原而占边陲，则是一策行而得三分天下，他们都从人所不屑的特殊政略选择中，谋取到了人所不及的最大战略利益。

孔子说过：“道不同，不相为谋”（走不同道路的人，没办法在一起谋划和共事）。他在告诫人们，想要干大事、干成事，有时就不得不自行其是、各行其道。历史上诸如宗教战争、文明冲突、制度竞争、路线斗争，说到底都是“道不同”的直接产物。发生这样的战争、冲突、竞争和斗争，有时不能仅用源于与众不同的政略选择来解释，更多时候需要从源于根深蒂固的政治对立来认识。中国人爱说一句话：殊途同归。其实，在政治领域，殊途必不同归；殊途或有一搏。各走各的路，未必就会条条大路通罗马；各走各的路，难免就要全力竞争对着干。当代中国的快速崛起，无疑是20世纪后期至21世纪前期的一个重大历史事件。促成这一历史事件的发生，在政略选择上主要依靠两大法宝：其一是中国特色。通过求同存异、厚植根本，借鉴资本主义经济发展的某些先进成分，建立起新型社会主义市场经济体制；同时，始终保持社会主义性质，坚持社会主义道路，从而实现经济大发展、政治大团结。其二是和平崛起。通过韬光养晦、合作共赢，努力降低和避免政治摩擦、经济冲突尤其是军事对抗，创造和维护和平稳定的外部环境，从而实现在发展中增强综合实力、在和平中提升国际地位。事实已经证明，这是一条前所未有、前景光明之路，这是一个政略卓越、功业卓著之选。然而，树欲静而风不止。崛起大国与守成大国之间的天然矛盾关系和内在斗争逻辑，以及中美双方意识形态根本对立终将带来谁更具吸引力、谁更能代表未来、谁更会战胜谁的制度之争，不能排除让崛起中的中国与“衰落”中的美国坠入“修昔底德陷阱”的巨大风险，未来演变成一场针锋相对的政治斗争甚至是刀兵相见的军事斗争的可能性难以消除，这正是殊途必不同归、殊途或有一搏的潜在推动力。从这个意义上讲，什么是历史规律？所谓历史规律，其实就是一些似曾相识的东西能够让人们反复看到、反复经历。

做出反其道而行之的政略选择，通常需要力挽狂澜、再造乾坤的宏大气魄。而其前提则是，必须弄清时代站位、弄清斗争性质、弄清相互态势、弄清发展趋势；同时，不但需要据此解决政治问题，还要准备据此解决战争问题，这才是更为重要的。我们当然知道，解决政治问题“并不是永远都需要用街垒和刺刀来进行的”[1]，但考虑到政治与战争的特殊关系，考虑到你与对手在政治道路和政略选择上的根本对立，考虑到你很有可能被对手压迫到退无可退的艰难境地，如果大路朝天，不能各走一边，那么，准备抗争、放手一搏就是必要的，也是正确的。这应当是而且必须是经略政略不对称的题中应有之义。至于如何做到敢于出手与善于收手的有机统一，则是战略指导层面需要把握的重大问题了。

二、“杀鸡杀屁股，一人一个杀法”

历史具有许多惊人的相似之处。大国崛起之路，同样都是十分相似的，甚至早已形成某种固定的模式和一致的共识。客观地看，自 17 世纪以来，大国崛起模式就一直没有发生根本性变化，通过战争实现崛起成为一种标准配制，成为一种固化观念。到目前为止，除中国人之外，还没有谁会相信，一个国家不用“飞机大炮”就能崛起的。这就不难理解，为什么美国人包括整个西方乃至其他一些国家，会对中国和平崛起充满疑虑和警惕，甚至怀有敌意。但俗话说得好：“杀鸡杀屁股，一人一个杀法。”你是依靠“飞机大炮”实现崛起的，并不代表我也要依靠“飞机大炮”才能实现崛起。中国走的是和平发展之路，用的是和平崛起方式，这是中国式政略选择表现出来的一种独特大智慧。

它之所以“独特”，特就特在不是用“飞机大炮”搞扩张，而是用“钢筋水泥”促发展；不是用经济优势搞盘剥，而是用互利合作谋共赢；不是用一国安全搞壁垒，而是用共同命运享太平。其本质是，自己成功也让别人成功，自己发达也让别人发达，自己幸福也让别人幸福，自己安全也让别人安全。看一眼中国倡导的“一带一路”就会发现，中国带去的是基础建设投资，是平等贸易交流，是社会经济繁荣，是地区秩序稳定，是和平发展愿景。同时，还带

[1] 马克思，恩格斯 . 马克思恩格斯全集：第 8 卷［M］. 北京：人民出版社，1961：249.

去不干涉相关国家内政、不谋求地区事务主导权、不经营势力范围的承诺。这种从过去依靠“飞机大炮”的战争崛起模式到现在依靠“钢筋水泥”的和平崛起模式的转变，绝对是一次前无古人的历史嬗变，毋庸置疑地带有“殊”对“同”的政略选择不对称，甚或是一次“新”对“旧”的政治大对决。如果可以把这比作“模式之争”的话，那么，以当今中国崛起的“柔软模式”与以往大国崛起的“强硬模式”相比较，谁更有亲和力、谁更有获得感、谁更有先进性，不言自明。这一不对称的崭新模式，理所应当更能被人接受、获得认同，也更能拥有优势、润物无声，这就是为什么“一带一路”沿线国家都会群起响应、大力支持、积极参与的根本原因。

经验告诉人们，另辟蹊径常会迎来别有洞天。这是因为，走别人的路，你只能看到已知的风景；而走自己的路，你才会领略独有的风光。尤其考虑到走别人的路，经常会发生未必能适应、未必走得通的情况，已知的风景或许因此变得可望而不可即。所以，找准自己的路、走好自己的路才是正路，才会有“风景这边独好”的收获。第二次世界大战结束后，德国呈现的是政治全然颓败、国土满目疮痍、经济濒临崩溃的惨状。在选择什么道路更有利于战后重建问题上，它没有吸纳或照搬英美等发达国家模式，而是选择将自由原则与国家干预原则有机结合，强化政府对市场经济进行宏观调控，通过发展国家垄断资本主义建立经济基础，在此基础上，不断实现市场化，同时，通过社会福利政策的均衡措施予以补充。这一独特的社会市场经济模式，既不完全是市场经济又不完全是计划经济，曾被称作“第三条道路”，非常符合德国国情并且非常行之有效，保证了德国再次崛起。这表明，在政治经济领域，无论政策之辩还是模式之争，成败的关键不看你的选择是不是“经典”、有没有“来头”、够不够“新潮”，就看你的选择能不能奏效。邓小平讲过一句名言：“不管白猫黑猫，抓住老鼠就是好猫”。你既可以用白猫抓老鼠，也可以用黑猫抓老鼠，但假如这只白猫恰恰不会抓老鼠，你还会因为它长得乖巧好看而用它去抓老鼠吗？这时候，去找一只会抓老鼠的猫才更重要，哪怕它长得不够招人待见。同样，“杀鸡杀屁股”，杀法的确有些难看，但如果这样也能把鸡杀死，或者效率可能更高，难不难看又有什么关系？毕竟，善于别出心裁、出其不意，才能制造更为有利的不对称竞争态势。

当今世界，无论从什么角度看，都已逼近一个重要的战略拐点：世界权力平衡正在不可避免地发生转移，一个国际秩序更替升级的时刻可能就在眼前。这个战略拐点之所以能够出现，完全是因为中国的快速崛起，而从更深层次看，则得益于中国的模式之优。简单地说，中国坚持走全新的特色之路，并没有遵循美国的政治、宗教和经济自由模式却大获成功，出人意料地成长为“世界第二大经济体”。其在模式选择上所具有的难以抵挡的示范效应，甚至让美国人自己都开始怀疑“自由市场资本主义”（指美国）战胜“全球国家资本主义”（指中国）还有没有可能性。什么是理想模式？综上是不是可以这样说，所谓理想模式，就是以能够促进自己的全面发展、促成对手的心惊胆战为关注点和着力点，敢于应用别人想都不敢想的不对称发展模式。当然，如能同时减少猜疑、降低摩擦、缓解对抗、避免冲突将更加理想，事实上，这是难以周全的。但不管怎么说，高明的政略选择或者战略指导，最为关键也是最有价值的应当是：不拘成见、不守成规、不走寻常路，善于在别人看不懂的迟疑、跟不上的迟缓之中，建立起自己的优势。说到这一点，中国的确是赢了。

三、“王道为矛，霸道为盾”

古往今来，在政治领域一直存在着两种统御之术的长期争辩，这就是行王道还是取霸道。所谓行王道，多是基于道义准则来制定政策，追求惠己及人、实现双赢，讲的是不自败则胜，有实力也不轻用，常常示人以大义、大气和大度。它不谋求通过武力来控制别国，而是创造条件让他国与自己合作，从中享受优惠、获得财富，而其他国家则主动为行王道者提供确立控制权的一切机会。作为拥有 5000 多年历史的东方大国，中国在大多时间里，对外素以行王道为政略选择，通过形成吸引力、向心力来感召和影响周边国家，构建起持久宏大的朝贡体系，充分显示了“东方王道”的政治魅力。所谓取霸道，多是基于自身实力来制定政策，追求威加海内、独霸天下，讲的是谁的胳膊粗谁就说了算，谁有一支强大的军队谁就是老大，常常示人以强横、蛮横和专横。它致力于对别国的内政及外交施加影响，甚至不惜动用武力进行直接干涉和掌控，继而残暴奴役别国人民，大肆掠夺别国财富，迫使别国苟活于刺刀的威逼之下。历史上的欧洲国家素以取霸道为政略选择，只要看一看其针对世界弱小国家和民族构建的殖民体系和历史，就能深刻体会“西方霸道”的冷血与无情。

两种统御之术，各有各的逻辑。有能力也要有道理才去做，这是王道的内在逻辑，更多的讲求以德服人；有能力即便没道理也去做，这是霸道的内在逻辑，更多的讲求以力服人。但无论行王道抑或取霸道，都需要讲条件。行王道的条件是：一大（国家要大）、二强（实力要强）、三优（文化要优），三者缺一不可。国家不大而行王道，只会自寻烦恼、自讨苦吃；实力不强而行王道，只会自不量力、自取其祸；文化不优而行王道，只会自命不凡、自欺欺人。而取霸道的条件却是：三者俱备可以行霸道，国家大实力强可以行霸道，国家不大但实力强可以行霸道，实力不强但国家大也可以行霸道。这就不难理解，为什么在这个世界上，既有全球霸权的存在，又有地区霸权的存在，甚至还有出门就会遇到的“街口小霸”的存在了。从古今中外历史发展的既有轨迹看，随着国家的崛起、民族的振兴或者政治集团的坐大，一旦拥有了骄人的实力，行王道远不及取霸道更具吸引力。走霸权主义道路，纵使不是一个历史必然，也是一种大概率事件。这是因为，取霸道既有外在的诱惑，也有内在的冲动，往往难以抵挡、难以抑制。客观上，一旦有了实力，即使没有条件也可以创造出条件，没有机遇也可以创造出机遇，没有借口也可以制造出借口，而把实力展现出来、用到极致，通过推行战略扩张，以谋取更多、更大的利益。

当然，既然选择了霸道，就只能沿着霸道的轨迹和规律一路前行。历史上，无论中国的春秋五霸、战国七雄，还是后来各朝各代的群英逐鹿、枭雄问鼎，抑或是马其顿帝国、古罗马帝国、拿破仑帝国、大英帝国、纳粹帝国、日本帝国和苏联帝国的兴衰，大体都是按照一条从崛起、扩张、繁荣、鼎盛到转折、收缩、衰落直至败亡的“标准抛物线”在行进，如出一辙，概莫能外。我们非常荣幸，正在目睹着美利坚帝国继续循规蹈矩地走在同样的道路上不能自拔，且日益显露出力不从心、勉为其难的窘态。只要看一看冷战后将近 20 年的美国，再看一看近十年来的样子，就不得不感叹，霸权主义真有诱惑力，真能得实利，也真会害死人。历史经验一再告诉人们，不管你有多么强大，最终能够打败你的只有你自己，其中，起决定作用的关键因素是你准备走什么样的道路，采取什么样的政策。

有人说，大国崛起于地区性守成，而消亡于世界性扩张。这是振聋发聩之言，富有真知灼见。地区性守成与世界性扩张，是完全不同的两条道路，无论在政略选择还是在行事规范上，都大相径庭，前者通常偏重于行王道，而后者更加偏重于取霸道。但不管是谁，如果不想重蹈覆辙，不想犯同样的历史错误，都应当认真吸取以往大国无度搞扩张、坚持取霸道而最终招致衰败的血的教训。中国历来是一个战略内向的国家，尤其在对外用兵问题上，一直非常谨慎。一位美国学者就认为，中华文明不衰落的第一原因，就是这个文明从未发动过一场军事远征。那么，到了今天，特别是经过 40 多年的改革开放，实现了突飞猛进的持续高速发展，创造了举世瞩目的“中国奇迹”之后，一个快速崛起、重新屹立于世界东方而拥有强大实力的大国，准备打造什么样的大国风范，准备选定什么样的行事规则，或者说是行王道还是取霸道，难免会引人关注。

诚然，在现代国际关系和大国战略博弈中，行王道已属罕见，取霸道随处可见。但是，王道的衰微，并不能掩盖其本身所具有的巨大价值；而霸道的盛行，也不表示其具有无所不能的魔力。中国有行王道的历史传统，崛起的中国行王道也符合构建人类命运共同体的新理念、新构想。因此，不学美国，拒绝帝国思维，远离霸权主义，这本身就是一种政略选择不对称。不过，一个国家不可能永远地行王道，也不可能永远地取霸道。即使从策略运用的角度看，单纯的行王道或者单纯的取霸道，也是不对的。这是因为，在追求本国利益时兼顾他国合理关切，在谋求本国发展中促进各国共同发展，这一过程不可能没有矛盾、不可能一帆风顺。有时为了有效解决某个问题，或者仅仅只是为了守成需要，以王道为主、霸道为辅，注重王霸兼用才是更为明智的抉择。很显然，为了守成偶尔霸道一下，与为了扩张始终霸道下去，是完全不同的两个概念。前者将会产生一些摩擦、造成一些隔阂，却因为是暂时性措施、偶发性事件，且有前期友好合作的基础，虽有可能使人心生芥蒂，仍会继续拥有亲和力，而非长久产生压迫感。对于后者来说，这又会产生政略选择效果的不对称。

第三节　“和”与“战”的纠缠

要和平还是要战争，这是在政略选择上必须适时做出决断的一个大问题；更多时候，这又是最难定决心、最难做决断的一个大问题。在面对是和是战的紧要关头，政治家们常会陷入非常纠结、非常矛盾的两难境地而饱受煎熬：一方面，对手磨刀霍霍，威胁迫在眉睫，而己方困难多多，没有胜战把握，表现为遇战踌躇、不想轻启战端；另一方面，弥足珍贵的和平环境已然岌岌可危，而群情激愤的战争冲动正在肆意蔓延，表现为思战心切、很想不惜一战。实际情形则是，选择和平或许心有不甘，而一旦选择战争就不能不计后果，这都加大了做出正确决断的难度。其间，还存在着一种更为严重的情况，就是政治决断权有时会遭到来自其他力量的裹挟和绑架，可能置国家于军事强权决定政略选择导致主动拥抱战争的极度危险之中。所有这一切，让“和”与“战”的选择更加纠缠不清。

一、要慎战，更要不惧战

中国古人基于对兵凶战危的深刻认识，十分强调慎战思想。所谓“兵者，国之大事，死生之地，存亡之道，不可不察也”[1]，慎战就是其中的一个关键要义。如果从总结战争的历史经验教训出发，则不难得到三个重要启示：第一个是，战争并不都是非打不可的。冷战时期，由于美苏两霸核能力的势均力敌，使很多人想象中的第三次世界大战始终没有发生，但美国人依然做到了“不战而胜”，等来了苏联的彻底崩溃。第二个是，战争并不都是想打就能打起来的。半个多世纪以来，美国一直视朝鲜政权为“眼中钉”“肉中刺”，必欲除之而后快，无数次地“刀出鞘”“箭上弦”，但最终都是“盘马弯弓”，临阵不了了之。第三个是，战争并不都是一定能打赢的。不仅当年德国入侵苏联、日本挑起太平洋战争是这样，就是美国人后来直接介入的朝鲜战争、越南战争也是这样。从这个意义上讲，战争虽是一种断然的政治决策，却不允许是一种鲁莽的政治行为。它不可不察，更不可不慎。

能文决就不武对，能慑服就不动武，不到万不得已，决不轻启战端，尽可能遏制战争的爆发，力求不战而屈人之兵。这是一种寓战于和的慎战思想。它并非胆小怕事，而是不赌后果难料的国家命运。但慎战绝不是避战，更不是不战。如果说，战争应当以和平为归宿，那么，和平应当以战争为盾牌。唯有能战方能言和，唯有敢战方能止战，这就是战争的辩证逻辑。所以，慎战而又不惧战，该出手时就出手，就成了政略选择上的又一备选样式。事实上，我们绝不能让慎战的逻辑禁锢了敢战的决断，因为一旦你给对手留下“惧战”的印象，反倒会增强对手“敢战”的信心，增加对手进行战争讹诈的筹码，使其拥有了以“敢战”对“惧战”的不对称。新中国成立后，曾经 5 次对外用兵，都是在外敌咄咄逼人、一再挑衅之下，以慎战

① 吴如嵩 . 孙子兵法浅说［M］. 北京：战士出版社，1983：29.

为先手，以敢战为后手，鉴于和平难以为继，战争不可避免，而义无反顾地与敌人战斗，直至取得最后的胜利。先是在朝鲜战场与以超级大国美国为首的“联合国军”对决，最终迫使它在“停战协议”上签字；而后在西南边境与地区性大国印度交手，给企图侵占我国领土的印度当局以沉重打击；接着在北部边境与另一超级大国苏联对阵，把自古属于中国的珍宝岛留在了中国版图之内；继而在西沙海域与南越军队过招，以坚定果敢的行动收复西沙；后来在中越边境与自称军事强国的越南开战，给疯狂反华的越南当局以深刻教训。

无论对手是超级大国还是地区强国，都敢于为了维护国家利益而采取坚决的军事行动，对于中国政府和人民表现出来的这种不可欺、不可侮，不怕鬼、不信邪，敢打必胜、勇往直前的精神，周边国家和地区乃至国际社会都有深刻认识，怀有敬畏之心，那些企图与中国为敌的潜在对手更是心存忌惮。其实，这类军事行动的本质，是一种寓和于战的政略选择，就是“打是为了和，不打不能和，打不赢也不能和，打过了头也影响和”。这中间，打是手段，主要是通过实施有限的打，让对手知难而退、适可而止，使那一方安定下来；而和才是目的，主要是通过实现长期的和，为自己的可持续发展和长治久安争取空间和时间。这一政略选择的核心问题是，不能让敢战的现象掩盖了慎战的本质：所谓的敢战是不得不战，但绝不是好战。必须清醒地看到，解决国家之间类似边界领土等争端，是涉及国家民族根本利益的大问题，任何一方都不会轻易让步。历史也一再证明，企图通过使用武力达成圆满解决这类争端的事例几乎是没有的。尽管敢战是解决问题的一种有力手段，但长远地看，一味敢战或者事事敢战，难免会走上穷兵黩武之路，很可能以一时我之敢战对敌之败战的不对称，换来最终我之败战对敌之胜战的不对称。

不管怎么说，奉行战争政策虽不是最好的政策，但也绝不是最坏的政策。最坏的政策是应该作为而不去作为。从这个意义上讲，战争肯定不是天使，但也并不完全是恶魔。拒绝战争、排斥战争，奉行单纯和平政策，就是和过了头，就是绥靖主义，到头来不仅什么问题也解决不了，还可能因为你的姑息而纵容了对手，招致新的对抗甚至是新的战争。同样，拒绝妥协、坚持进攻，甚至把战争演变成狂暴民族的经常性消遣，就是战过了头，就是穷兵黩武，到头来做什么都只靠战争解决问题，很可能玩火自焚而陷入绝地。如何在两者之间找到平衡，因时、因地、因敌、因势地做出一个相对适合的政略选择，要么让寓战于和的因素多一些，要么让寓和于战的因素多一些，其中就有个力道拿捏的问题。拿捏得当，就会拥有对敌优势，确保战胜敌人。

二、要趋利，更要知其害

任何一种政略选择，都无可避免地存在着两面性：既有显而易见、强力推进的充足理由，也有或明或暗、难以回避的不利因素。其区别在于，在整个政略实施的过程中，有利条件与有害因素各自所占的权重及其影响是多是少、是大是小而已。所以，孙子会说："智者之虑，必杂于利害"[①]（明智的将帅考虑问题，一定要兼顾利与害两个方面）。作为战争指导者，在进行政略选择时，最需要做的就是趋利避害，也就是尽可能地增大有利条件的权重，而尽可能地降低有害因素的权重。

在战争历史上，同样是围绕和与战做出抉择，却因为对利与害的权重不对称在认知上的差异和把握上的不同，而出现变利为害与变害为利的天壤之别。第二次世界大战初期，面对希特勒染指西班牙，占领奥地利，直接威胁欧洲和平的严峻形势，英法政府非但不采取积极措施予以有效应对和坚决抵制，反而选择"绥靖政策"以求妥协而偏安一隅。为此，不惜媚敌卖友、隔岸观火，出卖捷克斯洛伐克和波兰，甚至想借刀杀人、祸水东引，诱使德国进攻苏联以坐收渔翁之利。由于目光短视，只见其利而不见其害，同时心怀鬼胎，痴心妄想而一厢情愿，到头来搬起石头砸了自己的脚，被希特

① 吴如嵩．孙子兵法浅说［M］．北京：战士出版社，1983：88.

勒的“声东击西”打了个落花流水。随着丹麦、挪威、荷兰、比利时、法国的相继陷落，英法两大列强及其盟友降的降、逃的逃，完全丢掉了欧洲大陆。不得不说，“绥靖政策”就其本意而言，也是要“趋利避害”的，尽管其中充斥着狭隘与苟且，充满了自私和自利。然而，因英法政府只顾及有利条件的权重与诱惑，而忽视了有害因素的权重与风险，尤其对利害相权所产生的“负数”可能蕴藏的巨大危害以及可能带来的严重威胁未能予以正确研判并预做防范，自认为对德作战具有害大于利的不对称，对德绥靖则具有利大于害的不对称，导致绥靖政策的实施最终演变成了变利为害，而满盘皆输。

反观毛泽东在是否出兵朝鲜、进行抗美援朝的问题上，通过斟酌利害、权衡轻重，毅然决然地做出与美国为首的“联合国军”打一仗的战略抉择，则堪称是变害为利的光辉典范。当初，反对出兵的理由主要有三点：一是国家初建，百废待兴，不宜再打仗；二是中美双方实力相差悬殊，取胜无把握；三是倘若战事不利，可能引火烧身。而赞同出兵的理由则不少于六点：一是美军如占领朝鲜，将严重威胁我重工业基地东北；二是美军一旦陈兵鸭绿江岸和台湾，随时可以对我发动侵略战争；三是既然较量不可避免，比较朝鲜、台湾和越南三个可能的战场，在朝鲜与美国打一仗更为有利；四是可拒敌于国门之外，保证国内经济建设；五是打得好可扬我国威军威，争取长期的和平环境；六是最坏的情况是打烂了，等于解放战争晚胜利几年。① 而促使毛泽东最终做出抗美援朝战略决断的最关键因素，就是既见其害、更见其利：赞同出兵的意见在全面涵盖反对出兵的意见后，仍然“有利可图”，也就是出兵具有利大于害的权重不对称。所以，政治局会议的最后结论是：“我们认为应当参战，必须参战，参战利益极大，不参战损害极大。”历史已经证明，抗美援朝战争作为确立新中国大国地位的奠基之战，给国家和民族带来了持久而巨大的政治利益和战略利益，自此以后，“中

① 周薇．军事决策矛盾论［M］．北京：军事谊文出版社，2008：43-44.

国因素”在国际社会才真正成了极为重要而不容小觑的一个因素，“中国声音”在周边地区但凡涉及中国利益时成了必须仔细聆听并认真加以对待的一个声音。

从本质上讲，战争指导就是趋利避害的艺术。这主要是因为，政略选择的方向和道路、方针和政策，战争过程中的攻防进退、分合行止，以及由此带来的一切得失和胜败，莫不杂于利害，只有善于利中见害、害中见利，才会立于不败之地。而利之轻重、害之大小，则需要做审慎而细致的掂量和计算，以确保两利相权取其重，两害相权取其轻，在实现利益最大化的同时，力争危害最小化。必须看到，利与害作为相互对立、相互依存的矛盾体，两者在一定条件下是可以相互转化的。战场上常有这样的情形：“七十二战，战无不利；忽闻楚歌，一败涂地。”中国的楚霸王项羽是如此，迦太基的汉尼拔、法兰西的拿破仑也同样是如此。这些声名显赫的统帅，都是在连战连捷、一个胜利接着一个胜利的有利形势下，因政略选择之误，导致内部的和外部的各种有害因素持续发酵、综合发力，抵消了之前的全部有利条件，由此走上末路的。项羽是放弃战略对峙、议和东归，汉尼拔是没有趁兵威极盛之机攻占罗马城，拿破仑则是扩张野心过大、想做世界的主宰。可见，无论政略选择还是战争指导，最终是形成了增大有利权重而减少有害权重的不对称，还是出现了减少有利权重而增大有害权重的不对称，在很大程度上取决于国家领导者和战争指导者的远见卓识和大气大魄，取决于能否在有利与不利、可为与不为之间做出富有智慧且符合实际的关键取舍。

三、要厚其“植”，更要强其“种”

中国古代兵书《尉缭子·兵令上》认为：“兵者，以武为植，以文为种；武为表，文为里。能审此二者，知胜败矣”[①]（战争问题，军事是从属的，政治是根本的；军事是现象，政治是本质。能分清

① 万同林．中国古代兵法大全［M］．北京：国防大学出版社，1994：267.

两者的关系，就懂得胜败的道理了）。战争具有彻头彻尾、彻里彻外的政治属性。古往今来，民族、国家、阶级和政治集团的利益之争，以及相关政略的矛盾冲突等政治因素，始终规定着战争的目的，决定着战争的性质，制约和影响着战争政策的制定与实施，还控制着战争从发生、发展到结束的全过程，这就是政治决定军事。政治决定军事，恰恰表现为军事为“植”、政治为“种”，这也是一种常态。战争与和平问题，事关民族的兴衰绝续、国家的生死存亡，不是儿戏。无论选择和平还是选择战争，都需要有高屋建瓴的见识、总揽全局的谋划和超凡脱俗的智慧，尤其需要联系政治因素去观察、思考和处理问题，而不能单纯从军事的角度看问题、办事情。从这个意义上讲，战争打得都是政治主导军事的仗，军事从来就是政治的仆从，也只能成为政治的仆从。

不过，在具体实践中，也有军事因素决定政略选择和政治走向的，存在着特殊意义的军事为“种”、政治为“植”的某种非常态。表现之一是，战场打不赢，一切等于零。面对日本军国主义蓄意挑起的侵华战争，毛泽东曾深刻指出：“两军敌对的一切问题依靠战争去解决，中国的存亡系于战争的胜负。”[①] 那时候，必须坚持军事第一、战争第一、胜利第一，一旦在战场上彻底输了、败了，只会剩下亡国灭种这样一种悲惨的政治结局，因此别无选择，所有一切只能以战争为核心，必须给军事让路。表现之二是，谁的拳头硬，谁就做老大。历史曾经给后人留下太多“赳赳武夫、指点江山”的奇观，都是一些军事为“种”、政治为“植”产生的怪象。中国五代时期的几个开国皇帝，如朱温、李存勖、石敬瑭、刘知远、郭威等人，全是一介武夫，他们以军事为后盾，视政治为玩物，利用军队左右政治，通过运筹和把握军强政弱或者军盛政衰所形成的不对称大势，打军事主导政治的仗，从而割据一方，裂土立国。这完全是另类的“枪杆子里面出政权”，但又不得不为历史所接受。当然，从表面

① 毛泽东．毛泽东选集：第 2 卷［M］．北京：人民出版社，1991：554.

看，上述两种情况是战争或者军事因素在左右政略选择和政治走向，而其本质仍是政治因素在起决定作用：如果不是在政治上有抗日的决心，就不会在军事上有抗日的行动；如果不是在政治上有篡权的野心，就不会在军事上有割据的举动。这里所说的军事因素能够决定政略选择和政治走向，更多的是说它在形式上确实有这样的特殊表现。

实际上，无论治国还是安邦，政治与军事犹如车之两轮、鹰之两翼，相辅相成，不可偏废。正如孔夫子所说，“有文事者，必有武备；有武事者，必有文备”[①]（搞政治斗争，必须有军事作后盾；搞军事斗争，必须以政治为基础）。历史经验表明，政治一旦脱离军事的有力支撑，只能显现幼稚和羸弱，甚至会变得不堪一击，再好的政治主张和政治愿景都将化为乌有。在这方面，教训最为深刻的当属早期的中国共产党，因为当初只搞政治而不重军事、不抓军队，结果国民党发动“四一二”反革命政变时，差点被斩尽杀绝。同样，军事一旦脱离政治的有力指导，只能成就鲁莽和暴虐，甚至变得穷凶极恶，而加速败亡。中国历史上很多农民起义就属于这种情况，由于没有明确的政治纲领，很快就失败了。如，明末建立过大西农民政权的张献忠，据传杀人如草，曾立“七杀碑”明志，大肆杀戮官民。如此不分青红皂白只管杀人，丝毫不懂“民之不存、国将焉附”的道理，这样的政权、军队如何能够巩固和持久？因政略选择之误而只得其时、不得善终，其灭亡早已注定。无论搞七分政治、三分军事，形成强“种”弱“植”的不对称，还是搞七分军事、三分政治，形成厚“植”薄“种”的不对称，都是有极大风险的。但如果一定要在强“种”弱“植”与厚“植”薄“种”之间做出抉择，强“种”弱“植”应当成为基本方略，也就是懂政治、讲政治更加重要。

说到底，和平无非是用枪杆子维持平衡的过程，战争无非是用枪杆子改造世界的过程。但无论选择和平还是选择战争，都是一种

① 军事科学院．中国古代兵法选辑［M］．石家庄：石家庄陆军学校翻印，1984：8.

政治决定，枪杆子只是执行政治决定的工具而已。在这两个过程中，政治与军事必须分清主从关系，不仅两手都要有、两手都要硬，而且还要形成让军事服从政治的不对称，不能形成让政治屈从军事的不对称。要做到这一点，必须首先强化政治的权威，确保不能有出现弱化、发生动摇的现象，否则，就会失去政治对于军事的决定权、控制权。第二次世界大战时期，日本政府完全受制于军部、听命于军人，让军事强权对和平与战争问题指手画脚，进而把整个国家变成了可怕的战争机器，这不能不说是走向覆灭的一个重要原因。

第四节 “向”与“背”的撕扯

任何一个政略选择，都会在实践层面产生某种特定效果：有的可能顺天应人，因此取得事半功倍的成效；有的则是南辕北辙，最终获得适得其反的结果。我们从不怀疑，一个政略的选择与实施，其初心和本意都是为了实现事业兴盛、为了赢得战争胜利，但恰恰因为存在这样的政略效果不对称，才会使国家有兴亡、战争有胜负成为一种经常性的历史事件。其实，围绕不同的政略选择，很容易发生相互撕扯的现象：奉行激进的还是温和的政策，采取强硬的还是柔软的措施，运用短期的还是长效的办法，都难免造成得与失的极大不对等、成与败的极大不平衡。

一、人心的向背是胜利的基础

常言道，得民心者得天下，失民心者失天下。这是因为，所有国家都是以人民为基础的国家，所有社会都是以人民为主体的社会。人民大众从来就是历史的创造者，也是战争的生力军。所以，从古至今，人心是最大的政治。欲得天下之人，先得天下之心，这是一条亘古不变的基本经验。历史地看，能否争取人心、赢得人心，或者说能否收买民心、利用民心，甚至说能否像某些军政头面人物那样，哪怕仅仅在表面而非真心地顾及民意、顺应民意，都会在一定时期或者一定时段内，让那些政治、军事宏大舞台上跌宕起伏的“剧情”，向着完全不同的方向、进程和结局发展与演变。当年，刘邦率部进咸阳，对秦朝宫廷重地及财宝物资府库予以保护封存，秋毫无犯，与三秦之地德高望重的耆老豪杰订立“约法三章”，抚慰民众，从而赢得百姓拥护支持，唯恐他不在三秦大地为王。等到项羽率部入关，即“引兵西屠咸阳，杀秦降王子婴，烧秦宫室，火三月不灭，收其货宝妇女而东”，令“秦人大失望”。两种截然相反的政略选择，让人心向背的天平明显发生了有利于刘邦不利于项羽的倾斜，这是导致在其后的楚汉相争中刘胜项败结局的一个极为重要的因素。

从根本上讲，人心向背，向来是政治斗争、军事斗争带有最高指标意义和最终决定意义的因素。管仲认为：“凡国之重也，必待兵之胜也，而国乃重；凡兵之胜也，必待民之用也，而兵乃胜”[①]（国家要有威望，必有待于战争的胜利，然后威望才能提升；战争要取得胜利，必有待于人民的拥护，然后胜利才能获得）。司马穰苴也说：“内得爱焉，所以守也；外得威焉，所以战也”[②]（对内得到人民的拥护，才能抵御侵略；对外保持强大的威力，才能战胜敌人）。西汉的刘安更是明确指出：“顺道而动，天下为向；因民而虑，天下为斗”[③]（为正义而战，天下都会响应；为人民利益着想，人民就会自觉地参战）。所以，打仗既是打实力，更是打人心。拥有人心所向，必然会一呼百应，得到更多支持、拥有更多优势。解放战争中，共产党军队没有后勤部，后勤部就是老百姓；没有野战医院，野战医院就在老百姓家的炕头。淮海战役时，解放军总兵力不到60万人，却有590万老百姓为其提供后勤支援。陈毅元帅为此动情地

① 军事科学院．中国古代兵法选辑［M］．石家庄：石家庄陆军学校翻印，1984：23.

② 军事科学院．中国古代兵法选辑［M］．石家庄：石家庄陆军学校翻印，1984：25.

③ 军事科学院．中国古代兵法选辑［M］．石家庄：石家庄陆军学校翻印，1984：4.

说过："淮海战役的胜利，是老区人民用小推车推出来的。"人民的衷心拥护和全力支持，可以创造难以想象的人间奇迹。这就是政治上的优势、人心上的趋附所能产生的无与伦比的奇效。

高明的战争指导者都会懂得，民心不可欺，民意不可违，民利不可犯。否则，人民不高兴，后果很严重。《吴子》中就有例证："成汤讨桀而夏民喜悦，周武伐纣而殷人不悲。"[①]得罪了人民，也就失去了人心；而失去了人心，就会从根本上动摇执政的基础。基础不牢，地动山摇。一旦到了国家面临危难的紧急时刻，不要说指望人民会团结一心地捍卫政权，不揭竿而起顺势推翻政权就已经是对当权者的一种厚待了。这就像荀子所说的那样："故有社稷者而不能爱民、不能利民，而求民之亲爱已，不可得也；民不亲不爱，而求其为已用、为已死，不可得也；民不为已用、不为已死，而求兵之劲、城之固，不可得也；兵不劲、城不固，而求敌之不至，不可得也；敌至而求无危削、不灭亡，不可得也"[②]（掌握国家政权的人，如果不能爱护人民、不能替人民谋利益，而要求人民对自己拥护爱戴，是不可能的；人民既不拥护、又不爱戴，而要求他们为自己出力、替自己卖命，是不可能的；人民既不愿为自己出力、不肯替自己卖命，而要求军队坚强、国防巩固，是不可能的；军队既不坚强、国防又不巩固，而希望敌人不来侵略，是不可能的；一旦敌人到来，而要求不危险、不灭亡，是不可能的）。从这个意义上讲，一旦失去人心，就意味着将会失去一切。因此，积极经略以"向"对"背"的人心不对称，才是重要之中最为重要的。

既然人心向背能够决定政治斗争的前途与命运，也能决定军事斗争的胜利与失败，那么无论是谁，都必须把团结人民、争取人心作为第一位的政治任务和政治目标，坚持顺天应人，采取合乎天下公理、顺应人民意愿的对策措施，以使人民能够与其"同利相死，

① 万同林．中国古代兵法大全［M］．北京：国防大学出版社，1994：204.

② 军事科学院．中国古代兵法选辑［M］．石家庄：石家庄陆军学校翻印，1984：26.

同情相成，同欲相助”[①]，也就是为着共同的利益而同生共死，为着共同的感情而互相成全，为着共同的愿望而团结互助，进而合力战胜敌人。倘若有谁胆敢蔑视人民的利益、藐视人民的力量、忽视人民的诉求甚至敌视人民的意愿，那就必然会站到大多数人的对立面上，变成孤立无援、不得人心的弱势群体。即使仅仅按照多胜少的不对称作战法则来比较、来估量，这也是没有任何前途、没有任何希望的。

二、道义的力量是胜利的构件

争取人心主要依靠什么？其一，要靠利益输送，也就是谋利为民、让利于民。在中国历史上，甚至有只用一首“迎闯王、不纳粮”歌谣就让天下归心的特例，尽管这种归心十分短暂。其二，要靠道义感召，也就是占据道义制高点，以赢得人心依附，实现得道多助。在战争领域，高举正义之战的道义旗帜，无疑是政略选择的一项重要内容。

中国的墨子是最早用“诛”与“攻”这样的概念来区分战争的义与不义的。他认为，战争可分为两大类：一类属于“诛无道”，就是发动诛灭没有道义、作恶多端的一方而利于天下、利于大众的战争，为正义之战；一类属于“攻无罪”，就是发动进攻没有过错、安分守己的一方而祸害天下、涂炭人民的战争，为不义之战。古往今来，无论什么人打仗，莫不讲求“师出有名”。“师出有名”，追求的就是高举正义之战的道义旗帜，以“诛无道”之名去夺取政治上的不对称优势。

通常，这种政治上的不对称优势，更多的是体现在凝聚内部力量、争取人民支持、博得外部同情、获取友邦援助等方面，并在一定条件下可以转化为惊人的物质力量。它对于战争的发生、发展乃至结局能够产生重大影响。正因为如此，敌对双方无论强弱，都会竭力

① 军事科学院．中国古代兵法选辑［M］．石家庄：石家庄陆军学校翻印，1984：4.

粉饰、装扮自己，强调打的是正义之战，没有谁会承认打的是肮脏、邪恶的不义之战。如，1990 年伊拉克入侵科威特，肯定不是什么正义战争，而美国人带头出兵海湾恢复科威特合法政府也高尚不到哪里，不过是“顺手”有一面正义的旗帜可以擎着，打了一场螳螂捕蝉、黄雀在后，蓄谋已久、控制中东的“石油战争”罢了。就连落草为寇、啸聚梁山，以劫掠烧杀为营生，且时时想着接受朝廷招安的宋江等一帮绿林好汉，也要举着“替天行道”的大旗，以向世人昭示自己的正义性。而日本发动的侵华战争和太平洋战争，竟然被少数军国主义分子至今渲染成解放殖民地人民的正义之战，更是信口雌黄、颠倒黑白。所以，考察战争历史不难发现，正义确实是个好东西，虽说有时仅是虚张声势的空洞呐喊甚至是无能的代名词，但经某些人为的操控，就会变成一块欺世盗名的遮羞布，或者变成一个巧言如簧的借口，用来满足政治需要。

不仅如此，高举正义之战的道义旗帜，还可能在客观上制造多助与寡助的悬殊不同。毕竟，正义具有巨大的道德感召力和价值正取向，最有可能由此形成天下归心、并敌一向的政治局面。也就是说，有正义旗帜的召唤，不仅可能凝万众之心，而且可能聚天下之力。也因为如此，很多人把“得道多助，失道寡助”视为夺取胜利、赢得战争的关键因素而看得很重，就不难理解了。其实，无论多助还是寡助，只是决定战争胜负的一个必要条件，并不是决定战争胜负的全部因素。正如毛泽东指出的那样：“多助寡助是重要因素，但是附随因素，依敌我本身的基本因素如何而定其作用的大小。”[①] 另外，是多助还是寡助，需要看清楚都是谁在助、助的是什么。在战争的天平上，即使只有一两个大国、强国的支持，寡助也不会弱；如果只有一群小兄弟、弱朋友追随起哄，多助也不会强。而鉴于依附强者或者惧怕强者，会让同情弱者更多停留在心存怜悯并无行动层面，甚或可能演变成反其道而行之的助纣为虐、趁火打劫上，导

① 毛泽东．毛泽东选集：第 2 卷［M］．北京：人民出版社，1991：460.

致得道反而寡助、失道反而多助的情况在历史上也不鲜见。这种正义的错乱与迷失，使得“正义战争必胜”经常充满着悲壮与苍凉。

有人说，正义也许会迟到，但它终将到来。其实，人们所期待的正义，有时会姗姗来迟，有时则根本不会到来。比如，科索沃战争中的南联盟就没有等来正义。可见，正义战争未必都能打胜，这就像反侵略战争多为正义的却难免打败仗一样。如果用历史的观点，把时间拉得很长，我们坚信，正义战争终将战胜非正义战争。比如，殖民地国家和人民的独立解放战争。但是，当这个国家和人民在刚开始遭受殖民战争蹂躏的时候，大多是不能战胜入侵者的，即使泱泱大国如中国也不例外，多次遭到外敌入侵，且一败再败。这表明，战争性质与战争胜负之间虽有一定的关联性，却不具有必然的规定性。事实上，“正义战争必胜”可以作为一种信念，但绝不是一定能打胜仗的依据。道义优势无疑会对打赢战争有所帮助，但任何时候都不能高估道义的力量，要知道，正义不是万能的，也不是无敌的。仅有道义优势而无实力优势，在战争这个实顶硬抗的领域是难有胜利可言的。也可以说，单靠道义优势打赢一场战争，从来也没有过。必须看到，得道者可能得到多助，却未必能够打赢。战争胜利是由多种因素综合发生作用的结果，但归根结底，要靠战场上一刀一枪地拼杀，是打出来的不是喊出来的。如果不能打或者打不赢，再怎么奢谈正义都是空谈正义。

尽管相信道义不如相信实力，正义犹如一件华丽却不够保暖的衣衫，并不能确保必然赢得作战的胜利，然而，能够让正义的旗帜在自己的手中高高飘扬，终究体现着道义的优势、象征着政治的优势。我们不能因为道义力量对战争胜负不具根本的决定性，就认为它可有可无，而小觑经略道义不对称的重要性和必要性。毕竟在任何战争中，谋取道义优势仍将是躲不过、避不开的一种重要政略选择，所以，它不应被忽视。

三、暴力的滥用是胜利的大敌

暴力是战争的工具，也是战争的本性。战争没有别样选择，注定充满暴力肆虐和残酷无情。在某种意义上，战争的过程就是施暴用暴的过程，有时甚至无所禁忌，无所不用其极。在你死我活的战场搏杀中，与其说“杀敌者，怒也”[①]（孙子语：部队英勇杀敌，是因为激发了士兵的心头怒火），不如说杀敌者，暴也。因为面对太多的野蛮、太多的残暴、太多的死亡，让人除了施暴用暴、以牙还牙，已不能在精神和心理上得到应有的慰藉。

显然，这是一种最为直接、最为具体、最为实际的来自战斗一线的本能反应。作为战争指导者，却不能如此简单地思考和处理问题。毋庸置疑，以暴制暴是中国古代兵家所提倡的。《司马法·仁本》就提出，“杀人安人，杀人可也；攻其国爱其民，攻之可也；……以战止战，虽战可也”[②]（杀死坏人，安抚好人，杀人是可以的；进攻其国家，解放其人民，进攻是可以的；……以战争制止战争，纵然打仗也是可以的）。崇尚暴力、使用暴力，是治国安邦、稳局控势必不可少的一个关键选项，毕竟没有暴力，有时就没有正义、没有秩序。但作为一个极其重要的政略选择，施暴用暴在时机、范围、样式、方法和程度等方面存在着巨大差异性，存在着“仁”与“暴”的境界不对称。

孙子曾经提出，将有“五德”：智、信、仁、勇、严。其中的“仁”，就有一个对兵、对民乃至对敌的根本态度问题。所谓仁者，对兵，是“视卒如婴儿”，是“视卒如爱子”[③]（孙子语）；对民，则是“不杀老弱，不猎禾稼”[④]（荀子语：不杀害平民，不践踏、抢夺庄稼）；

① 吴如嵩.孙子兵法浅说［M］.北京：战士出版社，1983：41.

② 军事科学院.中国古代兵法选辑［M］.石家庄：石家庄陆军学校翻印，1984：2.

③ 吴如嵩.孙子兵法浅说［M］.北京：战士出版社，1983：103.

④ 万同林.中国古代兵法大全［M］.北京：国防大学出版社，1994：345.

即使对敌，也是“服者不禽，奔命者不获”[①]（荀子语：投降的不逮捕，起义的不以俘虏对待）。只有这样，才会“发号布令而人乐闻，兴师动众而人乐战，交兵接刃而人乐死”[②]（吴起语），才会“兵民相洽，倚民养兵，以兵护民，兵坚民固，和衷共济”[③]（《将略要论》：使军民团结融洽，依靠人民供养军队，依靠军队保卫人民，使军队坚强、人民安定，军民和衷共济），也才会通过包括“尊重已经放下武器的敌军俘虏的人格”[④]（毛泽东语），收到瓦解敌人的效果，等等。能够这样做，自然会影响人心的向背，甚至会影响作战的进程和战争的胜败。

我们也能看到，历史上发生过成吉思汗大军的随意屠城、清军入关后的“扬州十日”、侵华日军实行的“三光”政策等屠夫恶行，这些行径不仅在政治上是野蛮、残暴和非人道的，就是用纯军事的观点看，在战略指导上也算不上高明。最为典型的当属战国时期的长平之战，秦将白起一次坑杀赵国 40 万降卒，更是“小仁大暴”：允许赵军投降为小仁，坑杀全部降卒为大暴。后人为此敏锐地指出，这一举动不仅没有加速秦王嬴政的统一战争进程，还在相当程度上延迟了这一进程，因为其他国家从中看到了秦军的残暴和降秦的下场，从而增强了拼死抵抗的意志和战斗到底的决心。如果你对士兵、对百姓、对俘虏视如草芥，那么连自己人也会视你如寇仇，就更不用说敌人的负隅顽抗了。可见，嗜杀者，不得人心。编撰过《西洋世界军事史》的富勒，通过考察西方战争历史，曾颇有感触地说：“在战争中的野蛮行为是不合算的，这是一个少有例外的真理。……不要使你的敌人陷入绝望，尽管你会赢得战争，但是那样几乎会拖

① 万同林．中国古代兵法大全［M］．北京：国防大学出版社，1994：345.

② 军事科学院．中国古代兵法选辑［M］．石家庄：石家庄陆军学校翻印，1984：316.

③ 许保林，刘子强．中外军事名言录［M］．北京：军事科学出版社，1986：246.

④ 毛泽东．毛泽东选集：第 2 卷［M］．北京：人民出版社，1991：512.

延战争，这对于你是不利的。”[1]

作为战争指导者，懂得“以菩萨心肠，行霹雳手段”十分重要。所谓“菩萨心肠”，就是打仗要有仁义之心，无论对己对敌，都不能毫无意义、毫无理由地让士兵、让百姓去流血。所谓“霹雳手段”，就是打仗要有冷酷之举，面对你死我活的生死较量，死人是很平常的事情，战争不可能满足所有人的生存需要。所以，在战争中，既不能只讲仁义没有冷酷，又不能只有冷酷不讲仁义，而仁与暴经常是“一体两面”，区别在于，要么体现为“小仁大暴”，要么体现为“大仁小暴”，如此而已。但如白起一般的“小仁大暴”，不足以成大事，只可能败大事，因此不是好的政略选择。好的政略选择应当是“大仁小暴”，施暴用暴实为不得已。有时，为了全局胜利而付出部分的、暂时的局部牺牲，往往是难以避免的。在敦克尔刻大撤退中，英军统帅部向 4 万多人的掩护部队下达了“战斗到死”的命令，显得很冷酷，但因此成功撤出了 33.8 万人的作战力量，又是很大的“仁”；在太平洋战争后期，美国向日本投放了 2 颗原子弹造成数十万人的伤亡，显得很残暴，但因此避免了双方可能在地面交战时数百万人的伤亡，同样是很大的“仁”。

能用较小的代价而不是更大的损害来换取胜利，较之所谓“不惜一切代价的胜利”而言，肯定是一种大仁，更是一种境界。作为政治斗争的最高形式和最后手段，虽然战争的直接目的是消灭敌人，但战争并不是杀人越多越好，如果少死人就能实现预定的战略目标，那么能否抑制住过度施暴用暴的冲动，就成为检验政略选择得当与否的一个重要标准。正所谓大仁无敌。1962 年，中国军队在中印边境自卫反击作战大获全胜后，基于政治上树立主持正义、与邻为善的良好形象，外交上留有从长计议、谈判解决的回旋余地，军事上占据趋利避害、进退自如的主动地位，战略上营造稳住西线、经略重点的有利态势等通盘考虑，主动退出有争议的地区，并将缴获的印军武器装

① 富勒．战争指导［M］．北京：解放军出版社，1985：3.

备悉数归还，由此赢得中印方向半个多世纪的和平与稳定，而不是挑起旷日持久、无休无止的战火狼烟，避免陷入困境固守、多线对敌的战略泥潭。这充分表明，当初单方面停火撤军不仅是“慷慨的行为”（英国著名哲学家罗素语），更是富有远见的决断，是一个符合实际情况、经得起历史检验的善政良策。

第三章　战略之异

简而言之，战略就是指导战争全局的方略。就功能和作用来说，战略从来就是抓大事、谋全局，把方向、定趋势，决胜负、管长远的。而如何指导并打赢一场战争，是其最为精彩激荡、最有决定意义的部分。从中可以清晰地看出，战争指导者的战略思想和原则方法存在着是积极的还是消极的、是稳妥的还是激进的、是现实的还是虚幻的、是发展的还是停滞的，以及其眼光是远还是近、胸怀是大还是小、境界是高还是低、谋划是优还是劣、指挥是强还是弱、举措是正还是误等一系列的差异性。正是由于战略指导存在这样或那样的差异性，从而直接导致作战双方的主动或者被动、优势或者劣势地位，直至深刻影响到战争的进程和胜败的结局。从历史的反面教材看，战略指导虽说风险无处不在，但这还不是最为可怕的，且怕也没有用，对此，只要千方百计地控制和降低战略风险也就是了。最为可怕之处，在于战略指导出现重大失误，那才是真正的痛彻心扉、悔不当初的一失足而成千古恨。战略错了，必然是一错百错、一误全误。即使局部的仗打得再好，对战争全局也将于事无补。这是战争历史给予人们的一个至关重要的训诫。

第一节　权衡“主”与“客”

凡战，必先搞清主客之道。也就是需要搞清楚你是谁，搞清楚你在时代方位上是处在领先还是跟跑的位置，搞清楚你能发挥的影响是起着主导还是从属的作用，搞清楚你的战略定位是拥有强攻还是弱守的位势，搞清楚你与对手的关系是施压还是受压的一方，等等。毫无疑问，这都是一些事关成败、影响全局的极其重大的战略问题。其实，无论何时何地，也无论是我是敌，都会与对手构成某种特殊的主客关系：要么我为主、敌为客，构成的是我为猛虎、人为绵羊的不对称态势，要么敌为主、我为客，构成的是人为刀俎、我为鱼肉的不对称态势。其中，最有利、最主动的态势莫过于前者，而最艰难、最被动的态势肯定是后者。战略指导的首要问题，从来都是从客观存在的有利、主动或者不利、被动的基本态势出发，深邃思考和周密谋划在实际的战略博弈中如何实现以强制弱或者以弱御强的正确方针与策略，以确保牢牢掌握战略主动权，或者努力实现化被动为主动。必须看到，有利或不利、主动或被动态势很可能早已铸成，但并非一成不变。用毛泽东的话说，就是“战争力量的优劣本身，固然是决定主动或被动的客观基础，但还不是主动或被动的现实事物，必待经过斗争，经过主观能力的竞赛，方才出现事实上的主动或被动”[①]。

一、弱守强攻乃用兵之要

在战争领域，实力才是真正起决定作用的因素，不承认这一点，就要受到战争实践的严厉惩罚。而实力又往往会“自动”决定着作战双方的攻防位势，形成战略位势不对称，一般表现为实力强大的一方更会偏重于取攻势，实力弱小的一方更会偏重于取守势。《百战奇略》指出：“所谓攻者，知彼者也。知彼有可破之理，则出兵以攻之。……所谓守者，知己者也。知己有未可胜之理，我且固守，待敌可破之时，则出兵以攻之”[②]（采取攻势行动，是因为了解敌人的实力。知道敌人有可以被击败的条件，就应当坚决地进攻。……采取守势行动，是因为了解自己的实力。知道自己没有战胜敌人的

① 毛泽东 . 毛泽东选集：第 2 卷［M］. 北京：人民出版社，1991：491.

② 刘基 . 百战奇略［M］. 长春：长春市古籍书店复制，1982：55–56.

条件，就应当坚决地固守，以等待敌人出现可以被我击破的时机，再转守为攻）。通常情况下，坚持弱守强攻，这是必须遵循的一个用兵法则和战略指导。

其实，站在战略全局上运筹帷幄，是组织进攻还是组织防御，什么时候都不是由战争指导者的主观意志、内心愿望或者信仰信念所决定，而是最终由客观存在的双方实力对比所决定，尽管主观努力可以对战争的进程和结局产生巨大影响。这恰如毛泽东所言："指导战争的人们不能超越客观条件许可的限度期求战争的胜利。"[①]同样，指导战争的人们也不能超越客观条件许可的限度，随性采取战略上的攻防行动。在理性思维的范畴很难想象，总体实力尤其是军事实力不如对手的一方，会主动地采取无异于自寻死路的战略攻势而不是战略守势。但战争的历史就是这般诡谲，如此不可思议的非理性的战争指导者竟然不乏其人。20世纪30年代初，采取"左"倾机会主义路线的中国共产党领导人李立三、王明以及红四方面军领导人张国焘，不顾客观上存在着"敌人的强大""红军的弱小"（毛泽东语）的实际情况，先是贸然提出并强令执行集中红军主力进攻中心城市，以实现一省数省首先胜利而形成全国的胜利冒险计划，后是在敌人的围攻面前演变成拼命主义和逃跑主义，结果是"丧失了除了陕甘边区以外的一切革命根据地，使红军由三十万人降到了几万人，使中国共产党由三十万党员降到了几万党员，而在国民党区域的党组织几乎全部丧失"[②]。就在同一时代，纳粹德国和日本帝国同样不自量力、以卵击石，不惜与全人类为敌，悍然发动一场又一场侵略战争。然而，希特勒从顺利闪击苏联开始，山本五十六则从成功偷袭珍珠港开始，却迈出了走向败亡战略拐点的危险步伐。战争狂人的愚妄把本应当站在防御位势实施稳妥的"守成"战略指导，变成了站在进攻位势实施激进的"扩张"战略指导的疯狂之举，最终使德国和日本双双土崩瓦解，遭受满盘皆输的可耻失败。这类

① 毛泽东．毛泽东选集：第2卷［M］．北京：人民出版社，1991：478.

② 毛泽东．毛泽东选集：第1卷［M］．北京：人民出版社，1991：187.

不顾攻防位势的不对称，恣意采取乾坤颠倒、截然相反的战略指导，没有不彻底失败的道理。

从战略全局上讲，攻与防的选择是一个攸关生死、决定存亡的大问题。总的看，应当采取攻势而选择了守势，或者应当采取守势而选择了攻势，要么坐失遏制对手、击败对手的良机，甚至最终反为对手所制，如同西楚霸王项羽那样，未能“宜将剩勇追穷寇”，反被刘邦所败，丢了天下；要么走上破釜沉舟直至自取灭亡的危途，虽然不能完全排除特定条件下存在侥幸一逞的可能性，但胜算微乎其微。所以，看清位势、站对位置，采取符合客观实际的正确的战略指导，怎么强调其重要性都不为过。当然，在战争状态下，归根结底要靠战略进攻才能解决最终的胜负问题，即使由于实力不济等因素而不得不选择战略防御，也是一种战争前期而非全程不变的战略选择，最后总要转入战略反攻或者战略进攻才能解决战争的命运。如果不能实现作战形式和攻防位势的这一根本转换，则难免被击败。也正是因为战略进攻与战略防御之间具有如此的天然位势不对称，从而导致敌对双方莫不追逐压迫对手直至压倒对手的进攻优势，以夺取决定性的最后胜利。

但不得不说，攻方与守方之间，或者强者与弱者之间，抢占战略进攻位势的实现途径大为不同。强者通常自然地据有战略进攻位势上的不对称优势，只需定下作战决心，找到开战理由，选择有利时机，即可断然地采取攻势行动。而对于弱者来说，较之强者多处于战略防御位势，则更需要耐心、更需要持重，借用克劳塞维茨的话讲，就是“应该以防御开始战争，以便能够更有把握地以进攻结束战争”[①]，尤其在全局处于防御的不对称劣势情况下，更需要首先稳住阵脚，而后以诸多局部的攻势和胜仗，逐步改变作战双方的力量对比，积极促成攻防位势的最终转换，不能希冀一仗或者几仗下来，就能很快地由战略防御转入战略进攻。对此，无论全面战争

① 克劳塞维茨．战争论：第 3 卷［M］．北京：商务印书馆，1982：987.

还是局部战争，都概莫能外。尽管局部战争具有持续时间相对短暂的特点，但处于战略防御的一方，如果不想失败，仍然不能被动地进行消极防御，还必须主要依靠总体的防御作战，以及不失时机地多组织一些战役战斗层面的以攻对攻，哪怕这样的进攻只是一些快速、凌厉、小规模的袭扰作战抑或特种作战，通过反复与对手展开较量，一次一次地顿挫敌人，来削弱对手的进攻锐势，打击对手的作战意志，并努力争取把战事拖入持久，以促使总的战局向有利于我不利于敌的方向发展。没有这一招，就不可能等来敌我攻防位势的最终转换，也就没有主动和胜利可言。科索沃战争中，南联盟军队鲜有积极反击或主动进攻的作战行动，最终“死”得很难看，其中固然有以小御大、彼此实力太过悬殊，孤立无援、开战即难逃失败命运等客观因素，但主观上采取只准备在地面防御作战中重创和挫败对手的战略指导，导致作战行动始终缺乏必要的主动性积极性，也是一个深刻教训。

二、先下手未必就能一直为强

在中国，有一句流传甚广、妇孺皆知的老话，叫作“先下手为强，后下手遭殃”。如果用军事观点看问题，这可以说是中国人对先发制人与后发制人所做的最接地气的一种生动阐释和形象概括。连普通大众都一致认为，先发制人可以赢得主动、夺取优势，是一个有力有效的“好”抉择，而后发制人容易陷入被动、处于劣势，是一个不利不堪的“坏”抉择。那么，从一般意义上讲，在战略指导上争取先发制人、避免后发制人，也就具有了合乎天然的规律性和无可争议的必然性。

从战争的历史经验看，先发制人较之后发制人的确拥有超乎寻常的行动自由不对称和无可比拟的首战优势不对称。通常，先发制人最利于夺取战争初期战场上乃至战略上的主动权，最利于释放进攻一方的作战能量，最利于震慑对手的政心、军心和民心，等等。即使军事实力并不占优的一方，也会因为先发制人能够直接使对手陷入严重瘫痪和混乱，而造就敌对双方首战态势的巨大不对称，就像毛泽东说得那样："劣势而有准备之军，常可对敌举行不意的攻势，把优势者打败。"[①] 所以，无论实力强大还是弱小，都很容易受到先发制人的强烈诱惑而蠢蠢欲动，很可能让人采取一些只顾眼前、不计后果的进攻行动，哪怕冒着最终失败的风险也在所不惜。1973 年 10 月 6 日，埃及和叙利亚军队在西、北两条战线同时向以色列发起突然袭击，第四次中东战争爆发。短短 6 个小时，埃军就一举突破以色列精心构筑的"巴列夫防线"，战斗打响 24 小时，其第 2、第 3 军第一梯队就全部渡过苏伊士运河，叙军则全线突破戈兰高地。仅仅 3 天时间，埃军已接连攻占西奈半岛第二大城市东坎塔拉和夏特，并攻占福得港以南、伊斯梅利亚以东和陶菲克一线，控制了运河以东 10 ~ 15 千米的全部地区，打得屡屡战胜阿拉伯国家军队的以色列损兵失地，狼狈不堪，几乎坠入亡国的险境深渊，甚至逼得以色列总理梅厄夫人向美国发出了"救救以色列"的哀鸣。

以突然袭击的方式拉开大幕，是近乎一切战争的显著特征，也是战略上先发制人的内在要求。可以说，先发制人与突然袭击恰似一对相生相伴的"孪生子"：没有突然袭击，先发制人则很可能打成啃"硬骨头"的攻坚之仗；而没有先发制人，突然袭击将失去出其不意地给对手以重创甚至毁灭的依托和条件。但必须清醒地看到，无论先发制人，抑或突然袭击，在战略上只能解决利用先机之利、达成首战制敌的问题，也就是更多的时候，只是通过出其不意的首战行动，制造双方尽可能大的不对称战场态势，进而为续战创造尽可能有利的条件而已。虽然先发制人常常因为打敌一个措手不及，而大多都能实现第一阶段的预定作战目标，有时还大大超出原有的作战预想，特殊情况下甚至不排除首战定局的可能性，却并不一定也不总是关乎战争的最后胜利。换言之，先发制人往往能够打赢一次战斗，却未必能够打赢一场战争。第四次中东战争的结局就很能

① 毛泽东 . 毛泽东选集：第 2 卷［M］. 北京：人民出版社，1991：492.

说明问题。埃、叙军队尽管取得了令所有军人都会为之惊叹、为之向往的有利开局和首战态势，但由于战前没有把以色列赶出西奈半岛作为战略企图和作战目标，而只想以有限的军事行动配合政治的办法来解决中东问题，加之油料、弹药补给发生困难，因此，他们自10月10日起停止作战行动3天，等待与以色列进行谈判。这就给了以色列难得的喘息之机，使之得以紧急动员后备力量，迅速调动和集结部队，先是在北线而后在西线实施了坚决的战略反攻，最终导致埃、叙方先期获得的敌败我胜的大好形势毁于一旦，被迫在战局发生逆转的不利情况下接受停火的条件。

所以，先发制人固然有利可图，能够制造并占据某些不对称优势，但如果没有一个环环相扣、步步衔接，既要考虑如何开好局又要关照如何控好局，更要预想如何收好局的周密万全之策与之相配套，而只是走一步、看一步或者一厢情愿、凭想当然办事的话，那么，其无与伦比的先发优势和无比强大的“首胜”功能就会变得非常脆弱且有局限性，甚至好局面也会发生大逆转，而让后发者反败为胜。这就要求战争指导者，内心可以充满并激荡着先发制人的强烈欲望，但还不得不慎之又慎地对待“打第一枪”这个重大战略问题。毕竟对于一场战争来说，仅仅打好第一枪，创造一个良好、有利的开局是很不够的。关于这一点，山本五十六的教训十分深刻。战前他深知，“如果一定要同美国交战，我只能坚持一年到一年半，再长，就很难说了”①，但他依然不计后果，坚持先发制人，对美国太平洋舰队悍然发动了突然袭击。虽然能在战场上得手于一时，并从军事的角度看还创造了一个堪称空前绝后的辉煌战绩，他却无法笑到最后。如此的战略指导，得与失、成与败不言自明。从这个意义上讲，恩格斯所倡导的“在决定性的关头，不计成败地孤注一掷”②，似乎并不完全正确，它在战术层面是允许的也是可行的，但在战略层面，这样做则是十分危险的。毛泽东就明确指出，“赌国家命运

① 阿川弘之．山本五十六［M］．北京：解放军出版社，1987：“译者的话”．

② 马克思恩格斯列宁斯大林军事文选［M］．北京：战士出版社，1977：24.

的战略决战应根本避免”[1]。照此推理，即使到了“决定性的关头”也应这样，不能只见其利、不见其害。战争的历史一再告诉人们，如果你只想赢得战役战斗的胜利，那么多搞突然袭击就是一条捷径，哪怕是不计成败地孤注一掷；如果你更想打赢战争，那就不能仅仅考虑先发制人这一招，哪怕是难以抵御创造首战态势不对称的极大诱惑。

三、能致人而不致于人者胜

在战争对抗的大舞台上，强者为主、弱者为客，是一个普遍规律。实力强大的一方能够形成以势压人、以强凌弱的不对称，更容易牵着敌人走，抑或逼着敌人走，进而实现致人而不致于人。当然，作为实力弱小的一方在面对敌强我弱的基本态势时并非无能为力，虽然更容易受困于势、受制于人，但仍可基于主观努力，形成以智谋势、以小博大的不对称，利用软磨硬泡、巧妙周旋，拖着敌人走，抑或死缠烂打、反客为主，带着敌人熬，不仅可能争取主动、改善态势，有时甚至会把肥的拖瘦、瘦的拖死，也能达成致人而不致于人。

与战役战术层面的致人而不致于人明显不同，战略层面的致人而不致于人，通常是一盘气势磅礴、荡气回肠的大棋局。强者对于弱者的致人而不致于人，那是一种摧枯拉朽、犹如泰山压顶，随心所欲、如入无人之境的态势与行动。就像伊拉克战争中的美国那样，依仗其霸主地位和联军的决定性优势力量，即使存在着奥地利、瑞士和伊朗禁止联军战机飞越其领空，土耳其禁止美军借道其领土向伊拉克北部发动进攻，沙特阿拉伯禁止美军导弹通过其领空袭击伊拉克等受制因素，仍能空地一体、迂回机动，南北对进、直取首都，迅速击败伊军，占领整个伊拉克，达成既定战略目标。从普遍意义上讲，只要强大一方在战略指导上不犯原则性错误，并且还能更好地发挥主观能动性，那么，弱小一方获胜的希望通常极其渺茫，必

① 毛泽东. 毛泽东选集：第 2 卷［M］. 北京：人民出版社，1991：506.

败无疑将是一种大概率事件。很多时候，这种战略上的整体不对称优势所展现的压倒性、毁灭性特质，甚至可无视某些外在因素的制约，也包括来自对手的局部抗击或者反击，就能毫无悬念地置对手于完败的死地，确保最终获胜。

但不得不说，强者恒胜既不是战争的指导规律，也不是战争的胜利规律。那种认为只要实力强就能打胜仗的观点，是极其错误的。实力强一定会与对手形成某种不对称优势，这是不言而喻的，但实力强与实力的运用却是彼此关联而又区别巨大的两码事。必须清醒地看到，对于强者来说，自身的强大较之对手只是拥有了更为有利的制胜条件而已，能不能击败对手、打赢战争，更为重要的要看能不能致人而不为人所致。其实，无论在战争舞台上还是在战略博弈中，强者为人所致的情形绝非个例，强者出人意料地打败仗、成输家很是平常。越南战争中，占尽优势、无比强大的美军几乎打赢了所有战斗，却完完全全地输掉了一场战争，原因何在？从西方媒体对“红色拿破仑”武元甲的一席访谈中，或许能够找到答案：“面对美国，我们以弱胜强，以落后战胜先进”；究其原因，“其实，是人的因素决定了我们的胜利”；越南不惜人员死伤，自身损失惨重，“但没有什么比民族独立和自由更珍贵”；“面对美国 50 万兵力，我们不够强大，但是，我们的目的不是击败美国，而是粉碎美国政府继续战争的愿望”。由此可以得出这样的结论，在美国与越南的强弱对决中，美军是可以做到以强势制人、以优势制人的，却败给了越军的以“熬”制人、以“耗”制人。越南的战略指导非常独特，归纳起来说，并不追求战胜敌人，这在战场上难以做到，而是侧重“熬”死对手，这在战略上可以做到。这种即使屡战屡败也要死缠烂打的战略，拼的是持久、打的是耐心，可以为战争付出“不惜人员损失”的巨大代价，但对手却难以承受这样的人员代价和时间代价。这种不死盯敌方作战实力削减、只瞄准敌方战争意志削弱的战略指导，与毛泽东的集中兵力打歼灭战、集小胜为大胜的战略指导完全不同，同样创造了以弱抗强、以拖待变的不对称优势，最终让美国失去耐心，失去大国对小国、强国对弱国的胜利，为越南所致。

从伊拉克战争和越南战争的实践与结局不难看出，致人而不致于人，大国强国可以做到，小国弱国同样可以做到。可以说，实力强大的一方并不总是予取予夺、所向披靡、必奏凯歌，实力弱小的一方也不总是只有坐以待毙、任人宰割、接受失败的命运。但小国弱国对抗大国强国，必须走不同寻常之路、用不同寻常之策，首先要解决好势单力孤的问题，而后要确立起不对称制敌的指导，核心要义则是对准大国强国的“阿喀琉斯之踵”，打其最难以承受、最不愿意打的仗。正因为如此，弱者对于强者的致人而不致于人，多是险中求胜、绝地求生，往往需要更大的智慧、更大的气魄、更大的决心，且必须与众不同，不按常理出牌，才可能谋取不对称制衡强敌的优势。我们看到，同样面对强大美国及其诸多盟友，处于绝对劣势地位甚至绝境的朝鲜，明知不可为而为之，既勇于对抗，又巧于周旋，用 20 多年的时间，时紧时松地拨动着核试射导这根敏感的琴弦，弹奏着让大国围着小国指挥棒“团团转”的奇特乐章，且只占便宜不吃亏，更是从来没有吃大亏，让大国颇感头痛却又无可奈何，把弱者对于强者的致人而不致于人，玩到了一种无与伦比的境界。从某种意义上讲，朝鲜已经在战略上夺取了以小博大的不对称胜利。

“即使自己没有获胜的可能性，也不应该认为采取行动是不可能的或者是不理智的”；“如果人们没有更好的办法，往往只好不顾这种可能性而采取行动”[①]。克劳塞维茨的这一观点很值得细细品味。只打有把握之仗，这是一种战略指导；力求变不可能为可能，又是一种战略指导。能够在人们都认为的不可能之中看到可能的一缕曙光，并紧跟这缕曙光的引领，争取更加光明的前景，这是一种最为可贵的战略品质。不可能的结局只是一种预想预判，该采取的行动如果只想不做，就会失去主导或改变战局可能发展的最大变量，

① 克劳塞维茨 . 战争论：第 3 卷［M］. 北京：商务印书馆，1982：955.

而让自己陷入更大的被动和不利之中。换言之，到了非常时刻，打还有赢的机会，而不打只有满盘皆输。所以，如果不想投降，就必须采取行动。这在形式上看，更像是另类的“只管耕耘、不问收获”，而从本质上看，却体现着坚毅的变局斗中搏、胜利险中求。一旦拥有这样的战略品质，你不仅可以藐视一切困难和敌人，而且可以赢得某种优势和主动，即使是弱小的一方，也会拥有一个比较强势的不对称地位。

第二节　厘清“优”与“劣”

进行战略运筹、实施战略指导，常常会在一些重大关键性问题上面临着非此即彼的两难抉择。这种时候，对于战争指导者来说，在知彼知己方面能否做到深刻认知，在有利有弊方面能否做到准确把握，在可行不可行方面能否做到卓越决断，无疑提出了非常高的要求，并将发挥着关键性的作用。对手的优势是什么、弱点在哪里，自己能干什么、什么不能干，怎样做更为有利、怎样做可能有害，等等，只有清楚明白、判断准确，恰到好处、决断正确，才会真正提高战略指导的针对性、有效性、科学性。战争的历史与实践一再证明，在战略指导上一直存在着顺应大势、着眼特点，一切从实际出发，抑或反之的高低优劣之分，特别要求，战略指导决不允许出现应当这么做却在那样干的本末倒置情况，否则，必将陷入全面的被动直至导致彻底的失败。

一、谋势？还是谋子？

自古道：善弈者谋势，不善者谋子。鉴于谋势者常是着眼全局逐大利，谋子者多是目光短浅贪小功，两者之间的不对称显而易见。所谓战如棋局。作为战争指导者，其军队的行动指向是重在谋势还是重在谋子，不仅境界完全不可同日而语，结局也是天壤之别。

在战争的大棋盘上，一城一地，利之所在；一弃一取，害之为因。利大害小则取之，利小害大则舍之，从来都是天经地义的明智之举。然而，并不是所有的指挥员都懂得这个道理，有的即便懂得也未必做得到。1948 年 10 月，率 10 万国民党军困守长春达半年之久的郑洞国做了共产党的俘虏。其实早在 3 月，国民党 60 军撤出吉林时，郑洞国就主张同时放弃长春。他认为，长春守军离主力太远，有被孤立、被吃掉的危险，不如撤至沈阳、锦州，与两地守军会合，则既能战又能守。但蒋介石却不干，他的战略意图既简单又明确，就是要守住伪“满州国”的首都长春。如果放弃，政治影响、国际反响太大，他和“政府”的面子都很难看。蒋介石这种明知在军事上不可为而为之，图虚名而招实祸，为面子而误三军，最终置 10 万大军于死地，不但长春没保住，东北也全部丢掉了，既丢了“子”又失了“势”，一无所获，满盘皆输。同样面对首都是弃是守的问题，毛泽东的态度却迥然不同。就在此前的 1947 年 3 月，当蒋介石纠集 34 个旅 23 万人，向陕甘宁边区发动重点进攻时，面对敌众我寡、敌强我弱的不利局势，毛泽东不怕“一时的不良的政治影响”，不计较一城一地的得失，毅然决然地主动退出了红都延安，走上了转战陕北之路。

由此可见，战场之“势”，既可以因取“子”而死，又可以因弃“子”而活。其区别在于，军队行动以什么为取向，以什么为目标，去谋怎样的“势”，这中间，往往存在着极大的不对称。战争的历史经验反复证明，只顾及某些政治利益而不充分考虑军事得失的战略指导，所谋之“势”很可能因为力所不及或者欲速不达而成为空中楼阁，常会出现想守而守不住、想得而得不到的极为被动甚至完全失败的局面。虽说从战略全局看，为了某些政治利益或政治需要而采取相应的军事行动无疑是正确的和必要的，这也是军事服从政治、战略服从政略所要求的，但从战场实际看，为了赢得最后胜利而采取相应的军事行动更带有决定意义。如果为了最终胜利而选择牺牲部分政治利益，由此保全了军事利益，那么失去部分尚有重新获得的可能性；如果仅仅为了保全某些政治利益尤其是对最终胜利而言无足轻重的政治颜面，却从根本上损害了军事利益，全部丧失政治利益则存在着不可避免的必然性。蒋介石如果放弃长春，面子的确不好看，舆论的确不好听，但撤到沈阳、锦州却能保存一支有生力量，姑且不说最后能不能收复长春，在东北争取打成一个僵局还是存在一定可能性的。蒋介石决定分兵把口，孤军留在长春，不仅这支孤军只有死路一条，也相对削弱了沈阳、锦州两地的守备力量，被林彪各个击破。用毛泽东的观点看问题，就是“放弃土地是为了保存军力，也正是为了保存土地；因为如不在不利条件下放弃部分的土地，盲目地举行绝无把握的决战，结果丧失军力之后，必随之以丧失全部的土地，更说不到什么恢复土地了”[①]。简单地说，当政治表现为流血的方式时，军事上一旦失利尤其是彻底失败，一切都将归零，政治上也会因此失去所有利益及其意义。孙子说过一句名言：“多算胜，少算不胜。”[②]不过，在算账问题上，政治账要算，军事账也要算。只算政治账，完全不算军事账是不行的，毕竟，任何政治企图心都需要掂量一下，有没有可靠的军事支撑力作为后盾。从这个意义上讲，只懂得政治是什么、战争为什么是很不够的，还应当懂得，政治有时需要为赢得战争付出必要的或者暂时的代价，比如声望的、形象的、舆论的，包括土地的代价，等等。比较起来，这种政治方面的代价相对于军事上完全失利、彻底失败所造成的严重政治后果，怎么看都是一种小代价，这是一种在特殊情况下为了赢得最终的战争胜利和全面的政治胜利，可以付出或者接受的代价。这就是为什么，在战争中谋军事有利之“势”比谋政治有利之“势”更为重要、更为关键之所在。

当然，在活力对抗的战争舞台上，谋势总要以谋子为条件，并通过谋子才能得以实现。饭总要一口一口地吃，仗总要一个一个地打。没有了谋子，也就无所谓谋势。不过，为谋势而谋子与为谋子而谋子，却能表现出行动指向的极大差异性和不对称性。前者更像是在精心

① 毛泽东．毛泽东选集：第2卷［M］．北京：人民出版社，1991：508.

② 吴如嵩．孙子兵法浅说［M］．北京：战士出版社，1983：29.

烹饪的一桌美食中挑选最佳一款菜肴来品尝一样，具有显著的择优性和择要性，常能抓住主要矛盾、解决重点问题，进而收到打点瘫面、击要破局的奇效。辽沈战役筹划之初，毛泽东就明确提出：“对我军战略利益来说，是以封闭蒋军在东北加以各个歼灭为有利。”[①]在林彪以种种借口拖延，不愿移师北宁线的情况下，毛泽东先后给他发电10余次，一再指示，“确立攻占锦、榆、唐三点并全部控制该线的决心”，“应该使用主力于该线，而置长春、沈阳两敌于不顾”[②]；反复强调，“先打锦州可使我军完全处于主动地位”[③]，“你们是否能取得战役主动权，决定于你们是否能迅速攻克三点，尤其是锦州一点”[④]，“即使一切其他目的都未达到，只要攻克了锦州，你们就有了主动权，就是一个伟大的胜利”[⑤]。当林彪终于挥师南下，由围困长春转向攻占锦州时，即在全局上形成“关门打狗”之势。这种直取要害、扼住咽喉的谋局造势，牵一发而动全身，投一石而激千层浪，立即戳痛了对手，迫使沈阳守敌组织15万人的“西进兵团”增援锦州，使猬集成堆的敌重兵集团分散开来，为尔后在运动战中各个歼灭敌人创造了有利条件。

客观地看，在刀光剑影的战场搏杀中，吃一子并不难，造胜势却不易。前人说过，不谋全局者，不足以谋一域，不谋万世者，不足以谋一时，要求思考问题一要全面、二要长远。这对于用兵打仗来说极为重要。没有全局在胸，没有眼光如炬，没有谋深计远，不

---

① 毛泽东．毛泽东军事文集：第4卷［M］．北京：军事科学出版社，中央文献出版社，1993：391.

② 毛泽东．毛泽东军事文集：第5卷［M］．北京：军事科学出版社，中央文献出版社，1993：2.

③ 毛泽东．毛泽东军事文集：第5卷［M］．北京：军事科学出版社，中央文献出版社，1993：23.

④ 毛泽东．毛泽东军事文集：第5卷［M］．北京：军事科学出版社，中央文献出版社，1993：29.

⑤ 毛泽东．毛泽东军事文集：第5卷［M］．北京：军事科学出版社，中央文献出版社，1993：53.

善于抓枢纽问题，不知道敌人的痛点、怕点在哪里，是谋不出好局、造不成胜势的，是不可能把军队的主战行动直接指向敌人的“死穴”上的。

二、歼敌？还是夺地？

打仗不可随意用兵，必有作战重心。什么是作战重心？所谓作战重心，就是对于战争或战略全局的发展变化最有决定意义的问题或动作。说它重要，是因为它具有全局性影响；说它关键，是因为它必是决定性行动。指挥作战，应当以什么为作战重心？对此，不同的战争指导者，常常是见仁见智，而面对不同的战场态势时，答案也不尽相同。有的倾向以歼敌为重，有的倾向以夺地为重，这就形成了作战重心的不对称。这里所说的夺地，泛指政治形象之点、经济命脉之线、战略枢纽之地等攸关全局稳定的重要目标。

实际上，仗一旦打起来，无论歼敌还是夺地，总要确定一个作战重心，以此凝聚所有的作战力量，牵引全部的作战行动，争取最好的作战效果。只不过，确定不同的作战重心，对于作战进程和战争结局所产生的影响往往大不一样。以歼敌为重，常常会打一仗就吃掉一部敌人，有助于达成敌消我长，从而加快作战进程；以夺地为重，常常因敌人军力尚存，可能在适当的时机和地点卷土重来，从而延缓了作战进程。2011 年，叙利亚内战爆发，美国支持的叙利亚反对派曾一度占领 80% 的叙领土，却因未能有效歼灭叙政府军有生力量，在 2015 年俄罗斯出兵叙利亚之后，又被叙政府军打得节节败退，丧失了已占大片领土的控制权，把进攻战、夺地战打成了先得后失、夺而难控的拉锯战。从一般意义上讲，如若不能达成歼敌，只夺地算不上是胜仗。当然，如果有不战而夺人之地的便宜，并能从容控局或者结束战争，则是另外一回事。

在作战计划中，歼敌与夺地通常兼而有之，相辅相成。某种意义上，只有歼敌才能夺地，所以，歼敌就等同于夺地。如希特勒入侵苏联的“巴巴罗莎”计划就提出，组成南、北、中 3 个集团军群发起进攻，歼灭苏军主力，攻占莫斯科、列宁格勒、顿巴斯等城市，3个月内打败苏联。在实际作战中，计划却往往赶不上变化，把歼敌还是夺地定为作战重心，存在着因时、因地、因敌、因势有所侧重的巨大不同。1941年6月22日凌晨，苏德战争爆发。战至8月20日，战场上出现了一幅令入侵者拍案叫绝的画面：德军中央集团军群和南方集团军群向东突击的两支先头部队已形成齐头并进之势，两者相距约550千米，其连线的中心距后方也大约550千米，这就形成了一个几乎是等边三角形的地区，而苏联的西南方面军被完整地留在了这个三角形之内。这一千载难逢的战场态势立即被军事不大在行的希特勒抓住了。他力排众议，严令隶属于中央集团军群、由古德里安指挥的原本去攻占莫斯科的第2装甲集群停止东进，挥师南下，合围西南方面军。这场人类战争史上最大规模的合围战，最终以苏联西南方面军悲剧性的全军覆灭、仅被俘人员就达66.5万而告结束。

有人因此评论说，正是由于希特勒对主攻莫斯科这一作战重心做出不必要的调整，因歼敌（合围苏联的西南方面军）而耽误了夺地（攻陷首都莫斯科），致使未能在冬季到来之前实现既定的战略目标，而为后来的失败埋下了伏笔。这种说法未免有失偏颇。假如希特勒不去围歼苏联的西南方面军，而继续以攻占莫斯科为作战重心，即便侥幸得手那又怎样？能够攻占敌方土地甚至敌国首都，就一定能够打服对手、打赢战争吗？其实未必。面对广袤的乌拉尔和远东地区，面对不肯屈服、坚决抵抗的苏联人民，希特勒仍然看不到赢得最后胜利的希望，其结局不会比当年占领过莫斯科的拿破仑好到哪里。倘若单纯从军事意义，仅在战略指导上对歼敌与夺地的得失进行讨论，希特勒的决定并无不妥。要知道，能够达成歼敌，就可以顺其自然地占领敌方土地，这总比对手主动退却、保存实力以期重整旗鼓、东山再起，从而未经大量歼敌就占领敌方土地要可信可靠的多。从这个意义上说，在战略指导上，歼敌应当重于夺地。只要最大限度地消灭敌人的有生力量，夺取军事胜利后，其他的一切包括土地都将属于胜利者，这是一条重要原则，也是一个基本经验。何况，苏联西南方面军覆灭之地，也是苏联最重要的农业区和工业区。希特勒在战前甚至到了战争的第二年仍坚信，攻克乌克兰和顿涅茨盆地，切断高加索的输油线，即使不能毁灭苏联经济，至少也会使之瘫痪。所以，此战在歼敌与夺地问题上实现了高度统一，既歼灭了敌有生力量，又攻占了敌重要地区，只不过存在着夺取经济目标与夺取政治目标的区别罢了。

虽然在战争初期连战连捷，苏德战争最终却没有沿着希特勒所预想的作战进程和战争结局而发展。要说希特勒在什么地方出了错，其实并不是错在把作战重心由攻陷首都莫斯科亦即夺地，改为合围苏联的西南方面军亦即歼敌上，而是错在了不应当进攻像苏联这样的大国上。从一开始，他就在战略指导上把攻防位势搞错了。克劳塞维茨从考察拿破仑 1812 年远征俄国的战争中，曾总结出一个重要结论："一个幅员辽阔的国家是不可征服的，会战的失利、首都的沦陷和某些地区的失守，并不是在任何情况下都会减少胜利的可能性。"[①] 所以，夫大国，不仅难测也，而且难胜也。想用战争手段让一个大国丢脸出丑，这或许不难，还可能做到；想用战争手段让一个大国彻底屈服，那就只能说：难、难、难。

在把握以歼敌为重还是以夺地为重的作战重心问题上，诸如苏德基辅会战这般由于敌必守、我必夺而达成高度一致的情况并不鲜见。不过，当撇开一致性，亦即出现歼敌之地未见得有多么重要、夺地之处未见得有敌人重兵的情况时，两者之间的差异性就会显现出来。很明显，能够对任何敌人都会立即产生致命性影响的歼敌，总要比未给敌人以致命打击就实现占领的夺地更具有决定意义，这应当是经略作战重心不对称需要把握的核心问题和内在价值所在。

① 军事科学院战略研究部．话说战略［M］．北京：军事科学出版社，1987:139.

三、杀敌？还是破体？

自古以来，打仗没有不想击败对手、赢得胜利的。要赢得胜利，处在不同的时代，面对不同的对手，实现途径却大相径庭。过去打仗，讲求攻城略地，多是通过消灭敌人的有生力量来赢得胜利。信息化条件下作战，战争的胜败已不完全取决于能否大量歼敌，而是在很大程度上取决于能否有效地破击敌人的作战体系。由于任何一个作战体系，都是由许多要害目标构成的，其中，一些起关键支撑作用的目标一旦遭到破坏，将会使整个体系陷入瘫痪而丧失作战能力。如果出现这种情况，就会输掉战斗直至输掉战争。因此，打好体系破击战，已成为信息化条件下作战最为独特的表现形式。显而易见，选择体系破击还是选择攻城略地，两者之间在制胜途径上具有不对称性。

有资料显示，科索沃战争中，美军打了南联盟 496 个大中型军用和民用目标，以及 520 个战术目标，就迫使南联盟屈服。虽然南联盟部署在科索沃的第 3 集团军 4.7 万余人并未受到多大损伤，但战败的结局已经注定。其实，美军选择的打击目标从一开始就不是南联盟的有生力量，而是把瞄准点和着力点放在了可以导致其军队战斗力削弱和承受力崩溃的诸如切断侦察预警链、作战指挥链、武器控制链、战争潜力链等关键节点上，通过遏阻对手作战效能的发挥而打败对手。不过，破击体系虽是信息化条件下作战的一个基本制胜途径，但想要用破击体系打败对手，还需要满足一个重要前提条件，就是必须拥有一支信息化程度更高、作战能力更强的军队。如果敌我双方在信息化建设水平上旗鼓相当，又或者你的水平不如对手，那么，一旦你来我往地相互打起体系破击战，你并不一定能够确保破击对手的作战体系，而你自己的作战体系却不会被撕裂、被摧毁。科索沃战争已经表明，美军可以打体系破击战，换了南联盟军队则肯定玩不转。我们不应当做这样的假设：当对手具备能力把你的作战体系打得七零八落的情况下，你可以完整而有效地发挥自己作战体系的功能，给对手的作战体系予以重创。如此说来，体系对抗虽是信息化战争的主要特征，破击体系虽是制胜敌人的基本途径，但还须看是谁在用什么样的体系与谁在用什么样的体系进行对抗。以一个弱旅的体系与强敌的体系进行对抗，基本没有破击对手体系的胜算。同样，不设前提、不讲条件地单纯强调打体系破击战，就未必有打败敌人的把握了。

所以，打体系破击战也是要有一点儿资格的。能够打体系破击战，足以说明，你与对手之间在力量、能力等方面一定存在着某种不对称优势。而值得称道之处还在于，这使得“消灭敌人”在作战理念上所发生的新变化，甚至让战场上的生死较量萌生出几许“人性”的光芒：打体系破击战，可以在一定程度上无须让敌人付出太多流血的代价，即能达成敌败我胜的目的。不过，如果不具备破击体系的能力以及由此制敌的把握，那就不得不让“非人性”的战争指导继续横行肆虐了。这既是没有办法的办法，也是一种基于不对称作战的战略选择。换言之，能够实现破击体系以制敌固然是上策，如果做不到，那么尽可能多地杀敌耗敌仍将在制胜敌人方面具有非凡的意义和独特的价值。2014 年，崛起于叙利亚、伊拉克交界地区的极端组织“伊斯兰国”，在与政府军以及库尔德武装的正面交锋中虽能占据上风，却显然没有能力同西方国家军队打体系破击战，不过，它仅仅对几名西方人质实施了古老而残忍的斩首酷刑，就使相关国家为之抓狂，让整个世界为之悸颤。可以肯定，它完全没有在正面战场上打败西方国家军队的可能性，一旦丧失攻城略地的能力，更可能转战非正规战场、用血腥的手段展示其力量和存在，并在“直播”敌人流血的过程中，渲染杀敌的成就，享受“胜利”的快感。这无疑是他们可以选择的仅有的也是最后的不对称“制胜”途径。

巴顿将军一针见血地指出：“战争是杀人的买卖，你不放他的血，他就会宰了你。”[①] 话虽有些粗野，却浅显直白地揭示出战争的一

① 许保林，刘子强. 中外军事名言录［M］. 北京：军事科学出版社，1986：264.

个基本规律。制造流血是战争的内在特质和应有常态，很难想象，战争会没有流血发生。如果说，让战争少流血体现的是仁义，那么，让战争不流血体现的是愚蠢。所以，战争如同革命一样，不必讲什么温良恭俭让。只要能够实现制敌、能够夺取胜利，什么手段能刺痛敌人就使用什么手段，什么办法能制服敌人就采取什么办法，什么途径能打败敌人就选择什么途径，由此让敌人多流血也没什么大不了的。尤其在敌优我劣、敌强我弱的情况下，更要以创造条件多杀敌作为不对称较量的杠杆，以不断沮丧对手的战斗精神，逐步削弱对手的作战能力，力求动摇对手的战争意志，进而撬动局势向有利于我的方向发展。总的说来，如果你拥有破体的不对称优势，那就与对手打体系破击战，如果没有，就应选择制胜的不对称途径，与对手打杀敌消耗战。

第三节 博弈“巧”与“拙”

战争是剧情充满着跌宕起伏的一幕幕活剧，常有怪事连连的意外，也有奇事多多的惊叹。所谓怪事连连，是说有的人在战争博弈中能把一手好牌打得稀烂，即使拥有明显的优势也会打败仗。所谓奇事多多，则是说有的人在战争博弈中能把一手烂牌打成好局，即使处于明显的劣势也会打胜仗。为什么会发生如此出人意料甚至有时超乎想象的反转剧情？这当然不是什么天道不测导致的造化弄人，分明是人有智愚铸成的战有巧拙。其实，无论战略指导还是战略举措，在力量运用、用兵方略、战场转换等方面，都会存在是否懂得“取巧”“弄巧”，以及能否避免“露拙”“变拙”的问题。从某种意义上讲，胜战之道，必决于巧拙。没优势不一定打败仗，有力量不一定打胜仗，恰恰是因为在战略指导上具有以巧对拙或者以拙对巧的不对称。当然，战略指导绝不仅仅是简单的“取巧”“弄巧”问题，但是，需要立足实际、切实搞清敌我双方情况，把握规律、熟练运用战争制胜机理，开动脑筋、充分发挥主观能动作用，却是没有任何疑义的。

一、把握力量运用的优势与胜势之变

什么是优势？从战略的角度，简单说来就是拥有整体强于对手的有利形势。通常，这种优势表现为较之对手实际拥有更多更好的兵力兵器、易守难攻的地缘环境，以及实际拥有经济实力雄厚、技术基础坚实、人力资源充足等战争潜力。

什么是胜势？从战场的角度，简单说来就是拥有能够打败对手的有利态势。通常，这种胜势表现为较之对手实际拥有局部的优势兵力作为“拳头”、有利的地形因素作为依托、孤立的好打之敌作为目标等客观条件。

毛泽东讲过一句名言：“优势而无准备，不是真正的优势。”[①]同样，只有优势而无胜势，或者说战略优势不能转化为真真切切、实实在在的战场胜势，也不是真正的优势。在战略上拥有敌所不及的强大实力，肯定会产生令人生畏的不对称优势，这一点非常重要。但这种不对称优势能否在战场上得到有效发挥，则更为重要。能够促进并完成这一变化转化的，必然是强者恒强；不能促进并完成这一变化转化的，最终将由强变弱。我们常常看到，没有战场胜势的战略优势，很多都成了虚弱虚假的优势。解放战争初期，国民党拥有 200 万正规军，加上其他军事力量共 430 余万人，而共产党只有 61 万野战军，加上地方部队和后方军事机关人员共 127 万人，双方兵力对比是 3.4∶1。很显然，国民党在整体上拥有压倒性的绝对优势。但双方博弈的最终结局，却是共产党赢得了全国胜利。之所以出现这样的情形，一个至关重要的问题，就是国民党通常不能把自己的战略优势转化为具体的战场胜势。如苏中战役时，国民党调集 5 个整编师 12 万余人大举进犯解放区，但行动起来，每个整编师为一路，每路只有 1 个旅在前头，而实际用于一线直接交战的常常仅为 2 个团。

① 毛泽东 . 毛泽东选集：第 2 卷［M］. 北京：人民出版社，1991：492.

反观粟裕，虽然只有 3.3 万人的主力部队，但因为确立了“哪里好消灭敌人就在哪里打仗，什么时候好消灭敌人就在什么时候打仗，什么敌人好消灭就打什么敌人”的战役指导，坚持集中优势兵力、各个歼灭敌人的作战原则，把自己在全局上的劣势变成在局部上的优势，积极营造并始终保持着以多打少的战场胜势，结果创造出匪夷所思的“七战七捷”的战争奇迹。

战争是双方实力的竞赛，也是敌我潜力的对抗。而实力和潜力能否有效地施放出内在的能量,并不完全取决于其本身的强弱大小，更取决于驾驭与运用是否得当。从这个意义上讲，战争是力量运用的艺术。在生死搏杀的战争舞台上，拥有战略优势虽然值得庆幸，但仅此还不足以所向披靡、稳操胜券，只有把战略优势成功地转化为战场胜势，才会真正地所向无敌、百战不殆。同样，没有战略优势也无须自馁自弃，努力将敌人对我的战略优势转换成我对敌人的战役战斗胜势，一战而胜、再及其余，一口一口地吃掉敌人，依然可以取得最后的胜利。所以，高明的战争指导者，不因拥有战略优势而沾沾自喜，不因没有战略优势而妄自菲薄，其更需关注的问题，应当是死死盯住如何自如运用手中力量营造战场胜势、积极创造条件确保打败敌人上。换言之，就是努力把现有的实力用足用好，把潜在的力量激活激发，并确保能够转化为一个一个强于对手的战场胜势。

当然，这一过程确实存在着转得了与转不了、转得快与转得慢、转得好与转得差的巨大区别。正是这些区别，直接导致了敌对双方在实际作战中的力量运用不对称，并深刻影响着战局的发展走向和战争的最终命运。如果说，前面提到的国民党是有军事实力而发挥不好的话，那么，19 世纪上半叶的大清国则是有战争潜力而转化不了。有资料显示，到 1820 年时，即使西方资本主义国家搭载工业革命的浪潮，发展势头异常迅猛，中国仍是当时经济实力最为强大的国家，GDP 总量占到世界的 32.4%，高居首位。但“天朝”无与伦比的国力国威，没能确保领土主权不受侵犯，没能确保忠勇将士不打败仗。自1840年鸦片战争开始直至抗日战争之前，中国抗击外来侵略基本上都是逢战必败，由此把整个国家和民族带到了前所未有的危险边缘。这充分说明，经济实力作为战略优势一个极其重要的衡量指标，如果不能被激活，并转化为国家的军事能力、军队的战场胜势，就算是很土豪、很有钱，也买不来胜利、打不了胜仗。

毫无疑问，拥有战略优势是一种重要的不对称，而拥有战场胜势则是一种更为重要的不对称。战略指导不但需要高度关注敌我双方总的力量对比，更需要多关注自身实力的具体运用和自身潜力的实际转化。虽然双方在战略上的强弱对比于交战之初无法改变，但作战中打什么仗、如何打仗，或者说怎样使用自己的实力、如何转化自己的潜力却可以选择,而力量运筹与运用上存在的诸多差异性，构成了可能致胜抑或可能致败的条件。其中，决定胜败的关键在于，不管你有没有战略优势，一定不能没有战场胜势。一旦丧失了战场胜势，下文就是失败。历史当然不能假设。但试想，如果中途岛海战中惨败的是居于劣势的美军而不是居于优势的日军，那么，太平洋战争的历史是否可能改写呢？尽管不出意外，最后的胜利终将属于世界反法西斯阵营，但起码，战争的进程或许会更加曲折，持续的时间肯定会因此延长，这也是不争的事实。可见，拥有战场胜势对于战略全局而言是多么至关重要。始终保持着战场胜势，更有助于打赢战争。

二、把握用兵方略的集中与分散之选

集中，是战争艺术的精髓，也是战争制胜的法宝。在攸关生死、决定存亡的战场上，什么态势最为有利？当然是我军集中而敌军分散，我军人多而敌军人少，出现以十击一的局面。用孙子的话说，就是形成“我专而敌分”“我众而敌寡”[①]的不对称态势。战争的基本经验告诉人们，用兵打仗，没有集中就没有对敌优势，没有集

① 吴如嵩.孙子兵法浅说［M］.北京：战士出版社，1983：73.

中就无以战胜敌人，即使你在总的力量对比方面明显强于对手也是这样。所谓“五指之更弹，不如卷手之一挃”[①]（五个指头轮番敲打，不如握紧拳头给予一击），讲的就是这个道理。

正因为如此，但凡名将，都十分注重运用集中兵力这一招去夺取胜利。毛泽东曾经豪迈地宣称：“我们是以少胜多的——我们向整个中国统治者这样说。我们又是以多胜少的——我们向战场上作战的各个局部的敌人这样说”[②]；“我们的战略是‘以一当十’，我们的战术是‘以十当一’，这是我们制胜敌人的根本法则之一”[③]。从土地革命战争时期的苏区反“围剿”作战，到抗日战争时期的独立自主的山地游击战，再到解放战争时期的大兵团运动战，在长期指导战争的过程中，毛泽东一向注重集中优势兵力、各个歼灭敌人，进攻时反对四面出击、搞“两个拳头打人”，防御时反对处处设防、搞“全线抵御”，通过“先以自己局部的优势和主动，向着敌人局部的劣势和被动，一战而胜，再及其余”[④]，打了一个又一个大胜仗，直至夺取了全国胜利。一般情况下，从目的来看，集中都是数量的集中，主要是在兵力兵器上对敌形成以多打少的不对称优势；从地点来看，集中都是局部的集中，主要是将尽可能多的军队投送到某个具有决定性的战场上；从时间来看，集中都是暂时的集中，主要是夺取和保持一定时间内的对敌优势；从过程来看，集中都是动态的集中，主要是以机动的方式把军队集结起来。总而言之，一个指挥员战略指导的高明之处，就在于能否将自己的军队机动到决定性地点，并在一定的时间内保持数量优势。集中一旦完成，就自然会拥有与当面之敌在数量上“多对少”的不对称对比，创造出在局部“大吃小”的不对称态势。

---

① 军事科学院．中国古代兵法选辑［M］．石家庄：石家庄陆军学校翻印，1984：99.

② 毛泽东．毛泽东选集：第1卷［M］．北京：人民出版社，1991：228.

③ 毛泽东．毛泽东选集：第1卷［M］．北京：人民出版社，1991：225.

④ 毛泽东．毛泽东选集：第2卷［M］．北京：人民出版社，1991：491.

现代国家军队特别是发达国家军队依靠技术进步所成就的军队质量优势，已能在很大程度上抵消甚至超越对手的军队数量优势，而使以优制多、精兵制胜越来越成为战略指导的一种基本考虑和不对称选择。现在的所谓集中，已由过去比较注重“量”的集中也就是倾向于人力密集，开始转变为更加注重“质”的集中也就是倾向于技术密集，虽然与对手相比在数量上未必有优势，但在质量上一定过得硬，力求以我之质量优势战胜敌之数量优势。战争已经证明，这同样能够达成不对称制胜敌人的目的。但同时，切莫以为有了质量优势，并能应对和战胜敌人的数量优势，就不需要大规模集结军队了，也不要以为利用质量优势，不经大的部署调整或远距离机动就能对敌发动袭击，而不用集结军队了。所谓精兵制胜，是说在信息化条件下，作战规模趋于小型化，实施规模有限的战略性、战役性联合战斗就可能达成战争目的。但由此认为大规模交战的状况从此不再出现，显然言过其实。海湾战争之初，为把伊拉克军队赶出科威特，以美国为首的多国部队就利用“沙漠盾牌”行动集结了50万大军，而在后期用于“沙漠军刀”行动打“左勾拳”的部队也是军级规模。到科索沃战争时，北约依然在南联盟周边集结了大规模的地面部队。我们可以设想，如果美军和北约没有这样的大规模兵力集结进行战略战役布局，还敢对伊拉克发起“沙漠风暴”行动、敢对南联盟发起全面空袭行动吗？恰恰因为有了这样的战略战役布局，才有效慑阻了伊拉克军队、南联盟军队实施一定规模地面进攻作战的冒险性，奠定了最终赢得胜利的基础。这说明，即便拥有质量优势，也须保持一定的数量优势，至少是相对的数量均势，才能确保战胜敌人。因此，集中兵力、集结军队以形成数量优势或者相对均势，仍是决定未来作战成败的一个基本要素。

如果说，集中是用兵之魂，那么，分散则是特殊情况下的用兵之要。尽管从一般意义上讲，只有不知战争为何物、不知集中多重要的笨拙指挥员才会分散自己的兵力。不过，当分散是为了达成集中创造必要条件，或者分兵可以更好地消灭敌人、保存自己时，分散兵力就成为一种积极可行的有效方略。如，为了集中而分散，你即使拥兵百万，也不可能挤在一起、抱作一团去打仗，还必须有目的、有条理地加以分散，才能遂行作战任务。为此，前人提出了一个“分进合击”原则，就是分路挺进到预定地域重新集结，再去围攻敌人。其核心要义在于，“分”是为了“合”。然而，在“分进”的过程中，却存在着某一路甚至几路被敌人吃掉的危险。明朝末年的萨尔浒之战，明军主帅杨镐采用的就是分兵4路挺进、合击努尔哈赤老巢赫图阿拉的策略。但狡猾的努尔哈赤“任他几路来，我只一路去”，集中优势兵力，一路一路地各个击破敌人，取得了三战三捷、彻底粉碎明军围攻的决定性胜利。采取“分进合击”方略，其本身没有任何问题，问题在于，你的各路挺进部队能否赶在敌人做出反应之前到达指定地域，并重新集结起来，又或者你的某路挺进部队遭到敌人围攻时，其他各路部队能否及时赶到对敌人进行反包围。其实质，依然是个如何先分散、后集中，力争实现以多打少的问题。又如，为了分敌而分散，采取“分进合击”的一方，如果碰到的不似努尔哈赤那般富有雄才大略，而是一个处处设防、路路抗击的蹩脚对手，就会因你的分兵行动而诱使其分兵把口、自行削弱力量，出现孙子所说“无所不备则无所不寡”[①]（到处防备的就会到处兵力不足）的状况，从而为合击敌人、各个击破创造有利条件。这是分兵可以分散敌人的一个好处。另外，主动分出一部兵力当诱饵，调动敌人主力远去，以使我军主力得以寻歼其他好打敌人，这是分兵可以分散敌人的又一好处。再如，为了生存而分散，如果敌人强大到你一旦集中就有被完全吃掉的危险，那就只能化整为零，神出鬼没地与敌展开周旋，积极寻找或耐心等待击破敌人的时机，用陈毅元帅的话说，就是“分散以削弱敌集中之优势，集中以突击敌分散的弱点”[②]。当然，如果出现第二次海湾战争中伊拉克军队那样的分散情况，几十万军队“蒸发”得无影无踪，则另当别论了。

① 吴如嵩．孙子兵法浅说［M］．北京：战士出版社，1983：73.

② 陈毅．陈毅军事文选［M］．北京：解放军出版社，1996：163.

但不管怎么说，只要处于以我之集中对敌之分散的不对称态势，你就会赢得主动和胜利；而一旦处于以我之分散对敌之集中的不对称态势，你就会面临被动甚至失败。这一点，必须引起高度重视。

三、把握战场转换的内线与外线之用

但凡战争，都会存在着两个战场：一个是内线战场，另一个是外线战场。处于战略防御的一方，打的通常都是内线作战，通俗地讲，就是被迫在自己的地盘上打仗；处于战略进攻的一方，打的通常都是外线作战，通俗地讲，就是把战火烧到敌人的地盘上。高明的战争指导者，处于内线作战时不忘适时打到外线去，通过给敌以出其不意的重锤猛击，减轻内线战场的压力，促成战略攻防位势的变化，进而扭转总体被动的局面，直至夺取战争的胜利；而处于外线作战时则不忘搞好后方防卫，不给敌人以“后院放火”、打烂坛坛罐罐的可乘之机，通过确保后方安全，维护战略态势总体稳定，对正面战场予以有力支持，进而从胜利走向胜利。

通常，组织内线作战时，敢不敢于、善不善于组织外线行动，往往是能否实现不对称制衡对手的一个关键途径。有时，这种外线行动甚至会带有特殊的决定意义，尤其在内线战场整体态势极为不利的情况下，大胆采取坚决有力的外线行动，转到新的战场上去打击敌人，常常可以釜底抽薪甚至可能反败为胜，从而取得事半功倍的奇效。毛泽东就认为，当“围剿”已经证明无法在内线解决时，应该使用红军主力突破敌之围攻线，转入我之外线即敌之内线去解决这个问题。他后来在对第五次反“围剿”作战失利进行检讨时曾自信地讲过这样一段话：“第五次反‘围剿’进行两个月之后，当福建事变出现之时，红军主力无疑地应该突进到以浙江为中心的苏浙皖赣地区去，纵横驰骋于杭州、苏州、南京、芜湖、南昌、福州之间，将战略防御转变为战略进攻，威胁敌之根本重地，向广大无堡垒地带寻求作战。用这种方法，就能迫使进攻江西南部福建西部地区之敌回援其根本重地，粉碎其向江西根据地的进攻，并援助福建人民政府，——这种方法是必能确定地援助它的。此计不用，第五次‘围剿’就不能打破，福建人民政府也只好倒台。到打了一年之久的时候，虽已不利于出浙江，但还可以向另一方向改取战略进攻，即以主力向湖南前进，不是经湖南向贵州，而是向湖南中部前进，调动江西敌人至湖南而消灭之。此计又不用，打破第五次‘围剿’的希望就最后断绝，剩下长征一条路了。”[①] 可见，积极寻求并创造我之外线作战的时机与条件，借助“敌进我进”，既可以主力打外线，也可以一部打外线，把战火烧到敌之内线、敌之后方，争取“釜底抽薪”“围魏救赵”的效果，这是以攻势改变态势、将被动变为主动、从“死局”找到“活路”的一个重要而大胆的战略性举措，是实施不对称战略指导的精髓之一。

毛泽东指挥打仗，向来注重组织外线作战。在中央苏区第二次“反围剿”作战中，他先是内线诱敌深入、重打弱敌，后是各个击破、连胜 5 仗，歼敌 3 万余人、缴枪 2 万余支，接着乘胜转入外线作战，顺势解放了赣东、闽西广大地区，进一步巩固和扩大了中央革命根据地。在解放战争时期，面对国民党军向山东和陕北解放区发动重点进攻，步步紧逼、频频得手，一度出现非常不利的战略态势时，他果断指挥刘邓、陈粟、陈谢三路大军实施外线作战，以中央突破的有力行动挺进中原，把战争引向蒋管区，完全扭转了战略被动局面。在刘邓大军千里跃进大别山后处境非常困难之际，他再次考虑让粟裕率 3 个纵队适时南下，打到更远的外线去，争取吸引敌 20 ~ 30 个旅回防江南，以减轻刘邓大军的压力，尽管他最终采纳了粟裕关于集中兵力、依托根据地打大仗更为有利的建议，而未实际组织实施这次外线行动。这都足以说明，他是一位少见的、善于把握战场转换的内线与外线之用的战略大师，深谙以外线作战支持内线作战的不对称制敌之道。这一不对称制敌之道能够发生作用的奥秘在于，敌之战略后方多是防守薄弱、易受攻击的软肋，且是其正面战场的

① 毛泽东 . 毛泽东选集：第 1 卷［M］. 北京：人民出版社，1991：236.

重要依托，也是防不胜防的战略风险点，既重要又敏感，既宽大又深远，一打就疼、一击必乱，极易产生全局性震撼、致命性影响。外军曾做过这样的推算：把战场上击毁一门迫击炮的炮弹，用于敌后 80 千米的战场，可以击毁正在输送中的 10 门迫击炮，如果距离更深远一些，就会使更多的迫击炮无法进入作战地区。这正是组织外线作战、外线打击的超常效能。

其实，不只是毛泽东，很多著名将帅都是精通此道、颇有心得的顶尖高手。麦克阿瑟在朝鲜战争中实施的仁川登陆作战，就是主动而为的一个范例。朝鲜战争爆发 1 个多月，朝鲜人民军即攻占南朝鲜 90% 以上地区，迫使美韩 10 个师及英军 1 个旅退至大丘、庆州、釜山地域，依托洛东江负隅顽抗。为扭转岌岌可危的形势，麦克阿瑟固执己见、力排众议，于 9 月 15 日凌晨，在 318 架飞机、232 艘舰船支援掩护下，组织 7 万余人实施仁川登陆作战，一举切断朝鲜人民军后方补给线及北撤道路，以外线的有力进攻行动挽救了内线的大势将去局面。这才是名将之思、胜战之为。所以，有没有超凡的眼光、坚毅的决心和果敢的行动在敌人的腹背插上致命一刀，尤其在敌之攻势行动特别起劲的时候敢不敢转换战场，向着敌后或其薄弱之处发起突然的外线作战，可以说是衡量和检验战略指导水平高低的“试金石”。能否挽狂澜于既倒、扶大厦于将倾，也常常在此一举。这还从另一侧面告诉人们，组织外线作战时，如果没有打好外线中的内线作战的充分准备，即使在势如破竹、节节胜利的有利态势之下，战局也很可能发生急转直下、转胜为败的变化，让大好形势毁于一旦。金日成没有料想或者疏于防范敌人可能打出“内线中的外线”这张绝牌，等于拱手让出即将到手的胜利果实，被麦克阿瑟的仁川登陆战打得一败涂地，就是深刻教训。

在现代条件下作战，技术的进步带来武器装备的快速发展和作战领域的不断拓展，已经让打到外线去拥有了多种手段和多样选择，也相对容易了许多。即使是弱军，都会或多或少地具有一定外线作战的能力。比如，其兵力或许打不出去，火力却能打到外线去。海湾战争中，萨达姆使用“飞毛腿”导弹零星攻击以色列目标，尽管效果不佳，不失为一种真正意义的外线作战。另外，在常规战场上虽然处于防御地位，在网络战等新领域却可以实施进攻行动，也算是一种特殊意义的外线作战。作为战争指导者，不管当前的战场境况如何，都不能把目光仅放在内线战场上，还应着眼作战全局的有利与否，积极运筹打到外线去的作战行动。如果你能想到择机转换战场，以外线作战辅助内线作战、支援内线作战甚至替代内线作战，你就有可能与敌形成不对称优势，进而更为有效地打击敌人，甚至更有把握地战胜敌人。

第四节　决胜“高”与“低”

战略指导需要大格局、高境界，需要谋长远、务实效，不能鸡肠鼠肚、一触即跳，不能零和博弈、睚眦必报，不能只顾眼前、见利忘害，不能崇尚虚名、鲁莽好战。战略指导最需要把握的是，大战在即或者战火已至之际，周密运筹这一仗打不打、怎么打，能不能打赢、怎么打赢，以及能不能不打、怎么能以不打谋利或制敌，等等。作为战争指导者，懂不懂得兴师致战是治国安邦不可或缺的选择，懂不懂得因敌制胜是用兵打仗不可动摇的法则，懂不懂得好战必亡是古往今来不可违背的规律，能不能避免该出手时不出手、不该出手乱出手，该放手时不放手、不该放手却放手的情况出现，自然高下立见。2018 年，从美国总统特朗普反反复复执意要与中国打贸易战的事件中，不难看出，他很会“挑事”，霸权思维激发了他任性而为、出手相搏的豪气；他很善“谋事”，商战经验助长了他坐地起价、大胆下注的痞气；他很能“平事”，现实考量制约了他火力全开、彻底翻脸的底气。不得不说，特朗普的这套组合拳还是颇有威力的，运用也比较自如。不过，当“西方拳击”遇上“东方太极”，他还是占不到大的便宜，却一再暴露了巨人的衰微虚弱，透露出战略的焦虑焦躁，损耗着国家的形象信誉，有些得不偿失，但基于“战略的需要”又不得不做。从所谓“美国优先”的立场看问题，即便这是一个“好的战略指导”，也在透支着美国的“权力”和“体力”，必将付出政治的和战略的重大而长远代价。不管怎么说，无论平时还是战时，对手之间一旦准备迎面相撞、一决胜负，格局大、境界高，谋长远、务实效的战略指导，始终都会更胜一筹，都会谋取更为有利的结果。

一、速决与持久的对决

“兵贵胜，不贵久。”这是中国著名军事家孙武最先提出的一个影响深远的用兵法则。他认为，“久则钝兵挫锐，……久暴师则国用不足”（战争旷日持久就会损耗武器装备、挫伤部队锐气，……长期作战就会使国家财政发生困难），“夫兵久而国利者，未之有也”[①]（战争久拖不决而对国家有利的情形，是没有过的）。战争是人力、物力、财力耗费巨大的一种“昂贵游戏”，即使国力雄厚、军力强大，通常也是玩不起、耗不起、拖不起的。有资料显示，第二次世界大战时，美军日均消耗 1.94 亿美元，到了越战，打得只是局部战争，就已达到日均消耗 2.3 亿美元；第四次中东战争，阿以双方日均消耗 2.78 亿美元，而马岛战争时，这一数字增至 4 亿美元；到了海湾战争，多国部队日均消耗骤增至 11.2 亿美元。即使后来的伊拉克战争，在伊连续 12 年遭受国际社会制裁和美国军事封锁，国力大幅衰弱、军力大幅萎缩的情况下，美军打这一仗日均消耗也达到了 7.69 亿美元。正因为如此，时至今日，速决制胜仍被战争指导者奉为圭臬，而“相守数年，以争一日之胜”[②]（孙子语：战争持续数年之久，为了争取一朝的胜利），从来不被兵家视为明智的战略抉择。

一般地说，战略上处于进攻位势的一方，必定会确立速决制胜的作战方针，企图利用与对手在力量、准备、时机等方面的不对称

① 吴如嵩 . 孙子兵法浅说［M］. 北京：战士出版社，1983：41.

② 吴如嵩 . 孙子兵法浅说［M］. 北京：战士出版社，1983：126.

优势，力求在最短时间内击垮对手、制服对手，尽最大可能加快战争进程，以避免战事的旷日持久给自己造成巨大损失和消耗，以及由此可能带来的诸多不确定性。1937 年 7 月 7 日，日本军国主义发动全面侵华战争，采取先发制人、速战速决的方针，妄图在 3 个月内灭亡中国，就是这样一种情形。毫无疑问，这是对战争制胜机理和运行规律的一种本能反应，如果它不是立足先发制人、速战速决，而是准备与中国打持久战，那才成了咄咄怪事。同样，战略上处于防御位势的一方，也会自然地做出聚力抗击敌人、争取击败敌人的本能反应，更有人甚至在这种全局被动的不利情形之下，还会打着争取战略速决的“小算盘”，就像当年希特勒入侵苏联时，斯大林做出的反应一样，企图以连续的反击行动尽快扭转初战不利的局势，并能迅速战胜进攻之敌。不过，战争的历史告诉人们，残酷的现实通常都会打破战略防御一方速决制胜的迷梦。因为在预有准备并拥有优势兵力之敌的突然袭击面前，想要以无备的状态、劣势的兵力、零乱的体系和被动的反应，企图以进攻回击进攻，快速夺回战略主动权，是没有任何可能性的，当此之时最需要做的，只有审时度势地选择并确立持久制敌的作战方针，以此为争取眼前还看不到的胜利创造必要条件。尽管这在更多情况下，不是一种自觉，而是一种被迫，却是基于双方态势和作战实际所做出的最为明智的正确抉择。这种以持久对速决的不对称战略指导，最大的贡献在于，能够为弱小不利一方谋取优势、改变态势争取时间，并把强大有利一方拖入速战难决、久战不胜的被动境地。

其实，无论速决制胜方针还是持久制敌方针，从本质上讲，都是在充分利用或者刻意经略着双方的不对称，其区别在于，一个是与战略上企图持久制敌的对手打速决战，另一个是与战略上企图速决制胜的对手打持久战，如此而已。现在经常遇到的问题是，强大一方想速决，却常常会落入一时的速而能决与长时的速而难决的悖论。同样，弱小一方想持久，也常常会落入一时的持而难久与长时的持而能久的悖论。在阿富汗战争中，美军直接用兵的时间并不长，战略上可以说实现了速战速决，但始终未能将丧失全国政权近 20 年的塔利班势力清除干净,战争早已演变成另外一种形式的旷日持久。在伊拉克战争中，萨达姆政权没能支撑多久即告垮台，他本人也被处死，其持久制敌方略变成了一枕黄粱，不过，其后的伊拉克战乱不断，特别是随着极端组织“伊斯兰国”的崛起，逐渐演变成星火燎原之势，迫使已经撤离伊拉克战场的美军不得不再次进入，也打成了一种特殊的持久战，尽管这个持久战与萨达姆的持久战已经没有了任何关系。从表面看，现代局部战争没有达不成速决的，但这种速决有时仅仅意味着军事行动的结束，只是一种“战中的速决”。“战中的速决”能够为战略进攻一方赢得一时的军事胜利甚至是全局胜利,却无法有效应对并彻底粉碎战略防御一方利用“战后的持久”而实施的长期的抵抗行动，使其虽能打赢战争却又深陷战后泥潭，导致军事行动的结束并不能确保政治目的的达成。

无论是以速决对持久，抑或是以持久对速决，相对而言虽然都是一种不对称的战略指导，但若想取得成功，又都是需要讲条件的。如果仅用军事观点看问题，对于塔利班、萨达姆来说，面对敌人的强大、自己的弱小等客观实际，借用毛泽东的话，就是规定了“不可能很快发展和不可能很快战胜其敌人，即是规定了战争的持久，而且如果弄得不好的话，还可能失败”[①]。在这种艰难不利的态势下，追求“战中的持久”是毫无希望的，需要把目光放远，确立把强敌拖入“战后的持久”为目标，争取把更多“战后的袭扰”“战斗的速决”变成一种攻击常态，以此牵制敌人、打击敌人、拖垮敌人，这是有可能的。同样，对于美国人来说，面对自己的强大、敌人的弱小等客观实际，规定了在战场上将会很快击败对手，即是规定了战争的速决，而且毋庸置疑，十拿九稳。但是，“战中的速决”并不能确保实现“战后的速决”。事实证明，没有充分考虑对手得到部落的支持、教派的助力等因素，没有充分考虑穿制服的敌人被打

① 毛泽东 . 毛泽东选集：第 1 卷［M］. 北京：人民出版社，1991：191.

败、打散以后，“溃不成军”但力量尚存的敌人可能重新凝聚、随时“反弹”，也没有很好研究如何应对神出鬼没之敌的有效对策，导致美国的两次“战中的速决”都不具彻底性，并留下巨大的隐患。而这一点，又用事实回答了让许多人感到疑惑的一个重要问题，就是局部战争有没有战略持久，或者说，小国弱国打仗有没有战略持久的问题？有一种观点极其要不得，就是不管大国小国，也不管强国弱国，一讲打仗就要速决制胜。只要看一看从 2011 年开始打了近 10 年的叙利亚战争就会知道，巴沙尔如果以速决制胜为指导，其政权可能早已不复存在。也正是他的持久之策，彰显出小国弱国在战略指导上的大格局、高境界。

二、打军与打民的对决

战争呈现在世人面前的似乎总是这样一种直观景象，即是军队与军队展开拼死搏杀，是兵对兵、将对将，刀对刀、枪对枪进行激烈较量。历史地看，这种情况确属常见。这是因为，传统的战略指导，通常都是把击败敌方军队、攻击军事目标作为首选，突出的是“打军”。克劳塞维茨就强调，“我们不能不指出，用流血方式解决危机，即消灭敌人军队，这一企图是战争的长子”①，并提出“要取得胜利，就要使敌人的主力同自己的主力作战”②。毛泽东也强调，“以歼灭敌军有生力量为主要目标，不以保守或夺取地方为主要目标”③，并提出“只有决战，才能解决两军之间谁胜谁败的问题”④。所以，我们才会看到，古今中外的很多战争，都是其中一方通过打赢一次会战或者几次会战，击溃、击败了对手即告结束。中国历史上齐鲁长勺之战、袁曹官渡之战、秦晋淝水之战也包括解放战争都是如此，

① 克劳塞维茨 . 战争论：第 1 卷［M］. 北京：商务印书馆，1982：64.

② 克劳塞维茨 . 战争论：第 3 卷［M］. 北京：商务印书馆，1982：808.

③ 毛泽东 . 毛泽东军事文集：第 3 卷［M］. 北京：军事科学出版社，中央文献出版社，1993：484.

④ 毛泽东 . 毛泽东选集：第 1 卷［M］. 北京：人民出版社，1991：214.

外国历史上拿破仑与7次反法同盟的战争、第二次世界大战时期苏联军队通过10次打击和攻克柏林战役战胜德国也是如此。

这种突出“打军”的战略指导能够长期居于支配地位，毫无疑问是战争的直接选择。毕竟，战争最为关键、最具决定性的对决，从来都是敌对双方军事力量在战场上的终极对决。而军队一旦被击败，也就意味着满盘皆输、彻底失败。因此，围绕消灭敌军有生力量进行战争筹划、实施战略指导、组织作战行动，是任何军队在任何时候都不能忘却也不会放过的。苏德战争初期，希特勒首战即投入190个师（占其总数214个师的88.8%）、550万人（占其总数850万人的64.7%），分成北、中、南3个集团军群，对苏联发起进攻。战至第7日，已围歼苏军33个师；在连续实施的西德维纳河、明斯克、斯摩棱斯克和基辅等5次合围战中，歼灭苏军达150万人；即使到了1942年夏季，苏军仍有四五个集团军被一次围歼的情况发生。希特勒这一突出“打军”的战略指导，取得了战争史上超乎寻常的战果。与此同时，作为“打军”的附带品和衍生物，希特勒在“打民”亦即破坏对手战争潜力、攻击民用目标上也毫不手软。整个战争期间，共炸毁或破坏了苏联3.2万个工厂企业、6.5万千米铁路、4100个车站、1710座城镇、7万多个乡村、9.8万个集体农庄、1878个国有农场、2890个拖拉机站，以及几千座医院、学校、科学和文化机构，使苏联社会财富损失达30%左右。如果从这种情形看，希特勒的战略指导就不单纯是突出“打军”，实际上还有“打民”的考虑，只是表现为“打军重于打民”罢了。

其实，任何战争都会存在“打军也打民”的现象，而且在很长的历史时期，都是“打军重于打民”。那么，为什么不能“打军不打民”？因为打仗不仅要拼作战能力、拼综合实力，也要拼作战消耗、拼战略支撑。民力和经济力是极其重要的战斗力，是决定支撑力度强度、保持战争韧劲后劲的关键要素。正因为如此，战略指导需要把握的一个着力重点，就是既要努力保护己方的民力和经济力，以此为持续进行战争提供有力支持，又要大力破坏敌方的民力和经济力，以此为尽快击败对手创造有利条件。而“打军不打民”绝非制敌制胜之道，只会让自己缩手缩脚，让对手受益获益，进而延缓战争进程，甚至有可能打败仗。因此，不管什么人，任何所谓只打军不打民的倡议，如果不是虚伪，也是极其愚蠢的。两伊战争中，双方从破坏对方支持战争的经济力量入手，展开了一场大规模袭击油田、炼油厂、运油船、港口、输油管等经济目标的斗争，不仅继承了历史上“打军也打民”的用兵传统，伊朗方面甚至还有所发扬。据统计，伊拉克空军对伊朗经济目标的袭击次数占总袭击次数的38%，而伊朗空军对伊拉克经济目标的袭击次数则占到总袭击次数的70%。“打民重于打军”的战略指导初露端倪。

如果说，相对于只打军不打民，“打军也打民”或者“打军重于打民”已属高明的战略指导，那么，“打民重于打军”则具有显而易见的指导不对称。如果更进一步，在战略指导上确立先打民后打军，又甚至只打民不打军，比较而言，是不是更加高明？对于这个问题，美国人给出了明确的答案。在约翰·沃登上校提出的“五环打击”理论中，按照领导层、生产设施、基础设施、民心和野战部队，由里向外划设5个“同心环”，作战行动以摧垮居于中心环里的敌方领导层为着眼，并根据对敌方领导层的影响程度，再依次由里向外打击其他4个环里的目标，直至迫使敌方屈服。这一理论把从上往下打、由里向外打作为基本行动样式，与从下往上打、由外向里打的传统作战样式截然不同，而更为不同的是，大幅提前了“打民”在目标打击中的排序，提高了“打民”在赢得胜利中的地位。从海湾战争到科索沃战争，再到伊拉克战争，“五环打击”理论均作为主导理论频频用于实践，并被检验是完全有效而切实可行的。它即使没有颠覆战争是军队与军队的搏杀，是兵对兵、将对将，刀对刀、枪对枪的较量，却也更新了人们指导战争的观念理念，就是“打民重于打军”，又或者只打民不打军，无论对于强大一方还是弱小一方，也无论是组织小到特种突袭作战还是指导大到中高强度局部战争，都是一种直击要害、打敌软肋、确保制胜的高明策略，在打赢战争的途径和方式上，较之以往具有更为有力的不对称优势。

三、打服与慑服的对决

战争是一个靠实力说话的领域。过去是、现在是、将来依然是实力起着最为突出、最为关键的决定作用。所以，利用强大的实力，通过打败对手来达成战略意图，这是一种常见的战略指导。同时，战争也是一个讲成本核算的地方。战争超乎寻常的残酷性、破坏性和消耗性，要求能以较小的代价博取最大的利益，才是真正的“赚钱”生意。所以，孙子会认为，“屈人之兵而非战也，拔人之城而非攻也”①（促使敌人降服不需要硬打就能实现，夺占敌人城堡不需要强攻就能实现），这才是好的作战指挥、好的战略指导。由是观之，什么样的战略指导最有赚头？当然是不战而屈人之兵，也就是兵不钝而利可全，方为上上之策。

作为战争指导者，长久以来都会受到这样的困扰：没有实力，腰杆不硬、说话没用，还常会被人欺辱、被人遏制甚至被人颠覆。即使国力如日中天的当今美国，在发轫时期也曾有过受人欺凌的境遇，不得不为独立而战。而一旦有了一定的或者超强的实力，到底应该怎么用？却又存在着是偏重于打服对手还是偏重于慑服对手之争。东方兵学的至高智慧，讲求的是能不战屈敌就不刀兵相见，能小战屈敌就不大打出手。这是因为，兵者，凶器也。战争不是什么好玩的游戏，充满了惊涛与骇浪，充满了未知与变数，充满了血腥与残暴，一旦玩不好，很可能自己反被战争所误。况且，既然是战争，就没有什么“零伤亡”问题，“杀敌一千、自损八百”是战争的基本特征，哪怕出现强者恒强、胜者恒胜的“一边倒战争”，强大和胜利一方自身的损失损耗也会非常之大，即使没有兵员方面的重大损失，也会存在物力方面的重大损耗。那么，如果兵不血刃就能迫使敌人屈服，不开一枪一炮就能稳操胜券，能用如此的战略指导争

① 吴如嵩．孙子兵法浅说［M］．北京：战士出版社，1983：47.

取如此的对抗结局，何乐而不为？正所谓自古知兵非好战，小心驶得万年船。所以，孙子才会说，此乃善之善者也。

可悲的是，军事鲁莽家们却不这样看问题。美国在一超独霸、风光无限的鼎盛时期，有个国务卿就曾说过这样的话，大意是：不想用来打仗，建这么棒的军队干什么？于是乎，世界人民看到了一个以打遍天下无敌手为己任的美利坚帝国，顺我者昌、逆我者亡，一仗连着一仗，到处打打杀杀。它的确在炫耀武力、打服对手的过程中，寻找到了快感，体验到了成功，树立起了威望，但同时，却也在无尽头的拼杀之中消磨了实力，在无休止的战事之中蹉跎了岁月。伊拉克战争时，美国在短短 25 天战事中就消耗 230 亿美元，并在其后 7 年多时间里共阵亡 4800 多名军人，另有 4400 多名美军死于事故，还导致 5 万余人受伤，致使原有的战略优势被无形削弱。待其猛然醒悟之时，想搞一个什么“亚太再平衡战略”，已是气喘吁吁、步履蹒跚，颇感有些力不从心了。站在大国博弈、此消彼长的“自私”立场，美国这种四面出击、到处树敌的好战政策应当赢得“喝彩”。但从战略指导的深层来看，其最为重要的启示是，人们从中看到好战必衰、好战必危、好战必亡的内在逻辑可以发生“化学反应”。他们似乎不懂得，战争向来是“不得已而用之禁暴救乱，不可恃国之富庶、民之强盛而穷兵黩武”[①]（刘基语：只有在迫不得已的情况下才使用暴力手段去讨伐暴虐、挽救危乱，切不可仗恃国家富庶、人民强盛而不断地发动战争）。即使仅从这一点来思考问题，在一些人眼中所谓“善者”的施暴打服，也不如“善之善者”的威吓慑服更高明。打服，难免要兵加于敌、耗时费力，而且胜败难料、得失难计；而慑服，却可以威加于敌、蓄势待发，做到以静制动、保持“体力”。毫无疑问，两者都有可能实现“利可全”的目标，但后者还有“兵可全”“力可全”“势可全”的实惠，这是一种更为有利的不对称战略指导。

---

① 李炳彦．兵家权谋［M］．北京：战士出版社，1983：36.

其实，自第二次世界大战以后，美国到处穷兵黩武，有太多的以大欺小、以强凌弱之嫌，与对手都不在一个等量级上。一旦遇到真正的强劲对手时，慎战慑服也会上升为首选策略和指导。1962年，古巴导弹危机爆发。美国在加勒比海区域集结了各型军舰183艘、陆军25万人、海军陆战队4万人、空降兵5万人，B–52轰炸机则携带核武器升空待战，同时发表声明，限苏联48小时内停止在古巴修建导弹基地活动，否则将立即采取行动。赫鲁晓夫迫于核战争一触即发的压力，最终做出妥协。这说明，大国之间的纠葛，不能立足于打服，而应立足于慑服，尤其在有核国家之间，靠打服解决问题是非常危险的。这中间，有一种假设最要不得，就是断定一方有大规模杀伤性武器而不用或者不敢用。要懂得，当一个国家、民族或者政权到了兴亡绝续决于一战的危急关头和最后时刻，不择手段是必要的，也是必须的，除非他没有这种手段和能力。如果慑服不能解决问题，那么即使冒着打核战争的风险，也不得不做打服的准备，只有真打真准备，才会有真威慑，如同美国人在应对古巴导弹危机时所做的那样，这就是所谓的先慑后战。成功的威慑从来都是慑为先手、战为后手。没有实战这个后手，或者说根本就没有想、根本就不准备与对手面对面地“过真招”、硬碰硬，那么，威慑一旦失效，军事上表现得越为强硬，就越有可能自取其辱，甚至招来更大的祸患。

第四章　战术之逆

战术，是指导和进行战斗的方法。广义上的战术，也称之为战法，主要包括指导部队行动、运用作战力量、使用武器装备、巧用奇谋妙计，以及利用地形地物和气象水文条件的方法等。狭义上的战术，是指具体打法。众所周知，技术决定战术。但出神入化的战术并非完全而天然地由技术因素所左右，更要有一个主观努力的过程，才能造就出威武雄壮、有声有色的战争活剧。可以说，所有战术都是建立在一定物质基础之上，尤其是技术条件之上的人的主观能动性和创造力的结晶，是人的思想作用于客观物质条件的产物。战术研究不是闭门造车、凭空想象、灵光一闪就会有所收获，离开了主观努力，即使掌握着先进技术装备，也定然一无所成。从这个意义上讲，在实践层面，技术决定战术；在认识层面，人是决定因素。这才是战术生成的“宿命”，也是战术研究的规律。战术之逆，就其本质而言，是依托一定的技术条件，通过人的主观努力，在追求战术的出敌意料或者战法的创新突破上，找寻一条与众不同或者前所未有的有效制敌途径。能否实现战术之逆，不仅决定着敌对双方在不同作战行动中能否形成以新破旧、以长击短、以奇制正等巨大优势，还往往决定着各个作战行动的成败。

第一节　“旧”不如“新”

“但见新人笑，哪闻旧人哭。”这是唐代大诗人杜甫《佳人》

一诗中的凄婉名句。然而，战争不是怨妇，更不相信爱情，却也能够给人带来胜利的欢笑或者失败的悔恨，而且，能见新人笑，必见旧人哭，本来就是兵家常事。虽说战争是最少保守、最需创新的特殊领域，但从事战争的人们在如何对待战争的问题上，却明显存在着“萧规曹随”与“喜新厌旧”的二重性，常常是墨守成规与弃旧迎新并生并存。正因为如此，在战争领域，“旧”不如“新”表现得尤为淋漓尽致。我们不难看到，“萧规曹随”的一方往往会被“喜新厌旧”的一方打败。所以，杜黑才会说，“胜利向那些能预见战争特性变化的人微笑，而不是向那些等待变化发生后才去适应的人微笑”[①]。这充分说明，打仗绝不能沉湎昔日战场的辉煌，绝不能拘泥旧有经验的羁绊，必须勇于反传统习惯、反定势思维、反经验主义，切实跟上战争新形态、新样式、新手段的发展步伐，努力把观念更新、理论创新、战法出新变成一种渴望、变成一种自觉，才能在新思想、新理念、新方法的引领下去赢得作战行动的胜利。

一、关注“时代差”带来的不对称

历史地看，战争形态、战争样式、战争手段都是不断发展、不断变化的。通常，有什么样的战争形态、战争样式和战争手段，就会产生什么样的战争方法。所以，任何一种战术，都会带有鲜明的时代性。2000 多年前，在楚国都城曾经上演一幕具有沙盘对抗性质的“墨子大战公输般”的好戏：墨子将衣带解下当城墙，用木片当守城器械，公输般示用云梯先后 9 次改变攻城的方法，墨子 9 次挡住了其进攻。他们之间的战术攻防变化，就明显带有冷兵器条件下作战的时代特征。而在今天，全纵深攻击、超视距攻击、一体化攻击以及精确打击等一系列崭新战术横空出世，呈现的则是信息化条件下作战的时代特征。可见，时代在变，战争也在变，从而造成战术也会随着技术的进步、装备的更新、作战思想的演进、战场空间

① 杜黑 . 制空权［M］. 北京：解放军出版社，2005：33.

的拓展与时俱进。战争经验告诉人们，只有与时代同步发展，战术才会有生命力，才会有制胜力。

如果说，伟大的时代呼唤伟大的理论，那么，崭新的战争形态、战争样式和战争手段必将造就崭新的战术思想。尤其在新旧时代处于一脚门里、一脚门外的重要转换期，对战术发展的影响最为关键，对作战行动的改变也最为深刻。此时此刻，一念之差的犹疑、一步之遥的落后，都会在战场上给双方造成无法逾越、无法抗拒的巨大落差，形成难以避免、难以克服的强弱不对称，从而使“慢半拍”者陷入极其被动、极其危险的境地，甚至会跌入满盘皆输、万劫不复的深渊。1860 年 9 月 21 日，僧格林沁率领 3 万蒙古骑兵，在距离北京城 8 千米的八里桥与英法联军 8000 余人展开激战。尽管蒙古骑兵作战异常英勇，冒着敌人的枪林弹雨拼死冲杀，但带有显著农业文明特征、以冷热兵器混用为主、采取骑兵集团冲锋战术的清军，却伤亡过半、遭到惨败。而借助工业文明成果，主要配备前膛燧发枪和滑膛炮以及部分使用发明不久的线膛枪和线膛炮、采取空心方阵和三排阵列的战列步兵线战术的英法联军，则大获全胜，仅有 12 人阵亡。无独有偶。第二次世界大战初期，当机械化战争形态已悄然降临，德国人开始集中使用坦克，把“闪击战”新战术应用于实战的时候，波兰人的战术思想还游移于骑兵制胜的时代，结果酿成一幕“骑兵打坦克”的战争悲剧，说起来真的是比僧格林沁更滞后于时代，也更为可悲了。无数事实证明，在战争领域，眼看一个新时代即将到来或者已经到来，如果在思想认识上抱残守缺、熟视无睹，这比什么都可怕。

由“时代差”带来的战术不对称，如同一个持有利剑的武士与一个持有手枪的战士同场对决，一方的剑法再怎么高明，也无法摆脱距离和速度的劣势，虽不能完全排除偶然得手将对手一击致命的可能性，但在总体上并不能对赢得胜利产生多大的帮助；而一方的枪法再怎么低劣，也会占据距离和速度的优势，并始终存在着将对手一击致命的可能性。所以，在战术层面，两军之间的“时代差”

可以说是最大的差距。这种类似于剑法与枪法对决的战术不对称，表现在认知理念上是人知我不知、人懂我不懂，表现在物质形态上是人有我没有、人会我不会，抑或反之，这会让处于劣势的一方往往以闻所未闻、见所未见、行所未行的形式遭受决定性、致命性打击，即使有劲也使不上、有力也发不出，只能眼睁睁地看着作战失败的命运一步一步向自己逼近,并最终演变成残酷的现实。这种情形之下，不再有什么“双方的战斗”，只剩下“一方的屠杀”，无论大义凛然、英勇无畏，还是顽强抵抗、战斗到底，都已失去了实际意义。就像两朵巨大的蘑菇云在广岛、长崎的上空慢慢升腾宣告了战争迈进核时代一样，仅就战术的不对称而言，只掌握着机械化技术和战术而对核技术一无所知的日本军队，就完全丧失了把战争继续打下去的资格，除了无条件投降之外别无选择。

所以，不管什么军队，都必须跟上时代发展的步伐，看清战争演变的时代属性，绝不能不讲客观条件，公然藐视甚至漠视“战争唯物主义”。那些把真老虎视为纸老虎的想法和做法,绝对不合时宜，充其量只能算是充满无知和狂妄的“鲁莽英雄主义”。靠说上几句“豪言壮语”给自己打气、壮胆或许是必要的，但仅靠“豪言壮语”是打不赢战争的，在新的战争形态、战争样式面前，也不可能获得一丝一毫的优势。要知道，与真老虎对峙、过招，做一只学舌讲漂亮话的鹦鹉是万万不行的，你必须也变成一只凶狠的老虎才会不落下风。从这个意义上讲，战术都是务实的，必须始终以能打胜仗为唯一标准。虽说战术本身是一种精神产物，但它发源于一定的时代背景，依托于一定的物质条件，又是必须讲唯物论的。总的说来，有什么样的物质条件就会产生什么样的战术，在什么样的时代打仗就要采用与其相适应的战法。在信息化条件下作战，就必须采用打信息化战争的战法。当然，你与对手之间或许不可避免地存在着技术上有优有劣、手段上有多有少的“力量差”，以及认识上有深有浅、战术上有巧有拙的“认知差”等诸多不对称，但绝对不能出现、绝对不能存在人有我无、人懂我懵的“时代差”。毕竟，一支由大刀长矛武装起来、只会舞枪弄棒的军队，是战胜不了一支由洋枪洋炮武装起来、掌握射击要领的军队的，这已得到战争历史的反复验证。正因为如此，如果较之对手，你在战术上拥有不对称的“时代差”优势，那么，或许你做不到百战百胜、毫发无损，但一定会百战不殆、稳操胜券。

二、关注“技术差”确立的不对称

技术决定战术，是颠扑不破的绝对真理，是屡试必验的基本规律。技术与战术之间，如同先发制人与突然袭击一样，也恰似一对如影随形的“孪生子”：通常，技术是战术的“顶梁柱”，有什么样的技术就会构建起什么样的战术“大厦”；而战术则是技术的“掘金者”，超常而诡异的战术最能把充满潜能和魔力的技术“宝藏”开发得尽善尽美。尽管如此，我们不得不说，技术水平和状态对于战术生成与应用的影响，往往更带有强制性和限定性。这正如毛泽东指出的那样：“军事家不能超过物质条件许可的范围外企图战争的胜利。……军事家活动的舞台建筑在客观物质条件的上面，然而军事家凭着这个舞台，却可以导演出许多有声有色威武雄壮的活剧来。”[①]

打仗，当然是武器装备越先进越好。因为两军对阵，在一定意义上比拼的就是谁的武器装备更锐利。而一旦双方存在人有我优的“技术差”，那么，无论敌我，莫不期望借此来增大以优制敌的作战效果，必然会在战术层面不可抑制地强烈表现出来、集中迸发出来。这就是所谓的扬长避短、趋利避害。自海湾战争以来的历次局部战争中，美军都是紧紧围绕充分发挥自身信息优势、空中优势和海上优势，来设计和运用制胜敌人的战术的。其中，又以对信息优势的发掘与运用为重中之重。之所以如此，是因为它在这些方面尤其是信息技术方面明显强于对手，占据着技术领先位置，能够由此谋取到敌所不及的实际战术优势。如，利用信息传感技术，可以实现战

① 毛泽东．毛泽东选集：第 1 卷［M］．北京：人民出版社，1991：182.

场空间的透明化；利用信息网络技术，可以实现作战系统的一体化；利用信息智能技术，可以实现指挥决策的科学化；利用信息制导技术，可以实现火力打击的精确化；利用信息攻防技术，可以实现作战方式的多样化；等等。美军的实际战术优势，正是由诸如此类的技术领先部分确立起来的。从本质意义上讲，这些技术领先部分才是新质战斗力的强力之基，也是打破力量平衡的关键因素，更是崭新作战样式、作战方法的"孵化器"。它们往往会让自己如虎添翼，让对手望尘莫及，从而成为确立战术不对称的决定性物质之源。美国有人甚至认为，精确制导武器的增长，似乎对美国使用武力实现国家利益产生了重大的独立影响……令战争更容易了。由于美军在精确制导武器方面较之一般对手具有压倒性优势，且采用的是伤亡小、效率高的非接触作战打法，这让美国更爱对外动武，并因此大大降低了战争门槛。足见"技术差"的影响之巨，甚至能够左右一个国家军事政策和对外政策的制定。

不过，在战场上如能使用人所未见的新技术、新装备，则更能促成技术和战术的双重不对称。这是因为，利用技术盲点，可轻而易举地达成突然性，最容易让人目瞪口呆、让人手足无措，最可能带来颠覆性的后果，甚至造成全局性的被动。在 13 世纪，当欧洲人面对西征的蒙古大军，第一次遭遇火炮的攻击时，还以为它是一种吐烟的怪兽，一时惊恐万状，不知所措。在伊伯尔战场上，当英法联军第一次遭遇由敌方阵地飘来的黄白色"烟幕"，并不断有人窒息倒地时，顿时一片混乱，溃不成军。在松姆河战役中，当德国士兵第一次遭遇坦克的攻击时，同样乱作一团，不知如何应对，以致德国大本营有人哀叹："坦克是导致这场战争结局的第一个因素。"这表明，技术应用的突然性往往具有极其强烈的震撼力和极其巨大的破坏力，可以造就超乎想象、难以招架的战术不对称，以致让对手一时之间毫无抵抗能力，更不会拥有还手之力，常常在一无所知中茫然不知所措，在一击致命中骇然不能自持。所以，管子会说："凡兵有大论，必先论其器，……器滥恶不利者，以其士予人也”[①]（军事上的重大问题是，首先要讲求武器装备，……如果武器装备低劣，无异于拿军队给敌人送礼）。这就是为什么，追逐科技之变、装备之新会成为战争特别是战术的一个优先话题。

我们由此对恩格斯说过的一段名言有了更为深刻的理解和认识。他说：“每个在战史上因采用新的办法而创造了新纪元的伟大将领，不是新的物质器材的发明者，便是以正确的办法运用他以前所发明的新器材的第一人。”[②]这在告诉人们，一方面，战术的终极性在于找到新技术、新装备的正确使用方法；另一方面，即使采用最为原始、最为机械、最为笨拙的方法让新技术、新装备在战场上首次亮相，也会因为促成了前所未有的战术不对称，而有可能创造战争历史的新纪元。就像导弹战的发生与发展一样，由20世纪40年代初纳粹德国用V型导弹对英国实施的袭击，到50年代末人民解放军用萨姆-2导弹击落蒋军RB-57D高空侦察机，再到60年代埃及军队用冥河导弹击沉以军“埃拉特”号驱逐舰，直至80年代阿根廷军队用飞鱼导弹击沉英军的“谢菲尔德”号驱逐舰，分别开了地对地、地对空、舰对舰、空对舰实施导弹攻击的先河。而每一种类导弹的实战应用，都无一例外地充实了新的作战手段、拓展了新的作战方法，并形成与对手之间的巨大不对称，从而引起整个军事领域的剧烈震动和强烈反响。

当然，依靠“技术差”来获取战术不对称，不只局限于装备之新，还大量存在于装备在射程上的一米之远、在速度上的一秒之快、在防护上的一寸之厚等微小优势的利用上。切莫小瞧和忽略这些微小的技术差距，很多战场上的奇观，正是利用了这些不起眼的装备优势而促成、而造就的。据报道，当中国成功试射了射程达

① 军事科学院．中国古代兵法选辑［M］．石家庄：石家庄陆军学校翻印，1984：15.

② 马克思，恩格斯．马克思恩格斯全集：第7卷［M］．北京：人民出版社，1956：565.

150 ~ 200 千米的最新导弹霹雳 -15 时，由于“这将超出现有的美国空空导弹的射程，使得霹雳 -15 不仅对像 F-35 这样的战机构成威胁，也对轰炸机和空中加油机构成威胁”，而“吓到了美国空军将领”，成为其向美国国会寻求新导弹研制拨款的关切理由。而这恰恰验证了，必须高度关注这类技术差距的极端重要性，及时把握由此可能带来的战术运用的不对称性。

三、关注“观念差”导致的不对称

新技术、新装备的人有我无，一定会造成双方在战术上的不对称，这是没有任何疑问的。而新技术、新装备的人有我有，也不能排除双方在战术上存在不对称的可能性，同样无法予以回避。前者的出现，主要取决于双方在科技创新能力、经济实力条件等方面存在着人强我弱的客观因素；而后者的出现，在很多情况下则是受制于在军事思想、作战观念方面存在着人新我旧的主观因素。也就是说，即使双方掌握和使用同一种类的新技术、新装备，由于彼此之间存在着“观念差”，常会导致战术运用上的不对称。

在战争领域，我们经常看到这样一种现象：当技术进步取得某种实质性突破以后，很多人的观念未能与时俱进、及时转型，因为原地踏步、停滞不前，而导致在以新技术为核心战斗力的军事对抗中完全丧失优势，甚至一败涂地。比如，坦克在法国人眼里不过是坚固阵地防御的“活动堡垒”，到了德国人手中却成了创造战争奇迹的“闪击工具”。同样一种新技术、新装备，更多的时候，改个用法就可能是传奇，换个思路就可能是创新，转个角度就可能是突破。用法不同，效果肯定不一样。而用法的巨大差异，则完全取决于观念的迥然不群。有人曾做过一个精妙比喻：“给亚瑟王宫里一位骑士一支 M-16 步枪，如果他拿着这件武器骑上马，用枪托砸对手的脑袋，就不叫转型。如果他躲在一棵树的后边开始射击，这样做才是转型！”可见，再先进的武器装备，只有找到有效制敌、确保制胜的科学用法，才会真正如虎添翼。而没有基于技术进步的观念更新与转变，最新科技成果并不能自发地发挥出应有的军事效能，必然地转化为实际的作战能力。换句话说，一种新装备到手了，如果战法创新跟不上，仍将难以谋取到真正的不对称作战优势。这也是为什么我们会说，在战争领域，观念的更新与转变较之技术的进步与应用更带有根本性和决定性的原因所在。

不过，人们观念的更新与转变，真不是一般说说就能轻松做到的事情。毕竟某种思想或观念一旦形成，都会具有一定的稳定性和惯性，并随着时间的推移而根深蒂固。有时，即使已经意识到了必须弃旧换新，也往往难以割舍、难以撼动旧观念的束缚。1803 年，当美国发明家富尔顿在塞纳河上成功试验了一艘蒸汽船后，拿破仑为此感慨："这个事实可能会使世界的面貌为之一变。一个伟大的真理，千真万确的事实，已经摆在我们的面前。"[①] 然而，一回到现实之中，他的态度立马来了个 180 度的大转弯，拒绝采用蒸汽船对海军进行重新打造，结果与这一新技术及其因此产生的新战术失之交臂。对新事物、新技术的认识和理解可以很到位，但观念未必能够随之转到位，行动未必能够随之做到位，这在战争领域是一种常见现象。当今世界，打信息化战争是大势所趋。不管什么人，顺之则昌，逆之则亡。而信息化战争独有的特点规律，要求当代军人必须以新的视角来审视、以新的思维来思考、以新的作为来应对已经到来的新型战争。但客观地看，类似于手里拿着 M-16 步枪骑马去砸对手脑袋的情况依然存在：信息化战争要求"打钢铁"更要"打硅片"，有的人却不能摆脱机械化战争理念和经验的羁绊，拿的是信息化装备，想的则是打机械化战争的那一套；信息化战争要求重谋略更要重技术，有的人却过分沉湎于剑不如人但剑法高于人也能打胜仗的迷思，看不清基于工业技术的谋略运用，是战胜不了基于信息技术的谋略运用的这样一种现实；等等。凡此种种足以说明，能否真正掌握和正确运用适应战争发展的新战术，关键在于能否积

① 解放军报，2013-11-12.

极适应急剧变化的客观世界，自觉能动地克服来自思维习惯、心理本能和经验主义的阻遏，勇于摒弃陈旧的理念，否定落后的传统，突破顽固的定势。也可以说，要实现与对手在战术上的不对称，真正紧迫的任务不仅仅取决于是否拥有最新的科技成果，更取决于能否及时促进观念转型。有了观念转型，才会更加渴望最新科技成果，才会更好地运用最新科技成果。

见一叶而知秋，天未雨已绸缪，这才是杰出将帅应具备的见识与胆略。第一次世界大战后，机械化战争形态开始萌芽，一些有识之士洞若观火、见微知著，基于对技术进步的敏锐洞察力和透彻理解力，大声疾呼并积极倡导机械化军事变革。苏军总参谋长图哈切夫斯基就是这样一位杰出将帅。在他的大力推动下，苏军研制并装备了新型坦克和战机，创建了空军、机械化军和空降兵部队，还创造性地提出了集中使用步兵、坦克、炮兵和航空兵的“大纵深作战理论”。但斯大林囿于以往的战争经验和陈旧的作战观念，固执地认为骑兵才是作战中起决定作用的兵种。在清洗了图哈切夫斯基之后，立即撤销了由其组建的机械化军，甚至还发布了《关于建立装甲兵和机械化集团军不合时宜的决定》。[①] 观念的天差地别，不仅让苏联军队止步于机械化军事变革之际，还导致与德国军队之间出现了巨大的战术不对称。虽然在第二次世界大战前已拥有数量和质量均超过德军的机械化武器装备，但面对德军崭新的“闪击战术”，苏军却一败再败，为此付出了极为惨重的代价。这样的历史教训应当深刻汲取，绝不能让“观念差”导致战术不对称的悲剧在我们身上重演。

第二节　“常”不如“特”

约米尼讲过一句名言：“战争的确有几条基本原理，若是违反

① 学习时报，2008-01-21.

了它们，就一定会发生危险；反而言之，若是能好好地运用，则差不多总是可以成功的。”[①] 由此引申开来也可以说，尽管战争是一个充满变化的领域，又是一个不断演进的过程，却始终有一定的常态可知，有一定的常理可行，有一定的常规可循，有一定的常法可鉴。战争艺术不是玄学，更不是无源之水、无本之木，它源于战争实践的洗礼以及对战争经验的总结和战争规律的把握。任何一个成功的军事家，都不可能脱离这些东西而凭空赢得胜利。正所谓不知用正，焉知用奇？当然，历史地看，每一场战争都是全新的，每一次战斗都是独特的，从而决定着战术的选择与运用不能是机械的、呆板的，必须是变化的、灵活的。从这个意义上讲，是战争都有“个性”，打胜仗必须“求特”，一场战争独有一种定制谓之新，一次战斗独有一种打法谓之特。反映在战术层面，其精髓要义在于，识常态而不限常态，通常理而不用常理，懂常规而不循常规，知常法而不拘常法。正如曹操所言：“兵法之传有常，而用之也有变”[②]（兵书能够流传下来的多是一般法则，而在实际运用过程中必须要有变化）。高明的战术，无非是特隐于常、奇寓于正、巧生于变而已。把握住这个规律，就一定会在与对手的较量中获得不对称优势。

一、运筹“个性差”催生的不对称

如果说，人不能两次踏入同一条河流，昭示了“物质是运动的”哲理，那么，人不能两次经历同一场战争，则揭示了“战争是变化的”规律。一场战争与另一场战争必然大相径庭，每一场战争都不是简单的重复，都会有鲜明的“个性”。不仅如此，甚至一场战争的每一个战役、每一次战斗都是独一无二的，相互之间在某些方面或许存在几分相似，但绝不相同。这也决定了，战争从来没有包打胜仗的万应灵方，不能以不变应万变，用一种理论、一种战术打到底，还必须坚持具体情况具体分析，注重“一把钥匙开一把锁”。尽管

---

① 约米尼．战争艺术［M］．北京：战士出版社，1981：3.

② 解放军报编辑部．军事纵横谈［M］．北京：长征出版社，1984：140.

我们承认，作战理论创新发展具有某种继承性。

在这方面，美国人树立了一个榜样。据说，美军流行着一种说法：一种作战理论只能指导和运用于一次作战实践，下一次作战需要全新的作战理论来指导。他们是这样说的，也是这样做的。自20世纪80年代以来，美军先后提出“空地一体战”“五环打击”“战略瘫痪战”“网络中心战”“震慑作战”“基于效果作战”“快速决定性作战”以及“空海一体战”等一系列新思想、新战术，并在海湾战争中应用了“空地一体战”理论，在科索沃战争中应用了“五环打击”和“战略瘫痪战”理论，在阿富汗战争中应用了“网络中心战”和“震慑作战”理论，在伊拉克战争中应用了“快速决定性作战理论”，还着手准备在未来与中国军队打一场“空海一体战”。其花样翻新的程度一招胜过一招、一浪高过一浪，让人眼花缭乱、目不暇接，把“战胜不复”的法则“玩”得非常娴熟、非常得心应手，达到了炉火纯青的地步。从实战效果看，这种拒绝复制以往战争、保证每战都用新法的特别举措，确实让美军在战场上一直占据了较大的战术不对称优势，而把对手置于完全跟不上“节拍”的极端被动境地。科索沃战争中，面对北约军队“以空制地”的新战术，南联盟军民一直等待着在“即将开始的地面交战”中重创敌人以挽回颓势，但直到战争结束，他们也未等来地面交战的一刻，就是一例。从这个意义上讲，恰恰是因为美军十分注重对战争的预先筹划与设计，注重在战术上求新、求特，而成就了战争“个性”。

同时不应否认，着眼战争的发展变化，积极适应战场实际对抗中的新情况、新特点，始终都是催生新战术的基本途径。在国外，有一种军事评论说：“自古以来，将军们准备打的都是过去样式的战争，而不是未来战争。”[①] 另有一种研究结论是：“一般来说，军队都具有难以从旧军事原则中摆脱出来的本性。”[②] 这话看似有

① 杉田一次．从兵要地志看中苏战争［M］．北京：战士出版社，1983：201.

② 岩岛久夫．突然袭击的研究［M］．北京：国防大学出版社，1987：78.

失偏颇，实则一语中的。实际上，人们太容易或者很自然地受到以往战争经验尤其是那些成功经验的“绑架”，常常自以为轻车熟路、驾轻就熟，而在新的战争面前变得故步自封起来。即使是杰出将帅，也难免会发生这种问题。抗美援朝战争初期，毛泽东借鉴不久前在解放战争中以运动战方式、集中兵力打歼灭战的经验，电示彭德怀：采取大迂回、大包围战术，打几个针对美、英、土军的较大规模歼灭战，一举扭转不利战局。但是，几仗打下来，都出现了围得了敌人却吃不掉敌人的情况。不过，伟人之所以成为伟人，很大程度上取决于拥有直面现实、纠正偏差和错误的勇气。针对新的作战对手和战场实际，毛泽东因情变“法”，及时调整战术，提出志愿军“1个军每战只歼灭美、英、土军1个整营，至多两个整营”的新战法，从而找到了适应新战场、新情况的有效制敌途径。这正如克劳塞维茨指出的那样：“一定情况下产生的方法很容易过时，因为情况在不知不觉中发生变化，而方法本身却没有改变。理论应该通过明确而合理的批判去防止使用这种过时的方法。”[①] 同时表明，战术都是具体的，必须突出针对性，坚持因时、因敌、因地、因势而定，通常只适用于解决一次战斗或者一场战争的问题。而能够快速适应一场崭新的战争，把具体的作战对象、战场环境和物质条件等“个性”问题研究透，尤其对那些诸如对手的强点和弱点、自己的长处和短处、战场环境的有利和不利、战场态势的主动和被动等起支配作用的因素，能够做出深入分析、进行透彻理解、实现精准把握，才会更有助于催生符合战争实际的新战法，更有益于形成战术不对称。做到了这一点，即使在战争的预先筹划与设计上出现一定的偏差，问题也不会太大，仍然可以转危为安，变被动为主动。

孙子讲过：“兵无常势，水无常形。”说的是战争形态、战争样式、战争方法都不是一成不变的，就像水没有固定的形状一样，必然发展、必须变化是绝对的，这是一个客观规律。岳飞说：“运

① 克劳塞维茨．战争论：第1卷［M］．北京：商务印书馆，1982：143.

用之妙，存乎一心。”说的是战争的基本规律、作战的基本原则、制胜的基本经验一直都是通用的，但应用于作战的实际效果如何，则完全取决于人的悟性及其自觉的能动性发挥得怎么样，这是一种主观努力。综合起来看，所谓用兵如神，不过是敌变我变、地变我变、时变我变的一种因势利导的适度反应，是对敌变我变、地变我变、时变我变的一种应当应分的自然奖赏。而其成败的关键在于，能否同敌人打与过去不一样的仗，或者说，能否采用“个性化”的战术，去应对“个性化”的敌人、适应“个性化”的战场、打赢“个性化”的战争。历史已经验证，只有那些着眼其特点、着眼其发展，努力追求战术“个性”、积极适应战争“个性”的军队，才最有可能也最为应当谋取到不对称优势，进而在追逐胜利、争取胜利中赢得胜利。

二、运筹“奇正差”促成的不对称

老子有言：“以正理国，以奇用兵。”[①]这是对统治者来说的。孙子说过：“凡战者，以正合，以奇胜。”[②]这是对军人们来说的。从战争的历史经验看，谋奇计、定奇策、出奇兵，是打胜仗的主要途径。奇通常能在作战谋划时就促成造敌不意、谋敌不备的不对称，更能在作战行动中促成出敌不意、攻敌不备的不对称。正因为具有如此特殊功效，军事指挥员没有不企盼战术选择能够找到奇招妙法来克敌制胜的。而这也恰恰是“以奇胜”会受到历代兵家广泛推崇和追捧的原因所在。

不过，“正法”易寻，“奇招”难觅。为什么这么说？因为战术原则、具体打法大体就是那么几条。比如，毛泽东提出的“十大军事原则”（先打分散和孤立之敌，后打集中和强大之敌；先取小城市、中等城市和广大乡村，后取大城市；以歼灭敌人有生力量为主要目标，不以保守或夺取城市和地方为主要目标；每战集中绝对优势兵力，四面包围敌人，力求全歼，不使漏网；不打无准备之

① 万同林．中国古代兵法大全［M］．北京：国防大学出版社，1994：30.

② 吴如嵩．孙子兵法浅说［M］．北京：战士出版社，1983：65.

仗，不打无把握之仗等），林彪独创的“六个战术原则”（“一点两面”“三三制”“三猛战术”“三种情况，三种打法”“四快一慢”“四组一队”等），都已归于“正法”“常法”之列。但在具体运用时，如何将之变成“奇招妙法”，就不似这般一一罗列那么简单了。拿“一点两面”来说，其核心要义在于将主要兵力集中于一点上。然而，将主要兵力是集中用在正面还是用在侧后，是集中用在两翼之一翼还是用在中间，是声于东而击于西、示形于此而主攻于彼还是反之，就需要根据战场实际情况具体问题具体分析，而后做出合理的决断。

这中间，又会出现新的问题。就是按照“合理”做出的战术安排，有时未必就是“必胜”的有利选择。诸葛一生唯谨慎。公元 227 年至 233 年间，诸葛亮六出祁山，北伐曹魏，但仗仗都是步步为营，采用的是在崇山峻岭之中与对手打阵地攻坚战的“正法”，尽管其战术安排合乎常理，却次次出师不捷，全部铩羽而归。比较而言，他的部将魏延提出“循秦岭而东，当子午而北”，隐蔽迂回、轻兵奇袭、直捣长安之策，则不失为足可一试的“奇招妙法”。可惜的是，诸葛亮至死也不敢采用。客观且公正地看，魏延之谋是奇招也是险招，确有“轻躁冒进”之嫌，能否如其所愿一战而改变魏强蜀弱的战略格局也未可知，但从出敌意料的方向、以轻兵奇袭的行动，一定会打对手一个始料未及、措手不及，进而谋取到一定的战场局部利益，确实存在着实践的可行性和成功的可能性。这也正是孙子所说的“由不虞之道，攻其所不戒”（走敌人意料不到的道路，攻击敌人没有戒备的地方）。可见，奇正之差，效果迥异。同时，也说明了一个问题，就是“正法”易行、“奇招”难用。“正法”易行，是说在大敌当前、大战在即的情况下，很多将帅更容易采用线性思维，寻着既有的常识和过往的经验所形成的“定见”，常常会中规中矩、没有悬念地做出一些“正确”的战术安排。而“奇招”难用，是说少数高明的指挥员采用非线性、不规则思维，不拘定见、突破常法所形成的“异类”的战术安排，因为属于石破天惊、弄险求胜，“玩”得是心跳，而常常会受到质疑甚至排斥和抵制。魏延的“奇袭长安”

建言就被诸葛亮加以斥责，而麦克阿瑟的“仁川登陆”作战构想在开始的时候同样遭到了多数人的反对。如此看来，有时真理只掌握在少数人的手中，此言不虚。同样，出奇制胜的“钥匙”掌握在不按常理出牌的人手中，亦是箴言。唯其如此，才能促成战术的不对称。

老兵们都知道，炮弹一般不会落进同一个弹坑。将帅们都明白，战胜敌人的方法不能简单地重复使用。但抗日战争时期，八路军129师师长刘伯承却搞了个“七亘村重复设伏”，三天之内在同一地点针对同一敌人打了两场漂亮的伏击战，重创日军20师团一部，硬是让同一个“弹坑”落进了两发“炮弹”。在这里，战胜不复，是为“正法”；而战胜又复，则为“奇招”。它奇就奇在犯忌用兵、出敌所料上，奇就奇在不拘成见、一反常态上。正是因为刘伯承的“重复设伏”非常理所能解析、非常态所能展现，故而促成以奇制正的不对称，实现了两战两捷。这正是奇与正的思维博弈所造就的巨大战术差异。

与此同时，我们从中也看清了奇正相辅、奇由正生，欲要用奇、须知用正的内在规律：没有“成见”，何来犯忌？没有犯忌，何来出奇？所以，只有知道正兵“正法”之所在，才会找到奇兵“奇招”之所依。人人知道，山岳丛林地和水网沼泽地不适于机械化部队机动，选择主突方向和进攻路线时，应尽可能避开这些不利地形，这已成为共识和“定见”。有人偏偏采用逆向思维，以人所未至的视野和人所未有的胆识，反其道而行之，做出了超乎常人意料的不对称决断，进而赢得了战役战斗的胜利。第二次世界大战时期，希特勒闪击法国时，不是从地形较为平坦的比利时北部的列日地区实施主要突击，而是选定以卢森堡和比利时南部森林茂密、河溪纵横、道路崎岖的阿登地区作为主突方向。朱可夫指挥巴格拉季昂战役时，不是把主突方向选在便于坦克部队行动的乌克兰地区，而是选在了白俄罗斯的森林、沼泽地。这两次作战行动，都因为战术选择的一反常态、犯忌用兵，打了敌人一个冷不防，从而达成了出奇制胜。

三、运筹“规则差”成就的不对称

自古以来，打仗都会有一定之规。就作战样式而言，陆上作战有陆上作战的规则，海上交战有海上交战的规则，空中对抗有空中对抗的规则，这是不言而喻的。就战争形态而言，冷兵器战争有冷兵器战争的规则，机械化战争有机械化战争的规则，信息化战争有信息化战争的规则，这是没有例外的。同时，打仗又没有一定之规。因为没人敢说，陆上使用的兵器和战术只能用于陆上作战，而不能用到海上交战和空中对抗之中，抑或反之。最初，机枪与飞机的组合使空军得以诞生；中国军队曾提出以游击战术用好潜艇、快艇，进而与敌人打海上游击战；马岛战争中，阿根廷守军拆下被击落飞机上的机枪抗击英军的进攻,把空中作战兵器用到了地面交战之中，都是例证。当然也没人敢说，打信息化战争，机械化武器装备就完全没了用武之地。极端组织“伊斯兰国”就是用半机械化武器装备武装起来的，但其作战实力却不容小觑。其实，按规则打仗与不按规则打仗同等重要。简单地说，只有按科学的规则打仗，才会不打乱仗；只有不按敌人的规则打仗，才会多打胜仗。

在战场上，不按敌人的规则打仗，往往是成就战术不对称的关键因素。不按敌人的规则打仗，可以突破敌人的桎梏，通过跳出其精心设计的作战陷阱，而破坏其部署、打乱其节奏；可以限制敌人的优势，通过摆脱其最为擅长的方式方法，而削弱其战力、减杀其锐势；可以造成敌人的不意，通过采用其没有想到的极端手段，而导致其无备、增大其混乱。所以，这一招对于总体实力特别是技术水平处于劣势的一方尤为重要。其实质说到底是以极端手段和方法抑敌长项、限敌优势，力求不能全部也要大部、不能大部也要局部地缩小敌我技术差、能力差，创造在相近的或者有利于我的技战术层次同对手进行较量的环境和条件。第一次布匿战争时，陆上力量占据统治地位的古罗马人，想方设法地找寻能够打败海上力量占有优势的迦太基人的方法，他们先是仿照迦太基人的技术，新建了

120 艘战船并训练了 4.4 万人的海军，同时清醒地意识到，依靠这支新建但缺乏正规海战经验的海军，是打不过已经积累几代人海战经验的迦太基人的。于是，他们决定摒弃在当时海战中十分盛行的机动和冲撞战法，发明了一种叫作“乌鸦”的新奇装备。这种装备是一种前端带有抓钩的接舷吊桥，作战时用抓钩钩住敌船，重装步兵则通过吊桥冲上敌船发起攻击，从而把海战变成了自己擅长的“陆战”。这一改变海战规则的打法在实战中收到了奇效，并由此撼动了迦太基人在地中海的霸主地位。

这恰如“龟兔赛跑”一样，龟胜兔子存在两种途径：一种途径是按照兔子的规则在陆上比赛，但此时，只有兔子“酣睡”，自身出现失误，龟才有赢的可能性；另一种途径是按照龟的规则在水中比赛，到了新的博弈空间里，龟胜兔子便会拥有天然优势，而变得易如反掌，稳操胜券。所以，主动制造“规则差”、利用“规则差”，着力破坏对手的“作战套路”，有效抑制对手的“规则优势”，逼迫或者诱使敌人不得不按我方的规则打仗，才会把敌对我的不对称优势转化为我对敌的不对称优势，这才是高明的作战指导和明智的战术选择，也是一种具有别样意义的“致人而不致于人”。地球人都知道，当今的美国军队，高度依赖天基系统的技术支撑来打仗。但曾经的技术优势和作战自信，在一个力量相当或者接近的竞争者能够通过网络堵塞或者更有破坏力的方式（例如反卫星武器），严重限制美军使用军事通信和卫星导航系统的情形下，便会引发他们的怀疑和担忧，迫使其不得不思考和准备如何应对“没有太空的日子”。对于美军指挥官来说，“没有太空的日子”无疑是一个噩梦，将使其部分丧失打信息化战争的优势，可能出现在信息化条件下作战，却不得不接受机械化战争某些作战规则的情况，这就使其潜在对手因此具备了创造双方大致相当的对抗环境，进而拥有了可能击败他的有利条件。

不按敌人的规则打仗，还有更为极端的不对称手段和方法。通常，打赢战争的基本途径是，在战场上从胜利走向胜利。如果敌我双方都这么想、都这么干，只能让成百上千万的人走上战场去拼杀。而事实上，却存在着“用一粒子弹打赢一场战争”的简单规则。如第二次世界大战时期，对于盟军来说，希特勒及其统治德国的纳粹头目就是敌人的整个重心。可以确信，完全可以用一粒射进希特勒脑袋的子弹打赢这场战争。而在某种意义上，发生这种情况的可能性严重存在，并且差一点取得了成功，尽管那次惊人的袭击来自其内部而非外部。但这告诉人们，改变作战规则，可以成就战术选择的多样性，有时能够把极其复杂的问题简单化，并很有可能取得事半功倍的成效。这就像当初围绕解开“戈蒂恩结”的尝试一样，更多的人只想到了用手来解开，而亚历山大大帝想到的却是用剑将其一劈两断。其中，用手开“结”与用剑开“结”的差异性，恰恰体现着规则的不同，也更加充分地体现出在战术选择上的不对称。

第三节　“顺”不如“逆”

《兵经百篇》提出过一条重要战术原则：“不得已，乃用左拙”[①]（到了迫不得已的时候，就要故意采取旁门左道、有悖常理或是笨拙的战法）。并进一步阐释说：“兵之变者无如左。左者以逆为顺，以害为利；反行所谋左其事，以己资人左其形，越取迂远左其径”[②]（用兵的变化莫测没有比得上用“左”的方法了。“左”就是用悖谬的行动达到目的，用有害的手段取得胜利。所采取的行动与战略企图恰恰相反，这是行事之“左”；把自己的东西故意送给敌人，这是示形之“左”；舍近求远，这是选择行军路线之“左”）。更具体指出“易而不攻，得而不守，利而不进，假而不遏，纵而不留，

① 戴庞海，等．兵经百字　唐李问对［M］．郑州：中州古籍出版社，2010：13.

② 戴庞海，等．兵经百字　唐李问对［M］．郑州：中州古籍出版社，2010：27.

难有所先，险有所蹈，死有所趋，患有不恤，兵众不用，敌益而喜”[①]（容易攻打的却不进攻，已经攻取的却不防守，有利可图的却不行动，敌人借道的却不阻止，敌人逃走的却不截击，明知有困难却偏要去闯，明知有危险却偏要去冒，明知是死地却偏要前往，明知是灾祸却偏不顾忌，敌人得到利益却反而高兴）等11种旁门左道、有悖常理的战法对策。同时又提醒说：“适可而左，则适左而得，若左其所左则失矣”[②]（适应战场实际情况当“左”则“左”，就会有所成功，如果是为“左”而“左”，那就错了）。其实，战场是敢想敢干、逆理违天的天堂，最讲求的就是反常用兵，并非完全是不得已才用之。尤其在战术领域，常常是大胆而灵活的作战行动虽然冒险却没有危险，敢于让部队避开安全而处于险境却最终得到安全，不怕牺牲舍生赴死却能死里求生取得胜利，这才是战争的自身逻辑。战术不对称从何而来？从某种意义上讲，战术不对称更多的是从反常用兵中来，是从勇于采取对手想都没敢想，或者认为绝无可能，又或者完全摸不着门道的行动中来。真正高明的战术恰恰是以逆为顺、以患为利、以短为长、以迂为直等旁门左道、有悖常理的东西。鉴于这样的冒险既带有明显的创造性，也带有很强的赌博性，因此，承认战术冒险，反对战略冒险，是我们的主张。

一、利用“想象差”制造的不对称

兵无奇不胜，法不异不谲。然而，“奇”将安出？“异”从何来？简单地说，怪点子就是金点子。而要出怪点子，一个基本的途径就是，必须充分发挥人的想象力。战争是一项需要充满想象力和发挥想象力的事业。一旦走上战场，除必要的客观物质条件之外，想象力将成为军人强有力的武器。在战争领域，想象力常常因为疯狂而让军

① 戴庞海，等．兵经百字　唐李问对［M］．郑州：中州古籍出版社，2010：28.

② 戴庞海，等．兵经百字　唐李问对［M］．郑州：中州古籍出版社，2010：28.

人变得伟大，因为异乎寻常而让行动变成奇观，并由此给对手和后人留下太多难以想象、不敢想象或者无法想象的慨叹。

鉴于意料之外的打击最容易使一支军队手足失措、应对失当，因此，围绕“敌人想不到”来制定战术、采取行动，可大大提高制敌的胜算和把握。其核心价值在于，不受约束地去想敌人不敢想象的事，竭尽全力地去做敌人认为不可能做的事。第三次中东战争中，埃及空军在遭受以色列空军最初打击后，急忙把幸存的轰炸机转场至卢克素和巴纳斯机场。这两个机场距离以色列有 900 千米之遥，超出了以军所有飞机的作战半径，埃军因此疏于戒备。让他们万万没有想到的是，以色列空军竟然超越了飞机作战半径的极限，出其不意地成功突袭了这两个机场。以军战术的特别之处，就在于使用其作战半径最大的“秃鹰”飞机，选择最有利的高度、最经济的速度，采取先关闭一台发动机保持单发飞行，接近敌机场时再以双发全速突击的方法，因而扩展了作战半径，硬是把不可能变成了现实，以对手完全“想不到”的方式方法，打了埃军一个冷不防。这正好应验了粟裕的一句话：“敌人认为最安全的地方，却正是我们出奇制胜的地方。”[1] 所以，想象力是伟大的创造力，也是超强的战斗力。缺少想象力，再多的知识储备也难以活化为实用的作战思想，再强的作战技能也难以锻造成有力的作战行动，再好的武器装备也难以发挥出高效的作战潜能。

埃及军队的教训告诉人们，你或许知道对手存在这样或者那样难以克服的弱点，知道对手不具这种或者那种有效制敌的能力，但假如你满足于这种直来直去的线性思维所给出的结论，不愿相信或者不能想象，对手一旦采用超越常规的求异思维或是由正到反的辩证思维，而存在着关键性战术取得突破的可能性，那么，这种缺乏想象力与富有想象力之间的不对称，只会让你沦为被暴打的对象。从这个意义上讲，顺思也不如逆想。通常，顺思都会带来一定的确

① 粟裕 . 粟裕军事文集［M］. 北京：解放军出版社，1989：24.

定性。但鉴于这些确定性大多是依据已有知识和经验、已知作战手段和战术原则等因素而得出的貌似“全在掌握中”的结论，反而会在实际交战中增大战术的风险性。毕竟，确定性不是战争的基本特征，不确定性才是战争的本来面目。在战场上，你知道的东西或许能够给你带来某种心理安全感，但你不知道的东西远比你知道的东西更有危险性，并更有可能造成战术不对称。1943 年 2 月，当德军第 6 军团在斯大林格勒被围歼的最后时刻，由曼施泰因指挥的德军南方集团军同样危机重重、险象环生，处于疲于应付、节节败退，处于被苏军大迂回围歼的不利态势之中。苏军名将瓦杜丁根据以往经验认为，此时的德军只有溃逃而绝无阻击之力了，于是指挥方面军在宽大正面上展开成一个梯队猛追德军。但超乎他的想象，曼施泰因竟然从破败不堪、残缺不全的部队中抽出 7 个师组成 2 个装甲突击群，一个由东南向西北，一个由西北向东南对其实施相向突击，造成苏军第 6 军团和第 1 近卫军团遭受严重打击，第 25 战车军和 3 个步兵师全军覆没，第 3、第 4、第 10 近卫战车军，1 个独立装甲旅、1 个机械化旅、1 个步兵师和 1 个滑雪旅被打垮，第 1 近卫战车军、第 18 战车军，6 个步兵师、2 个滑雪旅受损严重的后果。不仅如此，曼施泰因顺势攻占了哈尔科夫和别尔哥罗德，夺回了卡尔可夫，并重创了苏军第 3 战车军团，进而夺回战役主动权。瓦杜丁依据顺思得出的结论，让他选择了“一线平推”的战术，由于没有围绕如何防范对手可能采取“敌进我进”的战术进行逆想，结果让自己因战术选择失当而吃了大亏。

与此相反，如果你更执着于逆想，则很可能会有一些顺思所得不到的意外收获。可以这样讲，逆想是发现并制造战场不确定性或者发现并消除战场不确定性的最有效途径。善于逆想，不仅能给己方作战行动赋予更多的不确定性，从而增大己方战术的突然性，而且能给敌方作战行动“降解”更多的不确定性，从而减弱敌方战术的可靠性。前者如第四次中东战争，阿方把进攻日期定在了阿拉伯人传统的“斋月”，破了“斋月”里不打仗的宗教戒律，而打了以色列一个措手不及；后者如第二次世界大战后期柏林战役，朱可夫在苏军攻击乏力、后援不继情况下设身处地进行逆向思考，准确判断古德里安将使用坦克部队从北面向自己的侧后实施反击作战，及时组织兵力前出阻击，果然在预判的方向和地区遭遇到德军部队，而化解了敌方的战术威胁。可见，善于逆想，更有助于提出有创建性的思路，做出有预见性的判断。

兰德公司在一份报告中有这样的说法："很难设想，伊拉克战争中国防部长会问他的将军或参谋，某个作战方案是不是最优的，但可以肯定，他总是要反复地问各种不确定性是否都考虑了。"唯有大胆触及一些人所未至的领域，主动思考一些人所未想的问题，注重顺思与逆想并用，尤其是突出逆想、强化逆想，才有可能把各种不确定性都考虑到，才有可能制造或者防止超乎你的想象而出现的战术"黑天鹅"事件。阿拉伯人和苏联人从正反两个方面各自出色地做到了这一点，也因此拥有了与对手在战术上的不对称优势，从而为争取主动、避免被动创造了有利条件。

二、利用"逻辑差"构建的不对称

战争充满不可思议的反常思维，偏爱自相矛盾的独特逻辑。它独有独享着一种令人惊奇的现象，就是符合正常逻辑的作战行动常会失败，遵循反常逻辑的作战行动却能成功。所以，毛泽东会大力倡导，"为了进攻而防御，为了前进而后退，为了向正面而向侧面，为了走直路而走弯路"①，也就是要多做不合逻辑的事。

为什么符合正常逻辑的作战行动常会失败，遵循反常逻辑的作战行动却能成功？以机动为例，如果一支军队在一条好走、一条不好走的两条行进路线中做出选择，那么在有敌情威胁的背景下，选择好走的路很可能被敌人料到或者遭到敌人阻击而变得不好走，反之，选择不好走的路却可能因为敌人防守不严乃至未加防守而变得

① 毛泽东 . 毛泽东选集：第 1 卷［M］. 北京：人民出版社，1991：196.

好走了。这就在正常逻辑的作战行动与反常逻辑的作战行动之间构建了某种不对称。可以说，那些故意选择不利的作战方向，故意确定意外的作战时间，故意而明显地不做充分的准备，故意走看上去很危险的道路，故意在夜间和不良天候条件下作战，甚至故意选择看似错误的作战地区，故意选择最坏的作战方案，凡此种种，都是利用反常逻辑做出的战术选择，在大多数情况下也是善战胜战的最好选择。这又恰恰表明，战术选择的特别之处在于，只有高风险才有高价值。当年，韩信“背水列阵”，按照用兵的正常逻辑看，把部队置于这种既不能进又不能退的“死地”，焉有不败之理？这即使不是错误的作战方案，也是最坏的战术选择。但交战结果，韩信这种“投之亡地然后存，陷之死地然后生”的战术安排，迫使自己的部队在没有退路的境地为了生存拼死而战，反而赢了。可见，在战术领域，反常逻辑才是胜战逻辑。敢于运用反常逻辑，善于在“险”中求术、“难”中求术，甚或在“短”中求术、“错”中求术，乃至在“败”中求术、“死”中求术，当然会拥有某些敌不能料、敌所不及的战术不对称优势，也就更可能成为战场上的真正智者和无敌强者。

什么叫“兵者，诡道也”①？其实用兵之诡，诡就诡在作战行动经常与正常逻辑相违背，特别注重从相反中求相成而已。我们不难看到，在战争历史上，有的反内心既定目的而行动，明明可以乘胜追击却主动后退，以诱敌再战，在更为有利的态势下实现歼敌。如抗美援朝战争中，彭德怀以敌进我进、突然袭击战术打赢第一次战役后，基于此战歼敌不多（仅 1.5 万余人）、“联合国军”主力未遭严重打击、中国军队实力尚未完全暴露、敌人稍事整顿可能重新发动进攻的判断，在战术选择上变“敌退我追、乘胜扩张”为“敌退我退、诱敌再进”，果然等来恃强骄横的敌人再次发起进攻，并乘敌兵力分散、翼侧暴露、后方空虚之际组织第二次战役，取得在

① 吴如嵩 . 孙子兵法浅说［M］. 北京：战士出版社，1983：29.

西线重创美第 1 军、第 9 军，在东线给美陆战第 1 师、步兵第 7 师以歼灭性打击的伟大胜利。有的则反自己真实意图而行动，明明计划撤出战斗却摆出进攻模样，甚至直接采取进攻行动，让对手摸不清真实意图，以确保部队安全撤离。如对越自卫还击作战中，某团 1 营奉命撤出 390 高地，营长为此做出如下部署：各连派出指挥员在前沿勘察地形；向前沿增调部分兵力；组织部分民兵往前沿运送粮弹；增设炮兵前沿观察所。以此制造中国军队准备进攻的迷雾，诱使越军做出错误判断，从而让自己的部队无一伤亡地安全撤离阵地。有的则故意顺应敌某些主观愿望而行动，明明掌握敌人意图却装作不得要领，顺详敌意，投其所好，主动“上当受骗”，从中寻找有利的战机或者保护更大的利益。如第二次世界大战时期德军实施的“月光奏鸣曲”行动，英国人虽然提前 48 小时就用“超级机密”密码机破译了相关情报，但丘吉尔权衡再三，出于保护核心情报来源渠道考虑，决定以患为利，不惜代价，牺牲考文垂整个城市，任凭德军狂轰滥炸，哪怕被炸成一片废墟，哪怕军民死伤惨重，也不发任何警告，只为强化德国人“密码是安全的”这样一种认知。如果说，反常思维、反向行动能够形成一种战术不对称，那么，什么都不做抑或按照对手的意愿“做事”，则是特殊形式的反常思维、反向行动，也能构成一种战术不对称。

《三十六计·瞒天过海》有言：“常见则不疑。”同时认为，“阴在阳之内，不在阳之对”[1]（兵家诡道都是隐藏在暴露的事物之中，而不是与公开的形式相排斥）。推而言之，战场上事事都正常、都如你所料的时候，就该有特殊情况发生了。这是一种反常逻辑。而我要说：少见当多怪。对于战场上所有反常的东西都要善于发现蛛丝马迹，始终保持高度警惕，不能见怪不怪、麻木不仁，尤其不能让它一而再、再而三地变成现实。简而言之，战场虽是反常现象肆虐之地，但不论在敌在我，都不应让任何一种反常行动不断

① 大桥武夫．千古奇谋三十六［M］．西安：三秦出版社，1990：6.

被重复。这是一种反反常逻辑。鉴于战术逻辑充满着敌我之间的活力对抗，常会呈现一个类似于“负负得正”的突出特点，所以在战场上要特别注意：正常越多，就要出现反常了，因为准有什么地方可能出了问题而你却未能发现；同样，反常越多，就会变成正常了，因为一种情况多次出现或者多种反常频频出现能够让人找到其中的某种规律性。在阿以历次战争和冲突中，以色列军队都以反常用兵、反常行动见长，并取得很大成功，但长此以往也有弄巧成拙的时候。1982 年 6 月爆发的黎巴嫩战争中，以色列军队企图沿最不好走的山路绕到叙利亚军队的后方，但叙军对其“最佳”行动路线早有精算、早有准备，及时封锁了狭窄的山路，并在安扎尔特伏击了以军，使其行动受阻。不能不说，正是彼此之间的长期对抗，使反常逻辑的作战行动不再成为真正意义上的反常逻辑的作战行动，才会导致以军自以为是的“反常行动”，变成了叙军成竹在胸的“反反常行动”。

三、利用“路径差”创造的不对称

中国有句老话，叫作“兵来将挡，水来土掩”。这是人们解决问题时的习惯思维和固定套路。不过，如果问题的双方都采用这样的思维和套路，那么，解决问题的成效就要大打折扣，很可能出现某种僵持局面。因为你还没有出牌，对方就已经知道你将有针对性地出什么牌，你还没能做出反应，对方就已经知道你将有针对性地做怎样反应。这种情况下，只有在“兵来”除了“将挡”“水来”除了“土掩”之外另辟有效蹊径，寻找“兵来”不用“将挡”也能解决战患、“水来”不用“土掩”也能解决水患的管用办法，才会创造战术不对称，保持战场主导权。

正所谓“条条大路通罗马”。战胜敌人，可以有多种战术选择。比如，“扬汤止沸”就是一种选择，“釜底抽薪”又是一种选择。从一般意义上讲，“扬汤止沸”属于头痛医头、脚痛医脚的打法，是常态反应、一般对策；而“釜底抽薪”属于头痛医脚、脚痛医头的打法，是非常态反应、特殊对策。两种战术选择看似殊途可以同归，实际成效却是差别巨大，这正是制胜的“路径之差”所在。就战术意义而言，正面攻击可以打垮敌人，侧后攻击也能打垮敌人，同样，歼敌主力可以打垮敌人，毁敌补给也能打垮敌人，但彼此之间不仅制胜路径完全不同，难易程度以及效费比也大不一样。简单地说，侧后攻击更容易产生事半功倍的效能，毁敌补给更利于发挥“四两拨千斤”的功效。如，1940 年 5 月 10 日，希特勒采取避实击虚、中央突破，先弱后强、各个击破的战术，出人意料地从自古以来被视为“不可逾越的军事禁区”阿登山区实施主要突击，绕过法国人自认为固若金汤的“马其诺防线”，首先消灭荷兰、比利时、卢森堡三国及英法联军，而后挥师南进，由东西两翼包抄巴黎，再迂回、背击“马其诺防线”，仅 18 天就迫使法国投降。再如，公元 200 年发生的官渡之战，兵少粮缺、期望速决的曹操与兵多粮足、利于持久的袁绍对峙三个月后，在粮食补给一时成为决定双方胜败关键因素的重要时刻，曹操对来降的许攸所提“偷袭乌巢、毁敌粮草”的建议极为敏感，当机立断，亲率精兵五千，猛攻袁军的补给基地——乌巢，烧毁袁军全部粮草，致使袁军军心大乱，内部产生分裂，曹操趁势全线出击，大败袁军，赢得以少胜多的全面胜利。希特勒一记攻敌侧后的“右勾拳”，曹操一招毁敌补给的“巧”行动，都把在正面战场难以得到的东西，通过针对敌方侧后战场的行动拿到了手中，恰恰说明，头痛医脚的战术不对称，是取得奇妙作战效果的好招，也是一招就能制敌的巧招。

其实，在制胜路径上最能体现“顺”不如“逆”的战术，当属“围魏救赵”。这一战术的创造者孙膑曾经讲过一段名言：“夫解杂乱纷纠者不控卷，救斗者不搏撠，批亢捣虚，形格势禁，则自为解耳”[①]（理顺一团乱麻不能握紧拳头去捶打，劝解缠斗在一起的人不能拿着武器去拉架，对付敌人要扼住其咽喉、攻击其虚弱，促使战场形势发生变化，迫使敌人行动产生顾忌，自然就会解决问题）。可以说，

① 军事科学院．中国古代兵法选辑［M］．石家庄：石家庄陆军学校翻印，1984：109.

这是成就“围魏救赵”战术的逻辑奥秘所在。其高明之处在于，借助逆向思维，运用看似舍近求远的方法，确立类似“间接路线”的战略，变“因势利导”为“造势逼人”，变“顺时而动”为“逆势而为”，表面看好像是绕着问题走，实质却是从事物的本源上找寻解决问题的路径。这个以“间接行动”方式“直接解决”问题的战术奇招，本质是攻其必救，策略是以迂为直，目标是迫敌回援，手段是以逆为顺，不与对手正面碰撞就能致人而不致于人，比“直接干预”更能有效而直接地达成作战目的。从这个意义上讲，“医脚”所以能治“头痛”，恰恰是因为“围魏”可以“救赵”，而关键是“批亢捣虚”，找准问题的“病根”，打到敌人的痛点，也才会“形格势禁”，迫使敌人随着你的指挥棒而动。

打起仗来，说不定在什么时候、什么地点，就会遇到一些让人颇感头痛、一时难以处置的战场情况。此时此刻、此情此境，按照正常的逻辑、借鉴以往的经验、运用习惯的做法，对于某些问题的解决很可能无能为力、无济于事，更多情况下，需要在战术层面进行反向思考或者发散思维，多找“偏方”、多想“歪招”，才会有出路、得胜利。如果说，生活当中“偏方常能治大病”，那么到了战场上，则是“歪招更宜解难题”。第二次世界大战时期的硫黄岛战役中，美军在向该岛纵深发展进攻时，遭到依托西南火山锥形地带构筑了大片地堡群的日军强有力阻击，尽管美军多次组织猛烈炮击和强攻，始终未能见效，此时有人提出用坦克改装成推土机，携带混凝土对地堡出入口实施封闭的建议，被指挥官及时采纳。运用这一“损招”，美军轻易地把日军180个地堡变成了坟墓，上万吨炮弹、炸弹无可奈何的地堡群，竟被几百吨水泥征服了。无独有偶。第四次中东战争前，埃及军队一名工兵参谋在其他人围绕突破“巴列夫防线”思考着用爆破、轰炸等方法，但效果不佳、一筹莫展的情况下，别出心裁地提出“用高压水枪实施突破”的建议，也被指挥官采纳。战时，运用这一“邪招”，埃军仅以100台高压水车就让以色列苦心经营的“巴列夫防线”化作了几股流沙，发挥了比几百台推土机、成百架飞机、上千门火炮都更为得力的独特作用。这正是，强攻不如智取，正法难敌奇招。水泥是建筑材料，水枪是消防工具，都属于稀松平常的东西，一旦运用得当，就会变成让敌人摸不着门道的有力武器，创造出制胜路径完全不同的战术不对称，从而确保夺取胜利。当然，应用一种特定战术能够有效应对某一战场具体情况，并不意味这一战术可以适应其他相似的战场情况，如果一味机械地照搬照套，无异于自找麻烦，很可能带来灾难性的后果。所以，必须切记，“用兵贵变，胜不可一”。至于水泥、水枪在下一次作战中能否用得上以及是否更好用的问题，则是“运用之妙，存乎一心”的事情了。

第四节　“繁”不如“简”

克劳塞维茨认为：“在战争中一切都很简单，但是就连最简单的事情也是困难的。这些困难积累起来就产生阻力，没有经历过战争的人对这种阻力是不会有正确的概念的。”[①] 如果换一种角度和说法，是否可以做这样的引申理解：由于极易积累各种困难，进而产生太多阻力，致使战争中原本看似简单的一切，做起任何一件来都非常不容易，哪怕是做最简单的事情也会困难重重。推而言之，战争中困难无处不在，阻力也无处不在，只有做简单的事，或者把复杂事情做简单，才会降低难度、减少阻力、消除混乱、化解风险，才会更加快捷、更加顺畅、更加有力、更加高效地组织实施作战行动。如果从这个意义上讲，打仗很不简单，但简单非常重要；非常简单并非非常容易，而最简单的往往也是最难的。战术是思维活动的一件复杂作品，由酝酿到定型，由论证到产生，有一个主观努力的艰难过程。但归根结底，战术是要拿来用的，思考的复杂和艰难不应变成行动的阻力和障碍，不应出现难以理解、难以执行的情况，

① 克劳塞维茨．战争论：第 1 卷［M］．北京：商务印书馆，1982：95.

尤其不能让实际行动效果与原定作战意图南辕北辙。所以，管不管用、好不好用才是衡量战术的唯一标准。《易经》有言，“易则易知，简则易从”。认为越简单越易于理解、越便于执行。对于战术而言，只有简单才更好用，追求简单才是上上之策。

一、把握“位势差”决定的不对称

如果对手强大、我方弱小，那么，打起仗来，就要明白一个简单的道理：“乞丐不能与龙王比宝。”“乞丐不能与龙王比宝”，这是毛泽东针对弱旅与强敌的作战所做的一个生动而形象的比喻。乞丐与龙王打仗，当然是乞丐有乞丐的打法，龙王用龙王的战术，而这恰恰是由双方优劣强弱的“位势差”所决定的。要乞丐用上龙王的战术，肯定会心有余而力不足，想得美却做不到；同样，要龙王用上乞丐的打法，则肯定是心不甘且情不愿，连想得到都很难，更别说做得到了。这就决定了，双方在战场上只能是你用你的“金箍棒”、我用我的“打狗棍”，只能是“你打你的、我打我的”，各自努力把优长发挥到极致，继而打败对手。

明白这个道理并且能够遵从这个道理的，堪称是“明智的英雄”。土地革命战争时期，中国工农红军作为一支用简陋装备武装起来的弱小军队，在由精良装备武装起来的强大敌人面前，取战略守势而不是攻势无疑是正确的选择。与此相匹配，采用“敌进我退，敌驻我扰，敌疲我打，敌退我追”[①]的游击战术，在“诱敌深入”中疲惫敌人、沮丧敌人，在“积极防御”中把握战机、创造胜势，通过依托根据地、集中兵力、利用地形、乘敌之隙、拣弱的打，去争取胜利，结果，连续粉碎了敌人4次“围剿”。这套我们姑且称为“乞丐斗龙王的打法”，讲求识时务、不与对手死打硬拼，讲求多打少、不以分散之势对敌，讲求通机变、不同对手打堂堂之阵，讲求谋胜算、不与没有打赢把握的强敌过招，处处体现着经略不对称的精明，

① 毛泽东．毛泽东选集：第1卷［M］．北京：人民出版社，1991：204.

也因此能够打败“在数量和强度上都超过我军甚远”（毛泽东语）的强大对手。然而，当红军还无法从根本上改变简陋的装备、弱小的军队这种状况时，一旦抛弃这套“乞丐斗龙王的打法”，而改用与强敌相对称的战术，就会适得其反，无异于玩火自焚，自掘坟墓。历史用无可争辩的事实证明了这一点。红军在第五次反“围剿”中，提出“以一当十，以十当百”“全线出击”“两个拳头打人”，主张“御敌于国门之外”“不丧失寸土”“六路分兵”“以堡垒对堡垒”，最后，却不得不进行两万五千里的“大规模搬家”。[①] 在实际作战中，运用站错了位势所确定的战术，新则新矣，硬则硬矣，勇亦勇矣，壮亦壮哉，然而就是不能打胜仗。

可见，指挥员不能超越当前的优劣强弱位势，企求采用与对手针锋相对的“强硬战术”，或者采用可望而不可即的“理想战术”去打败敌人。这就像一群非洲野牛遭遇一群狮子一样，只能先快速地奔跑起来，遭到攻击也只能使用牛角与对手对抗，但不能指望像狮子那样能够伸出利爪、露出锐齿去攻击对方。简单说来，就是有什么武器打什么仗，有什么条件打什么仗，在什么位势就用什么位势的战法打仗，什么战法适合自己就用什么战法打仗。必须清醒地看到，强弱位势决定具体打法，战术取舍关乎生死存亡。选用正确的战术，可以事半功倍地克敌制胜；选用错误的战术，则会事半功倍地加速败亡。有人说，战术并无对错之分：仗还没打，未经实战检验，如何知其对错？我以为，战术确有高下之别：综合权衡，明知有无缺陷，自然知其利弊。什么是高明的战术？所谓高明的战术，主要体现在与敌人打扬长避短、避强击弱的不对称之仗上，就是运用自己最为有力、最为擅长的方式方法，向着对手最为薄弱的软肋、最难隐藏的弱点猛攻猛打，确保以较小的代价获取最大的胜利。这是一种最为正常、最为简单的战场反应和战术选择。反之，如果正中敌人下怀地有违作战规律、作战原则，不加斟酌地选择弃长用短、

① 毛泽东．毛泽东选集：第1卷［M］．北京：人民出版社，1991：205.

舍弱攻强，把作战行动变成“啃硬骨头”，变成“拿着鸡蛋碰石头”，虽然也能构成战术的不对称，但如此人为地制造作战难度绝不是明智和正确的抉择。这正是两者的差别所在。当然，基于作战特殊需要，出乎敌人意料地有违作战规律、作战原则，故意做出与敌我优劣强弱位势截然相反的某种以逆为顺的特殊战术安排，以求收到攻敌无备、出奇制胜的作战效果，则又另当别论。

还有一种例外，就是不仅在全局上呈现为敌强我弱或者势均力敌的格局，就是在局部也呈现为敌强我弱或者势均力敌的态势，仍敢于采用变“拣弱的打”为“拣强的打”的战术，去争取胜利。解放战争中的孟良崮战役，粟裕指挥华东野战军主力 9 个纵队（相当于军），就一改“拣弱的打”的法则，以“虎口拔牙”的气魄，生生地从敌人第一线齐头并进的 10 个整编师（相当于军）中，分割围歼了战斗力最强、号称国民党军五大主力之一的整编 74 师，取得击毙师长张灵甫、歼敌 3.2 万余人的重大胜利。不过，细究起来，从本质上看亦非例外。整编 74 师确为强敌，但孤军冒进，易被割裂，在态势上就会因孤立而变弱；美械装备，深陷山地，在地形上就会因不利而变弱；骄横跋扈，友军失和，在作战中就会因失援而变弱。反观粟裕，内线作战，人民支援，有根据地作依托的有利条件；9 个纵队，4 个打阻击、5 个打合围，有力量对比上的巨大优势；围歼张灵甫，干掉死对头，部队有求战求胜的强烈愿望。如此一来，敌我位势就发生了强者变弱、弱者变强的转换，从而使这次围歼战在某种程度上变成了明为攻强、实为击弱的以多打少的不对称作战。这在告诉人们，同样面对着百万敌军来犯，是在“百万军中取上将首级”，还是在“百万军前退避三舍”，战术的选择必须顾及敌我位势及其变化情况，不能不讲条件地一意孤行、勉为其难。这中间，需要把看似复杂的问题，通过抽丝剥茧，抓住本质属性，进而按规律性、有针对性地做出简单化处理，找到制敌而不制于敌的不对称作战方式和方法，这才是取得作战胜利乃至把战争进行下去的关键。

二、把握“数据差”形成的不对称

《三十六计》开篇就讲：“数中有术，术中有数。”[①] 意思是说，在数据计算、数据分析之中可以找到计谋、找到战法，在制定计谋、设计战法之中需要借助数据计算、数据分析。战争是敌对双方聚力相抗的激烈碰撞，双方的力量对比必然会表现为具体的数量关系，如兵力和火力的多寡、战技性能和作战能力的强弱等，以及一定的空间状态，如兵力配置的险易、作战部署的疏密等。所谓神机在于妙算。妙算的对象，恰恰是这些“具体的数量关系”和“一定的空间状态”。高明的指挥员，可以从中算出己方的优势，算出敌方的差距，算出扬长避短，算出避实击虚。

通常情况下，运用最简单的数据对比和数学概算就能得到某些实用管用的战法。比如，孙子提出：“十则围之，五则攻之，倍则能分之，敌则能战之，少则能逃之，不若则能避之”[②]（兵力十倍于敌就包围他，五倍于敌就进攻他，两倍于敌就分散他，与敌相当就抗击他，少于敌人就退却，实力弱于敌人就要避免决战）。其中，“十则围之”是说有超绝对的优势兵力就对敌采用包围的战术，“五则攻之”是说有绝对优势兵力就对敌采用进攻的战术，“倍则能分之”是说有相对优势兵力就对敌采用分而击之的战术，“敌则能战之”是说在势均力敌的态势下就对敌采用防御的战术，“少则能逃之”是说在兵力对比少于对手的情况下就对敌采用退却的战术，“不若则能避之”是说在总体实力不如对手的情况下就对敌采用规避的战术。这些战术选择，全部基于简单、具体而概略的数据计算，个个都闪烁着过人的智慧光芒——与对手打不对称之仗。如果反之，则很难想象，有谁会选择“少则攻之”“不若则围之”的傻瓜式不对称战术了。即使在信息化条件下作战，运用最简单的数据对比和数学概算，仍能求出克敌制胜的有效战法。有资料显示，海湾战争中，

---

① 大桥武夫．千古奇谋三十六［M］．西安：三秦出版社，1990：1.

② 吴如嵩．孙子兵法浅说［M］．北京：战士出版社，1983：47.

美军曾利用 M1A1 坦克在射程上的优势，先退至伊军 T-72 坦克直射距离之外再向敌坦克开火，致使伊军的坦克部队遭受重创。所谓“一寸长一寸强”。战场上的“一寸之长”，通常就是克敌制胜的简捷路径，有时甚至会对敌构成致命威胁。因此，围绕“一寸之长”巧妙设计战术，无疑是最简单也是最容易谋取作战优势的好方法。

不过，在波澜壮阔的战争舞台上，确实不乏以有限军力发挥着无限战力的作战奇迹，以致超出了概略计算所能支持、所能理解的范畴，而使“少则攻之”这一战术也能变成一种不可思议的特殊抉择。在 13 世纪蒙古大军发起的 3 次西征中，没有一次总兵力超过 20 万人，却都能所向无敌，实现拓地万里。其中的奥秘，除了通过简单对比和概略粗算，蒙古人知道不能死打硬拼、不能消耗实力外，主要得益于在同宋王朝的战争中学会许多作战技能，包括使用石弩、攻城槌和坑道工兵进行攻坚摧城等，但更为管用也更为简单的法宝是，他们发明了一种颇具毁灭力的可怕的“非接触作战”打法：就是充分利用蒙古军队全部由骑兵组成，以及马匹速度快和弓箭射程远的优势，先是从正面和两翼迅速冲到敌人阵前，如暴风骤雨般地一阵放箭，然后遁去，到远处重新集结后如法炮制，再次发动进攻，并不过早同敌人展开刀与矛的交锋。他们一次又一次地重复着这一过程，直到敌人被严重削弱，大部丧失作战能力后，才发起具有决定意义的进攻肉搏战。蒙古人对马匹速度与弓箭射程等数据所作的精准把握和精明利用，确保在与对手保持一定距离的非接触情况下，不与敌人拼消耗就能获取战术不对称优势，恰恰是“术中有数”成就的。正是能够熟练掌握和运用这一有力实用的战术，蒙古人才敢“少则攻之”，以不足 20 万人的军队横扫天下。考察当代美军打仗，不难发现，其打的也是“非接触作战”，而突出特征也是注重发挥武器装备“质优臂长”的优势，利用他打得到对手、对手打不到他的战术不对称，反复攻击对手、逐步削弱对手，最后一鼓作气、一战定局，而且同样敢于“少则攻之”。这与当年蒙古大军“术中有数”的“非接触作战”何其相似！

无论“数”中求术，还是术中有“数”，数据之中其实都会有虚实、有真假，而且还存在着“数外有质的差异”，对此，关键取决于你会怎么看、怎么算。虽说提高数据的真实性，扩大数据的存储量，对于增强计算的可信度、确保结论的准确性适用性非常关键，但如果仅有数的对比、没有质的探究，则肯定不行。如果说，多算胜、少算不胜是战争领域少有的几个真理之一，那么，精算胜、粗算不胜更是指导战争必须遵循的制胜规律。一个高明的指挥员，不仅要善于进行数的概算，还要精于进行质的求证，能够透过数据分析去粗取精、去伪存真，看清敌方虚实，摸准对手强弱，进而找到制敌良策。拿破仑经过数据分析，曾得出一个重要结论：“2 个马木留克兵绝对能打赢 3 个法国兵，100 个法国兵与 100 个马木留克兵势均力敌，300 个法国兵大都能战胜 300 个马木留克兵，而 1000 个法国兵则总能打败 1500 个马木留克兵。”由此可知要素计算法与体系计算法在计算结果上截然不同，这当然会导致战术选择上的巨大差异。需要指出的是，虽说只有实现量化的东西才能称之为科学，但谋取战术不对称，作为一种自觉能动的思维活动，其成败的关键，还取决于如何计算、如何看待那些无法进行量化的人的智慧和技能等无形因素。因此，在战术选择问题上，我们反对只讲数据、只重计算的简单对比论，同时反对靠灵机一动、靠拍脑门制定战术的主观先验论。

三、把握“应变差”拉开的不对称

佛家有言，“道高一尺，魔高一丈”，说的是人们正面修行的努力会受到来自反面诱惑的挑战。与此相似，打仗是敌对双方你来我往的一个互动过程，表现为你有来招、我有去法。战场对抗正是在敌我之间想招、出招、变招和接招、拆招、破招的循环往复中展开的。在这一过程中，想招、出招、变招能够多大程度地紧贴实际、因情而设，体现的是战术创造，接招、拆招、破招能够多大程度地践墨随敌、有的放矢，反映的是战术应变。不过，你来我往之间，一定会产生你出招我接得住或是接不住、你变招我拆得了或是拆不了的巨大差异性。正是这种差异性所形成的战术不对称，将最终决定着作战行动的胜败走向。

面对战场危机，你将怎样转危为安？充分考虑战场情况的多变性、严重性，立足最复杂最困难情况进行处置，以确保作战主动地位，这不是问题。但一事当前，如果想得太多、太过复杂，尤其在战术选择或安排上缺乏针对性，则无异于自己给自己设障碍，自己给自己挖陷阱，这就容易出问题。而如果不能把握作战枢纽，不能抓住主要矛盾，把作战行动搞成“弯弯绕”，绕来绕去把自己绕进陷阱，更会变成天大的问题。在官渡之战的紧要关头，袁绍面对曹操亲率精兵偷袭乌巢，一旦得手将造成自己全军断粮的严重局面，不听大将张郃去救乌巢的建议，竟想乘机攻破曹操在官渡的营垒，使其退无所归，而只派一部轻骑去救乌巢，结果曹营未能攻破，乌巢已成火海，袁军土崩瓦解。

事实证明，袁绍想多了。袁绍以一招类似攻其必救的战术，企望实现“围魏救赵”，殊不知这一战术，对于自己存在着攻得下与攻不下两种可能，对于敌人存在着施救与不救两种选择。自己一旦攻不下，或者曹操一旦不回救，“救赵”的目标就将化作泡影。退一步想，如果袁绍拥有攻破曹军大营的实力，还用等到今天？而乌巢却是确保袁军稳定、实施持久作战的根本，一旦有失，地动山摇。这才是那个牵一发而动全身的“一发”、打一点而撼全局的“一点”、一招不慎满盘皆输的“一招”的枢纽问题。曹操正是看中了这一点，才发动偷袭作战，精兵猛击要害。本来，曹操“出招”，打的是要害，袁绍“接招”，护的也应是要害，但袁绍敞开“胸膛”、露出“屁股”让人打，放着乌巢不救而攻曹军大营，确实有战术选择的不对称成分，却显然是舍本求末、缘木求鱼之举，把简单问题复杂化了，也把自己最终绕进了陷阱。所以，战术安排或者战术应变一定要化繁为简，善于透过纷纭繁杂的表面现象，死死抓住主要矛盾，着力解决好那些可能致命的枢纽问题，力避抓小放大、没有重点，力避一招不慎、万劫不复，这才是指挥员应当关注的东西和应当做好的事情。

德国军事家兴登堡说过：“在战争中，只有简单才可能获得成功。”[1] 虽说从战术安排来看，绕来绕去地人为制造复杂性，可以作为麻痹、欺骗对手的“障眼法”和“烟雾弹”，但从战术应变来看，绕来绕去地人为制造复杂性，则肯定是多此一举的“治病毒药”。国外有民谚说，“用两块手表你永远不知道准确的时间”，揭示了“信息过多”会增大不确定性的客观规律。而我要说，一旦存在两个选项你就有了选择错误一个的可能性，“想法过多”很容易给自己的行动添乱找麻烦。在战场上，敌人的行动和诡计原本不难判明，想法多了，把减法算成了加法，把加法算成了乘法，就只能让自己犯迷糊、犯错误。《三国演义》中有一段“诸葛亮智算华容”的精彩描写：在曹操赤壁兵败后向南郡的溃逃中，除华容道外，还有一条大路可行，大路好走但远50里，华容道难走但近50里。经侦察发现，“小路山边有数处起烟，大路并无动静”。众将都认为“烽烟起处，必有军马”，唯独饱读兵书的曹操想多了，认为“虚而实之”——没动静的大路有伏兵；“实而虚之”——有烽烟的华容道无埋伏。结果中了诸葛亮“实而实之”的诡计，自鸣得意的曹操恰恰在华容道上遇到了伏兵。故事虽属虚构，却在战术应变上揭示了“繁不如简”的道理。

战争自有基本规律可循，战术也有基本原则可鉴。其实，剥去那些貌似虚玄的东西，是不难看清比较真实、比较简单的战场的。比如，孙子的“相敌之术”就非常简单：“敌近而静者，恃其险也；远而挑战者，欲人之进也；其所居易者，利也。众树动者，来也；众草多障者，疑也；鸟飞者，伏也；兽骇者，覆也；尘高而锐者，车来也；卑而广者，徒来也；散而条达者，樵采也；少而往来者，营军也。辞卑而备者，进也；辞强而进驱者，退也；轻车先出居其侧者，陈也；无约而请和者，谋也；奔走而陈兵者，期也；半进半

① 曹步墀，程秀龙．兵家名言词典［M］．太原：书海出版社，1983：501.

退者，诱也。杖而立者，饥也；汲而先饮者，渴也；见利而不进者，劳也；鸟集者，虚也；夜呼者，恐也；军扰者，将不重也；旌旗动者，乱也；吏怒者，倦也；杀马肉食者，军无粮也；悬缻不返其舍者，穷寇也”[①]（敌人离我很近却很安静，是依仗占据了险要地形；敌人离我很远却频频挑战，是想诱我前进；敌人所以驻扎在平坦之处，是因为对它有某种好处。许多树林摇动，是敌人隐蔽前来；草丛中有许多遮障物，是敌人布下的疑阵；群鸟惊飞，是下面有埋伏；野兽骇奔，是敌人大举突袭；尘土高而尖，是敌人战车开来；尘土低而宽广，是敌人步兵开来；尘土疏散飞扬，是敌人在拽柴而走；尘土少而时起时落，是敌人在安营扎寨。敌人使者措辞谦卑，军队却在加紧备战，是准备进攻；敌人使者措辞强硬，军队却做出前进姿态，是准备撤退；敌人轻车先出动部署在两翼的，是布列阵势；敌人尚未受挫却来讲和的，是另有阴谋；敌人急速奔跑并排列阵形的，是期望与我决战；敌人半进半退的，是企图引诱我军。拄着兵器站立的，是饥饿的表现；打到水争抢着先饮用的，是干渴的表现；有利可图却不进兵争夺的，是疲劳的表现；敌人营寨上空聚焦鸟雀的，是空营的表现；敌人夜间惊叫的，是恐慌的表现；敌营惊扰纷乱的，是敌将没有威严的表现；旌旗摇动不整齐的，是敌人已经混乱的表现；军官容易暴怒的，是敌方部队疲倦的表现；杀马吃肉，是敌军没有粮食的表现；炊具不收拾、部队不返营，是敌人准备拼死一战的表现）。可见，战场情况一眼就看透，敌人破绽一眼就看穿，靠的不是“弯弯绕”，想什么情况之外的情况，找什么表面之后的东西，靠的是化繁为简、直奔主题的抓本质、抓关节点，靠的是至繁近简、采用简单的办法认识和处理复杂问题。从这个意义上讲，真正管用的好战术，是直截了当的简单战术。

对付不同的敌人，当用不同的战术；而采用复杂的战术，不如采用简单的战术。抗美援朝战争初期，面对中国人民志愿军的突然

① 吴如嵩．孙子兵法浅说［M］．北京：战士出版社，1983：93–94.

参战和凌厉攻势，美军极不适应，节节败退。李奇微走马上任后，密切跟踪、连贯思考志愿军的打法，发现了一个明显破绽，就是只能发动“礼拜攻势”。他随即调整战术，但只做了非常简单的应对，就是指挥美军先与志愿军保持一周接触，且战且走，而后发起反击作战。这一战术应变之法又给中国军队造成了很大的被动。其可鉴之处在于，无论战术安排还是战术应变都不能想多了，更不要想得太复杂，根据战场实际情况，只做简单化处理往往最有针对性，也更容易产生制敌效果。

第五章　素质之别

从既定逻辑和内在关联看，国家的安危系于军队，军队的基础在于士兵，士兵的“主心骨”聚于将帅，将帅的“可信度”决于素质。战争的历史是英雄的历史，这一历史是由士兵与将帅共同创造的。我们毫不怀疑，要靠士兵打赢战争，但同时，没有一个良将强将来统领军队，单靠士兵又是打不赢战争的。虽说两军交战，最为直接的较量肯定是士兵与士兵的殊死搏杀，士兵因此称得上是一线英雄，而更为关键的较量却是双方将帅素质能力的无形比拼，将帅因此可称为幕后英雄。中国有句老话：兵熊熊一个，将熊熊一窝。拿破仑的话更是一针见血：“由一头狮子率领的一群绵羊，将战胜由一只绵羊率领的一群狮子。”①约米尼也认为：“假使其他的条件都相等，那么哪一方面的主将本领高强，自然是获得胜利的最大保障。”②因此，孙子会说：“知兵之将，生民之司命，国家安危之主也”③（深谙用兵之法的将帅，是民众命运的掌握者，是国家安危的主宰者）。《六韬·龙韬》里也指出：“兵者国之大事，存亡之道，命在于将”④（战争是国家大事，攸关存亡的命运掌握在将帅手里）。由此可以得出一个重要结论：将帅素质能力的高低强弱，往往决定着国家的生死存亡。如果说，“下棋找高手，弄斧到班门”，对于一个人学

① 曹步墀，程秀龙．兵家名言词典［M］．太原：书海出版社，1991：437.
② 约米尼．战争艺术［M］．北京：战士出版社，1981：25.
③ 吴如嵩．孙子兵法浅说［M］．北京：战士出版社，1983：42.
④ 万同林．中国古代兵法大全［M］．北京：国防大学出版社，1994：291.

习技艺、掌握本领通常会有极大的激励和快速的提升作用，那么，战场上的“棋逢对手，将遇良才”绝对不是什么幸运之事。毕竟没有哪个将帅不希望自己的对手是个“菜鸟”的，即便不是“菜鸟”，也会希望能够找到他的弱点、利用他的弱点进而打败对手。不难看出，如此经略的不对称，是在利用或谋取素质上的某种优势。这不仅适用于针对敌方的将帅，也适用于针对敌方的军队。

第一节　“骨子”的迥异

对于一个人来说，“身板”是外在的、表面的东西，而“骨子”却是内在的、本质的东西。一个人“身板”的强弱，取决于“骨子”的好差，“骨子”好则“身板”强，“骨子”差则“身板”弱。对于人的素质来说，如同“身板”与“骨子”的关系一样，也存在着一些是内在的、本质的东西，虽不能说是与生俱来，却称得上是渗入到骨髓中、融入在血液里的“原生态”的东西。这些东西一旦定型，就会根深蒂固，历久致远，难以改变，而且所接受的熏陶和锻造越是在“根子”上相差甚大，在“源头”上相去甚远，就越是具有素质比较的不对称性，越是能够在观念积淀、思维活动和行为习惯之中表现出巨大的差异性，从而深刻影响甚或直接支配着一支军队从将军到士兵如何看待战争、如何从事战争的全部方式和方法。

一、文化浸染的迥异

毛泽东说过一句名言：“没有文化的军队是愚蠢的军队。”①这里的“文化”，属于一般科学知识的范畴。而“文化浸染”中的文化，则是指一个国家和民族在自然环境、社会形态、经济水平等多种因素综合作用下长期形成的精神积淀与物质积淀的总和。对于一支军队或者一名将帅来说，所谓的“文化浸染”，是指由其国家和民族

① 毛泽东. 毛泽东选集：第3卷［M］. 北京：人民出版社，1991：1011.

长久以来的政治传统、哲学遗产、宗教精神以及地缘认知等人文因素综合发生作用,继而形成的对待战争问题的根本看法和行为习惯,被直接而强烈、全面而深刻、持续而长久地作用于个体和群体，带有先导性、规范性和支配性意义的重大影响。有人曾经做过这样的评价：中国军队是谋略型军队，美国军队是技术型军队，苏联军队是力量型军队。姑且不论这种评价是否准确，但起码还是或多或少地反映了不同国家军队之间各自比较鲜明的文化特征。

中国传统军事文化，主要有以下突出特点：比较重“道”，十分强调战争的正义性，讲求师出有名、义兵必胜；比较重“术”，十分强调指导的谋略性，讲求诡道制敌、兵不厌诈；比较重“守”，十分强调战略的防御性，讲求后发制人、以守为攻；比较重“法”，十分强调理论的探索性，讲求言兵论战、立言于世；比较重“节”，十分强调道德的示范性，讲求精忠报国、舍生取义；等等。其中，又以施计用谋最为鲜明、最为突出。汉初，张良、韩信曾整理过前人兵法，共得 182 家，多数都是权谋之作，这恰恰坐实了中国传统军事文化的“谋略底色”。而西方传统军事文化，主要特点是先发制人、突然袭击、注重进攻、强调力量等，作为近代工业革命的发祥地以及近代、现代科学技术最早和最大的受益者，还逐步形成了重视科学研究、强调技术作用、讲求精确计算、善于系统运筹等新特色。有资料显示，第二次世界大战时期，美国迟迟不愿参战，一个重要原因是,其国会和科学家们担心在科学技术方面的准备不足。战后，美国的一系列军事考虑，从“星球大战计划”到“空海一体战构想”，也多是基于技术因素的战略设计。至于苏联军队，则传承了具有西方特点又有独立个性的俄罗斯军事文化。如，俄罗斯人比较认同的“北极熊”这个国家标签，他们自己为其赋予的是勇敢和力量的属性，却并不在意西方更多地视其为野蛮和侵略的象征。作为“战斗民族”文化浸染的一个独特烙印，这不仅已经深入民心，而且已经植入灵魂，成为所有人民生命的一部分。

由此不难设想，一支具有尚武重战文化的国家军队，当它出现在不那么尚武、不那么重战的敌性国家军队面前，该是怎样一个让对手不寒而栗、欲哭无泪的可怕而又可悲的情形？这种文化浸染上的不对称，常常会导致双方在备战与实战中存在着战斗力和战斗精神方面的巨大差距，以致未曾交手，就已胜负自见。有人曾求教于蒙哥马利元帅：以我们的实力，特别是经济实力要比德国强大得多，可为什么打德国还那么费劲，我们死了那么多人，才将德国打败？蒙哥马利说出了一句让人回味无穷的话：我们打仗是国家让我们打仗，他们打仗是因为他们爱打仗。由于受到了被异化为狂热地崇尚武力和军国主义的“普鲁士精神”的长期浸染，普鲁士继而是德意志在19世纪后期，开始表现出极强的好战性和扩张性。它的人民对“谋求足够的生存空间”做出积极响应，广泛进行习武备战，以至每一个德国士兵，在入伍之前就已经把自己锻造成了一名合格的士兵。当年，希特勒青年军的一名领导人就说过，一个国家的人民每天花很多时间去研究书法，却不花一点时间讨论枪法，我们觉得这是件挺奇怪的事情。足见其好战文化的影响之深、“捆绑”之固，而这又恰恰筑牢了德国军队能够拥有“虎狼之师”特质的坚实社会基础。

对于一支军队来说，有没有实力固然很重要，而有没有文化尤其是有没有尚武重战文化更重要。毕竟，实力只是“型”，文化才是“神”。历史上，无形的文化都会按照独特的脚本来塑造有形的军队，最终给它们打上好战、能战或者是怯战的深刻而鲜明的烙印，并让既有实力存在着可以有效发挥与难以正常发挥的巨大差别。但无论如何，“一个国家不管它的政府采取什么形式，为了避免受到后代子孙的谴责和国家独立受到威胁起见，提倡尚武精神，尊敬军事职业，实在是一种明智的政策”[①]，这是来自约米尼的忠告。当然，如能把尚武精神变成一种文化传统而不仅仅是一项国家政策，并使人民长期受到浸染和熏陶非常重要。不仅如此，一个国家、一支军

① 约米尼.战争艺术［M］.北京：战士出版社，1981：42.

队还应当把注重谋略与崇尚技术等文化因子植入其中，以使自己的军事文化更加饱满、更加平衡，这对于形成重战对轻战、多谋对少谋、崇技对蔑技的综合性不对称优势同样重要。在这方面，中国政府和军队通过实施科教兴国战略、科技强军战略，对古老文化中“重文轻技”的不良传统正在进行重塑与再造，加上悠久的“自古知兵非好战”的理性和“非谋无以制胜”的理念，世界将会看到，在优秀文化浸染下的中国军队必将更加全面、更加强大。

二、政治打磨的迥异

如果说，战争是政治的继续，那么，军队就是政治的工具。在人类历史上，自从军事活动成为人们实现一定政治目的的直接手段以后，作为军事活动主体的军队，也就获得了政治的“质”的规定性，并被牢牢地打上了鲜明的“政治印记”：但凡一支军队，都会无一例外地表现出独一无二的政治属性。这种政治属性，常常因为军队服务于国家、阶级或者政治集团的不同，而表现出巨大的差异性。通常，谁更加重视从政治上打磨军队，谁的军队就会更有内聚力、更有战斗力。

作为人民军队的缔造者，“政治建军”一直是毛泽东高度关注的重大问题。从秋收起义到“三湾改编”，从井冈山斗争再到“古田会议”，在艰难困苦的初创时期，以毛泽东为杰出代表的共产党人，坚决同军队中的单纯军事观点、极端民主化、非组织观点、绝对平均主义、流寇思想、盲动主义残余等各种错误思想作斗争，逐步肃清了旧式军队的消极影响，建立了一支高度政治化的新型军队。[①]他赋予这支军队最为根本的政治属性，就是“中国的红军是一个执行革命的政治任务的武装集团”[②]；“他们不是为着少数人的或狭隘集团的私利，而是为着广大人民群众的利益，为着全民族的利益而结合、而战斗的”；这个军队的“唯一的宗旨”是：“紧紧地和

① 毛泽东 . 毛泽东选集：第 1 卷［M］. 北京：人民出版社，1991：85-95.
② 毛泽东 . 毛泽东选集：第 1 卷［M］. 北京：人民出版社，1991：86.

中国人民站在一起，全心全意地为中国人民服务。”[1] 从这一政治属性可以清楚地看到，这支军队在为什么打仗、为谁打仗的核心问题上旗帜鲜明、立场坚定，在实际行动中更是毫不含糊、从不妥协。

对此心知肚明乃至刻骨铭心的当数共产党多年的老对手蒋介石。抗战初期，在日本人步步紧逼进行诱降的巨大压力面前，他曾密告作为中日争端“调停”人的德国大使陶德曼：假如他同意日本要求，中国政府会被舆论浪潮冲倒，会发生革命，唯一结果就是共产党会在中国占优势，这就意味着日本不可能与中国议和，因为共产党是从来不投降的。正是有了这样一个至死不拿国家民族利益做交易的政党，并把其清晰的政治立场、政治方向、政治路线、政治方针和政治目标灌输给在这个政党绝对领导下的八路军、新四军，才会在民族危亡的紧要关头，屹立起一支不畏强敌、挺进敌后、前仆后继、英勇作战的中国军队，坚决抗击着外敌的入侵。而与此形成鲜明对照的是，国民党方面却有超过 100 万的军队成建制投敌。可见，一支军队有无政治打磨、用什么来打磨、如何进行打磨，实在是一个大问题，更是一门大学问，它将直接影响并决定着一支军队政治觉悟和政治素质的高低。

经验表明，注重和强化政治打磨的军队，往往能在战斗意志、战斗精神和战斗作风等方面取得事半功倍的显著成效。但必须得说，一支军队有没有政治打磨确实重要，而用什么进行打磨则更为重要。中国有句俗话，叫作种瓜得瓜，种豆得豆。如果采用科学的政治理论、先进的军事思想和优秀的民族文化打磨一支军队，你将拥有的不仅是善战之师、胜利之师，还将是文明之师、仁义之师；如果不是这样，你将拥有的虽不失为善战之师、胜利之师，但也有可能是暴虐之师、邪恶之师。同样一杆枪，掌握在政治底蕴不同的军队手中，意义绝对不同。栽下恶的种子，收获的肯定是恶果，这在旧日本军队的身上表现得最有代表性。近代以来，凡是与日本军队交过手的军队，

① 毛泽东 . 毛泽东选集：第 3 卷［M］. 北京：人民出版社，1991：1039.

不论是前期的朝鲜军队、清朝军队、俄国军队，还是后来的中国军队、英国军队、美国军队、苏联军队，没有不把日军视为最强劲的对手和最凶恶的敌人的。日本军人在战场上视死如归、不惜战至一兵一卒的凶悍，在占领区嗜杀成性、肆意残害老弱妇孺的残暴，在战败时剖腹自杀并胁迫民众自尽的冷酷，完全展现的是集能征惯战与穷凶极恶于一身，既让人震撼、更令人发指的“虎狼之师”的变态品性。能够锻造出如此品性，应当“归功”于日本军国主义特色的政治打磨。正是来自“为天皇牺牲”是一种精神的灌输，来自把侵略扩张定为国策的鼓噪，来自“强势文明”的大和民族有权统治“弱势文明”的亚洲国家的“担当”，以及来自对“武士道”和“祈战死”精神的毒害，而给日本军人的政治品格打上了忠君、好战、虐杀、轻生等极端化的特殊烙印。

很明显，都是服务于国家，共产党军队的根本政治属性是为人民谋幸福，为人民而战斗，旧日本军队的根本政治属性却是为天皇谋利益，为天皇而战斗。同样是注重并强化政治打磨，因为用什么进行打磨的迥然不同，两支军队都有英勇顽强、不怕牺牲、敢战善战的战争表现，却又在本质上天差地别。这种政治打磨的不对称，必然会带来军队政治素质、政治品格的高下之分，终将在战场上呈现为文明与野蛮、正义与邪恶、常态与变态、先进与落后的大碰撞。而鉴于先进的政治打磨未必就一定有力，邪恶的政治打磨未必就一定无力，事实上，某些邪恶的政治打磨更可能激发出突破人类良知和道德标准底线的巨大负能量，具有“道高一尺、魔高一丈”的特殊诱惑力并由此产生超强破坏力，就像当今世界某些宗教极端势力发起的恐怖战争，竟能吸引大批追随者自愿趋附甚至甘心赴死一样。所以，政治打磨的不对称，对于战争发起、战争进程和战争结局的强力影响，有时会超出人们的想象。弄得不好，即使是先进的一方，也很可能被邪恶的一方所击败。

三、个性修养的迥异

人的个性不尽相同，往往都很独特。有的人开朗，有的人忧郁，有的人谦和，有的人暴躁，有的人谨慎，有的人轻率，有的人刚毅，有的人柔弱，等等。对于个人来说，人的个性问题是一个攸关做人、处事以及立业成功与否的重要制约因素，什么时候都不容忽视。而从军事角度看，人的个性问题是一个攸关判断、决心和处置妥当与否的关键因素，无论其他什么东西都不能改变这一点。作为将帅，其个性修养对于作战行动的影响尤其巨大。而在某种程度上，一个将帅的个性往往就代表着其所属部队的“集体个性”。强悍、暴躁、刚毅的巴顿将军，无论到哪里任职，他的部队很快就会表现出强悍、暴躁、刚毅的明显特性。如果说，性格决定命运，那么，一个将帅的性格有时会决定战争的命运。

刘邦和项羽，秦王朝的两个掘墓人，同样为秦始皇出巡时的宏大场面和磅礴气势所震撼，一个说“大丈夫当如是也”，以羡慕的口吻流露着内心志向，显得非常地老到沉稳、深藏不露；一个则说“彼可取而代之”，却是以叛逆的语气彰显着“狼子野心”，显得非常地年少轻狂、桀骜不驯。这种鲜明的个性差别，多是由各自不同的天然禀性特别是成长环境、生活阅历和社会经验打磨成型的，越是到了紧要关头，越是会自然而然、不加掩饰地显露出来。作为出身贵族、世家子弟的项羽，骨子里有一种傲岸的优越、不屈的倔强以及骄横狂暴、爱惜面子等性格特征，正因为如此，在顺境面前表现的是“力拔山兮气盖世”的豪气，在僵局面前表现的是“单独挑战决雌雄”的勇气，在失败面前表现的是“宁死不肯过江东”的骨气，也就顺理成章了。但这绝不是刘邦的性格。作为出身卑微、混迹市井的刘邦，具有的是狐狸一样的狡黠、野狼一样的坚忍、痞子一样的厚颜等性格特征，所以，鸿门宴上，他知道夹着尾巴做人；两军阵前，他能够调侃“吾宁斗智不斗力”；彭城大败，他可以抛妻弃父自顾逃命。不过，楚汉相争，最终是刘邦得了天下，项羽丢了天下。一得一失之间，两人的个性差别无疑发挥了独特的作用。

由此，我们可以得到一个重要启示：作为将帅，不能有明显的性格缺陷，因为某些性格缺陷非常具有致命性。孙子讲过“将有五危”：“必死，可杀也；必生，可虏也；忿速，可侮也；廉洁，可辱也；爱民，可烦也。凡此五者，将之过也，用兵之灾也。覆军杀将，必以五危”[①]（死打硬拼的会被杀，贪生怕死的会被俘，急躁易怒的会经不起刺激，廉洁自爱的会受不了侮辱，保护居民的会导致烦劳。所有这五种情况，都是将帅容易犯的过失，是用兵的灾难。军队被灭、将帅被杀，必定是由这五种危害造成的）。他还特别提到一个重要原则，就是“主不可怒而兴师，将不可愠而致战”[②]。要求军事指挥员不能头脑发热、意气用事，不能一触即跳、拔剑而起。话虽如此，理也精到，但能不能做得到却是将帅个人修养的事情了。在历史上，其实并不缺乏因怒致败的惨痛教训。如晋楚城濮之战中的楚帅子玉，楚汉成皋之战中的楚将曹咎，隋唐霍邑之战中的隋将宋老生等，他们都有“忿速”的性格缺陷，性情暴躁易怒，容易感情用事，也都是因为经受不住敌人的挑逗和刺激而丧失理智，一怒之下，草率出战，或者在不利的情况下与对手进行决战，结果弄了个丧师败旅的可悲下场。这也在告诉人们，敌人明显的性格缺陷，往往就是我们战而胜之的一个有机可乘之处。利用这个性格缺陷、扩大这个性格缺陷，将会使你在与敌人的对抗中占据某种不对称优势。

当然，人人都会有性格，其中不乏是缺陷。作为将帅，谁都可能是一位“性格将领”，存在某种性格缺陷也属正常，并不可怕，关键在于知不知道缺陷在哪里，懂不懂得什么时候必须要克制。民族英雄林则徐就曾把“制怒”二字做成牌匾，高悬于大堂之上，以时时提醒自己，不为虚火乱方寸。而如何驾驭“性格将领”，也是需要关注的一个重大课题。《武经要略》中提出：“精锐者使斗，果敢者使攻，沉毅而性执者使处险阻，智而善断者可使与谋，轻健

① 吴如嵩．孙子兵法浅说［M］．北京：战士出版社，1983：88.

② 吴如嵩．孙子兵法浅说［M］．北京：战士出版社，1983：121.

者使诱敌，刚愎者使当锋”[1]（精干的使他去搏斗，果敢的用他去进攻，性格沉毅而顽强的命他去防守险要，机智而善于决断的用他参与谋划，行动迅速的使他去诱惑敌人，性情刚愎的命他去担当先锋）。要求调兵遣将时必须知将之性，善于把不同特点的“性格将领”，用在最能发挥其所长的适当岗位上。唯其如此，才会扬长避短，克敌制胜。公元215年，曹操征讨张鲁之前，安排张辽、李典、乐进率七千兵马共守合肥，并一再叮嘱：若孙权至，张、李二将军出战，乐进军守城。其后，孙权果然亲率十万大军来犯。三位将军按照曹操的既定分工，张、李二将乘吴军立足未稳，发动突袭，得手后退入城中，与乐进并力坚守合肥，打赢了合肥保卫战。后人为此评论说：“合肥之守，悬弱无援，专任勇者，则好战生患；专任怯者，则惧心难保。”[2]曹操知人善任，把好战善攻的张辽、李典与慎行重守的乐进组合成一个攻守兼备的指挥班子，确保了合肥万无一失。

此外，作为将帅，有明显的性格缺陷不行，而完全没有性格也不行。一个将帅如果唯唯诺诺、唯命是从，既没棱角也无个性，虽能占据高位，却绝对不堪大任。淮海战役之初，很多国民党将领对蒋介石重用刘峙出任徐州“剿总”司令一职愤愤不平：徐蚌会战如此重要，即使不派一虎，也要派来一狗，如今却派来一头猪，管什么用。之所以出现这样的议论，就是有感于刘峙能力一般、战功平平，又缺少虎气狼性，根本不是解放军主将粟裕的对手而引发的牢骚和抱怨。淮海战役的结局证明，用一个没有性格的人做主将，无论对他个人，还是对他所率领的军队，都是一场噩梦，没有不招致失败的。

---

① 军事科学院．中国古代兵法选辑［M］．石家庄：石家庄陆军学校翻印，1984：346.

② 李炳彦．兵家权谋［M］．北京：战士出版社，1983：46.

第二节 “底子”的差距

在中国人的语境中，“底子”是借助后天的自主学习、积极锻造等方式方法，培养、历练出来的基本素质。说一个人的“底子好”，更多的是看重他基础扎实，期待他做事牢靠。打仗需要有特殊本领的人，特殊本领需要有与众不同的素质为基础，这就是军人所特有的“底子”。军人的“底子”，主要体现在知识储备、专业技能和实践历练等方面，这些东西才是战场上最需要的东西，也是最靠得住的东西。尤其到了紧要关头、关键时刻，有什么样的“底子”将更为直接地影响胜败存亡，往往更具决定意义。如果说，有金子、有银子，不如有个“好底子”，是人们对于保持身体健康的一种特别期许的话，那么，对于军人来说，“好底子”则是确保多打胜仗的一份特殊保险。无论什么人，“底子”不行，就会在生死搏杀的战场上先失一招，而把自己置于非常危险的境地。

一、知识积淀的差距

常言道：足智才能多谋。然而，智从何来？虽说天赋条件的好差和智力水平的高低都是影响足智与否的关键因素，但智由识固，却是一种内在规律。从根本上讲，足智多是由大量的知识转化而来，多是博闻强记、活学活用的结晶。在中国历史上，那些叱咤风云、羽扇纶巾式的英雄人物，都是知识渊博、基础扎实的大学问家、大知识分子，如未卜先知的姜子牙、运筹帷幄的张子房、神机妙算的诸葛亮、洞若观火的刘伯温、用兵如神的毛泽东等。他们个个文韬武略，富有远见卓识，明显高于同时代的对手，都有一个至关重要的因素，就是得益于好学不倦、涉猎广泛的知识积淀。

培根讲过一句名言，叫作“知识就是力量”。中国人常说一句话，叫作“知识改变命运”。两者之间能够构成紧密联系的纽带，正是基于对知识的极端重要性拥有相同看法，能够促成相互作用的内在逻辑，正是基于对知识本身所蕴藏的改造世界的强大力量拥有相同认知，深信这一强大力量的有效释放，足以彻底改变一个人的生存状态和发展趋向。其实，知识不仅可以改变一个人的命运，也常常会改变一次战斗甚至是一场战争的命运。对于一支军队尤其是指挥员来说，是否掌握某些特殊的专业知识甚至哪怕只是某些琐碎的生活常识，在生死攸关的战场上，都极有可能成为要么赢得胜利、要么惨遭失败的“助推器”。

元世祖忽必烈曾于1274年和1281年两次出兵，跨海东征日本，却因为不掌握日本海的季风特点和规律，两次作战行动均遭到了台风袭击，第一次，900艘战船被台风袭沉200余艘，损兵折将，大败而回；第二次，4400艘战船全被台风袭沉，14万大军仅有3人生还。这是有关气象知识对于战争命运曾经有过的重大影响。

五代十国时期，交州守将吴权在南汉军强大船队的进攻面前，提前在水中秘密打桩，利用潮涨潮落把木桩变成了时隐时现的水下障碍，并诱敌在涨潮期进入预设障碍区，使敌船在随之而来的退潮期纷纷搁浅，动弹不得，趁机大破敌军。这是有关潮汐知识对于战争命运曾经有过的重大影响。

春秋战国时期，齐国军队攻伐孤竹国，在回撤途中迷失了道路，幸得管仲掌握“老马识途”的常识，才引领齐军脱离了困境。1794年深秋，法军将领夏尔·皮舍格柳率军进攻荷兰，被荷军打开运河水闸所形成的洪水挡住了去路，正当他打算退兵时，却发现蜘蛛正在大量吐丝织网，而这一现象预示着干冷天气即将来临，随即决定暂缓撤军，他果然等到了寒潮，江河一夜之间封冻，法军得以踏冰越过瓦尔河，攻陷了荷兰要塞乌得勒支城。这是有关生活常识对于战争命运曾经有过的重大影响。

不厌其烦地记述几个战争事件，是想说明并验证：不管是哪个方面的知识积淀，都有可能对作战行动的成败产生重大影响；战争所需、打赢所系的知识积淀牵涉十分广泛，不一而足；在作战的紧要关头或者特殊时刻，某些知识如果你懂而敌人不懂，你知而敌人不知，你就可能拥有某种独特的不对称优势，从而确保赢得胜利，反之，你就会处于劣势和被动之中，很可能招致失败。因此，任何将帅都必须高度关注知识积淀问题，无论军事专业知识，还是日常生活常识，都要多学多记、多看多悟。备受后世推崇的诸葛亮，就非常看重将帅的博学多闻，在《三国演义》中，曾记录他说过的这样一句话："为将而不通天文，不识地利，不知奇门，不晓阴阳，不看阵图，不明兵势，乃庸才也。"这表明，作为一名优秀军人，需要不断拓展自己的知识面，既要掌握与战争联系紧密非常"有用"的"直接知识"，也要掌握与战争关联不大看似"无用"的"间接知识"，既要掌握基础性知识，也要掌握综合性知识，让自己变得博学多才、见多识广，才可能更好地适应复杂多变的战场情况。当然，指挥员的知识积淀不只体现在知识面的宽与窄的不对称上，还会体现在对知识储备的多与少、知识掌握的新与旧、知识理解的深与浅等不对称上，并由此决定着他们在战场上有无用好用活对知识的熟知之利、多知之利或者先知之利的条件及可能性。

此外，战争是社会活动的特殊形式，而生活常识则是社会活动的经验总结。在生活当中，处处留心皆学问。这些"学问"，会让人丰富见识、开阔眼界，提高应对烦琐事务和复杂问题的能力。任何时候都不要小看了这些"学问"，因为一旦到了战场上，即使那些看起来似乎是鸡鸣狗盗之能、鸡零狗碎之技，登不了大雅之堂的东西，有时也会派上大用场，成为解危脱困、排忧破难的有效对策。谁都知道，"异性相吸"是动物的本能，安史之乱时，唐军主将李光弼竟然巧妙利用这一本能，来了个"以牝诱牡"，用牝马（母马）数百匹，生生把叛军史思明部的牡马（雄马）千余匹引诱了过来，从而壮大了自己的实力。这种时候，小常识、小技能恰恰变成了解决大问题的灵丹妙药。可见，指挥员的知识积淀是一项有利可图的战略投资，常会在决定生死存亡的关键时刻给予你丰厚的回报。有些时候，正是这种知识积淀上的不对称，会让你更容易掌握主动、拥抱胜利，而让你的对手目瞪口呆、遭受失败。因此，能不广学而慎对乎？

二、术业专攻的差距

军队是为打仗存在的，打仗是为军人准备的。尽管战争一旦打起来，实际波及面可能更为宽泛，可能裹挟平民也被动地深陷其中，但到战场上打仗这件事情终归是一种特殊的行当，有着不同于其他职业的特殊要求，未经职业培养、没有专攻精练，往往是难以胜任、难以适应的。必须看到，现代战争条件下，交战双方将在陆、海、空、天、网、电和认知战场构成的多维一体的大战场上，使用陆、海、空、火箭军以及航天、技侦、目标、气象水文和战略储备、装备保障等各种作战力量和保障力量同时展开较量，而这些力量又是由诸多不同专业人员组成并予以支撑的，没有谁能够跨越多域成为无所不知、无所不能的通才。这就决定着，各个领域、每个人员术业专攻的水平高低，才是构成整个军队战斗力水平高低的基础；同时要求，各个方面、各个专业必须相互支持、相互配合，才能确保攻无不取、战无不胜。

正因为如此，在现代化军队这样一个高度分化而又高度综合的宏大体系中，任何一个方面、一个专业一旦出现术业不精、能力不强的短板弱项，都可能对整个作战进程和最终战争结局造成直接的冲击和严重的影响，有时甚至带有致命性。1944 年 6 月，诺曼底登陆战役发起之前，气象条件极为恶劣，艾森豪威尔为“D”日确定在哪一天而大伤脑筋。关键时刻，首席气象专家斯塔格上校凭借出众的专长，精准预报出 6 日早晨起气候会暂时好转，大部分时间将适合作战行动，之后又会出现坏天气。艾森豪威尔于是当机立断，把“D”日定在了 6 月 6 日。而他的对手隆美尔得到的气象报告却是，由于狂风暴雨还会持续几天，盟军不可能在 6 月 5 日或 6 日发动攻势。隆美尔因为这份气象报告，以致放心地离开了前线而回国度假。交战双方气象专家术业专攻水平的不对称，对于各自统帅的指挥活动直接造成非常关键的影响和非常严重的后果，使他们在判断情况、定下决心时也跟着出现了南辕北辙的巨大不对称，并因此影响到这一人类历史上最大规模登陆战役的胜败结局。可见，在打仗的专业人才或者相关业务问题上，不能认为只要拥有某些领域、某些方面的专业人才就行，事实证明，如果仅是你有我有还真不行，必须是你有我强、你有我优才真行。所以，坚持术业专攻、做强自己，确保比对手更过硬，真正实现提升业务能力、巩固作战能力，这才是一名优秀军人应有的职业追求。

但仅仅如此又很不够。能够在专业领域里做强自己、超越敌人，当然十分重要，不过，对于作战胜利来说，这还只是很基础的东西。能够将各种术业专攻之长凝聚起来，以团队力量发生的“核化反应”与对手展开较量，才会更有把握地战胜敌人，这是更为关键的东西。汉高祖刘邦说过一段非常著名的话：“夫运筹帷幄之中，决胜千里之外，吾不如子房；镇国家，抚百姓，给馈饷，不绝粮道，吾不如萧何；连百万之军，战必胜，攻必取，吾不如韩信。此三者，皆人杰也，吾能用之，此吾所以取天下也。”[①]刘邦的“三不如”，恰恰表现出他的雄才大略有多么地与众不同：他更善于把拥有各种术业专攻之长的人杰凝聚在他的旗帜之下，形成一个各得其所、各尽其能、各显神通的过硬团队，辅佐着他成为无人能及、流芳百世的英雄人物。这可以说是刘邦能够打败不可一世的项羽，继而夺取天下的一个秘诀。古往今来的战争同此一理。无论在什么时代，也无论打什么仗，你或许做不到事事懂、样样通，然而，如果你能把那些“懂一事”“通一样”的术业专攻之才拧成一个人尽其用、合力制敌的有机整体，你就会掌握近乎无比强大、无所不能的不对称优势，最终打败对手。

还应当看到，打仗肯定是军队的事情，又不仅仅是军队的事情。战争总会给军人出一些依靠自身力量解决不了的难题，往往要借助其他领域专业力量的智慧和技能，才会找到克敌制胜的有效对策。

① 《史记·高祖本纪》.

事实上，善于兵外求兵，从非战争领域、非军事专业找寻灵感和帮助，有时恰恰是破解军事难题的捷径，也是与对手形成作战不对称的重要途径。第二次世界大战时期，为挫败德军以轮番轰炸的方式摧毁列宁格勒所有军事目标的险恶图谋，苏军及时采纳了昆虫学家施万维奇的建议，仿照蝴蝶五彩斑斓的花纹，对机场、火炮阵地和军火库等重要目标实施大范围的迷彩伪装，给目标来了个“蝶入花丛寻不见”，结果大大减少了损失。无独有偶。为消除德国潜艇“狼群”在北大西洋对美英运输线的严重威胁，美国军方邀请了一些搞系统工程的数学家而非海军将帅和舰艇指挥员（虽然最终是由他们在后来指挥所属部队采取具体作战行动战胜了敌人），利用数学计算成果拟定出护航与搜索敌人潜艇的最佳方案，最终让一群敌方的职业军人在与一群科学家的对抗中彻底败下阵来。这说明，你可以是打仗的高手，却不一定是专家的对手。你在军事上的专攻精研、专攻精练或许能够达到无与伦比的程度，但在某一领域专家的术业专攻面前，很可能不堪一击。当今时代，军事行动对于网络空间的高度依赖已经变成一把“双刃剑”，一些没有受过军事训练也不是职业军人的电脑“黑客”，在你舞动刀枪的时候，他只是动了几下键盘，你就可能成了他的手下败将。在战场上的职业化对抗早已司空见惯、习以为常的情形下，职业军人竟然会输给非军事职业的“黑客”战士，这既是警示，又是启示：非军事职业专家们的术业专攻，相对于职业军人往往具有某种特殊的不对称优势，借助他们的术业专攻，既可以制造敌人的行动障碍，又可以弥补和克服己方的某些局限性，从而大大提高一支军队的作战能力。

三、实践历练的差距

打仗是一个在刀山火海、枪林弹雨中谋生存、求胜利的特殊行当，充满了各式各样的风险与挑战，其中的对抗性、危险性、严峻性和震撼性常常超乎人们的想象，所以，要打胜仗绝不是一件简单容易的事情。正所谓事非经过不知难。你没有吃过梨子，又怎会知道梨子的滋味？你没有经历过打仗，又怎会知道打仗的艰辛？要知道，主观想象的东西与实际经历的东西之间往往会存在巨大的差异，甚至就是南辕北辙的两码事。关于这一点，在战场上表现得尤为淋漓尽致。作为指挥员，在指挥打仗上有没有受到实践的环节、一线的感受、切身的体验等亲历亲为的锻炼与洗礼，会使彼此之间的素质能力产生巨大的不对称，而对于筹划、指导和控制作战行动来说，这必将产生截然不同的极大影响。

两军对垒，如果双方指挥员一边是饱读兵书、初上战场之人，一边是久经沙场、身经百战之将，那将是怎样一个局面、出现怎样一个结局？战争的历史已经给出了明确的答案。赵括，战国时期赵国名将赵奢之子，自幼熟读兵书，讲起打仗的事情来引经据典、头头是道，有时连赵奢都说不过他。但知子莫如父。赵奢鉴于“兵，死地也，而括易言之”，认为他不宜为将。然而，历史却同赵括开了一个大玩笑，竟然成就了他这样一个从未上过战场、只会“纸上谈兵”的人，得以统兵40多万，与秦国老辣的名将白起率领的军队在长平地区刀兵相见，最终落了个身死军灭、40万大军全部被坑杀的悲惨下场。能让赵括成为中国历史上非常有名且具有标志性意义的悲催人物的，从其个人素质来看，恰恰是因为知与行的严重不对称。换言之，知行不一、相互背离，让赵括自己打败了自己。我们常说，知易行难。事实上，更准确、更妥当的说法，应当是知不易、行更难。赵括从书本上学习战争，成为饱学之士，拥有了“言兵论战”的本事，绝非一朝一夕之功，但要把纸上得来的东西灵活有效地应用于战场之上，变成打败对手的实用管用的东西，则完全不是简单地埋头苦读、死记硬背或者照猫画虎、按图索骥就能实现的。从理论到实践，必须能够实现有效转化，否则，理论的东西就难以发挥其应有的作用，即使以好的理论作指导，也难以保证打胜仗。所以，饱学之士未必就有领兵之才，谋战之人未必就是善战之将。

赵括留给后人的重要启迪是，“易言之”未必就能“易行之”。没有实践第一的观点，或者完全没有直接经验，单靠书本知识来指导战争，打败仗的概率将会远大于打胜仗的概率。此外，比起半辈子都在从战争中学习战争且阴险老辣的白起，赵括这个只会侃侃而谈却对战争实践一无所知的毛头小子，一上来就在实战经验方面完完全全地输了，并由此形成了主将对主将的严重不对称。作为身经百战的善战之将、胜战之将，白起的显赫声名可不是吹牛皮、说大话“侃”出来的，而是实打实、硬碰硬“打”出来的，这恰恰是实践经验、实战历练犹如一张白纸的赵括所无法企及的，也决定了他根本不是甚至根本不配做白起的对手。所以，作战经验无比宝贵，在战场上，经验主义绝非一文不值，千万不要不加选择地一味诟病经验主义。

实际上，对于指挥打仗而言，不要说没有实践历练很难承担起指挥的重任，就算是有过作战的经历，也不是随便什么人都可以带兵打仗的。三国时期的马谡，在诸葛亮身边襄赞军务多年，出过许多大主意、好主意，当个参军的确很称职，用作主将则难免有风险。后来，诸葛亮一时犯糊涂，用熟读兵书却言过其实、善于出谋却不擅带兵的马谡去守街亭，与谋略过人、能征善战甚至连诸葛亮本人遇到都要陪着十二分小心的打仗老手司马懿直接对阵过招，显然属于用人不当，其结果只能是损兵折将，不得不落个“挥泪斩马谡”的结局。不过，似乎也有例外。约米尼就曾指出：“一个从来没有当过团长的人，却有能力指挥大兵团的作战。大彼德、菲德烈、拿破仑等人都是明证。”[①] 在中国，也出过这样的杰出人物，就像诸葛亮和毛泽东那样，虽是书生出身，虽然未经战阵，却一带兵就会打仗，而且能打胜仗。那么，能不能由此说实践历练就不重要了，甚至可以忽略了呢？显然不能。约米尼就认为，大彼德、菲德烈、拿破仑等人之所以有资格当统帅，是因为他们“本来就具有一种天才和特性”[②]。有谁不想是天才？但我们不能要求所有的指挥员都是绝顶聪明、无师自通的天才，如同上述这些历史人物一样。对于

① 约米尼．战争艺术［M］．北京：战士出版社，1981：37.

② 约米尼．战争艺术［M］．北京：战士出版社，1981：37.

一般人来说，想要成为带兵打仗的能手高人，实践的历练、成长的过程不可或缺，否则，是没有好结果、好下场的。

话又说回来，如果我们一定要从天才的身上找出瑕疵，找到局限和弱点，那么，他们也并非十全十美、无可挑剔。比如诸葛亮，在中国民间几乎就是无所不能的智慧化身，但前人对他却有别样的评价："治戎为长，奇谋为短，理民之干，优于将略"[①]（陈寿语：治理蛮夷是长项，奇谋制敌是短处，管理人民的才干要超过担当将帅的才能）。从中不难看出，诸葛亮在指挥打仗方面还是有一些不足的。我更愿意相信，他先天缺少"猛将起于卒伍"的实践历练是导致"奇谋为短"的一个主要因素，但这并不妨碍一个天才随着战争实践的增多、带兵阅历的增长，他指挥打仗的本领会越来越大，而这也更加验证了实践历练对于一个指挥员素质能力的提升所具有的极端重要性甚至某种决定性。

第三节 "脸子"的殊别

中国有一句老话，叫作"腹有诗书气自华"。所谓"气自华"者，乃发乎其内而显乎其外之"颜色"也，亦即内在素质的外在展示。一个人有什么样的"骨子"、有什么样的"底子"，都会在言谈举止间或多或少地有所显露、有所反映。然而，即使拥有相同"骨子"、相似"底子"的两个人，一旦放在一起进行比较，也还是存在着"颜色"或者叫作"脸子"的有"耐看"与"不耐看"的殊别。例如，孙膑与庞涓，两个同出一门的师兄师弟，作为将帅在对抗中所表现出的才华与胸襟、能力与素质，就可以说是天差地别。所以，别说两支"骨子"和"底子"完全不同的军队，就是两支各方面相似度都很高的军队，尤其是双方将帅一旦在战场上相遇，也绝不会有完全一致的"脸子"，而只会有各自独特的表现，更多的时候，一接触就会感受彼

① 《三国志·诸葛亮传》.

此在智谋运用上的殊别，一交手就会察觉彼此在勇气展现上的殊别，一发力就会知道彼此在技能发挥上的殊别，一决断就会发现彼此在格局运作上的殊别，等等。双方所能展现的这些素质不对称，常常决定着作战进程的走势和作战行动的结局，是一些必须予以高度重视的因素。

一、智谋运用的殊别

自古没有不用计谋的战争。孙子说过："兵者，诡道也。"[①]强调用兵打仗是一种诡诈之术。他还提出："上兵伐谋。"[②]认为在计谋上挫败敌人才是上策。战场既是斗力的竞技场，更是斗智的大舞台。在这里，力战谱写的是惨烈，而智战成就的是传奇。正是因为施计用谋伴随战争与生俱来，对于赢得胜利贡献至伟，所以不难理解，一部壮丽奇谲的战争史，为什么会排演出那么多谋略制敌的战争活剧，创造出那么多谋略制敌的有效战法，造就出那么多谋略制敌的著名将帅！

在血与火的殊死搏杀中，仅凭武力往往难以取得胜利，使用计谋更易减少损失、攻破敌人，这早已成为人所共知的一种常识。对中国人来说，尤其为是。评价一个将帅素质是否过硬，也因此存在着一个特殊而重要的衡量标准，就是看他是先谋后战还是不谋而战，是多谋善断还是少谋寡断，是深谋远虑还是无谋短视。为什么会有这样一个标准？因为战争早已让先谋后战者胜、多谋善断者强、深谋远虑者不殆成为无可辩驳的事实和颠扑不破的真理。刘伯温就说过："用兵之道，以计为首。未战之时，先料将之贤愚，敌之强弱，兵之众寡，地之险易，粮之虚实。计料已审，然后出兵，无有不胜。"[③]

打仗非同儿戏，不能率然而为。即使事先把作战中各种各样可能遇到的问题都考虑到、谋划全，尚且不能确保不出现突发情况、

① 吴如嵩．孙子兵法浅说［M］．北京：战士出版社，1983：29.

② 吴如嵩．孙子兵法浅说［M］．北京：战士出版社，1983：47.

③ 刘基．百战奇略［M］．长春：长春市古籍书店复制，1982：2.

不发生意外危险，更何况未经深想、没有细谋就仓促走上战场，哪里会有制敌的胜算？如果还未做充分准备，存在侥幸心理，岂能不打败仗？1982年爆发的英阿马岛战争，对于英国和阿根廷两国来说，都是仓促上阵之战。尤其是战争发起一方的阿根廷，是以英国不会远涉重洋、贸然出兵马岛的错误判断为基础，在各方面准备不足的情况下，如仅为“超级军旗”飞机装备了8枚“飞鱼”导弹，以投机的心理，既未料“敌之强弱”，又未权“地之险易”，还未算“粮之虚实”，企图用一个自认为是干净利落、轻易取胜的马岛战役，来转移国内公众焦点，缓解严重的政治经济危机，而进行的一次缺智少谋的军事冒险。他们只有先谋而无深谋慎谋，自以为得计而不以己度敌，明显低估了还剩有一定实力的“日不落帝国”应战夺岛的决心意志。当英国联合特遣部队开到南大西洋的时候，反过来又让阿根廷军政府大感意外、措手不及，最终败下阵来。所以，决胜之策，在于运筹；高敌之招，以计为先；成功之要，决于明智。能够拥有先谋对后谋的不对称，将会占据非常大的优势，并可能直接影响到作战的胜负结果，这不是问题，问题是这个先谋需要有一些洞若观火的敏锐，需要有一些深谋远虑的智慧，需要有一些不动如山的持重，还需要有一些如履薄冰的谨慎。就作战准备而言，起码需要未战先备、小战大备，谋定而动、备而后战。那种投机取巧式的谋划战争、边打边看式的指导战争，没有不是自讨苦吃的。

当然，先谋很重要，多谋更关键，而好谋能断才是强中之强者。作为将帅，能够一仗准备多种方案，一案预想多种情况，一种情况研究多种对策，一种对策备有多种保障条件，不仅能周密地准备第一击，还能相应地准备第二击、第三击，走一步能预先筹划好三步棋，已经够得上优秀了，但这还不算是最优秀的。什么样的将帅最优秀？不仅好谋，而且能断，善于从多案、多情、多策的纠结之中当机立断地做出抉择。虽说“谋乃行师之本，非谋无以制胜于万全”①

① 曹步墀，程秀龙．兵家名言词典［M］．太原：书海出版社，1991：29.

（何守法语：计谋是用兵的根本，没有计谋就不会取得万无一失的胜利），要求指挥打仗时必须想了又想、谋了再谋再做决断，但也不能遇事总是左思右想、瞻前顾后，谋而不定、议而不决。在指挥打仗问题上，最危险的是对什么都做不出决断，最可悲的是什么都想到了却不做出决断。俗话说得好，当断不断，必受其乱。很多人则恰恰倒在了多谋寡断或者有谋无断上。第二次鸦片战争中，广东巡抚叶名琛连他的对手英国人都承认“无疑是英勇、果断的人”，堪称能吏而绝非庸官，但他在最后关头的“不战、不和、不守、不死、不降、不走”之中，无论能做出哪个相反的决断，都会比“六不”的结局要好得多。所以，能谋还要能断，才是真英雄。

其实，两军将帅的战场之争，既会表现为谁更是强将、猛将之争，还会表现为谁更是良将、智将之争，但争到最后，真正能够决定成败与胜负的，绝对是彼此“内功”修为的高低与强弱。其中，又以谁的想法和设计更加谋深计远最带有指标意义。刘备曾经拿自己同曹操作比较，说了一段自认为是“成功秘诀”的话：“操以急，吾以宽；操以暴，吾以仁；操以谲，吾以忠。每与操反，事乃可成耳。”[①]这种只要是敌人拥护的我就反对，只要是敌人不做的我偏去做，别出心裁或者叫作别有用心地与敌人唱对台戏，经略的是政治智谋上的不对称。这种政治智谋，显然是对敌我双方总的形势分析和具体力量对比做出符合客观实际的正确评估之后，通过“换位”思考，反觇以求地领悟到的最为有效的制敌之策：在当时曹强刘弱的大形势、大背景之下，曹操用急用暴，那是因为急有急的本钱、暴有暴的条件，而刘备示宽示仁，也是因为宽有宽的算计、仁有仁的考量。如果曹操做什么、怎么做，刘备也跟着做什么、怎么做，又如何显现刘备的“独特”？又怎么可能超越曹操？其结果只能是死路一条，也就不会有后来三足鼎立的局面了。所以，有一种大智慧，就是要乘敌之隙之弊，反其道而行之，这样才可能比对手智高一筹、谋深

① 《三国志·庞统传》.

一层，并让对手之隙之弊变成一种昭然若揭的不利因素。

二、勇气展现的殊别

军人职业是一种与危险同行、与死亡相伴，“有死之荣、无生之辱”[①]（吴起语：宁可光荣战死，决不忍辱偷生）的特殊职业，这就决定着，没有任何一种其他职业会比军人职业更需要胆量与勇气。对于军人来说，勇气是最可宝贵的精神力量，是军队士气乃至一切作战行动的柱石。所以，古人会说：夫战，勇气也。战无所惧，唯勇而已，无勇则不胜。从大军统帅到普通士兵，如果没有勇气，即使拥有过人的智慧，掌握先进的装备，也是不能打仗的。就像约米尼指出的那样：“当军队士气不振的时候，任何战术上的规律都不能够使其获致胜利。”[②]从这个意义上讲，很多时候，勇敢就是胜利的代名词，怯懦则是失败的墓志铭。

尽管很多人都懂得这个道理，却未必知晓勇气本身存在一种独有的飘忽不定性。它忽有忽无，忽强忽弱，可以瞬间让人刚毅无比，又会瞬间让人精神崩溃。中国人对此早有深刻认识。《吕氏春秋·决胜》中有言：“民无常勇，亦无常怯。……怯勇无常，倏忽往来，而莫知其方，惟圣人独见其所由然。”[③]意思是说，士民没有长久保持的勇敢，也没有长久不变的怯懦。……怯懦与勇敢不是固定不变的，常常在瞬息之间就会有变化，没有谁能了解其中奥秘，只有圣人能洞察其变化的规律。西方人对此也有类似看法。西班牙人就有一句老话：“他是在某一天勇敢而在另一天却怯懦。”约米尼由此认为，“这对于国家和个人似乎都可以适用”[④]。他还提出了一个有力的例证：在罗斯巴赫被菲德烈大帝所击败的法军，到了耶纳之战时，却在拿

① 军事科学院．中国古代兵法选辑［M］．石家庄：石家庄陆军学校翻印，1984：341.

② 约米尼．战争艺术［M］．北京：战士出版社，1981：236.

③ 万同林．中国古代兵法大全［M］．北京：国防大学出版社，1994：358.

④ 约米尼．战争艺术［M］．北京：战士出版社，1981：235.

破仑的率领下变成了大胜普鲁士的军队。从普法两军胜败转换的正反两个方面的史实中不难看出，军队的确没有“常勇”或者“常怯”的，有勇抑或无勇，都是此一时也、彼一时也。但无论先前普军的胜利还是后来法军的胜利，都昭示着战争的一个基本规律，就是勇敢胜怯懦，这一不对称表现的对抗结果，没有因为双方的胜败转换而掩盖了它的耀眼光芒。

勇者无敌，勇者制胜。特别是两军相逢于狭路，或者一方深陷于险地，鉴于“勇斗则生，不勇则死”，因而容易激起人的勇敢与无畏精神，与敌人做殊死的拼杀。这种时候，任何恐惧与怯懦，都可能造成军心动摇直至招致作战失利的严重后果。所以，“大兵元帅”苏沃洛夫才会讲出“子弹是笨蛋，刺刀是好汉”这样的硬话，林彪也会说出“光荣的部队是刺刀见过红的部队，这一手是最勇敢的”这样的感言。因为像这些统兵万众、身经百战的大军统帅，他们有太多直接而深切的感受，知道勇气对于作战胜败的重大意义和特殊价值，十分明了没有勇气的可悲，展现勇气的可贵。对于军队的要求是如此，对于将帅的考验更是这样。是战三分险。古往今来，没有不冒风险的战争。在某些作战时节、战场环境和攻防行动中，做出必要而合理的冒险决断是难以避免的，恩格斯甚至主张：“在决定性的关头，不计成败地孤注一掷是十分必要的。”[①] 而在战场上敢于冒风险，恰恰是有勇气、有担当的一种杰出表现。换句话说，当判明不行动必然招致失败，而采取行动又存在一定危险的时候，必须有勇气去冒险。第二次世界大战初期，英国远征军及其盟国军队在向敦刻尔克的大撤退中，被德军坦克部队紧追不舍，导致险象环生，态势极端险恶。担负阻击任务的部队，以非凡的勇气与德军展开殊死搏斗，竭力以赴地为主力部队撤退争取时间。本来，德军坦克部队再前进 16 千米就可以收拢包围圈，全军覆灭的厄运就要降至盟军的头上，千钧一发之际，英军后卫部队以 2 个不满员师和 65

① 马克思恩格斯列宁斯大林军事文选［M］. 北京：战士出版社，1977：24.

辆坦克，孤注一掷地向着敌人 2 个精锐装甲师、400 辆坦克突然实施了一次大胆的反突击，重创德军，俘敌 500 人。这一出敌意料的行动，在敌人营垒中引起了极大震动，让“宜将剩勇追穷寇”的希特勒变得谨慎起来，继而调整作战决心，命令坦克部队停止进攻，改用空军解决战斗。盟军利用其后宝贵的数天时间，最终从敦刻尔克撤出了 30 余万人的部队。“不计成败地孤注一掷”，给盟军带来了丰厚的回报。

“不计成败地孤注一掷”，确实是人的勇气的一种极致展现。不过，它不只存在于特殊的时间、特殊的地点用以对付特殊的敌人，在一定意义上，还几乎可以在所有的时间、所有的地点用以对付所有的敌人。换句话说，不必过于纠结是不是准备好了再打仗。准备好了再打当然最好，准备不够好却又不得不打也是一种存在。毛泽东讲过一句名言，叫作“不打无准备之仗，不打无把握之仗”[①]。但做多少准备才可以打仗，有多大的把握才可以打仗，他没讲。如果望文生义或能看出，他本人似乎是反对“不计成败地孤注一掷”的。但在打仗这件事情上，不存在百分之百有准备的仗，也不存在百分之百有把握的仗，却又不能因为没有百分之百的准备、没有百分之百的把握就不打仗。这就意味着，你所决定打的每一仗都可以说是“不计成败”或者“孤注一掷”的，都是需要用非凡的勇气予以支撑的。备受毛泽东敬重的胡林翼曾指出：兵事怕不得许多，算到五六分，便须放胆放手，本无万全之策。备受毛泽东器重的林彪也认为，打仗一旦有 70% 左右的把握就很不错了，就要坚决地打，放手地打。他们两个人分别给出了毛泽东没有讲出来的答案，却又英雄所见略同，都强调要有勇气打没有绝对把握的仗。事实早已证明，有如此这般的勇气展现，才不会为患得患失所左右，不会为优柔寡断所羁绊，才不会错失良机、坐以待毙，不会把可能的胜仗打成败仗。

① 毛泽东 . 毛泽东选集：第 4 卷［M］. 北京：人民出版社，1991：1247.

三、技能发挥的殊别

众所周知，打仗没有武器肯定不行。而有了武器如果不能熟练地操作使用，等同于没有武器，这样也不行。正因为如此，一支军队的战斗力是否强大，不仅取决于有没有精良的武器，而且取决于能不能有效地使用它们。毕竟，任何精良的武器只有与操作使用它的人实现有机结合，才能释放出强大的威力、发挥出应有的功效。抗倭名将戚继光就认为：怯敌还是艺浅，善战必定艺精。不难看出，作战技能掌握得如何、发挥得怎样，将会从人的作战心理和实际作战效果两个方面直接反映出来，并会带来勇敢还是不勇敢、善战还是不善战的巨大不对称。

从一定意义上说，甚至归根结底地说，技能精湛、技术过硬、技艺高超，才是一支军队在战场上有底气、敢打仗以及能打仗、打胜仗的真正的支柱和真实的力量。正所谓“艺高人胆大”。套用这种说法，又可以说“技精兵更强”。技能精则勇气足，勇气足则战力强，这是作战的内在逻辑和一般规律。我们毫不怀疑，作为军人，能够表现出不怕牺牲、视死如归的勇敢精神非常可贵，但如果他不是训练有素，不是能力超群，没有作战技能的有效发挥作为保证，仅有不怕牺牲、视死如归的勇敢精神还是不能打胜仗。两伊战争期间，伊朗多次组织由正规军、毛拉、民兵、革命卫队和少年人组成的数万甚至十余万人的奇特部队对伊拉克实施反攻行动，这些部队打着为圣战献身的旗帜，在战斗中主要采用人海战术，不大讲究作战技能，只会狂热地一波接一波地前仆后继，甚至不顾死活地直接踏进雷区反复冲锋，用盲目的勇敢代替必须遵循的作战原则，结果在相对而言训练还算有素、装备也更精良的伊拉克军队面前，丧失了大量有生力量，并未达成预期的作战效果。伊朗军队的勇气十足固然可嘉，但对作战胜利而言，因为技能太弱而于事无补，其与对手在作战技能发挥上的强弱不对称，让勇气十足大打折扣，让英勇牺牲变得毫无价值，甚至一时沦为笑柄。其实，他们不懂得作战制胜的真正奥秘。

战争是一个交战双方比拼作战技能的竞技场，一般情况下，谁的作战技能更高强，谁就更有可能打胜仗。此时，如果再能占据着精神层面的更多优势，才会与作战技能的发挥叠加增效，而使胜利成为必然。可以这样讲，你必须比敌人更有技能才可能打败敌人，你必须比敌人更有勇气才可能活着走下战场。

所以，我们能够看到，一旦走上战场，作战技能高强的一方，常常会随着敌人近在眼前的直接刺激，必须杀出一条血路的本能反应，不甘于人为刀俎我为鱼肉的内在动力，以及恨不得一口吃掉敌人的强烈欲望，而把技精胆壮最大限度甚至超乎想象地发挥出来。1981 年 6 月 7 日，以色列空军出动 6 架 F-15 战斗机和 8 架 F-16 战斗轰炸机，对伊拉克的“塔穆兹”核反应堆实施了代号为“巴比伦行动”的空中突袭。在空中的 14 架飞机像特技表演一样重叠在一起，相邻两机之间距离只有 11 ~ 18 米，高度不超过 60 米，队形密集得在敌方雷达上看起来很像一架大型运输机。他们以这样的队形连续做了远达 1000 多千米的超低空飞行，顺利实现突防，仅用短短 80 秒的时间，一举摧毁了核反应堆，完成了一次堪称经典的外科手术式空中打击，并毫发无损地安全返回基地。我们不得不为以色列空军英勇无畏的拼命精神以及人机结合的高超技能所惊叹，同时，更加明了英勇 + 善战才是能打仗、打胜仗的真正“本钱”。而要做到英勇 + 善战，则绝对离不开作战技能的大力锻造，其中，尤其需要高度重视专攻精练。为顺利组织实施这次行动，以军对编队设置、任务规划、武器挂载、出击航路、飞行高度、攻击战术、返航线路等，都做了精心设计与安排，并预先组织了高强度的艰苦训练。任务指挥官塞拉后来回忆说：经过长时间的紧密训练之后，所有参加任务的机组都已经如同一支训练有素的交响乐团一样，只等你下令演奏出属于他们的“协奏曲”。这也在告诉人们，在作战技能上追求卓越是一本万利的赚钱生意。它将使一名军人直至一支军队超越作战对手，扩大双方的素质能力不对称，从而能够更加措置裕如地应对各种战场情况，并真正拥有敢打必胜、能战善战的优秀品性。

随着战争形态的不断演进，战争对于军人作战技能的要求也在发生着深刻变化。如果说，以往战争的战斗力生成模式主要表现为单兵作战技能的并联与叠加，出现一两个或者部分作战技能低劣的军人还无伤一支军队的整个元气和整体实力，顶多是“兵熊熊一个”的话，那么，现在打仗因为是体系作战，“千人一杆枪”、百人一条舰、三军一个网，合成化特点明显、协调性要求很高，个个岗位都很关键，一旦出现某个战斗号手失误、某个操控环节失灵的情形，很可能造成整个作战系统的紊乱甚至瘫痪，带来“兵熊熊一窝”的恶果。因此，一支军队整个体系每一环节的各个要素乃至每一个人的作战技能都必须过硬，已成为作战技能锻造与发挥的终极目标和全部基础。现在，也只有做到人人过硬、个个高超，才可能在作战中确保整个作战体系的灵敏反应、高效运转以及全部作战能量的高度聚合、有效释放，才可能从整体上拥有实际的不对称优势而打败敌人。中国军队流行着一句话，叫作“武艺练不精，不算合格兵”。诚哉斯言！然而，“一人不过硬，三军打不赢”。这种现象和趋势，似乎也需要引起我们的深入思考和高度警惕，绝不能让它变成现实。

四、格局运作的殊别

在中国人的语境中，如果说一个人的“格局”大，通常是说这个人站得高、看得远、想得深，很有心胸、很有头脑、很有大局观。如果说一个人没有“格局”，评价则正好相反。从这个角度看，“格局”是一个素质问题，而且是一个非常重大的问题。实际上，“格局”就是气度，气度有多大，世界就有多大；“格局”就是站位，站位有多高，见识就有多高；“格局”就是眼界，眼界有多宽，道路就有多宽；“格局”就是心机，心机有多深，计谋就有多深。那些对于战争的胜负或者作战的成败负有直接责任的将帅，拥有怎样的“格局”以及如何进行“格局”运作，尤其具有特殊的意义。

孙子说，“兵者，国之大事。死生之地，存亡之道，不可不察”[①]。其实，这个“察”，最为难能可贵的当是先知先觉、未雨绸缪。“大梦谁先觉，平生我自知。”诸葛亮这话说得够自负，但他善于从现实放眼未来，把问题想在前面，能够在形势演变之前看清趋势，在危机未成之时洞察征兆，在战略谋划之初预见结果，未出茅庐就拿出了三分天下的《隆中对》，不能不说确有先见之明，先知先觉的本事十分了得，而这恰恰说明他本人的“格局”足够大，真的做到了站得高、看得远、想得深，是同时代其他人所无法比拟的。从本质上看，作为将帅，风来穿衣，雨来打伞，不能算作高明。能够明察秋毫，未雨绸缪，直至谋高一筹，动在敌先，才是善之善者也、“格局”大者也。

天下大势纷纷扰扰、错综复杂，战局走向跌宕起伏、诡异多变，其中，那些带有本质性、规律性的东西，你是看得透还是看不透，看得清还是看不清，看得懂还是看不懂，看得重还是看不重，不仅在结果上完全不同，而且在素质上也不可比肩。当历史的车轮驶入1945年，中国共产党领袖毛泽东就开始一而再、再而三地告诫全党和全军：“在中国人民面前摆着两条路，……有两种中国之命运”；“要求废止国民党一党专政，建立民主的联合政府和联合统帅部”；蒋介石“他要下山了，要下山来抢夺抗战胜利的果实了，……内战危险是十分严重的”；“蒋介石要发动全国规模的内战，他的方针已经定了，我们对此要有准备”；“国共两党一定谈判不好，一定要打仗，一定要破裂”；“采取自卫战争，击破其进攻”。[②]而在同年8月间，国民党召开三年军事问题研讨会，预备会议开了11天，政策会议开了5天。蒋介石每天必到会、每天必讲话，但从文献上看，他讲的多是在政治上打气和一些细节问题，对作战问题如何考虑、怎样把握，主要行动如何组织、怎样指导没有涉及，甚至说“现在战争比较

① 吴如嵩.孙子兵法浅说［M］.北京：战士出版社，1983：29.

② 毛泽东.毛泽东选集：第1卷［M］.北京：人民出版社，1991：1025，1063；第4卷［M］.北京：人民出版社，1991：1124，1134，1157，1154.

稳定，重点要解决经济问题”。抗战胜利就在眼前，国共两党的战略对决即将展开，在如此紧要的关头，毛泽东看重的是“自卫战争”问题，蒋介石关注的却是“经济问题”；毛泽东认为“一定要打仗，一定要破裂”，蒋介石或许也这样认为，但并没有把它看得太重。两位领袖人物的“格局”之差，又何止伯仲、何止毫厘！作为将帅，你或许一时看不透天下大势、战局走向那些带有本质性、规律性的东西，无法对其进行透彻的揭示和精准的描述，但绝对不应该连事物发展表象的东西、大略的东西、要点的东西也看不清，不能出现有端倪而失察、有征候而未寻、有威胁而不见的问题，如果对这些东西根本看不懂或者根本看不重，那就完全没有了当将帅的资格，又如何确保把握战争、打赢战争呢？所以，“格局”常常决定着结局。站位的高与低、眼光的深与浅、胸怀的大与小，这些方面的不对称就是你所成就的事业走得远还是走不远、做得成还是做不成的重要的决定性因素。

当然，将帅“格局”的大与小既不是外在形势决定的，又不是自身地位决定的。不要以为形势逼人、处境险恶就会自然地有“格局”，也不要以为当了多大官、担了多大责就会有多大的“格局”。历史地看，在大势明朗的情况下鼠目寸光，在大局已定的情境中小肚鸡肠，这样的将帅并不少见。1644 年农历三月十七日，闯王李自成率领的农民起义军打到北京城的复兴门下，他竟然还能向崇祯皇帝提出十分可笑的“和谈要求”和“政治条件”：割让西北一带给他，实行高度自治；由朝廷拨银 100 万两，对他及军队进行慰问；他可以替政府打击敌对势力，包括关外的满人集团。李自成此刻的“格局”让人大跌眼镜。究其原因，与他起于草莽且是粗人，并不具备政治家、战略家的博大胸襟，根本看不懂军事上的迅速胜利以及打进北京城意味着什么有直接关系。反过来看，崇祯皇帝此刻的“格局”也没大到哪儿去。值此国家存亡命悬一线的生死关头，面对李自成送来的开价并不高的“政治大礼包”，他竟然连“急来抱佛脚”以抓住最后的救命稻草，哪怕只是暂时化解一下迫在眉睫的致命威胁都懒得一试，丝毫不为李自成的“好意”所动，结果把他自己和他的国家逼上了煤山，一死百了，成就了“天子守国门，君王死社稷”的“千古传奇”。如此“大气大魄”“可歌可泣”的“格局”，只剩下“道德的煽情与高调”还能让人唏嘘一番，但已与“胜利的期待和结局”没有了任何的关联。我们却又不得不说，恰恰是因为他的“格局”太小，直接造成了这样一个难以下咽又不得不咽的恶果。

第六章　本质之辨

在波澜壮阔的战争领域，存在着形形色色的不对称。这些不对称的类别之多、涉及之广，真的是数不胜数，到了无处不在、无事不用的程度。优秀的指挥员能够敏锐地觉察到它的存在，高明的指挥员还能巧妙地利用它的价值，而高明之中更高明的指挥员能够自主能动地驾驭它的发生、发展及其转换变化，从而叩开战争胜利之门。尽管在战争实践中存在着多种多样的不对称，一旦经略起来，其实际价值或者终极目标并不复杂深奥，而是非常简单明了，它更像“奥林匹克格言”所倡导的那样，追求的是“更快、更高、更强”。如果引申开来，它还包括追求诸如更多、更新，以及更狠、更硬，等等。用直白的话讲，就是不仅在各个方面要与对手不一样，还要千方百计地在各个方面争取快于对手、高于对手、狠于对手、硬于对手。作为指挥员，无论何时何地，无论何情何境，都要有经略这些不对称的进取心和指向性，才能创造更多制胜敌人的有利条件。当然，只有领悟其精髓要义，把握其本质内涵，才会真正发掘出巨大的能量，发挥好独特的作用。经略不对称，大致分为 3 种类型 36 种模式，可形象地称作“经略不对称三十六计”。

第一节　展开我高你低的角逐——经略同质性不对称

在中国，“小马过河”的童话故事家喻户晓、妇孺皆知。它向人们讲述的是“亲自下河知深浅，亲身实践出真知”这样一个朴素的道理。如果我们换一个思路，从战争的角度看还会得出如下的有益启示：站在同一条河流面前的松鼠、小马和老牛，如同站在同一场战争面前的三个直接参与者，各自的感受肯定会大相径庭。鉴于松鼠的“小”与老牛的“大”之间构成绝对的不对称，而即使在小马与老牛之间也会构成很大的不对称，由此可知，“体态”的大小、“分量”的轻重，才是胜利到达“彼岸”抑或无法到达“彼岸”的决定性因素。在战场上，争取如老牛般的强大，力避如松鼠般的弱小，即使做不到这一点，也要争取相差不大的“小马对老牛式”对决，力避相差悬殊的“松鼠对老牛式”对决，应当成为战争筹划与行动组织的关注重点和着力重点。而这恰恰是在经略同质性不对称。

什么叫经略同质性不对称？简单地说，就是经营谋划同一属性和种类的事物、力量及效能等在数量的多与寡、力量的大与小以及效能的强与弱上实现对比反超，以获取优势或主动地位的想法和行动。战争都是以实力因素提供保障的，敌对双方没有谁会敢于无视力量对比的悬殊情况而与对手展开较量，同时，战争又是以精神因素作为支撑的，敌对双方没有谁会敢于无视精神对抗的差距情况而企望战胜对手。因此，我们总会看到，如果实力不足以与对手相争，就想方设法地挖掘自身潜能、集中自身力量、增强自身实力，想方设法地压制对手潜能、分散对手力量、削弱对手实力；如果精神不足以与对手相抗，就想方设法地凝聚自身民心、提振自身士气、激发自身精神，想方设法地动摇对手民心、沮丧对手士气、摧垮对手精神，从而促使双方的力量对比和精神对抗发生有利于自己的改变，这早已成为作战筹划与作战指导必须牢牢把握的一个重大问题。在这一过程中，经略同质性不对称是人们最为直接的反应，也是一个基本的规律。其突出特征是，把同一领域、同一层次、同一性质、同一方式或者同一方法的对比和对抗推向极致，进而压倒敌人。经略同质性不对称，大致包括 12 种典型模式。

一、你有我更有

筹划战争、指导战争、进行战争，必须依赖一定的物质力量，因为“暴力不是单纯的意志行为，而需要有实现它本身的非常现实的先决条件，这就是需要有一定的工具”①。打仗是需要有地盘、有人力、有资源、有装备等一切非常现实的物质条件的，只有国力雄厚，才可能长期支持战争，只有军力强大，才可能尽快夺取胜利。所以，管仲会说：“有蓄积，则久而不匮；器械功，则伐而不费”②（积蓄足够力量，就能应对持久的战争而不至于出现过于匮乏的情况；武器足够精良，就能在攻伐征战中容易取胜而不至于出现过于消耗的情况）。这一特点和规律，对于任何国家或者武装政治集团来说，都一视同仁，概莫能外。也正因为如此，常常会导致一场时而和缓、时而激烈但绝非可有可无的竞赛。以武器装备为例，你装备坦克、大炮，我也装备坦克、大炮；你发展导弹、卫星，我也发展导弹、卫星；你研发航母、隐形飞机，我也研发航母、隐形飞机；你发展网络、无人、智能等新型作战力量，我也发展网络、无人、智能等新型作战力量；等等。时至今日，这种情形经常出现，从未中断。你有什么，我就要有什么，是一场不得不进行的竞赛，是对同质性不对称的一种经略。之所以说这种竞赛无法回避，是因为同质对抗往往是战场较量的常态，是正规制衡的方法，经略得当，能够占据相当大的不对称优势，而更加有力有效地制胜敌人。

二、你多我更多

兵多将广，从来都是制胜敌人的重要保证，所以，“韩信将兵，多多益善”会成为战争指导者的一种内在追求。同样，地广物丰，

---

① 马克思，恩格斯．马克思恩格斯军事文集：第 1 卷［M］．北京：战士出版社，1981：12.

② 军事科学院．中国古代兵法选辑［M］．石家庄：石家庄陆军学校翻印，1984：16.

是制胜敌人的重要因素，所以，抢控地盘，掌控资源，会成为战争指导者的一个基本着眼。还有，纵横捭阖，广结盟友，是制胜敌人的重要方面，所以，争取朋友，充实阵营，会成为战争指导者的一个关注重点。另外，精工高产，是制胜敌人的重要条件，所以，“存乎论工，而工无敌；存乎制器，而器无敌”[①]（管仲语：注重工业建设，工业上敌人就比不上我们；注重装备制造，装备上敌人就比不上我们），也会成为战争指导者的一个主要着力点。凡此种种，都是在经略以多为重、以多制敌的同质性不对称。有一种评论曾经说，人力的不足是纳粹德国注定失败的第一原因。在其全盛时期，连占领区在内，也不过 1.9 亿人，而德奥两国的日耳曼人加在一起只有 9000 万，能用在一线的战斗兵力最多不过 800 万人，导致苏德战场上最多只能维持 250 个师的兵力。反观苏军，尽管战争初期付出了极其惨重的代价，却仍能经常以 350 个师的兵力参战，尚留有半数的后备部队，总兵力达 1000 多万人。因此，无论德国怎么经略，也无法做到你多我更多。以致德军总参谋长哈尔德在日记中哀叹：我们低估了俄国，我们估计只有 200 个师，但现在已经见到有 360 个师。这可看作是经略你多我更多同质性不对称的一个反面教训。有时，“多”中也会产生“少”的危机，而“少”中也能结出“多”的果实。《淮南子·兵略训》中就说过这样的话：“将众而用寡者，势不齐也；将寡而用众者，用力谐也”[②]（统率的部队比敌人多，使用起来却比敌人少的，那是因为兵力分散的缘故；统率的部队比敌人少，使用起来却比敌人多的，那是因为兵力集中的缘故）。其中，经略是关键，集中是核心，分散是败笔。这告诉人们，经略你多我更多的同质性不对称，并非只有数据的静态对比，更管用的是数据的动态运筹，只要善于致人而不致于人，你在全局上的“少”，是可以

① 军事科学院．中国古代兵法选辑［M］．石家庄：石家庄陆军学校翻印，1984：16.

② 军事科学院．中国古代兵法选辑［M］．石家庄：石家庄陆军学校翻印，1984：100.

变成局部上的“多”的。

三、你优我更优

既要兵强马壮，也要船坚炮利，才能确有把握地打胜仗，这是人们感悟颇深的一种共识。早在唐朝时期的《太白阴经·器械篇》中就有这样的说法：“器械不精，不可言兵；五兵不利，不可举事。”[①]意思是器械不精良，不可以谈军事；兵器不锋利，不可以采取军事行动。苏联元帅图哈切夫斯基甚至认为：“任何一支装备低劣的军队，不管它多么受渴望胜利的精神所鼓舞，那它也是永远对付不了用最新技术兵器装备起来的敌人的。”[②]从这个意义上讲，武器装备的优越性要比武器装备本身更重要。所以，我们才会看到，不管什么军队，对于发展并拥有更加精良的武器装备，莫不趋之若鹜。而最为便捷的实现途径则是，经略武器装备你优我更优的同质性不对称。形象地说，当对手拿着一把刀的时候，你起码也要有一把同样的刀，这是对等、对称的最低限度要求；如果经过主观努力，或者进行技术改良，你能把刀磨得更加锋利，或是把刀有所加长，又或是在刀刃上涂抹上毒药，你或许就会拥有一些对手不及的特殊优势，这恰是在谋求同质性的不对称。据报载，目前正在研发的能以5倍以上音速飞行的超高音速武器，在美国人看来，是“潜在的游戏改变者”。随着中俄两国在这种武器研发上的快速发展，越来越令其深感焦虑，美军太平洋司令部司令哈里·哈里斯甚至直白地表示：“如果美国不能齐头并进，在未来战场上（太平洋司令部）与人民解放军的竞争会很艰难。”美国媒体也跟着呼吁：华盛顿应弥补其在超高音速武器方面的落后。足见，你有我要有，你优我更优，绝不能在关键技术上落后于人，一旦落后必须奋起直追，是经略同质性不对称的一种必然选择。

① 曹步墀，程秀龙．兵家名言词典［M］．太原：书海出版社，1991：25.

② 许保林，刘子强．中外军事名言录［M］．北京：军事科学出版社，1986：214.

四、你新我更新

战争是一个需要创新驱动，同时充满创新驱动的领域。可以说，创新是战争的活力之源，也是战争的制胜之源。历史经验告诉人们，新作战思想战胜旧作战思想，新作战理念埋葬旧作战理念，新作战构想取代旧作战构想，新作战方法淘汰旧作战方法，新武器装备击败旧武器装备，始终是不容置疑的客观规律，始终是没有例外的必然结果。正因为如此，你新我更新早已成为战争领域的一种常见现象，成为各方展开你追我赶的一场特殊竞赛，都在企图以更新思想武装头脑，以更新理念牵动发展，以更新构想设计战争，以更新方法指导作战，以更新装备主宰战场，来谋取能够新于对手、高于过去的同质性不对称优势。以无人机为例，从美国到欧洲，再到俄罗斯，也包括中国，都在不遗余力地发展这一新质战斗力。美国在这一领域里总体领先于其他国家，推出的 MQ-1“捕食者”无人机首开察打一体先河，推出的 RQ-170 隐形无人侦察机已装备多年，而最新的 MQ-25“黄貂鱼”计划正准备由无人机提供空中加油服务。欧洲在这一领域非常积极主动，推出的“神经元”“雷神”等无人机代表了当今高端隐形对地攻击机的先进水平，英国推出的“暴风”六代机概念，已经开始设计无人版本。俄罗斯在这一领域也是不甘落后，近年推出的重型攻击型“猎人”无人机和“猎户座 -E”无人机等，大有迎头赶上之势。[①] 然而，来自中国的一张新型隐形无人战斗机“暗剑”的图片，因其可能拥有“超音速的性能和战斗机风格的能力”的新理念，让美国人感到“措手不及”，甚至认为“这对于美国来说可能是一场彻彻底底的噩梦”。如此看来，你新我更新是一场没有止境的竞赛，是一次没有尽头的远行，除非改换了“场地”，或是调整了“方向”，那么，围绕新于对手、高于过去的同质性不对称进行的经略，必将一代接着一代、层出不穷。

---

① 环球时报，2018-08-27.

五、你快我更快

战争是力量的竞赛，是意志的较量，也是速度的角逐。用兵打仗，历来讲求“兵贵神速”，讲求“时不再来、机不可失”。“大兵元帅”苏沃洛夫有句名言：“一分钟能决定战斗的胜负，一小时能决定会战的胜负，一天能决定帝国的命运。”[①] 在战争已进入“秒杀时代”的当下，苏沃洛夫神一样的论断尤其符合作战实际，甚至有过之而无不及。现在，海上情况变化是小时级的，空天情况变化是分钟级的，电磁情况变化是毫秒级的，从而导致战场态势更加瞬息万变，时间价值更加弥足珍贵。在这种情形之下，作战双方围绕夺取战场上几分钟的时间优势，都要展开异常激烈、异常尖锐的斗争，出现一时之误、一分之差，哪怕仅仅是一秒之失，都可能导致具体行动（比如反导作战）直至作战结局发生翻天覆地的变化。因此，越来越需要你快我要比你更快。毫无疑问，这是在经略又一种同质性的不对称。关于这一点，美国军事思想大师级人物约翰·博伊德提出的“OODA循环理论”最能说明问题。其构想的核心是，力争使己方每一次观察、判断、决定、行动的循环周期都短于对手，通过让对手观察、判断、决定、行动的循环一次次地应接不暇，或者一次次地被迫中断重来，而逐步打乱其作战节奏，最终导致对手的全面溃败。在这一理论中，“时间差”就是“胜负差”。不难看出，如果你能制造“时间差”，那么，你与对手相比就会拥有以快制慢的同质性不对称优势，这将使掌握战场主动权变得相对容易一些，也会使制胜敌人变得更有可能性。

六、你强我更强

衡量一支军队战斗力强弱的根本标准是能不能打仗，展现能不能打仗的重要标志是敢不敢打硬仗恶仗，而检验敢不敢打硬仗恶仗

① C.M. 什捷缅科．什捷缅科大将战争回忆录［M］．北京：解放军出版社，2003：740.

的突出特征是关键时刻敢不敢让刺刀见红。战争的残酷性、战场的惨烈性与生俱来，敌对双方军人之间的对话只有你死我活，没有“含情脉脉”，到了紧要关头，就是要看谁能上得去、谁能顶得住、谁能拿得下、谁能打得赢。用马克思的话说，就是“谁有更大的勇气和更多的毅力，谁就能取得胜利”[①]。所以，两军一旦刀兵相见，短兵相接，比的往往就是谁更强悍。中国古代兵家就说过：“人胜险为上，险胜人为下，……故金城汤池，不得其人以守之，曾不及培塿之丘；得其人，即枯木朽株，皆可以为敌难”[②]（重视人的作用胜过重视险要条件的为最好，重视险要条件胜过重视人的作用的为最差，……即使最坚固的城池，如果没有坚强的部队去守备，也不过是一个小土堆而已；如果有坚强的部队去守备，就是枯朽的树木，都可以变成敌人的障碍）。抗美援朝战争第二次战役时，志愿军 38 军 112 师 335 团 1 营 3 连就做了一回让敌人难以撼动、无法逾越的“枯木朽株”。该连随团打穿插先敌抢占松骨峰高地，在立足未稳之际，即遭到从军隅里匆忙南撤、企图夺路而逃的美军第 2 师的猛烈攻击。他们以一个连的薄弱之力，硬生生地顶住了美军优势兵力一整天的攻击，并使南撤与北援之敌相距仅 500 米却不得见，为在战役全局上合围敌军、赢得胜利作出了杰出贡献。考虑到美军第 2 师是一个训练有素、装备精良，敢于近战肉搏、并非贪生怕死的强敌，尤显 1 营 3 连牺牲之壮烈、胜利之伟大。由此可见，你强我更强，这是克敌制胜的实际需要，也是经略同质性不对称的关键一招。如果没有你强我更强的刚毅与彪悍，则难以想象会取得如此令人瞠目结舌的战果，而这正是经略同质性不对称的价值所在。

① 马克思，恩格斯 . 马克思恩格斯选集：第 1 卷［M］. 北京：人民出版社，1972：310.

② 军事科学院 . 中国古代兵法选辑［M］. 石家庄：石家庄陆军学校翻印，1984：24.

七、你狠我更狠

战争是以命相搏、毫不留情的斗争，出狠招、下狠手，让敌人产生剧烈痛感，把敌人往死里打，一直到打痛打服为止，是一种内在的本能和注定的宿命。这正如美国前总统罗斯福所说：“抵抗赤裸裸的武力，只能依靠赤裸裸的武力。……抵抗者没有任何选择，只能以更大的破坏来回报破坏，以更多的杀伤来回报杀伤。”[①] 一言以蔽之，就是你狠我更狠。谁也不能天真地认为，走上刀兵相见的战场，一点小痛小痒就会让对手屈服。以暴制暴、以狠斗狠，大动干戈、大开杀戒，甚至不惜超过限度使用武力，有时候恰恰是震慑逼迫敌人、打痛打服敌人的一种不得不做出的抉择。这种胜敌一筹的狠劲，就是在经略同质性的又一种不对称。世人皆知，旧日本军队在战场上虐杀战俘，在占领区虐杀民众，其残暴骇人听闻、惨绝人寰。在中国，他们烧杀抢掠无恶不作，仅一个“南京大屠杀”被害人数就达 30 万人；在菲律宾，一次“巴丹死亡行军”就让 7.8 万美菲战俘中的 1.5 万人惨遭虐杀，到战争结束时，幸存者仅剩 1/10，其中 1.2 万美军战俘，只有 1500 人活下来。反观苏联人和美国人，对日本人的狠劲毫不逊色。苏联人多以打歼灭战的铁血手段对付敌人，而对待战俘同样没有半点悲悯，关东军近 60 万放下武器的战俘，被押解到西伯利亚做苦役，后期回到日本的约 47 万人，超过 10 万战俘死在西伯利亚。美国人更是把狠劲发挥到了极致，直接用 2 颗原子弹毁灭了日本的广岛、长崎两座城市。可以肯定，日本人至今都对俄罗斯人和美国人怀有敬畏之心，与此存在着某种内在的联系。这在启示人们，无论从哪个角度看，但凡对敌人不狠，都是对自己不爱；但凡对敌人手软，都是对自己心硬。与敌人相对，为了避免“人善被人欺”的不利局面出现，不仅要用言辞，更要用行动，强制灌输抑或刻板树立睚眦必报、小仇大报的理念和形象，这会让敌人或

① 罗斯福选集［M］. 北京：商务印书馆，1982：307.

者潜在对手因为不愿承受可能的痛感，而把敌意收进“笼子”，变得不再那么肆无忌惮。这应当是经略同质性不对称的一种特殊功效。

八、你硬我更硬

如果说，“态度决定一切”有些言过其实，那么，态度能够决定战争的走向，此言肯定不虚。无论双方博弈，还是两军对垒，态度往往起着决定性的作用。尤其在相互较劲、即将摊牌、必须对决的关键时刻，明确的态度或者强硬的态度，比起模棱两可的态度或者首鼠两端的态度,更能带来不一样的态势,更会产生不一样的结果。第二次世界大战之初，当希特勒强硬奉行扩张政策，在欧洲大陆争取所谓“生存空间”的时候，张伯伦奉行“绥靖政策”只能是助纣为虐、火上浇油，这种你硬我软的不对称，对遏止希特勒的野心当然不会产生半点作用。从这个意义上讲,战略模糊只能成为一种策略，却称不上是一种态度。如果不想让对手知道自己的真实意图和基本态度，保持战略模糊则另当别论，如果想让对手知道自己的真实意图和基本态度，保持战略清晰才更像是一把利剑，通过画出战略底线和利益红线，而变成一种刚性政策，这正是在经略你硬我更硬的同质性不对称。1950 年 10 月初，周恩来代表中国政府通过印度驻华大使潘尼加向美国发出明确警告：“如果美军跨过 38° 线，我们一定要管！”美国高层认为，此举不过是虚张声势，结果在其后的抗美援朝战争中，中国军队给了由 16 国军队组成的“联合国军”一个惨痛教训，让美国人明白：中国人说话是算数的。到了 1964 年，当美国扩大越南战争时，中国领导人再次发出明确警告：“如果美军跨越 17° 线进入越南北方，中国要管！”这次，美国高层没再把中国的警告当成耳边风。可见，你硬我就软与你硬我更硬，虽然都属于经略同质性不对称，成效却大不相同。尽管你硬我就软并非完全没有价值，在特殊情况下也是一种可行的权宜之策，但你硬我更硬才是经略的一种常态模式，才更有利于保持主动、谋取优势。

九、你绝我更绝

从古至今，任何敌对的双方一旦认为局势发展不可掌控、无法挽回，彼此都会做一些决绝之事，包括分道扬镳，切断双方联系；不宣而战，发起突然袭击；痛下杀手，实施烧杀抢掠；等等。在这一过程中，高明的一方还会有一些绝妙之举，包括瞒天过海，尽力麻痹敌人；暗度陈仓，确保出其不意；釜底抽薪，毁敌战略支撑；等等。日本发动太平洋战争之初，其外交官在联合舰队已经发起袭击珍珠港的作战后，才向美国政府递交宣战书，以致当时的美国国务卿愤懑地宣称："这是我见到过的最无耻的宣战。"日本之举确属决绝，而打得美国人措手不及，如果单从军事角度看，则尤显绝妙。所以，打仗不仅要彼此斗狠，还要互相比绝。谁更有绝妙之想、绝杀之招，谁就更有可能打胜仗。这无疑也是在经略一种同质性的不对称。在战争状态下，决绝之时方见气魄，险绝之处方显高明。紧要关头，拖泥带水、优柔寡断，只会更加被动，甚至带来灾难，而奇思妙想、险棋绝招，却可能改变战场态势，创造战争奇迹。1945年8月15日，日本宣布无条件投降，蒋介石一面严令八路军原地待命，一面借助美军的飞机和军舰，将大量精锐部队投送到内地。值此重要历史时刻，毛泽东导演了一幕"三军出动，将帅先行"的绝妙活剧。8月25日，毛泽东利用一架到延安接送美国友人的美军飞机，向山西省黎城县长宁机场空运了21名共产党干部，以使他们更快地赶赴自己的防区和前线，其中包括刘伯承、邓小平、陈毅、薄一波、陈赓、萧劲光，还有林彪等。这些人中，有中共三大战略区的首长，有日后的共和国元帅3位，中将以上高级将领14位，以至当时人人都为这架飞机的安全捏着一把汗。但毛泽东一招险绝之棋，让总体处于劣势的共产党军队一下子在各战略方向拥有了作战指挥上的不对称优势，由此奠定了击败国民党军队的指挥基础，堪称经略你绝我更绝同质性不对称的经典之作。

十、你阴我更阴

明代大学问家王守仁曾讲过："兵无定势，谋贵从时"[①]（打仗没有固定形式，计谋贵在符合实际情况）。《兵经百篇》则提出："不得已，乃用左拙"[②]（到了迫不得已的时候，就要故意采取旁门左道、有悖常理或是笨拙的战法）。如果把两者联系起来一并思考，似可建立起这样的逻辑链："兵无定势"，故而"不得已，乃用左拙"，只要"谋贵从时"就好。军事对抗往往存在多种多样的不确定性，导致在这一过程中什么情况都有可能发生。对抗双方有时可能争强，有时可能斗狠，有时可能比硬，而在某些特殊情形下，有时还要看谁更加阴损。你阴我更阴，简单地说，就是用流氓的办法对付流氓。应对某些战场特殊情况或者称作战场流氓行为时，可能只有"冒坏水"、使歪招的流氓办法才更适应也更有效，除此之外，几乎无计可施。1988年2月12日，美国海军"约克城"号导弹巡洋舰和"卡伦"号驱逐舰以享有"海上无害通过权"为由，抵近苏联黑海舰队塞瓦斯托波尔基地以南7海里处实施侦察，苏联海军迅速派出"忘我"号护卫舰和SKR-6号警戒舰前出拦截，在多次警告无效后，苏联军舰突然发出"我舰奉命撞击你舰"的信号，而后分别加速撞向美舰，致使两艘美舰不同程度受损，仓皇撤离苏联领海。很显然，美舰"要流氓"在先，而苏舰"冒坏水"在后，虽说场面看起来有些滑稽，但从"谋贵从时"的角度看，这可以说是最为恰当或者是在此时此刻最为有力的应对举措，自己既没吃什么亏，对手又得到了教训，还没使双方的对抗升级，正是经略你阴我更阴的同质性不对称，才会产生如此有效的"奇葩"结果。

---

① 许保林，刘子强.中外军事名言录[M].北京：军事科学出版社，1986：83.

② 戴庞海，等.兵经百字　唐李问对[M].郑州：中州古籍出版社，2010：13.

十一、你精我更精

无论驾驭战争抑或指导作战，精明与远见一个都不能少。只精明、无远见，或许能助你谋取到眼前的直接利益，却可能无法赢得最后的胜利；而有远见、不精明，或许能为你擘画出耀眼的战略蓝图，却可能无法克服当前的障碍。因此，谁能做到精明与远见的有机统一，谁才更有可能谋取到“全维优势”，而一旦拥有了“全维优势”，就会在与对手的对抗中更容易制造有利于己的不对称态势。发生在2018年美国针对全世界的贸易战特别是中美之间的贸易战，就是一场精明+远见与精明+远见的综合较量，双方的缠斗既比谁更精明，又比谁更有远见。作为曾经的商业大亨，美国总统特朗普在骨子里就透着一股人所不及的精明，加上其朝野形成的打压、遏制中国崛起的共识，让他沉湎在以贸易战为突破口，造成中国社会经济发展严重失衡，直至出现停滞甚或大幅倒退，继而打乱甚至打断中国崛起进程的图谋中不能自拔。不得不说，美国已警惕中国崛起的强劲势头，确定了制衡中国崛起的途径办法，占尽着经略你精我更精同质性不对称较量的先机。中国显然也看清美国发动贸易战的本质，坚决不上当、不退让，坚持战有后手、谈有底线，没有让这场决定国运的“兴衰之战”按照美国人的“路线图”取舍进退，在你精我更精的经略上保持着见招拆招的从容状态。网上流传的一个段子，将这种战略博弈刻画得惟妙惟肖。美国：30亿。中国：我跟。美国：500亿。中国：我跟。美国：1000亿。中国：我跟。美国：2000亿。中国：我跟。美国：……。中国：我跟。美国：我什么都没说，你跟什么？中国：我跟你没完！中美贸易战无疑会给双方带来痛苦和损失，但中国一旦放弃抵抗，承受的痛苦和损失会更大、更长久、更彻底，甚至会导致颠覆性的后果。这一悲催的前景，让你精我更精的经略必须做出“我跟你没完”的抉择。尽管美国占尽先机，但围绕利益得失的争吵未绝于内，针对旧日盟友的欺凌尽现于外，只要中国保持定力，终将等来转机，以不乱不败的面貌赢得最后胜利。

十二、你正我更正

打仗非常讲求一件事情，就是“师出有名”。这是因为，“名不正则言不顺，言不顺则事不成”。尽管战争更多的时候是靠实力而非靠道义来取胜（如果看不清这一点，就无法解释历史上那么多侵略战争、殖民战争能够得手的事实），但就算是发动侵略战争、殖民战争，也要找一个冠冕堂皇的理由，给肮脏无耻盖上一块洁白的手帕来遮丑，这也是司空见惯的现象。正因为如此，着眼争夺道义制高点，维护形象高大上，经略你不正我要正或者你正我要更正的同质性不对称，才让战争指导者会为战争正名展开角逐。以美国人发动和参与的战争为例，越南战争明明是一场美国发动的侵略战争，但其国防部长麦克纳马拉在对战争进行反思时却说，当时升级越南战争有“正义的理由”；海湾战争明明是一场美国控制中东石油之战，却打着“解放科威特”的旗号进行招摇；科索沃战争明明是一场美国打压欧元的借力打力之战，捎带着肢解南联盟，却贴上了“解救科索沃难民”的标签；伊拉克战争、利比亚战争明明是两场美国推翻萨达姆政权和卡扎菲政权的颠覆之战，却分别冠以“消除大规模杀伤性武器对世界和平的威胁”以及“保护班加西平民”的名头；等等。在这里，人们能看到的只有自说自话的“正义”，包藏祸心的“正义”，釜底抽薪的“正义”，置人死地的“正义”，却一次次通过隐瞒事实、撒谎造谣、妖魔化对手来颠倒黑白、混淆视听、欺骗世人，从而攫取了道义上的优势。既然可以把魔鬼打扮得更像天使，把阴暗装点得富丽堂皇，那么，人们真的需要以美国为样板，以教训为老师，以反面为教材，熟悉和掌握那些指鹿为马的本事、偷梁换柱的招式、混淆是非的能耐、制造混乱的套路，唯其如此，才有可能在经略你正我更正的同质性不对称中，不落下风、免遭欺凌。

第二节　制造天差地别的较量——经略异质性不对称

如果问，将军本色是什么？人们一定会说，这还用问？将军本色是军人！没错，能够成长为将军，一定是出色的军人。从一般意义上讲，所有将军都应当是出色的军人，应当是运筹帷幄的高手、指挥打仗的行家、组织训练的强人，拥有人所不及的战斗精神和作战素养，这不应成为一个问题。但如此一来，将军们就会有“千篇一律”之感，似乎少了自己的个性或是鲜明的特色。同为将军，彼此之间比谋划作战精不精，比指挥打仗行不行，比组织训练好不好，比战斗精神强不强，比作战素养高不高，这是天经地义的事情，构不成鲜明的特色。而且，在这些方面一争我高你低、我强你弱，只能算是经略同质性不对称。如果仅从“竞争策略”而非“评估标准”来说，一位将军不仅善谋划、能打仗、会组训，还有别的一技之长，那么，更容易给人留下深刻的印象。比如，一位擅长写诗的将军，相对于其他将军，就会增添几分“儒将”的风采。不过，这却有了一点儿个人独特的未必是作战急用的味道。而如此脱离作战主业的“发展”以及所作“天差地别式”的比较，从一定意义上讲，恰恰是在经略异质性的不对称。

打起仗来，能够经略同质性不对称来与对手进行对抗，这是正常反应，而能够经略异质性不对称来与对手进行较量，则更加难能可贵。什么叫经略异质性不对称？简单地说，就是经营谋划将某些不同属性和种类的事物、力量及效能等有效作用于其他事物、力量及效能之上，以获取优势或主动地位的想法和行动。《孙膑兵法·奇正篇》中有这样的说法：“同不足以相胜也，故以异为奇”[1]（运用与对手相同的阵形战法是不能取胜的，必须以变异的阵形战法实现出奇制胜）。其思想精髓在于，打仗绝不能跟着对手亦步亦趋，学着别人穿衣戴帽，不能出现敌人怎么打仗我们也怎么打仗、敌人

① 万同林．中国古代兵法大全［M］．北京：国防大学出版社，1994：232.

用什么手段打仗我们也用什么手段打仗、敌人用什么战术打仗我们也用什么战术打仗的情况，必须立足求异求变，依靠改变事物属性、改变对抗形态、改变作战条件或者改变方式方法，让原本是在同一领域、同一层次、同一性质、同一方式或者同一方法的作战完全“变质”“变味”，进而以崭新的较量制胜敌人。经略异质性不对称，大致包括12种典型模式。

一、以拳头制舌头

战争从来不是“动口不动手”的谦谦君子，更像一个好勇斗狠的莽撞汉子，归根结底，总是要靠拳头解决问题的。所以，在战争领域，双方比拳头大小、用拳头说话才是本质、才是常态。这中间，动动舌头有时也能达成一定的战争目的，但在嘴硬的背后，一定都有更硬的拳头做支撑。所以，嘴硬不如拳头硬。关键时刻不光要能喊、敢喊，更要能战、敢战才行。经略以拳头制舌头，出发点是如果谈判桌上得不到就从战场上索取，着力点是充分发挥军事工具的强力作用以打掉对手的幻想，落脚点是用敢作敢为的行动而非敢说敢讲的言辞谋取更大的利益。这显然是在经略一种异质性不对称态势。美国人对此颇有心得也很有定力，一直走在前列、当仁不让，从法国陆军中将米歇尔·简送给美国人的“画像”中，我们不难看出这一点。他认为，把军事工具视为引导外交的一种手段和动力，依靠军事技术的优势去制定战略是美国的一贯政策。美国的战争文化具有直接使用战争手段的特征，美国的军事行动通常伴随如下特点：彻底歼灭的战略；进攻性的军队；军事胜利必然转向政治胜利；迟缓的政治行动；以双重标准对待反政府体系和民主文化；精细的规划设计；一旦展开敌对行动就趋向不断升级；武器和技术的优势被视为成功的关键；夸大手段在战略中的重要性；等等。正因为如此，我们会经常看到，当你还在废话的时候，美国人已经举起了拳头，又或者直接落下了拳头。反过来，这在告诉人们，舌头并非没有用处，用舌头有时也能起到“止”拳头的作用，但从根本上讲，用舌头是制不了拳头的，这又是一种异质性的不对称。

二、以跨域制一域

打仗主要是打军事，又不仅仅打军事。这是因为，战争从来都是由政治优势、经济力量、军事资源等诸因素构成的综合国力进行的整体较量。毛泽东就深刻指出："战争的胜负，主要地决定于作战双方的军事、政治、经济、自然诸条件。"[①] 指导战争的人们，通过把这些因素联系起来系统思考、统筹起来综合运用，不仅可以全面准确地认识战争，使其判断、决策更加贴近实际，而且可以能动科学地驾驭战争，使其谋划、指导更加高敌一筹，甚至可以将各领域的优劣条件加以有效利用，从而转化为从战略到战场的不对称优势。抗日战争初期，毛泽东针对日本"三个月灭亡中国"的狂妄以及当时国内存在的"亡国论"和"速胜论"两种论调，从分析中日两国强与弱、大与小、进步与退步、多助与寡助等"全部敌我因素的相互关系"入手研究这场战争，找到了中国较之日本只是强弱上不如对手、其他诸方面均强于对手的异质性不对称，得出"亡国论是不对的，速胜论也是不对的""抗日战争是持久战"的重要结论，科学预见这场战争须经战略防御、战略相持、战略反攻三个阶段，有的放矢地制定出"防御中的进攻，持久中的速决，内线中的外线""运动战，游击战，阵地战"和"消耗战，歼灭战"等一整套克敌制胜的战略战术，通过跨域运筹政治、军事、经济、自然诸条件，克服国力军力相对弱小的问题，最终实现对日作战从战略到战场的以弱胜强。

三、以多维制单维

现代条件下的战争，战场空间具有由三维空间向多维空间拓展、由有形领域向无形领域延伸的多维对抗的显著特点，敌我双方将在

① 毛泽东．毛泽东选集：第1卷［M］．北京：人民出版社，1991：182.

由陆战场、海战场、空战场、太空战场、电子战场、网络战场和认知战场构成的多维一体的大战场上同时展开较量，而且一点发力，将呈现多维响应、多维配合、多维支援的关联态势，再也不是过去那种坦克对坦克进行陆战、舰艇对舰艇进行海战、飞机对飞机进行空战的单维对抗样式。因此，当你具备以多维力量和资源对付敌人一维或者二维力量和资源的作战能力时，那么，你所拥有的优势则绝不是数量规模级别的优势，而是一种带有“质变”意义的异质性不对称优势。这一不对称优势，通过将分散在多个战场空间物质的与精神的，有形的与无形的，以及机械的、化学的和信息的能量，聚能发力于对手的一维或者二维空间目标上，更容易达成克敌制胜的目的。从美国人打的海湾战争、科索沃战争、阿富汗战争、伊拉克战争中可以看出，运筹和调动陆、海、空、天、网、电、心等多维战场上的力量与资源优势，把对手“摁”在地面上打，让对手连基本的抵抗之力都丧失掉，这种谋划以多维制单维的有利态势和有效打法是多么震撼、多么重要，毫无疑问应成为经略异质性不对称的一个着力重点。

四、以体系制要素

在战争历史上，仅仅凭借一种兵器、一个兵种就能主宰整个战场的情况，成就了许多诸如拿破仑青睐的“战争之神”炮兵制胜、布琼尼鼓吹的“武装女神”骑兵制胜、富勒和戴高乐推崇的“陆战之王”坦克制胜式的辉煌，但在现代条件下，这种情形将不复重现。这是因为，现在打仗主要依靠整体对抗、体系制胜，需要充分利用信息技术，把各种作战力量、作战单元、作战要素融合为一个结构合理、衔接紧密、运转高效的整体，才能最大限度地发挥作战效能。在这一过程中，没有体系支撑的一两件“撒手锏”装备，或许也能偶尔发挥一定的独特作用，但已无法在全局上发挥决定性、主导性作用。那种寄希望于拥有一两件“撒手锏”装备的要素优势或者单元优势就能主宰战场、就能多打胜仗的想法，只会带来大大的失望。所以，要素优势不足恃，体系优势足可惧。体系优势带来的“质变”以及由此造成的不对称，绝对能让要素优势变得可有可无。1999 年爆发的科索沃战争中，南联盟空军仅有的 16 架米格 –29 算得上比较先进，几次升空作战，由于没有完备的预警探测、指挥引导、电子压制等体系支撑，完全不是北约联军空军的对手，全部被击落。6 月 1 日，空军司令维利科维奇中将亲自驾机升空，也是一起飞就被北约预警机探测捕捉，一接近敌机就遭到强电磁干扰，继而被荷兰空军一架 F–16 发射的一枚导弹击落。可见，用自己的整个作战体系，压制或破坏对手的作战体系，使其不能为主战兵力兵器提供有力支撑，这是制造敌劣我优直至敌败我胜不对称的重要途径。

五、以质量制数量

追求“质优”还是追逐“量大”？这是战争筹划和作战运筹面临的一个基本矛盾，也是一个永恒话题。仅就人力资源来说，有量无质，则无异于一盘散沙；有质无量，则难免会受制于人。一般情况下，没有质量优势，才会不得不追逐数量优势；只有小部质量优势，才会注重以大部数量优势为依托；而拥有完全的质量优势，才可能不那么看重数量优势。这是一条基本的作战规律。如果从基本属性看，以质量制数量，才是经略异质性不对称最为突出的方式方法。而从总的趋势看，相对于仅能掌握数量优势，真正掌握质量优势的一方将会拥有更大的不对称优势。以“世界最小超级大国”称雄中东的以色列，国土狭小、资源短缺、四面受敌，在第四次中东战争的时候，相对于总人口超过 1 亿人的阿拉伯国家，其 318 万人的总人口明显处于绝对劣势，这就决定了以色列在任何情况下都不能与对手拼消耗，必须以质量优势来抗衡。为此，他们建立了“一支小型的常备军与一支庞大的后备军相结合”的武装力量体制，把预备役部队作为其国防军的主力，同时把建设强大的空军作为最优先选项，甚至提出“把最好的送给空军”的口号，确立“最好的防御是在敌国首都上空”的指导，拼命巩固和拓展空中作战优势，使其成为在历次中东战争中最为关键的制胜因素，以致埃及前总统纳赛尔发出这样的感慨：敌人的空军力量比其编制兵力要大3倍！多年来，以色列人高度重视弥补数量劣势问题，但无法从根本上扭转这一战略劣势的现实，将迫使其必须把经略以质量制数量的异质性不对称作为作战准备和作战实施的瑰宝，长期坚持下去。

六、以先进制落后

无论掌握和运用先进的军事思想、作战理念，还是掌握和运用先进的军事技术、战争手段，相对于对手而言，都将无一例外地拥有巨大的不对称优势。通常情况下，这种不对称优势是一种异质性不对称优势，也是落后一方无法比拟甚至不可战胜的。可以这样讲，追求先进性是经略异质性不对称的关键一招。如果战争形态呈现为信息化而你还在搞机械化，如果作战样式发展为立体化而你还在搞平面化，如果技术手段演进为智能化而你还在搞数字化，那么，你就只剩下打败仗的份儿了，甚至连怎么死的都不知道。网上一段视频显示，美国人利用红外与可见光兼用的新型狙击步枪，对阿富汗沙海克山谷密林高处的塔利班秘密营地，实施了距离 1050 米的狙击作战。在短短 4 分 53 秒的时间里，仅用 13 粒子弹，就逐个清除掉 12 名处在不同位置、干着不同事情的塔利班武装人员，实现了“发现即消灭”。可悲的是，这些人员至死都不知道子弹是从哪里打过来的，其中，有的虽然做出了隐蔽、规避甚至准备还击等战术动作，也未能改变被击毙的厄运。美国人能够做到这一点，不仅得益于这款武器在射击距离上的优势，更得益于科技新成果在作战应用中的优势，从而使狙击作战发生了质的改变，与对手相比拥有了绝对的不对称优势，且并不因为对手在战术上有所应对就能抵消掉这种优势。从中可以看出，“剑不如人，剑法要高于人”是一个可笑的伪命题。毕竟再精湛高超的“剑法”，也不能使格斗方式发生质变。既然剑不如人，干嘛还要与人比剑？正确的制胜之道，应当是“剑不如人，就换手枪”，通过经略异质性不对称，确保达成一击致命。

七、以前瞻制当前

在战争领域，有一种视界叫作远看一眼，有一种精明叫作先想一步，有一种气魄叫作敢为人先。因为远看了一眼，所以能够发现并把握战争发展的趋势和作战进程的走向；因为先想了一步，所以能够处处领先并压制对手，从而登上胜利的巅峰；因为预见了结果，所以能够断然出手，以在决定性关头不计成败的毅然决然下好先手棋、投出震撼弹。可以说，这种事情在战争历史上屡见不鲜。我们当前面对的战争，是由信息主导，机械化与信息化共生并存，智能化加速融入的战争，机械化、信息化、智能化迭代发展正在成为一个新特征、一种新形态。未来作战由信息主导向智能主战发展，很可能成为大概率事件，正因为如此，有人断言“军事机器人将带来空前革命”。这表明，未来战争与我们当前面对的战争不可同日而语。如果把这看作是一种可能的战争远景，目前只是初显端倪，还需要有一个发展过程才有定论的话，那么，我们正在经历或者已经经历的事件，仍能充分展示以前瞻制当前所构成的异质性不对称本身的魅力和威力。让我们来“欣赏”一下美国人是如何看待所谓中国“反介入”挑战的。美国人认为，中国的反介入 / 区域拒止战略（A2/AD）是美国在太平洋地区打造军力时面临的最严峻挑战。由于美国高度依赖太空能力，一旦遭受先发制人一方的攻击，可能严重限制其应对任何形式的非对称、常规或核攻击的能力。用美国战略司令部司令约翰·海腾的话说：“（摧毁太空能力）你会回到第二次世界大战，你会回到工业时代的战争。”面对这一可能的战场对抗前景，让美国人深感忧虑。这不恰好说明，中国以前瞻制当前，提前经略某些异质性不对称的战略抉择和发展路径，无疑是明智的、正确的，反倒为自己提供了一种有效的作战能力和安全保障。

八、以超限制超强

超限战，也可称作超限攻击，是一种超越了传统战争范畴和行动界限的作战构想。其实质是，把所有资源和手段全部调动起来、巧妙加以组合，与对手打一场既不仅限于军事领域也不仅限于军事手段的不对称战争。其标志是，充分利用“人们会在某一天早上醒来时吃惊地发现，许多温良和平的事物都开始具有了攻击性和杀伤性”这样的特性。其样式是，把军事仗与外交战、金融战、贸易战、经援战、媒体战、网络战、情报战、心理战等组合运用。其路径是，按照“多维度、共时性、有限目标、无限手段、非均衡、最小耗费、多维协同、全程调控”的原则组织实施。其目标是，让弱小一方也能拥有遏阻、攻击强大对手的实践可行性。显而易见，超限战构想在经略异质性不对称方面十分经典，尤其在破解超弱与超强之间的不等式上提供了令人耳目一新的思路和举措，给这个谁有一支强大的军队谁就正确的失衡世界，带来了一种有力制衡因素。需要说明的是，尽管它非常强调超领域组合、超手段组合，但从实际运作看，其更带有打“短、平、快”的巧仗特征，谋的是一战之利、争的是一鸣之响，因此，与以跨域制一域有所区别；而从手段组合看，其选择及运用都带有明显的功利性、独特性，难以做到成体系地发挥效能，因此，与以多维制单维、以体系制要素也有不同；另从作战效果看，它的确能给强大对手制造痛感、带来创伤，却难以从根本上解决战争胜负问题，因此，与即将阐述的“成就反客为主的逆袭”也不一样，故而单独列为一种模式。

九、以混合制正规

从一般认知和传统理念看，战争是战争，和平是和平，战争与和平是两个从内涵到外延都完全不同的概念。以战止战，以战促和，通常都要有胜人一筹的力量和使用力量的决心意志，以及与使用力量相关联的必要条件，起码也要在这些方面势均力敌，因此，带有明显的经略同质性不对称的成分。然而，当对手实力过于强大，抑或公开以战争手段谋求政治利益代价过大时，以战止战，以战促和，就可能充满风险，此时，采取一种既非战争也非和平的制敌策略则显得非常必要了。这一策略是，寻求在不公开跨越战争门槛的情况下，采取不会导致事态升级和严重报复的胁迫或者“侵略”行动，来谋取军事胜利的政治成果。直白地讲，就是以混合制正规，也可看作以混合制造战争。以西方人的认识和理解，俄罗斯在乌克兰所做的一切，就是这样一种策略：在当地挑起不满的复杂宣传和合法的军事行动；对电网实施网络攻击和切断天然气供应；秘密和可否认的行动，比如派小绿人（身着没有标记的绿色军服的军人）进入克里米亚，向搞分裂的非正规军提供武器和军事支持等。这让西方对任何形式的军事反应连想都不敢想。这种采用战非战、和非和的混合方式和方法与对手展开的较量，无疑是在经略一种异质性的不对称。它不是使蛮力而是用巧劲一步一步压迫对手，在“不太过分”的情况下让对手无法用战争手段予以应对，而因此达成自己的战略意图。

十、以外向制压力

战争历史留给人们一条有益经验：在关键时刻，实施外线作战是破解战略战役困局的重要一招。到敌人的后方后院去，到敌人力量薄弱的地方去，抑或到敌人放手放弃的地方去，到敌人没有到达的地方去，这是打破围堵、另寻出路，化解危机、缓解压力，转换战场、打痛敌人的有力举措。当年中国工农红军被迫进行的长征，就是这样一次战略外线作战，只是开始的时候谁都没想到会走这么遥远漫长的路。解放战争时期刘邓大军千里跃进大别山的行动，也是这样一次战略外线作战，目的是减缓在战略内线自身所承受的军事压力，并把这种压力传导至国民党统治区。相对于正面的实顶硬抗，这显然是以外线作战、外向发展为主线，所经略的“你从东边来、我向西边去”的异质性不对称。现在，我们有幸目睹正在上演的一幕“你从海上来、我向陆上去”的战略大戏。美国实施“亚太再平衡”战略后，中国学者王辑思于 2012 年 10 月提出“西进”战略构想，以此作为中国地缘战略的再平衡措施。[1] 其实质，就是一次外线的

① 环球时报，2012-10-17.

战略突围或是方向突破。历史经验告诉人们，大国崛起始终存在着坠入“修昔底德陷阱”的风险。战略崛起难，一个关键问题是崛起障碍难突破，守成大国的疑虑、阻击与遏制如影随形；战略突破难，一个关键问题是突破方向难选定，崛起大国的任何经略与发力都极易导致双方迎头相撞。因此，“西进”战略构想的提出，用美国智库的话说，是某种不言而喻的妥协，以缓解紧张局势，减少不信任感和潜在的对抗。也可以说，这是以外向发展对战略压力的一种抵消和对冲，充满着经略异质性不对称的大智慧。

十一、以金钱制人性

钱是个好东西，也是个坏东西。对此，中国古人早有深刻认识。从魏晋时期的成公绥，到东晋时期的鲁褒，都写过《钱神论》，一个说“路中纷纷，行人悠悠，载弛载驱，唯钱是求”；一个说“钱之所在，危可使安，死可使活，钱之所去，贵可使贱，生可使杀”，一致认为，其内在之魔力、外在之神通，甚至到了可以收买神灵的地步。钱能通神，而况人乎？所以，我们才会看到，发动“银弹攻势”，早就成为古今中外制胜敌人的一个重要选项，既频频使用，又频频得手。而在战争状态下的某些时刻，“银弹”的威力甚至比子弹的威力更有力、更有效。站在不同立场上看，钱能成事，也能坏事。但不管怎样，这一长盛不衰、屡试不爽的特殊套路，相对于军事攻势而言，无疑是在经略一种独特的异质性不对称。它充分利用了贪欲贪婪是人性的一个弱点，避险避害是人性的一种本能，让人性和斗志在金钱面前、在危害面前彻底败下阵来，进而让战事向着有利于己不利于敌的方向发展。美国人深谙此道。伊拉克战争开始前，美国人就在私下里秘密展开收买工作，以许诺伊军高官放弃抵抗将给予巨额美元奖赏、为其家属提供保护、战后不再追究责任、在新政府中安排一定职务等为筹码，动摇其抵抗意志，瓦解其军心士气，最终导致大批军官变节，除麦地那师外，其他大名鼎鼎的汉谟拉比师、巴格达师、总统警卫师等数十万部队一枪未放，顷刻“蒸发”，让局势变得一发不可收拾，这才成就了其后美军奔袭巴格达的“所向无敌”。美国的小伙伴沙特跟着师傅“有样学样”，也掌握了这一“独门绝技”，而且“大有作为”。鉴于武力和军事不是自己的长项却拥有“不差钱”的优势，沙特领导的联军在对付也门胡塞武装和“基地”组织分支时，非常注重以贿赂和收买开道，以此换取他们撤离关键城镇，收获不战而“攻城略地”、不战而“所向披靡”的果实。

十二、以有形制无形（或以无形制有形）

战争可分为有形战争与无形战争两种形式。有形战争是一种看得见、摸得着的对抗，无形战争是一种看不见、能感知的较量。以有形制无形，究其实质，或是通过强大力量的展示与运用，给对手的精神世界造成极度震撼和打击，又或是通过实体硬摧毁、人员硬杀伤等途径方法，给对手的电磁、网络空间等无形作战能力予以直接削弱和彻底破坏。而以无形制有形，究其实质，或是以不畏强敌、敢于亮剑的硬气，以不怕牺牲、敢打恶仗的胆气，以赴汤蹈火、敢于胜利的霸气，用精神力量弥补物质力量的不足，与强大的对手血战到底，抑或是以电磁、网络领域等无形作战能力向着对手有形作战体系和实体作战单元实施攻击,降低其作战效能,剥夺其作战能力,又或是以诸如文化软实力的诱惑以及和平演变战略的渗透等，在潜移默化、日积月累的蛊惑中，让不同意识形态的对手发生世界观、人生观、价值观的迷航。不难看出，无论以有形制无形，还是以无形制有形，都是在经略异质性不对称。数十年来，美国一直采用杜勒斯的《和平演变“十条诫令”》，与中国等社会主义国家在意识形态领域里反复较量、反复争夺，即可看作是一次次以无形制有形的尝试。

第三节　成就反客为主的逆袭——经略颠覆性不对称

在战争领域，疯狂与谨慎并行不悖，毁灭与伟大相去不远。战争的诡谲之处在于，同样是疯狂，有的因为疯狂而毁灭，有的因为疯狂而伟大；同样是谨慎，有的因为谨慎而毁灭，有的因为谨慎而伟大。孙子说过："小敌之坚，大敌之擒也"[①]（弱小的军队如果只知硬拼，就难免要成为强大敌人的俘虏）。19 世纪中叶，南美小国巴拉圭为调停乌拉圭内战而与地区大国巴西之间爆发的战争就无异于自杀，一心想成为"南美拿破仑"的巴拉圭领导人小洛佩斯，一次次地重复着以小击大、以少打多的疯狂之举，仅 1866 年的四五月间，就先后组织了以 1.2 万人袭击 6 万人，以 3000 人攻击 1.5 万人，以 6000 人进攻 4 万人三次重大作战行动，但小敌终为大敌所擒，他自己也命丧疆场，就是一种"疯狂成就的毁灭"。而秦末时期的汉军大将韩信，敢于在 20 万敌军面前，率数万之众背水列阵，且主动发起攻势作战，通过佯败诱敌、调虎离山，预设伏兵、断敌退路而大获全胜，硬是做到了小敌反擒大敌，则是一种"疯狂成就的伟大"。这说明，小敌之坚、大敌所擒，是作战的一个基本规律；而小敌之坚、反擒大敌，则是经略颠覆性不对称的奇迹。

什么叫经略颠覆性不对称？简单地说，就是经营谋划某些属性、种类和量级完全不在同一档次的事物、力量及效能等发生超乎寻常、出乎意料的逆转，以获取优势或主动地位的想法和行动。两军对垒，能够经略同质性不对称或者异质性不对称来与对手较量已属不易，而能够经略颠覆性不对称来与对手对抗则难上加难。因为从本质上讲，经略颠覆性不对称需要突破的是"不可能突破"的障碍，需要实现的是"不可能实现"的反转，需要完成的是"不可能完成"的任务，需要改变的是"不可能改变"的棋局。这是一场大智慧与大格局的抗争，是一场大冒险与大收益的博弈，是一场大气魄与大转折的比拼，其最终目标是，不仅要达成"四两拨千斤"的效果，更要争取"四两赢万金"的结局。经略颠覆性不对称，大致包括 12 种典型模式。

① 吴如嵩 . 孙子兵法浅说［M］. 北京：战士出版社，1983：47.

一、以大智慧经略大格局

战争就是战斗的艺术。而所有战斗都是斗智斗勇的过程，无论战术层面的战斗，还是战略层面的战斗，概莫能外。打赢战术层面的战斗离不开小技巧、小精明，但打赢战略层面的战斗更依靠大手笔、大智慧，对于没有太多军事实力、总体处于劣势地位的一方来说，尤其为是。要在实力悬殊、以弱抗强的态势下谋取战略上的胜利，必须注意以退为进、稳住阵脚，联结外力、制衡强敌，才有可能改变力量对比和攻防位势的不利态势，争取形成一个有利于己、能够制胜敌人的大格局，这里所经略的正是一种颠覆性的不对称。三国时期的刘备雄心很大，坚持以消灭曹操、兴复汉室为己任，但实力很小，长期处于兵微将寡、人单势孤的尴尬境地，甚至连战连败，被迫寄人篱下，没有立足之地。幸亏诸葛亮以《隆中对》为他指点迷津，使他看清了天下大势和进取方向：那时，只有曹操、孙权各自形成了一角，曹操威震四方，最有可能统一中国；而孙权虎踞江东，也有可能抢占荆、益两州，由此形成南北分治的局面。虽说刘备成为一角还不够资格，但只要放弃逐鹿中原，首先谋取荆、益，就有了同曹、孙鼎足而立、分庭抗礼的资本，而后联吴抗曹，集两弱之力抵御一强，就会形成天下三分的格局。对于刘备来说，这样的局面无疑最为有利。历史已经证明，这次经略具有绝对的颠覆性意义，使原本可能出现的天下一统格局，或者可能出现的南北分治格局，最终定格为天下三分格局。刘备利用诸葛亮的大智慧，以飘零之身、薄弱之力经略着颠覆性的不对称，硬是打赢了战略层面最为关键的战斗，取得了超乎想象的政治利益和历史成就。

二、以小切口撬动大棋局

人生如戏，战争如弈。高手之间对弈，尤其在一方处于绝对下风的当口，最为难能可贵的是，不计一城一地的得失，不拘一时一事的利弊，善于登高望远，勇于举重若轻，从整体上把握大棋局，精算以小代价换取大利益的筹码，精选落一子而盘活全局的支点，通过走出一招妙棋，来打破僵局困局，化解危局险局。能够如此走出困境、扭转大势，一定是对时局的颠覆性经略，也一定是高手中的高手所为。毛泽东一手推动的“乒乓外交”，实现以“小球转动大球”，经略的就是这样一种颠覆性的不对称。自新中国成立至20世纪70年代初，中美关系一直处于冰冻状态，双方长期互相敌视，甚至还在朝鲜战场上交手，势同水火。但从60年代中期以后，中苏关系逐步从破裂走向交恶，珍宝岛一战拉大了中苏之间距离，苏联成了中国的最大安全威胁。此时的美国，日子也不好过，国内经济矛盾日益尖锐，深陷越战泥潭难以自拔，在美苏争霸中处于劣势，焦头烂额，疲于奔命。中美双方都有改善关系的战略需求，却苦于一时找不到“破冰”的突破口。当参加第31届世界乒乓球锦标赛的美国运动队提出访问中国后，毛泽东反复权衡利弊得失，果断决定邀请美国运动队来访，一举打通中美两国恢复正常关系的路径。而更为要害的是，以此为契机，中国恢复了在联合国的合法席位，在一年之内与加拿大、意大利、澳大利亚、日本、英国、联邦德国等38个国家建立或恢复外交关系，还有效遏制了苏联的战略扩张，尤其是促使世界战略格局发生由两极对抗向“大三角”制衡的重大转变。中美“乒乓外交”虽是一个小切口，却给世界政治版图带来了具有颠覆性意义的大变化，也让中国由此真正成为世界战略大棋局的主要玩家之一，充分施放了经略颠覆性不对称的奇效。

三、以拖字诀酝酿大变局

战争唯一不变的就是千变万化，从来不会一成不变，更不是死水一潭。因此，当你占据主动和优势的时候，要高度警惕战场态势和作战进程可能发生的逆转，保持慎终若始的状态，不能被眼前的胜利冲昏头脑，防止出现颠覆性的局面；而当你陷入被动和劣势的时候，要积极运筹战场态势和作战进程可能发生的逆转，既可以主动经略促进变化，迫不得已也可以被动等待利用变化，竭力促成颠覆性的局面。尤其是作为弱势的一方，“拖”不失为在实际较量中形成颠覆性不对称的一种有效经略。2011年叙利亚内战爆发后，在内有“伊斯兰国”和叙利亚反对派攻城略地、外有美欧等西方国家制裁打压的多重打击下，巴沙尔政权一度陷入苦苦挣扎、岌岌可危的险境绝地，很多人相信，重演萨达姆、卡扎菲的悲剧近在眼前。站在巴沙尔的立场上，此时只能立足长期作战，为此不得不实施战略收缩，以有限军力同对手展开周旋，企图以拖待变，而他唯一能够寻求或等待的是俄罗斯的出手相救。巴沙尔无疑是幸运的，4年之后，他终于等来俄罗斯为了维护自身战略利益而采取的直接出兵干预行动。当俄罗斯作为强大外部力量和关键因素突然加上去以后，直接导致叙利亚战局的发展走向出现了颠覆性大逆转，让反对派的势不可当、胜券在握变得遥不可及，成就了巴沙尔以拖字诀酝酿的大变局。这再次证明，等待是痛苦的，但其结果常常是甜美的。相信这一点并利用这一点，将会为你带来从转危为安到弱中求强，直至反败为胜的幸运，而这种幸运恰恰是对经略以拖待变的颠覆性不对称的回报。

四、以软功夫托起大反转

中国古代兵家有言，“不能忍，则不足以任败；不任败，则不足以成事”。对于做人来说，忍耐与忍让肯定是一种美德；而对于打仗来说，忍耐与忍让则是一种策略，更是一种智慧。匹夫见辱、拔剑而起，针锋相对、寸步不让，说硬气倒是够硬气，实际上却不是有智慧的表现。当你实力不够强大，或者条件不够有利，又或者完全受制于人的时候，跟对手来硬的、耍横的，不仅不能解决问题，更可能自受其辱、自取其祸。所以，有一种策略，叫作以柔克刚，有一种智慧，叫作韬光养晦。懂得以柔克刚，善于韬光养晦，不仅可能化解迫在眉睫的眼前危机，还有可能实现长远的颠覆性大反转。公元前494年，吴越两国爆发会稽之战，越王勾践被吴王夫差打败。为谋求名灭实存的地位，留下东山再起的希望，一方面，勾践采纳谋臣范蠡提出的“卑辞厚礼，玩好女乐，尊之以名……委管钥，属国家，以身随之”的对策，不惜付出丧权辱国，乃至出卖国格、人格的代价来乞求媾和，在夫差允许越国的求和后，则处处毕恭毕敬、忍屈受辱、小心谨慎，并以“卑事厚赂”以及珍玩美女来骄纵、迷惑夫差；另一方面，却雄心不泯、卧薪尝胆、励精图治、积蓄力量，时刻不忘复仇大业。经过 12 年的惨淡经营，终于恢复元气，在公元前 482 年，利用夫差北上争霸之机，发动了第一次灭吴战争。4 年后，又趁吴国发生旱灾之机，发动了第二次灭吴战争。又过了 3 年，采用声东击西的战术，先以进攻楚国作掩护，突然调转矛头再次攻打吴国，彻底吞并了吴国，成为吴越之争的最后赢家。若说战争史上为反败为胜而韬光养晦时间之长、为欺骗对手而施谋用诈花样之多，莫过于吴越战争中的越国了。越国处心积虑前后长达 20 年之久，败军不气馁，“求和”不失志，能够以“十年生聚、十年教训”的持续努力发愤图强，最终打败了敌国，显而易见，完全得益于把以柔克刚作为重心，对颠覆性不对称的一种长期经略。

五、以大杀器形成大制衡

何谓大杀器？如果上升到教科书的语言，泛指以大规模杀伤性武器为标志的超级武器。对于一个国家来说，不论从正面的还是反面的意义上讲，开疆拓土也好，守疆卫土也罢，本质上都是逐物谋利或是固本图存的一种战略需要和政治诉求。但是，开疆拓土开得了开不了，守疆卫土守得住守不住，还不是有没有战略需要、有没有政治诉求就能解决的问题，更要看你自己的本钱够不够。在弱肉强食的世界里，相对弱小的一方由于本钱不够，少有开疆拓土的颠覆性，却多有丧权辱国的颠覆性。考虑到即便能够集中全国之力，再加上结盟结伴的一定外力，弱小一方也经常不足以制衡或遏阻强敌的入侵，从而决定了只有经略某种颠覆性的不对称，才可能防止和避免这样悲催局面的出现。在这个问题上，即便军力排名处于世界第 2 位的俄罗斯也不例外。苏联解体后，俄罗斯不仅失去了与美国并驾齐驱的超霸地位,甚至连保证国家现时安全都感到力不从心。俄军统帅部为此对军事战略适时做出修正，明确强调，一旦发生针对俄罗斯及其盟友的战争，其战术核武器乃至战略核武器将作为首选的主导兵器。虽说有西方媒体冷嘲热讽地宣称“俄罗斯穷得只剩下核武器”，但是，人们也确实看到，面对以美国为首的北约咄咄逼人、不断东扩，虚弱的俄罗斯用核武器这个大杀器形成了有力有效的战略大制衡，美国人没有放过俄罗斯，却也不敢挑起正面对抗。尽管俄罗斯没有因此变得更安全，但如果没有大杀器的制衡，俄罗斯将不会比现在更安全。这种以很小的成本维护了最大的利益，从战略全局上看，明显带有经略颠覆性不对称的性质。

六、以神运作重构大平衡

敌对双方在战略上走向对峙直至摊牌，通常不会发生在朝夕之间，都会经历一个暗潮涌动的平静期。但表面的平静并不意味矛盾的缓和，更可能潜藏着敌意的积聚，而越靠近“临界点”，弦就会绷得越紧，破坏性就会显现，搞不好就可能由某种事态的战略试探演变成最终的战略摊牌。此时，如果一方不想走到破裂甚至交恶、交战这一步，就需要做出必要的妥协、退让或调整，以期缓和局势、重建信任，构建起新的平衡。能否做到这一点，将更多地取决于对颠覆性不对称的一种特殊经略。有时，为利益所困，为环境所逼，为形势所迫，就算是享有“战斗民族”声誉的俄罗斯，也并非事事都以战斗来解决争端和冲突，即使明知遭人暗算吃了亏，也要努力进行颠覆性的神运作，以挽狂澜于既倒，扶大厦于将倾，使自己重新回到有利战略地位。2015 年 9 月底，俄罗斯正式介入叙利亚内战。11 月 24 日，俄军一架空袭叙利亚反对派武装的苏 –24 飞机，竟被土耳其空军击落，俄土两国一时剑拔弩张。站在俄罗斯的立场，是可忍，孰不可忍？但普京忍了。不仅忍了，2016 年 7 月，土耳其军人发动针对埃尔多安总统的军事政变时，又是普京提前提供情报，让埃尔多安躲过一劫。普京所以会不计前嫌、以德报怨，主要是看到，俄罗斯作为区外势力，不能与区内大国土耳其彻底翻脸，把一个敌人打成两个甚至多个敌人，而置自己于更加孤立、危险的境地；主要是看到，美国对土耳其既利用又限制，甚至刻意打压，有可以利用的条件和争取埃尔多安的可能；主要是看到，埃尔多安在国家梦想和发展遭到美国压制、人身安全受到美国威胁、以色列得到美国支持的背景下，绝不会与美国善罢甘休。普京以一套隐忍不发、雪中送炭、等待转机的组合拳所进行的神运作，终于换来俄土两国元首在索契冬奥会时的握手言和，使原本已倾斜到颠覆程度的两国关系实现了反颠覆式的重构，把经略颠覆性不对称的功力发挥到了极致。而这类只可意会、不可言传的神运作，其实正是充满大智慧的生动体现。

七、以摧其政诱发大溃败

战争是流血的政治，这要求必须打好军事仗。同时，政治是不流血的战争，这要求必须打好政治仗。从政治仗入手搞垮敌人，属于用软刀子杀人，可以兵不血刃，往往事半功倍，甚至会让军事仗完全没有了用武之地。从这个角度看，尽管战时的军事较量一旦失利非常可怕，而平时的政治较量一旦失利则更可怕。如果说，兵败如山倒，多表现为一时的抱头鼠窜，还存在着卷土重来的可能性，那么，政败如地陷，则更像是坠入了无底的深渊。即使有心杀贼，甚至有力抗敌，在政治溃败面前也会变得无能为力。对于这种以摧其政而非毁其军为重心所经略的颠覆性不对称，一直被以美国为首的西方国家奉为“不战而胜”的圭臬。美国政治学家萨缪尔·亨廷顿曾说过，对一个传统社会来说，对政治稳定构成主要威胁的并非来自外国军队的侵入，印刷品比军队和坦克推进得更快、更深入。当初，苏联解体、东欧剧变，着的就是这个道。在苏共及其政权生死存亡的紧要关头，不仅整个苏联军队袖手旁观，就连 2000 万苏共党员也都麻木不仁，鲜有起而抗争者和誓死捍卫者，正是源于几年前戈尔巴乔夫推行“改革与新思维”，让西方政治文化和价值观乘虚而入，给苏联社会造成了严重思想混乱，加之苏共长期执政不力、腐化堕落、民心尽失，以致在叶利钦看来，苏共人数达到 2000 万的时候，并不是它最鼎盛时期，恰恰是它最虚弱的时候，最终让苏共及其政权在政治仗面前一败涂地，没费一枪一弹就被彻底颠覆。[①]如果说，打赢军事仗具有守底线的性质，那么，打赢政治仗则具有反颠覆的性质，必须严防来自对手以摧其政为目标和手段所经略的颠覆性不对称，避免出现政治大溃败的局面。

八、以用其害博弈大逆袭

战争博弈存在着许多禁忌，这些禁忌很多时候都是招致作战失利的祸根，人们避之唯恐不及。所以，对于一般人来说，敢于用明显有害的方式方法与敌人对抗，既难以理解也难以接受。然而，恰恰在别人看来是一些不利的因素、有害的东西，对于那些智者中的大智者或者勇者中的大勇者来说，却蕴藏着制敌的灵动、胜战的契机甚至是变害为利、反败为胜的大逆袭。战争的吊诡之处就在于，政治的一时有利，如果从军事的角度看则未必有利，政治的一时有害，如果从军事的角度看则未必有害；同样，战略的一时有利，如果从战役战斗的角度看则未必有利，战略的一时有害，如果从战役战斗的角度看则未必有害。从这个意义上讲，战争博弈需要关注和把握两个重点：一个是如何看待趋利避害，以及善不善于趋利避害；另一个是如何看待变害为利，以及敢不敢于变害为利。在战场上我们常常看到，因为不得不破釜沉舟结果获得了新生，因为不得不反戈一击结果改变了态势，这类通过逆势而为、逆向操作而经略的颠覆性不对称，其成就的大逆袭着实让人大开眼界。人人知道，陷之死地乃用兵大患，韩信却敢于用背水列阵之害进行大博弈，从而实现战斗上的以少胜多的大逆袭；人人知道，枯水登陆是用兵大敌，麦克阿瑟却敢于在仁川用浅水登陆之害进行大博弈，从而实现从战术上的出奇制胜到战役上

① 特别文摘，2014 年第 3 期上半月．

的反败为胜的大逆袭；人人知道，弱守强攻是作战指导的要义，毛泽东却敢于在朝鲜战场用以弱攻强之害进行大博弈，最终实现从战略上把“联合国军”赶回“三八线”的大逆袭。由此可见，高明的战争指导者一定是见利而动、趋利避害的高手，但高明之中更高明的战争指导者则是害中见利、变害为利的大家，善于把识害用害作为一个大变量，去经略从战斗到战役直至战争的大逆袭。

九、以制其器押注大颠覆

要颠覆一场战争，或许会有那么一种或几种可供利用的因素，在关键地点、特殊时刻以出人意料的方式方法，碰巧能够发生“催化”作用或者是“核化”反应，但这些起作用的因素都还称不上是主导因素。对于战争而言（无论广义上的战争，还是狭义上的战争），真正最具颠覆性的主导因素是科技进步，尤其是技术革命。任何一次技术革命，都必然会带来从战争形态、作战思想、战斗方式直至作战方法、作战规则等的彻底改变。而即使某些新出现的技术成果尚未真正构成一次新的技术革命，但其领先优势仍有可能给战争的某些局部带来具有颠覆性意义的冲击甚至剧变。比如，“伊斯兰国”等组织不仅利用商用小型无人机进行侦察和情报搜集，还将它们进行改装以投掷炸弹，从而变成美军的大麻烦，以致在该地区的美军指挥官把反无人机作为部队的最高防护任务。这种以借其器作为经略颠覆性不对称的一种有效对策，是以制其器作为经略颠覆性不对称的特殊表现形式，注重以其人之“器”还治其人之身，与“没有枪没有炮，敌人给我们造”相类似，是弱旅抗衡强敌的重要选择。其实，以制其器经略颠覆性不对称，更加注重科技创新、技术突破，一直是美国人的拿手好戏。第二次世界大战结束以来，美国已先后提出 3 次“抵消战略”，其实质，要么是用技术优势去抵消对手的数量优势，如第一次“抵消战略”达成了通过在欧洲建立可靠的战略核威慑，成功抵消苏联常规地面部队数量优势的核技术优势，要么是用突破性技术提供的新能力去抵消对手现有的优势军事能力，如第二次“抵消战略”达成了通过发展基于信息的“技术赋能器”提高现有武器平台效能，在核均势下成功抵消苏联常规部队数量优势的信息技术优势。而2014年11月提出的第三次“抵消战略”，则更加强调通过能够“改变未来战局”的颠覆性技术这一“催化剂”，推动美军作战概念和部队建设的全面“转型”。显而易见，押注颠覆性技术的重大突破，以获取制衡和压倒对手的不对称优势，已成为美国经略颠覆性不对称的战略选项。客观地看，这不能不说是有可能一举打破战略平衡的一个奇招大招，既很前瞻又很阴毒，一旦得手，或将使其对手的所有优势变得荡然无存。

十、以毁其要促成大解体

鉴于能不能打胜仗才是检验作战成败的唯一标准，毫无疑问，打什么仗也没有打胜仗最能考验一个指挥员。不过，即使打胜仗也会有许多的不同。其中，有大胜也有小胜，有全胜也有惨胜，有速胜也有缓胜，有先胜也有后胜，等等。所以，能不能以小的投入换来大的收益，以小的牺牲换取大的胜利，善不善于打事半功倍的胜仗，打加速战争进程的胜仗，才是真正的终极考验。而要做到这一点，知巧用巧打巧仗，至为关键。其实，获取战役战斗直至战争的胜利，并非只有死打硬拼一条道，还有捷径可走，通过专打“软肋”以毁其要，进而达成釜底抽薪以解其体的作战目标，就是经略颠覆性不对称的一个绝招。我们知道，再怎么强悍能战的军队，失去粮秣保障终将崩溃，再怎么高度机械化的军队，失去油料供应顷刻瘫痪，谁也没有例外。巴顿将军就说过一句感触颇深的话：我的士兵可以吃皮带，但我的坦克必须加油。模拟计算显示，打掉敌人一辆加油车，可以使七八个装甲单位停止战斗；切断敌人一条主要输油管线，可以迫使几个摩托化师陷入瘫痪。如果按照这样的思路拓展开来，高悬太空的天基系统一旦遭受攻击，再完善的体系优势、再强大的信息优势都将土崩瓦解；同样，疏于防护的驻场飞机尤其是飞行员驻地一旦遭受攻击，再先进的装备优势、再领先的空中优势都将化为乌有；

此外，打掉一架预警机、加油机的作战效益和绝对价值，都是一种事半功倍的大产出、大收益，而这些恰恰是经略颠覆性不对称的精妙之处。所以，选对目标，找准机会，突然发力，狠狠地干一家伙，常能收到“解其体”的颠覆性效果。如果说，这中间带有一点战场机会主义的味道，那么，做一个高明的能打胜仗的战场机会主义分子，并不是完全的坏主意。

十一、以夺其魁支起大杠杆

“射人先射马，擒贼先擒王。”擒王之道，在于杀将。所谓夺其魁，一言以蔽之，就是斩首战。对敌方首脑或指挥机关采取斩首行动，历来是打败敌人最经济、最直接的一个办法，即使这不是导致颠覆局面的最好的办法，也是最快的办法，同时，还会产生巨大的震慑力。美军一直把敌方指挥机构（包括指挥员）、信息中心比作人的大脑和神经中枢，把各类传感器比作人的眼睛，把作战部队比作人的身体，认为打掉“头部”、致盲“双眼”，即使敌人“身体”未受损伤，也会陷于瘫痪，因此主张，首先攻击敌人的“头部”而不是它的“身体”。如，“黄金峡谷行动”中美军空袭卡扎菲临时司令部，海湾战争之初美同时打击伊军事指挥设施等45个要害目标，伊拉克战争时美为击毙萨达姆不惜提前开战而果断实施的“切断蛇头”行动等，都是以斩首制敌为核心经略颠覆性不对称的范例。有时，一粒子弹的功效胜过千军万马，擒贼擒王的举措何止一本万利，这通常都会成为颠覆局势、改变趋势的大杠杆，出现经略者、实施者希望出现的大转折。1963年，美国罗伯特·肯尼迪总统遇刺事件，不仅让民主党阵脚大乱、失掉大选，还使民主党丧失自南北战争以来在美国南方确立的绝对优势，导致美国大选的政治版图发生深刻变化。不过，针对作战对象的迥异，不仅要在围绕斩首战经略颠覆性不对称时必须无比决绝，有些时候还要为促进局势的颠覆性变化保持足够耐心。1996年4月21日，3次侥幸逃脱俄罗斯当局斩首行动的车臣非法武装头目杜达耶夫，在打卫星电话时被俄军锁定目标，而后被两枚精确制导弹药毙杀；杜达耶夫的代任者扬达尔比耶夫同样遭到追杀，2004 年 2 月 13 日，已流亡到卡塔尔首都多哈的扬达尔比耶夫在炸弹袭击中身亡；而另一继任者马斯哈多夫也没有逃过被追杀的宿命，于 2005 年 3 月 8 日在俄军的突袭中被打死。俄罗斯当局通过持续不断斩首制敌的一次次艰苦努力，并以其他一些政治和军事行动相配合，开始遏止并慢慢扭转车臣地区动荡分裂的局势，总算看到了走向和平稳定的一缕曙光，这在一定程度上，就得益于坚持不懈地立足斩首制敌所经略的颠覆性不对称。

十二、以压其智博取大优势

两军相较，实力因素肯定是制胜之宝。但是，战争不仅是实力的较量，也是智力的碰撞。在一方实力较强，而另一方智力较高的情况下，到底是实力因素还是智力因素将对作战进程和结局产生决定性或者颠覆性的影响？答案当然是智力因素。鉴于先进技术都是智力的产物，先进装备都是智力的成果，先进思想都是智力的结晶，先进战法都是智力的贡献，所以，从根本上讲，真正的优势恰恰是智力优势。换句话说，智力因素才是真正的制胜之魂。这可以归纳为“唯智不败”。在战场对抗中智压一头、智胜一筹，更可能成就颠覆性的不对称，而把对手彻底击败。对此体会最深、教训最大的，在中国历史上恐怕要数刘邦与项羽之争了。自诩有拔山之力、盖世之气的项羽，起兵八年，以“万夫不当之勇”横扫天下，七十二战，所当者破，所击者服，楚汉争雄时更是屡屡重创刘邦，打得刘邦“智勇俱困”，数度全线崩溃、全军覆没，威加海内、底定天下似乎易如反掌，但到头来，他还是败在“吾宁斗智不斗力”的刘邦手下。究其原因，项羽自己给出的结论是“天之亡我，非战之罪”，刘邦自己给出的结论却是能用人、善用人。正是得益于能把张良、韩信、萧何等一干人才罗致在自己的麾下，得益于能把这些人中龙凤的聪明才智最大限度地发挥到极致，才让屡战屡败的刘邦成功“逆袭”了战无不利的项羽，促使整个楚汉格局发生了颠覆性的逆转。可见，人才是真正的好东西，人才的脑子更是最好的东西。毕竟，拳头再硬也要听从脑子的指挥，而脑子一旦跟不上对手，拳头再硬也是徒费其力。所以，有力不如有智，斗力更须斗智。归根结底地说，多动脑子要比多动拳头更给力，也更容易获取敌所不及的大优势，从而为经略以脑子制拳头的颠覆性逆转创造有利条件。

第七章　机理之探

真正认识一个事物，需要知其然，更需要知其所以然。如果不能知其所以然，你对这个事物的一切印象、看法以及相应的对策、措施，都难免会显得那么不得要领，那么茫然不知所措，这在战争领域，将是非常危险的一种情形。打仗有打仗的规律，制胜有制胜的机理。战争胜利不会自然而然从天上掉下来，作战失利也不是无缘无故就让灾星降临。造成如此差别的秘密在于，敌对双方在战场对抗中有谁能遵循那些可以制约乃至决定作战体系运行、作战效能发挥、作战行动发展、作战进程走向等诸要素相互影响、相互作用的内在逻辑和基本原理。这也是知不知其所以然、用不用其所以然的差别。不得不说，系统了解战争制胜机理，就能掌握打开胜利之门的钥匙；正确应用战争制胜机理，就能确保所向无敌、百战不殆。经略不对称为什么能打胜仗？当然是因为受到了相关制胜机理的直接作用和强力支配。这些相关制胜机理，蕴藏着经略不对称的深度奥秘，充盈着经略不对称的博大智慧，饱含着经略不对称的特殊功效，其发挥作用的主轴是：制胜必先制心，制胜必须制力，制胜贵在制变，制胜难在制衡。从一般意义上讲，大体可归纳为“经略不对称二十四理”。

第一节　制心谋胜之理

制胜必先制心。圣人云：心之官则思。又说过：三思而后行。

由此可见，心为人之主，行为心之仆。所以，想要克敌制胜，必须把制心谋胜作为首要。制心的最高境界是人心依附。对于己，只有心附才能凝聚，进而形成合力；对于敌，只有心服才能弭从，进而消除隐患。如果做不到制心，对于己，则会出现面和心不和乃至分崩离析的状况；对于敌，则会发生面服心不服乃至祸结兵连的危机。尽管实现制心无非包括以德服人和以力服人两种基本途径和方法，但就作用机理而言，却存在着只有心服才会心附、只有心惧才会心服，而只有气虚才会心惧、只有势险才会气虚，以及只有力衰才会势险、只有神迷才会力衰的一般运行逻辑。抓住这一运行逻辑加以经略，可以谋取和建立几个制心关键节点上的不对称优势，从而掌握战场主动权直至战略主动权。

一、义正则德胜

天地存正气，人间存正道，战争存正义。作为战争指导者，聚正气、行正道、树正义，是制心谋胜的第一要义。鉴于战争是政治的继续，由此可知，所有战争打的都是政治军事仗。尽管获取军事仗的胜利很重要，又尽管政治仗的胜利多以军事仗的胜利为基础，但获取政治仗的胜利更重要。毕竟政治胜利需要征服的是人心，而人心依附是最难做到的事情，因此，政治胜利才是最重大、最根本的胜利。

兵家有言："用兵则以力胜，用文则以德胜"[①]（打仗要靠力量取胜，心战要靠道义取胜）。道义的胜利无疑就是政治的胜利。而道义的制高点往往就是制心谋胜的着力点。在把握这个着力点、抢占这个制高点的过程中，需要以人所共知、人所公认的道德标准、价值理念、处事规则为武器，高举有义、有理的大旗，彰显乾坤之浩荡、正气之凛然；需要以人之所想、人之所趋的政治诉求、利益期待、情感寄托为杠杆，注入有利、有情的元素，彰显天下之所愿、人心之所向；需要以敌之所误、敌之所忌的逆理违天、离经叛道、

① 军事科学院.中国古代兵法选辑［M］.石家庄：石家庄陆军学校翻印，1984：8.

背信弃义为焦点，揭露并攻击其无道、无良的德行，彰显正邪之反差、善恶之对立。无论是谁，只要做到这一切，就会比对手更能感召人、更能凝聚人、更能驱使人，进而谋取到政治上的不对称优势，迈进“德胜之门”。有时，哪怕只是标榜正义，甚至通过颠倒黑白的逆向操作，而制造出某种更能蛊惑人、更能欺骗人、更能利用人的“正义”，也有可能谋取到政治上的不对称优势，从而打赢一时的政治仗。这就是“义正”所以“德胜”的作用机理。这一作用机理的终极目标是，争取人心依附，即使不能完全做到，也要争取人心顺服。

不过，这一作用机理能否取得实际成效，却并不完全取决于政治操作的成败，而更取决于军事行动的成败。列宁深刻指出：“军事上的破产不可能不成为深刻的政治危机的开端。”[1]归根结底地说，政治仗的胜利离不开军事仗的胜利做保证，哪怕正义在手，没有军事仗的胜利做保证也是徒有正义。中国古代兵书《六韬》曾列举过12种“文攻之法”，亦即用文事进攻敌人的方法，但同时强调，这些方法都必须以“兴兵”为前提，否则将难以发挥威力。所以，掌握和应用义正则德胜的机理，还必须注意把军政全胜放在首位，要真正明白，军政全胜为之上，军胜政负为之中，军负政负为之下，而军负政胜者未之有也，这是基本的规律。当年，初唐四杰之一的骆宾王撰写了《为徐敬业讨武曌檄》，这是一篇享誉千古的战斗檄文。他以犀利的笔触鞭挞篡唐自立的武则天，指出其即将灭亡的命运，同时褒扬徐敬业一方的大义凛然、志在必胜，称赞其军队“班声动而北风起，剑气冲而南斗平。喑呜则山岳崩颓，叱咤则风云变色。以此制敌，何敌不摧？以此图功，何功不克？”可谓有声有色，气壮山河。尤其是最后两句：“请看今日之域中，竟是谁家之天下？”掷地有声，很有号召力。可惜的是，用文虽犀利，用兵不给力。徐敬业在统领10万兵马与武则天派来30万大军的对决中，寡不敌众，全军覆没，因输掉了“力胜”而使“德胜”也随之荡然无存。

---

① 列宁．列宁军事文集［M］．北京：战士出版社，1981：13.

二、力强则势大

对于打仗来说，实力强大是一种重要资本。正如商鞅所言：“兵不强，不可以摧敌”[①]（军队不强大，是不能摧毁敌人的）。司马穰苴也说：“外得威焉，所以战也”[②]（对外保持强大的威力，才能发动战争）。管仲同样认为：“不能强其兵，而能必胜敌国者，未之有也”[③]（不能保证军队的强大，而一定能战胜敌国的，没有这种事情）。在某种程度上，两国力量相当，外交就是力量；两国力量悬殊，力量就是外交。可见，实力强大才会更有打仗的资格，才会更能给对手带来压力、制造恐惧。这就像一头在你身边悠闲吃草的大象，它的体大力强本身就是一种非常真实的潜在威胁，让人本能地心生畏惧，当它一旦发起怒来、冲撞过来，其巨大的破坏威力必然会导致难以抑制的恐慌和惊惧。

为什么说，力强者必势大？因为即使不动其力、不发其威，仅仅是黑云压城的“气势”、蓄势待发的“气场”、耀武扬威的“气焰”，也会让人产生一种势不可当、透不过气的无助、无力之感，甚至会出现一些心惊胆寒、惧敌怯战的挫折、挫败反应。这好比与大象为邻，你不会有安全的感受；而与大象为敌，你只会更加惊恐不安。在人类战争史上，那些处于以弱御强地位的一方在面临强大对手的进逼时，通常都会出现主战与主和之争，而主和派往往能够占上风，大多就是缘于这个因素。正是这个因素的存在，恰恰成了制心谋胜的又一着力点。在把握这一着力点的过程中，需要以敌所不及的强大国力军力为武器，顺势作秀，输出影响，逐步扩大“气场”的波及

① 军事科学院．中国古代兵法选辑［M］．石家庄：石家庄陆军学校翻印，1984：15.

② 军事科学院．中国古代兵法选辑［M］．石家庄：石家庄陆军学校翻印，1984：25.

③ 军事科学院．中国古代兵法选辑［M］．石家庄：石家庄陆军学校翻印，1984：25.

范围；需要以隐性使用或者威胁使用强大的国力军力为杠杆，造势逼人，塑造格局，主动显现“气场”的强度硬度；需要以择机断然出手震慑敌人为着眼，因势立威，碾压对手，充分施放“气场”的强大威力。能够做到这一切，就会更加广泛地制约人、更加有效地胁迫人、更加硬气地吓阻人，进而谋取到带有力量压迫感和态势威胁性的不对称优势，迫使对手不得不避其锋芒、忍气吞声甚至逆来顺受。这就是“力强”所以“势大”的作用机理。这一作用机理的终极目标是，以“常态的力压”来持续地威逼对手，迫使敌人屈从力不如人的现实，最终因为恐惧而不敢轻举妄动，尽管未必因此而心服。

应用这一作用机理能否得偿所愿，还要看对手承受压力和威胁的极限在哪里，尤其是“顽抗到底、不惜一战”的决心意志有多强。事实上，并不是所有力强势大的一方都能在心理上完全把对手吓住或者压倒，而轻松实现既定目标。有时，你的力强势大恰恰会让对手因为深怀恐惧尤其是深感无望而变得更加好斗，直至不惜冒彻底失败的风险也要孤注一掷、决一死战，来个鱼死网破，“死马当作活马医”，这反倒使力强则势大的作用机理难以发挥应有效能。第二次世界大战时期，日本偷袭珍珠港，悍然发动太平洋战争，就是在美国的力强势大面前，明知不可为而为之的刀口添血之举，结果是以惨败告终。而在公元208年，曹操率领数十万大军南征时，其声势浩大的兵威剑气，虽然能让刚刚继任荆州牧的刘琮吓破了胆、不战而降，却也激起了虎踞江东的孙权不甘束手就擒、不惜破釜沉舟也要拼个鱼死网破的斗志，最终联手刘备，取得了赤壁之战以弱抗强的完胜。所以，应用力强则势大这一作用机理，还必须注意因敌而用、因势而为，既不能强求，更不能迷信，才会增大威逼对手的效果。

三、气盛则兵锐

一旦走上直面敌人、直面死亡的战场，一个士兵最宝贵的品质是拥有无畏的勇气，一支军队最需要的东西是保持高昂的士气。战国时期兵法家尉缭强调："战在于治气"[①]（打仗的关键在于激励士气）。一代战神拿破仑甚至认为："战时，士气与武器成三与一之比。"[②]而大军事家孙膑则从事物的反面更为深刻地指出："众恐，可败也"[③]（一支陷入恐慌、恐惧中的军队，是会被打败的）。这说明，即使拥有先进的装备，如果没有高昂的士气，也是不能打仗的。一支军队为什么会惧敌怯战？底气不足、士气不振无疑是一个关键制约因素。由此可知，"气虚"则兵弱，"气盛"则兵锐。同样是在以少抗多、以弱御强的不利态势下作战，因为存在着"气虚"与"气盛"的不同状态，才会导致畏敌如虎、投降对手与奋起抗争、打败对手的不同结局。正所谓"胜在得威，败在失气"[④]。

那么，何为气盛？有我无敌的气概，有去无回的气魄，有死无生的气势，如是而已。这很像中国一句俗话说的那样："软的怕硬的，硬的怕横的，横的怕愣的，愣的怕不要命的。"一支军队在精神和心理上如果比对手硬，还比对手横，更比对手愣，尤其是比对手更不要命，就会带有一种威风凛凛、杀气腾腾、气势汹汹的凶狠凶猛之相，就会拥有一种义无反顾、勇往直前、压倒敌人的强大精神力量。这无疑是制心谋胜的一个重要着力点。在把握这个着力点的过程中，需要以环境逼迫、利益驱动、信仰灌输为武器，紧紧抓住为生存而战就会拼死一搏、为利益而战就会闻战则喜、为信仰而战就会九死不悔的内在规律，最大限度地蓄积军队的虎威狼性；需要以极限施压、极限激励、极限鞭策为杠杆，适时采取诸如破釜沉舟、自断后路退路，厚禄高爵、重奖战功军功，固本强基、深植信仰信念等刚性举措，最大限度地调动军队的血性胆气；需要以情境

① 万同林．中国古代兵法大全［M］．北京：国防大学出版社，1994：26.
② 约翰·柯林斯．大战略［M］．北京：战士出版社，1978：71.
③ 万同林．中国古代兵法大全［M］．北京：国防大学出版社，1994：231.
④ 军事科学院．中国古代兵法选辑［M］．石家庄：石家庄陆军学校翻印，1984：301.

激化、鼓动催化、赏罚强化为保证，大力营造众志成城、群胆群威的氛围，积极催生“冒难犯锐、无所疑虑”[①]的勇气，认真践行“重赏之下，必有死夫”的古训，最大限度地“涌现”军队的英勇无畏。能够做到这一切，就会在心理上居高临下地藐视敌人，在作战中舍生忘死地攻击敌人，在困境中无所畏惧地死拼敌人，进而谋取到军心士气上我盈而敌亏、我盛而敌衰的不对称优势，呈现出锐不可当、势如破竹的强大战斗力。这就是“气盛”所以“兵锐”的作用机理。这一作用机理的终极目标是，努力将精神力量转化为物质力量，借助“气”压对手，争取“力”克敌人。

其实，是否善于应用这一作用机理，与强军或是弱旅无关。应用得当，弱旅也会变强，可以战胜强军；应用不当，强军也会变弱，可以败给弱旅。其或成或败的关键在于，谁更能深入透彻地认识这一作用机理，更能中规中矩地践行这一作用机理。孙膑就曾提出一套带有规律性的东西：“合军聚众，务在激气。复徙合军，务在治军利气。临境近敌，务在厉气。战日有期，务在断气。今日将战，务在延气”[②]（集结军队准备打仗，必须注意激发士气。经过行军再次集结，必须注意加强管控保持锐气。临近敌境接近敌人，必须注意鼓舞斗志提振士气。作战日期一经明确，必须注意催生毅然决然死战之气。敌我双方交战当日，必须注意持续保持高昂士气）。他从作战准备、部队集结、驱众接敌、紧前备战、双方开战的全流程上，探索并概述了实现“气盛”需要着力把握的具体问题，指出并界定了实现“气盛”在不同时节需要关注的重点和差别，即使在今天，对我们仍有启发和借鉴意义。

四、形危则忧重

形和势缓，是人们希望看到的；形危势险，是人们极力躲避的。高明的战争指导者，既可以经略形和势缓来缓解紧张局势，也可以

① 《六韬·五翼》：冒着困难前进，向着强敌进攻，没有犹豫和畏惧。

② 万同林．中国古代兵法大全［M］．北京：国防大学出版社，1994：226.

经略形危势险来谋取重大利益。其中，蓄意加大让局势更加岌岌可危的压力，刻意制造让大厦更加摇摇欲坠的风险，是使对手还未交战即在心理上处于不利地位的一种重要手段。这正像孙子所说："故善战者，其势险。……故善战者，求之于势。……故善战人之势，如转圆石于千仞之山"[①]（善于指挥打仗的人，他所造成的态势是险峻险恶的。……善于指挥打仗的人，讲求形成有利于己、不利于敌的态势。……善于指挥打仗的人所造就的态势，就像转动圆石从极高极陡的山上滚落下来一样凶猛凶险）。"

人都会有安全需求，国都会有安全利益。无论一个人还是一个国家，一旦面对环境险恶或者形势危殆的局面，都会因为受到威胁尤其是受到严重威胁而产生忧心忡忡的焦虑感和战战兢兢的恐惧心，有的还会因危而困，因困而忧，并可能因忧而服。正所谓危机危机，危中有机。善于经略形危势险，这也为制心谋胜提供了一个着力点。在把握这个着力点的过程中，需要以彰显潜在威胁直至强加现实威胁为武器，从敌人最不愿看到、最不想发生的忌讳之处入手，直指对手短板、痛点，攻敌所怕，威加于敌，在因势利导中示以凶险，让其心生疑惧；需要以推向战争边缘甚至不惜擦枪走火为杠杆，运用可以使敌深感恐惧的打击力量，展开可以使敌望而生畏的实战部署，组织可以使敌临阵退缩的具体行动，展现可以使敌产生动摇的作战决心，摆出真打、必打、即打之势，在险象环生中迫敌就范，争取兵不血刃；需要以言行一致、慑战一体的高度可信性为保证，不是虚张声势，高高举起、轻轻放下，而是说到做到，言出行随、能慑敢战，让对手深切感受到攻心在前、兴兵在后，危在旦夕、命悬一线的真实性、严重性。能够做到这一切，就会激化对手的精神焦虑，加重对手的心理负担，扰乱对手的抵抗意志，进而可能谋取到我硬而敌软、我实而敌虚的不对称优势，迫使对手不得不退避三舍、委曲求全直至不战而降。这就是"形危"所以"忧重"的作用机理。

① 吴如嵩．孙子兵法浅说［M］．北京：战士出版社，1983：65.

这一作用机理的终极目标是,以主动的攻心夺志从心理上摧垮敌人,力争达成不战而屈人之兵。

利用“形危”容易导致忧重、“势险”容易导致心虚这个特点做文章，从形式上看，是把力量对比与运用的优势、态势营造与压迫的优势发挥到极致，但从本质上看，则是把自己的决心意志和强硬态度强加给对手、迫使其屈服的一种意志对抗与较量。这中间，谁的心理更强大、谁的意志更坚定，谁就会占据主动，反之，就会陷于被动。其标志性的运作及其结果是，争于有形，而胜于无形。通过外观可见的形势危殆，制造困境险局，向对手极限施压，进而唤起其内在感受的战无可胜，诱发精神溃败，使对手不寒而栗，最终让敌人在有形的威逼、无形的压力面前放弃抵抗，败下阵来。

五、外联则内安

中国有一句流传甚广的俗话，叫作“一个篱笆三个桩，一个好汉三个帮”。打仗同此道理。毛泽东曾振聋发聩地指出：“谁是我们的敌人？谁是我们的朋友？这个问题是革命的首要问题。”[①] 显而易见，一个孤立无助、没有盟友的国家，一支孤军作战、没有友军的军队，尤其是当这个国家和军队比较弱小、难以自恃，是不会有安全感的，也是难以成大事的。因此，联合政治上的支持者，争取战略上的合作者，扩大军事上的同盟者，哪怕仅仅是争取道义上的同情者，以此作为与敌人展开周旋和对抗的外部援手，都将大大地增强信心、鼓舞士气。就算是一时处于极其被动、极其困难的境地，也可能由此得到有效的缓解甚至是根本的转变。

如果能够得到外力、外援的及时有力帮助，当然是凝聚人心、激励斗志的大好事。而如果这样的外力、外援不仅是锦上添花的装点门面，更是雪中送炭的拔刀相助，那么，就会让人像吃了定心丸一样迅即恢复活力、充满激情，并可能取得事半功倍的成效。这就

① 毛泽东. 毛泽东选集：第1卷[M]. 北京：人民出版社，1991：3.

是为什么，外联则内安会成为制心谋胜的又一个着力点。在把握这个着力点的过程中，需要以广交朋友、建立最广泛的统一战线为武器，最大限度地争取一切可以团结的力量，把支持自己、同情自己包括把那些摇摆不定的中间势力乃至敌方阵营的反对力量拉到自己一边，让自己壮大起来，把敌人孤立起来，营造得道多助、失道寡助的有利态势；需要以内外结合、依托不同战线综合展开对敌行动为杠杆，发挥各自优长、软硬相济，统一各方步调、形成合力，让自己拥有更为广阔的回旋余地，掌握更加有力的制敌筹码，从容自信地与对手展开较量；需要以动态经略、巩固扩大己方联盟与分化瓦解敌方联盟并重为路径，坚持在联盟内部既团结又斗争，减少分歧、消除裂痕，注重对敌方阵营挖墙脚打楔子，制造隔阂、激化矛盾，在力量转化的敌消我长之中，在局势发展的敌差我好之中，坚定战胜敌人的信心信念。能够做到这一切，就会内壮其胆、外强其势，处变不惊、措置裕如，就会挫敌锐气、增敌疑虑，甚至使敌瞻前顾后、举棋不定，进而谋取到我安而敌扰、我稳而敌乱的不对称优势，赢得主动权。这就是“外联”所以“内安”的作用机理。这一作用机理的终极目标是，把自己的阵营搞得大大的，把敌人的阵营搞得小小的，通过建立并利用集团优势，实现抱团取暖、联手对敌。

从本质上讲，追寻外联的内因是安全需要，实现外联的动因是利益追求。当面对一个强大的对手时，弱小一方常会因为力衰而内惧，这就有了通过外联以保证自身安全、维护既有利益的需求；而外部势力之所以愿意与弱小一方结盟并施以援手，要么是因为有共同的敌人，要么是因为有巨大的利益。当然，即使作为强大一方，如果不想成为孤家寡人、众矢之的，哪怕仅仅出于分化、弱化对手外联的需要，也要努力把自身的外联做好，才会拥有更为有力、更为安全的态势。从这个意义上讲，无论对于强者还是弱者，外联都是内安的有效举措。尽管没有永恒的朋友，只有永恒的利益，也要以一时的广泛外联来扩大自己的力量，创造有利的局面。

六、心胜则本固

民为国本，兵为军本，兵民乃胜利之本。本固则国盛军强，不固则国衰军弱，这是带有规律性的一个绝对真理。那么，如何实现“本固”？在物质因素方面，促进经济发展、改善群众生活、保障人民福祉，以及发展精良装备、组织严格训练、提高军队待遇等，无疑是基本的途径。同时，在精神因素方面，人民群众的认同感、支持度和向心力等情绪状态，广大官兵的思想觉悟、战斗热情和英勇顽强等精神状态，也会对固与不固形成直接制约。鉴于物质因素需要在精神因素的作用下才能最大限度地发挥效能，从这个意义上讲，精神的强大才是真正的强大，精神的不屈才会真正的无敌。借用金一南教授提出的概念，这叫作“心胜”。

历史地看，物质力量经常会被物质力量所击败，但是，精神力量（尽管不是所有的）并不能完全被物质力量所击败。精神力量因为充斥着宗教、民族、文化和主义等狂热，有时会成为战争最激进、最深厚的伟力而变得不可征服、不可战胜。这就是为什么，“精神不死”会成为一种特殊的历史现象和战争现象。所以，也就不难想象，在信仰的激励、道义的感召、情感的依附，以及使命的鞭策、责任的驱使和利益的诱惑之下，人心会变得异常强大，争胜会变得特别强烈。这就为制心谋胜又提供了一个着力点。在把握这个着力点的过程中，需要以树立崇高理想、确立伟大目标为武器，最大限度地把社会理想与个人理想、集团目标与个人目标有机统一起来，充分发挥崇高理想和伟大目标的强大引领力和凝聚力，使之真正变成人们自觉投入战斗、愿意付出牺牲的本心和意志；需要以激发满腔热忱、维系持久斗志为杠杆，用信仰崇拜极致化积蓄惊人的力量，用目标追求理想化厚植内在的期望，用利益捆绑一体化赋予共同的命运，积极塑造心无旁骛、义无反顾，一以贯之、矢志不渝的强大气场；需要以不怕挫折失败、不怕流血牺牲为条件，植入永不言弃的韧性，敢于藐视一切困难，百折不挠，即使屡遭重创也要从头再来，植入视死如归的血性，敢于藐视一切敌人，九死不悔，即使献出生命也要勇往直前。能够做到这一切，就会意志坚强、行动自觉，刀山敢上、火海敢闯，直至抛头颅、洒热血也在所不惜，进而谋取到信仰更加坚定、内心更加坚毅、求胜更加坚决的不对称优势，收到固本增元的效果。这就是“心胜”所以“本固”的作用机理。这一作用机理的终极目标是，把精神世界打造成坚不可摧的堡垒，把心理状态调整到亢奋乃至痴狂的程度，做到志存高远、砥砺奋进，千难万险、无所畏惧。

应当说，能够达到如此重义尚理、无我忘我的精神境界绝非易事，通常情况下，拥有这般精神境界的人们也难言很多，但只要选择这样的领袖，依靠这样的骨干，播撒这样的种子，孜孜以求，久久为功，那么，大到一个国家、一个民族、一支军队，小到一个团队、一个个体，精神面貌、意识形态终将受其熏染，并为之改变。毛泽东缔造的人民军队和新中国，就表现出了这样的鲜明特性。不过，对于一个拥有宗教传统的国家或民族来说，要达到类似的精神境界或许会简单一些。历史上的十字军东征之战，仅仅在罗马教廷“拯救圣地”的号召下，就让整个欧洲陷入了一呼百应、极度亢奋，前仆后继、持续远征的狂热状态。这中间，当然有宗教因素让信徒们为了信仰而不顾一切，也有利益因素让远征者为了财富而不避刀斧，但显而易见，信仰的激励与利益的诱惑相混合，才让远征军拥有了一份心胜而本固的强大，并能将这样的远征延续了近200年。而很难想象，一支意乱神迷的军队会拥有这样的精神力量。

第二节　制力克敌之理

制胜必须制力。战争的胜负，主要取决于军力的保存或丧失。粟裕认为：“谁保存了有生力量，谁就会胜利。谁消耗或丧失了有生力量，谁就会失败。”[①] 所以，以力打力、制力克敌历来是制胜

① 粟裕 . 粟裕军事文集［M］. 北京：解放军出版社，1989：275.

的基本途径。考察战争制力史不难发现，想要消灭对手的有生力量，或者减少消耗自己的有生力量，在军队建设尤其是力量运用上，如果没有总体力量的不对称优势，也要有局部集中的不对称优势；如果没有质量效能的不对称优势，也要有数量规模的不对称优势；如果没有综合能力的不对称优势，也要有特殊优长的不对称优势；如果没有战而胜之的不对称优势，也要有动如脱兔的不对称优势；如果没有攻城略地的不对称优势，也要有以逸待劳的不对称优势；等等。当然，如果兼而有之，那就毫无疑问地可以力克对手，确保无往不胜了。从以力打力、制力克敌的一般作用机理看，需着力把握以下几点。

一、以大灭小

战争是敌对国家和政治集团及其军队之间的力量大碰撞，是彻头彻尾没有任何水分、不掺任何杂质的硬碰硬。如果说，大鱼吃小鱼，小鱼吃虾米，是自然竞争的一般法则，那么，以大吃小、以多打少，是战争制胜的基本规律。在战争历史上，虽说国家实力强、军队数量多的一方打败仗的情形并不少见，但就普遍意义而言，谁的国力强谁获胜，谁的军队多谁获胜，是法乎天然的一种内在逻辑，是战争领域的一种常见形态。所以，在战略上大国能够欺压小国，在战斗中强军能够碾压弱军，也就没有什么好奇怪的了。

国大容易欺邻，军强容易好战，这是不以人的意志为转移的，或者说，这恰恰是以人的意志为主导的。国大军强，不管愿不愿意展现，都会有这样的底气、霸气。而这样的底气、霸气，缘于对敌能够造成不可承受的损害，对己能够经受较大程度的损耗。形象地说，只需杀敌一千，就可能让对手大伤元气、难以为继，虽然自损八百，却不过是九牛一毛、无关紧要，这正是利用以大灭小来制力克敌的一个基本出发点。在把握这个基本出发点的过程中，需要以国大军强所造就的有利态势和巨大优势为武器，充分发挥自身具有的压迫性、压倒性直至毁灭性的侵彻力，全力压缩对手的战略空间、剥夺对手的行动自由、摧毁对手的抵抗意志，不给其留有转圜的余地；需要以确保形成最基本的对等消耗为杠杆，在两军对抗中能够打成歼灭战当然最好，即使打不成歼灭战也要打成对等消耗战，争取每战都使对手蒙受较大损耗，将其有限的实力一点儿一点儿磨光耗尽，丧失再战的本钱；需要以步步为营式的正面较量为主导，坚持以正胜为主、以奇胜为辅，坚决抗拒和克服两个拳头打人甚至同时开辟多个战场的诱惑，将优势集中于主要战场，其他战场先取守势，一战而胜，再及其余。能够做到这一切，就会形成泰山压顶、以石击卵之势，逐步压垮对手，确保愈战愈强，达成敌消我长，进而谋取到真正的以刀俎宰割鱼肉的不对称优势，直至敌败我胜。这就是以大灭小的作用机理。这一作用机理的终极目标是，保持并发挥出自己的天然优势，毁瘫或剥夺对手的还手之力，将对手彻底打垮，抑或拖垮耗尽。

需要注意的是，在应用这一机理的过程中，即使自己国大军强，哪怕行动势如破竹，也不宜刻意追求毕其功于一役，尤其不能因为实力雄厚、底气十足，而搞什么四面出击、全面进攻。要知道，期望一战而获全胜，大多时候都是经不起战争实践检验的，往往会让自己陷入急于求成、欲速不达的窘迫境地，甚至可能带来某些不可预知的战争风险。同样，因为有所依仗就分散力量，多处取攻势甚至处处取攻势，只会让强者变弱，变得力有不逮，很可能为对手所乘，而被各个击破。解放战争初期，蒋介石针对共产党和解放区制定的就是一个“全面进攻”计划，经 8 个月时间的作战，战斗减员竟高达 71 万人，用于一线作战的兵力由 117 个旅降至 85 个旅。在遭到挫败后，又出台了针对山东、陕北两个解放区的“重点进攻”计划，结果继续损兵折将，面对其后的解放军由战略防御转入战略进攻，迅速土崩瓦解。足以说明，国大军强未必就能包打胜仗，未必就能以大灭小，而鉴于再强大的实力也经不起屡战屡败的消耗，这都决定着必须高度重视国大军强这一战略优势的科学运用，确保真正转化为战役战斗的胜势，才能克敌制胜。

二、以合制分

古人讲过："兵之贵合也。合则势张，合则力强，合则气旺，合则心坚"[①]（作战最紧要的是集中兵力。集中兵力，就能大张声势，就能形成强大力量，就能使士气旺盛，就能使军心坚定）。通常情况下，兵力集中能够汇聚更多更强的作战能量，兵力分散只会导致更险更恶的作战态势。而一旦在战场上形成"我专为一、敌分为十"的不对称局面，就可以采取集中优势兵力、各个歼灭敌人的攻势行动了。同样，一旦在战场上出现"聚不聚为孤旅"[②]（该集中而不集中就会变成孤军）的情形，就可能陷入被对手吃掉的危险境地了。

以合制分历来是制力克敌的一种超级智慧。无论处在以强凌弱有利地位的强军，还是居于以弱御强不利态势的弱旅，想要更加轻松、更为高效、更有把握地战胜对手，均须用好这一招。所以，集中！集中！！集中！！！这是战争指导者必须时时关注和牢牢把握的一个重大问题。在具体的筹划指导与组织实施过程中，需要以统筹"合"的力量、构建"合"的布势、释放"合"的效能为武器，不能达成全域合也要实现数域合，不能达成多向合也要实现一向合，不能达成整体合也要实现局部合，不能达成行动合也要实现效能合，确保形成或者部分形成以"合"击"不合"的有利态势；需要以一定时间内、一定空间里改变力量对比、确立对敌优势为杠杆，哪怕总体力量对比呈现敌众我寡、敌强我弱的状态，也要在预定战场上运筹一时之"合"、一地之"合"，汇聚起能够歼灭敌人或者歼敌一部，至少是啃其一边的优势，确保实际使用的力量或者实际起作用的力量，要么多于敌人，要么强于敌人；需要以动态经略"致人而不致于人"，有效造就并及时抓住孤立无援、分散虚弱之敌为条件，

① 军事科学院．中国古代兵法选辑［M］．石家庄：石家庄陆军学校翻印，1984：99.

② 军事科学院．中国古代兵法选辑［M］．石家庄：石家庄陆军学校翻印，1984：100.

通过“形人而我无形”（用各种假象去欺骗和调动敌人），迫敌“无所不备则无所不寡”（处处防备导致处处薄弱），继而“并敌一向、千里杀将”（集中兵力猛攻一点，长驱千里也能达成全歼），确保一个一个地干掉敌人。能够做到这一切，就会把自己的力量或能量充分调动起来、凝聚起来，把敌人的强势或强点有效分解开来、分散开来，进而谋取到局部战场“以十攻一”的不对称优势，让当面之敌立即承受灭顶之灾的巨大压力。这就是以合制分的作用机理。这一作用机理的终极目标是，集中兵力兵器、形成制敌合力，向着敌之孤军或弱处开刀，打成歼灭战。

这中间，有一个“集中度”的把握问题。在时间上，无论兵力集中还是效能集中，总有一个“让部队走一会儿”“让子弹飞一会儿”的运动过程，当一个时代的机动能力和运动方式相对固定时，兵力集中得越多、效能集中得越多，需要花费的时间就会越多。站在进攻一方的立场，由此可能出现在你的部队完成集结之前、在你的能量得以释放之前，敌人跑掉了，又或是得到了增援的情况；而站在防御一方的立场，则可能出现在完成兵力的收缩之前、在得到必要的增援之前，便陷入了对手四面包围或者立体合围之中，抑或是直接被对手所击败的情况。如此一来，都会让你的集中化作泡影。在打破第 4 次反法同盟的战争中，拿破仑渡过维斯托拉河，冒险向柯尼斯堡进攻。此时，俄军挡在他的正面，奥军威胁他的背后，只要奥军动用一支不很大的部队实施侧后攻击，就会给拿破仑以致命打击。但奥军却打算凑足 40 万人的兵力再动手，后来他们还真的凑起 40 多万人，只是因为集中兵力的拖延而错失了有利战机，拿破仑赢得胜利。这表明，敌我双方在一定时间内进行集中与分散的力量或态势比较才有实际意义，错失良机的集中没有任何价值。另外，在空间上，兵力集中常会受到机动道路条件、作战地域因素、敌火打击威胁等限制，导致有些时候表面看是集中了，但因为地域狭小、难以同时展开兵力，或是密度过大、难以确保部队安全，也决定着并不是兵力越集中效果就越好。为解决这个问题，可在广阔战场空间上采取小规模分散部署、多方向聚能杀伤的办法，以兵力分散，火力或效能集中的方式，实现以合制分。需要注意的问题是，你的兵力分散的“度”，必须能够确保不给对手留有各个击破、反过来打歼灭战的机会。

三、以长击短

用兵打仗，总要以我之长处去攻击敌之短处，不能以我之短处去攻击敌之长处，这是一条重要原则，也是一个明智抉择。什么叫作扬长避短、以长击短？如果使用文人的语言而非军人的语言，敌我之间的扬长避短、以长击短，恰如“梅雪凌寒试比高”一样：梅花与雪花相比，其美妙之处不在于白，而在于比雪花更香；雪花与梅花相比，其美妙之处不在于香，而在于比梅花更白。用诗人画龙点睛之笔进行描述，就是“梅须逊雪三分白，雪却输梅一段香”。如果套用到战场上“你打你的，我打我的”，就是要避开自己不够“白”的短处，去发扬更“香”的优势，或者避开自己不够“香”的短处，去发扬更“白”的优势，以此建立与对手的不对称优势。

扬长避短、以长击短，历来为军事家所推崇、所遵循，而且几乎成为他们的一种本能反应。1954 年初，周恩来在出席苏联领导人安排的宴会上，发生了现场醉酒呕吐的情况。回国后，他向毛泽东检讨说：“在这样的外交场合喝吐了，丢了丑。”毛泽东却说：“喝酒的人喝吐了，这是常有的事，算不得丢丑。要是换成我，我不跟他们对酒，我跟他们比吃辣子，以己之长，攻彼之短。”[①] 作为历史上杰出的统帅人物，毛泽东随时能够建立起这样的条件反射，去谋取自己的独特优势，着实让人惊叹。可见，厚植和运用自己的长处，寻找和攻击敌人的短处，始终是制力克敌的一种有力有效的方法策略。在应用这一方法策略的过程中，需要以经过“具体比较”所形成的“真实优势”为武器，即使没有绝对的比较优势，也要找到相

① 领导文萃，2012-12（上半月）：61.

对的比较优势，没有大部的比较优势，也要找到一部的比较优势，没有同质的比较优势，也要找到异质的比较优势，并确保找到的长处和优势是敌所不及、敌所不具的真正长处和优势，才会奠定以长击短的坚实基础；需要以辨别和校准敌人的短板弱项特别是“阿喀琉斯之踵”为途径，把对手的强中之弱、优中之劣、长中之短找出来，把对手的体系薄弱处、技术局限性、作战风险点找出来，把对手的最不愿面对、最难以承受、最想着逃避的困境找出来，才会构成以长击短的必要条件；需要以敌所不及、敌所不具的特殊优势对敌实施致命痛击或者连续猛击为杠杆，充分发挥实际拥有的作战样式之长、装备性能之长、人员技能之长、制敌战法之长、战场环境之长，着力攻击对手无法可靠防护、难以有效应对的虚弱软肋、具体死穴和真正怕点，才会收到以长击短的实际成效。能够做到这一切，就会让自己的刀口变得锋利起来，并因为着力重点聚焦在对手的薄弱之处，会让实现突破、取得战果变得更加容易，进而谋取到以能击不能的不对称优势，掌握作战主导权和制胜权。这就是以长击短的作用机理。这一作用机理的终极目标是，携压敌之利，击好打之点，成易胜之势，也就是孙子所说“善战者，胜于易胜者也”[①]（善于用兵打仗的，无非是打败了那些轻而易举就能打败的敌人而已）。

需要强调的是，以我之长，击敌之短，其中的长一定是“真实的长”，其中的短一定是“真实的短”，绝不能把“非长之长”视为长，把“非短之短”视为短。一旦出现这样的误判，亦即把不是我之长处当长处，把不是我之优势当优势，或者把敌之长处当短处，把敌之优势当劣势，那么，据此采取的行动必然是危险的，结局必然是可悲的。当年在朝鲜战场上，中美双方就有“夜晚是中国人的，天空是美国人的”长短博弈奇观。双方的长与短，那是经过实战检验、得到相互默认的真实的长、真实的短，所以，才会有李奇微关于“月亮是中国人的月亮”的望月慨叹，才会有美国人在停战谈判时提出

① 吴如嵩．孙子兵法浅说［M］．北京：战士出版社，1983：58.

给其空中优势以“补偿”的奇葩要求。但不管怎么说，能否组织起以长击短的不对称作战，完全取决于敌我双方长短比较的真实结果，要求人们，既不能放过或遗漏敌人的短处和劣势，也不能漠视尤其不能错视敌人的长处和优势，才会确有把握地达成以长击短。

四、以快吃慢

在电影《功夫》中，反面角色火云邪神说过一句振聋发聩的名言：天下武功，唯快不破。认为再强大的武功，也会有破绽也会被拆招，但唯有速度达到极致的时候，没人能招架、没人能破解，可确保稳胜不败。这是习武的至理，也是制胜的大道。如果联系爱因斯坦的相对论观点进行观察和思考，当速度达到极致的时候，甚至会发生时空弯曲的剧变，则更能让人见识“快”的厉害、感悟“快”的可畏。

打仗何尝不是这样。孙子要求，“其疾如风，……侵掠如火”[①]（军队行动要快的像暴风一样急骤，……发起进攻要猛的像烈火一样狂暴）；《六韬》提出，“天下之用兵也，暴用之则胜，徐用之则败”[②]（用兵打仗，突然而猛烈地采取行动就会胜利，平稳而迟缓地采取行动就会失败）；唐朝名将李靖则说，“兵机事，以速为神”[③]（用兵打仗这样的事，要以迅速为第一）。革命导师也有这样的共识。恩格斯指出，“正如在商业上说时间就是金钱一样，在战争中也可以说时间就是军队”[④]；列宁则认为，“果断，进攻迅猛，就是四分之三的胜利”[⑤]。解放军开国将帅们对此颇有心得。叶剑英元帅指出，“在一定条件下，时间因素对战斗的胜败起着决定的作用”[⑥]；

① 吴如嵩．孙子兵法浅说［M］．北京：战士出版社，1983：81.

② 曹步墀，程秀龙．兵家名言词典［M］．太原：书海出版社，1991：95.

③ 曹步墀，程秀龙．兵家名言词典［M］．太原：书海出版社，1991：96.

④ 马克思，恩格斯．马克思恩格斯全集：第9卷［M］．北京：人民出版社，1961：534.

⑤ 列宁．列宁全集：第9卷［M］．北京：人民出版社，1959：409.

⑥ 许保林，刘子强．中外军事名言录［M］．北京：军事科学出版社，1986：186.

徐向前元帅认为，“时间是无形的战斗力”；肖望东中将也说，“在战争中，时间是无价之宝”[①]。当然，外军将帅类似论述也不鲜见。如，巴顿将军就说过，“切记进攻时的速度和锐气是取得胜利的保障”[②]；还认为，“立即执行一个好计划比在下周执行一个更好的计划要强”[③]，等等。引述多多只想说明，对于用兵打仗而言，速度优势是无可替代的关键优势，时间因素是决定胜败的关键因素。提高作战筹划的效率，提高作战行动的速率，提高战场时间的利用率，这是以快吃慢、制胜敌人的重要法宝。在具体操作和应用这一法宝的过程中，需要以战场情况的快速侦察快速研判、作战决心的快速运筹快速决断、方案计划的快速拟制快速下达、任务部队的快速准备快速行动、行动效果的快速搜集快速评估为武器，努力保持侦、控、打、评链路的全流程无障碍衔接、全体系高超速运转；需要以夺取单位时间内力量、行动、效能和态势等方面的单项优势不对称或者多项优势不对称又或是综合优势不对称为主要着力点，积极创造并借助兵力暴用、动作迅猛、能量剧裂、态势陡变等诸条件，将对手置于“迅雷不及掩耳，疾电不及瞬目”的被动境地，迫其不能做出有效反应，导致局部的迅速崩溃直至全局的逐渐被动，继而打败对手；需要以网络化战场监视、自动化决策手段、智能化武器平台等先进技术成果为“加速器”和“助推剂”，通过先敌而知掌握信息优势、先敌而谋掌握决策优势、先敌而动掌握行动优势，实现战场感知、作战筹划和力量运用的超常增效，从而让作战周期大幅缩短，让作战节奏极度加快。能够做到这一切，就会牢牢掌握战场上的“先手棋”和主动性，迫使对手反应不及或者应接不暇，陷于仓促应战、疲于奔命之中，即使有力量也发挥不了应有作用，进而谋取到以我之迅捷造成敌之混乱的不对称优势，并利用快中致乱的效果，达成乱中取胜的目的。这就是以快吃慢的作用机理。这一作用机理的终

① 曹步墀，程秀龙．兵家名言词典［M］．太原：书海出版社，1991：338.

② 曹步墀，程秀龙．兵家名言词典［M］．太原：书海出版社，1991：516.

③ 巴顿将军战争回忆录［M］．北京：解放军出版社，2005：263.

极目标是，在超快的节奏之中增强或放大己方的作战效能，在混乱的态势之下减杀或剥夺敌方的作战能力。

当然，在努力追求快捷的过程中，很可能出现筹划不够细密、控制不够严密、行动不够协调等情况，毕竟筹划快了、行动快了容易出纰漏、出问题，但正如恩格斯指出的那样，“行动的迅速可以弥补军队的不足”①，或者说，可以确保在敌人做出有效反应之前就对其发起攻击甚至是致命打击，从而一举奠定胜局。中国人讲求的“兵贵拙速，不尚巧迟”②，大体也是这个意思。亦即强调作战筹划特别是作战行动哪怕朴实一点、笨拙一点甚至混乱一点（这一点主要是指行动）也没关系，快起来就好，动起来就行，够猛够烈、够狠够快是“正道”，这样更容易打乱对手的阵脚和节奏，使其无法组织起有效的抵抗，并不推崇筹划巧妙但行动迟缓的用兵。林彪概括的“四快一慢（向敌前进要快、准备工作要快、扩张战果要快、追击要快，总攻开始时间要慢）”和“三猛战术（猛打、猛冲、猛追）”，以及提出的“以乱对乱，冒险扩张战果”等原则，也是基于这样的考虑。归根结底地说，这都是在追求用兵打仗的一种极致境界，就是未待对手做出反应，已经结束作战行动。关于这一点，最为典型的作战当属“外科手术式打击”。即使退而求其次，敌人虽能做出一定反应，但无法抗拒或无力摆脱因为我方的快速攻击而带来失序、失能乃至失利的命运，这仍属以快吃慢的理想境界和非凡胜利。

五、以技打力

对于战争来说，技术本身就是一种力量，很多时候甚至是一种决定性力量。在攸关作战胜负的天平上，拥有技术优势的军队都会拥有沉甸甸的分量，更能掌握有力的制胜筹码，也更容易形成战场

① 马克思，恩格斯．马克思恩格斯军事文集：第3卷［M］．北京：战士工业出版社，1981：210.

② 许保林，刘子强．中外军事名言录［M］．北京：军事科学出版社，1986：188.

对抗的不对称优势。通常，依靠技术优势与对手打仗，能够立即显现压制对手甚至碾压对手的巨大威力，立即造成对手被动挨打、还手乏力的困难局面，尤其在技术取得创新或突破而给作战能力带来几何级增长之后，更可能出现一招制敌、一剑封喉的极端情况，可确保取得制力克敌的成效。

依靠技术优势与对手打仗，这在西方军队一直备受推崇，被视为制胜法宝。近代以来，谋求技术优势是他们打仗的命根子，一旦失去技术优势相当于要了他们的命一样。虽说技术不是万能的，但如果没有技术优势，仗将变得很难打，也是不争的事实。所以，他们有如此反应也无可厚非。客观地看，从技术的视角、走技术的路径、以技术的手段、用技术的方法应对和解决作战问题，既是一种必然选择，也是一种智慧选择，有时还是一种文化选择。说它是必然选择，是因为战争历来就是武器装备的对抗，什么武器装备的能量大、杀伤力强，就会发展什么武器、使用什么装备；说它是智慧选择，是因为能够开发或善于运用更优更新的武器装备，常常会使作战把握更大一些，赢得胜利更容易一些；说它是文化选择，是因为有些军队极易受到自身文化基因的影响，一旦遇到问题，多会自然而然地从技术上找出路、想办法。马岛战争中，阿根廷空军用“飞鱼”导弹一举击沉英军“谢菲尔德”号驱逐舰事件，一时震惊了世界。当中国军人还在研究军舰如何做出规避动作、如何对战术导弹进行战术欺骗、如何发挥小快艇的特长以小制大来改变敌我双方的效费比等应对之策时，美国人则在半年后创新研发出“密集阵”武器系统，并装备到了军舰上，用以对付此类导弹威胁。这种以技制力、以技打力的思路举措，确实值得学习和借鉴。在确立和采用这一思路举措的过程中，需要以技术手段制衡技术手段、物质力量摧毁物质力量为武器，着眼“矛”与“盾”硬顶硬抗的实际需求，把握“矛”与“盾”相克相生的客观规律，展开针对敌之“利矛”发展我之“厚盾”，或者针对敌之“厚盾”发展我之“利矛”，又或者针对敌之“利矛”发展我之“利矛”等技术竞赛与较量，力求掌握能够攻击、压制敌人或者抗击、反制敌人的有力物质手段；需要以既有的技术储备或者全新的技术特质所能构成的特殊优势为杠杆，在进一步追求物质优势的过程中拓展更多的作战手段、更远的打击距离，在进一步追求能量优势的过程中发掘更大的杀伤威力、更强的作战效能，在进一步追求信息优势的过程中拥有更多样的方式、更透明的战场、更快捷的行动和更精确的打击；需要以积极适应尤其是主动改变技术对抗条件继而谋取控制战场、攻击敌人的新的制胜能力为抓手，通过技术策略的同域探索与跨域探索相结合，技术机理的常规突破与超常突破相结合，技术攻关的成果求同与成果求异相结合，来破解和消除对手的技术威胁，形成和扩大自己的技术优势。能够做到这一切，就会促成暴力样式出现新的变化，暴力强度实现大的跃升，让自己的手段及其运用变得多样起来、硬朗起来，进而谋取到技术对抗以新破旧或以新克新的不对称优势，削弱对手的技术支撑力和实际战斗力，促使力量对比和战场态势发生重大改变。这就是以技打力的作用机理。这一作用机理的终极目标是，最大限度地挖掘自己的技术潜能，最大限度地发挥自己的技术优势，并最大限度地限制对手的技术潜能，最大限度地抵消对手的技术优势。

伴随着技术发展的突飞猛进，战争中的技术威力变得越来越巨大，也越来越可怕，一个不经意的哪怕是小小的技术创新或突破，都可能带有致命性。过去是一颗子弹消灭一个敌人，一发炮弹击毁一个目标，现在却是一个病毒就能瘫痪一个体系，一枚核弹就能毁灭一座城市，一个生物武器就能瘫毁一个国家。所以，立足技术领域的创新或突破，相对于战法谋略的诡谲或灵动，在制力克敌的问题上将会更有碾压作用甚至是颠覆意义。有资料显示，在模拟空战中，美国人曾利用人工智能软件操控 F–15 战斗机，以 12∶0 轻松击败由美军资深飞行员驾驶的 F–22 隐身飞机。第三代战机能够完胜第四代战机的原因之一，就在于人工智能软件的反应速度要比人类快 250 倍。由此可见，依靠技术研发实现“强身健体”，利用技术优势实现制人之力，即使武器装备有时存在着某种代差，也能立于不败之地。

六、以后抑前

“暴力的胜利是以武器的生产为基础的，而武器的生产又是以整个生产为基础的，因而是以‘经济力量’、以‘经济情况’、以暴力所拥有的物质资料为基础的”；“在任何地方和任何时候，都是经济的条件和资源帮助暴力取得胜利，没有它们，暴力就不成其为暴力”。这是恩格斯讲过的两段名言。[①] 他深刻揭示了战争与经济、作战与后勤、军力与生产及储备的内在联系，准确抓住了打仗就是打经济、就是打后勤、就是打生产及储备的本质属性。

在这个问题上，中国历代兵家的认识同样深刻。千百年来，许多人甚至把作战制胜和战争决胜的关键，直接聚焦在了两个具体要素上。其一是粮食因素。明太祖朱元璋深有体会地讲过：“兴国之本，在于强兵足食。”[②] 其二是兵器因素。唐太宗李世民颇有感触地说道：“甲兵武备，诚不可阙。”[③] 兵圣孙武更是早已给出了全面概括：“军无辎重则亡，无粮食则亡，无委积则亡”[④]（军队没有辎重就会失败，没有粮食就会失败，没有物资储备就会失败）。诸葛亮也曾慧眼独具地指出：“军以粮食为本，兵以奇正为始，器械为用，委积为备”[⑤]（军队的命脉在粮食，打仗则是以奇谋妙计为首要，以兵器军械为工具，以物资储备为支撑）。所有这一切足以表明，从根本上讲，军队力量之源泉在后方，战力维系之要害在后方，战争延续之支撑在后方。后方固、后方足才会供给足，才会战力强，才会久战而不

---

① 马克思，恩格斯 . 马克思恩格斯选集：第 3 卷［M］. 北京：人民出版社，1972：206，211.

② 曹步墀，程秀龙 . 兵家名言词典［M］. 太原：书海出版社，1991：16.

③ 曹步墀，程秀龙 . 兵家名言词典［M］. 太原：书海出版社，1991：25.

④ 吴如嵩 . 孙子兵法浅说［M］. 北京：战士出版社，1983：81.

⑤ 许保林，刘子强 . 中外军事名言录［M］. 北京：军事科学出版社，1986：221.

匮乏。汉高祖刘邦纵然有张良“运筹帷幄、决胜千里”的良谋，有韩信“战必胜、攻必取”的骁勇，如果没有萧何“镇国家，抚百姓，给馈饷，不绝粮道”的支撑，哪里会有后来的大汉王朝？所以，他才会把打江山、定天下的首功记在萧何的头上。也正是因为有了粮草足、兵械利才能确保打胜仗的认识，从而引来许多将帅把克敌制胜的关注点和着力点放在了敌人的后方，企图通过断人之所供、夺人之所恃，而毁人之力、屈人之兵。这种剑指敌后、猛刺软肋，以期抑制、削弱直至断绝正面之敌或者前线部队战力及其命脉的作战理念和方法，往往能够收到制力克敌的不对称奇效。在把握这一作战理念和方法的过程中，需要以精兵利器、强突狠打、瘫毁并重为武器，注重正规作战与特种作战相配合，远程攻击与近战破袭相结合，定点清除与多域破坏相统筹，实体摧毁与功能降效相兼顾，力争断敌作战之供、毁敌物资之储、清敌生产之源，以及隔敌信息交通之联，等等；需要以重打敌之装备、弹药、给养、油料等作战保障资源，精打信息、能源、电力、交通、军工等战争潜力目标，择打城市供水、供电、供气等民生系统和广播、电视、网络等媒体目标为杠杆，通过削弱其作战保障能力和战争支撑能力，撬动作战天平向有利于我不利于敌的方向发生偏转；需要以毫不迟疑、毫不手软、毫不动摇的坚决有力行动为保证，抓住一切战机，使用一切手段，尤其对敌之作战保障资源，发现目标即设法攻击，构成条件即迅猛攻击，打、炸、烧与瘫、毁、耗并举，不惜付出一定代价，也要打断、打烂直至打垮敌之作战需求链、资源供应链和生产建设链及其相互联系。能够做到这一切，就会让敌人的作战保障变得匮乏起来，战争支撑变得虚弱起来，导致其作战能力甚至战争意志都会因此受到重创，进而谋取到敌匮我足、敌弱我强的不对称优势，加速作战进程。这就是以后抑前的作用机理。这一作用机理的终极目标是，将对手陷于有兵没粮、有枪没弹、有车没油以及想战没了补充甚至没了支撑的绝境。

无论在战略意义上还是在战术价值上，敌人的后方都是一个一定要打击的最有决定性的方面。为此，需要把眼睛从炮火连天的战场正面挪开，从对手杀气腾腾的作战行动挪开，甚至敢于从迫在眉睫的危机威胁挪开，移到敌人的后方去，移到敌人的保障和支撑上去，寻找并攻击那些一打就能使其“哑火”、一打就能让其“岔气”的软目标，从源头上削弱敌人、打垮敌人。历史地看，确立并强化打敌后方、毁敌支撑的观念非常重要。当年，南云忠一率日本联合舰队偷袭珍珠港得手后，未能“一干到底”，趁势攻击并炸毁瓦胡岛上的军工厂和燃料仓库这些“比战列舰更有袭击价值”（时任美国太平洋舰队司令金梅尔语）的目标，以致众多美国将领都认为，“这是对我们的最大帮助。他们给自己的主要敌人留下了喘息之机”①（尼米兹语）。如果这些重要目标遭袭，珍珠港基地在短期内难以恢复保障能力，“将迫使舰队撤回海岸”。南云忠一的这一失招，甚至被美国人认为是“日本人犯下了整个太平洋战争中第一个也许是最严重的战略错误”。所以，千万不要小瞧了打敌后方、毁敌支撑。对于制力克敌来说，它具有极其特殊而突出的作用。

第三节　制变应对之理

制胜贵在制变。战场态势跌宕起伏，战局发展变化无常，这是作战的一种常态。无论从什么角度看，变都是一个主旋律的“乐章”，也是一种超绝对的“推力”，更是一个不可控的“计量”。在作战过程中，由于存在因敌而生变、因我而生变，存在因时而生变、因地而生变，导致无论是敌是我，也无论何时何地，都将遇到制变应对的问题。比如，突发紧急情况，但缺乏完整情报，能不能依靠零碎、片面的情报信息及时做出决断？又如，出现有利战机，但没有得到命令，是不是死等命令、敢不敢主动作为？再如，符合战场实际，但不合上级意图，要不要坚持“将在外君命有所不受”的法则？还如，决心尚在执行，但前景很不明朗，是不是调整或改变作战决心？等

① 高尔登·普郎格．我们沉睡在清晨：下［M］．北京：长征出版社：1990：660–661.

等。对于指挥决策来说，这些都是来自战场上的最为实际、最为严厉的制变考验。虽说制变应对乃兵家之常，但在策略方法上却存在着千差万别。形象地讲，你打过来一个乒乓球，我还回去一个乒乓球，是一种应对；你打过来一个乒乓球，我还回去一个扣篮，也是一种应对。即便我还回去一个乒乓球，也可以有在桌上还球、在桌边还球、在桌下还球，以及还短球、还长球和搓球、削球、扣球等多种不同应对。但不管在什么时机、地点，以什么样式、方法和手段进行应对，总要以你打你的、我打我的为基本遵循，核心是多制造一些“让对手万万没想到”，才会以制变的不对称谋取优势、争取主动。在这方面，需重点关注以下策略。

一、错位以对

两军对阵，敌人一旦发起进攻怎么办？出于本能反应，当然是敌进我阻、敌攻我抗，首先要想办法堵住敌人、挡住敌人，总不能让他长驱直入、如入无人之境吧？所以，我们会经常看到这样的制变应对画面：敌人在A点出现，就到A点去阻击；敌人向B区进攻，就到B区去抗击；敌人从C方打过来，就到C方去封堵。其实，就制变应对的策略而言，除了敌进我阻之外，敌进我退也是一种制变策略，敌进我进更是一种特殊的制变策略。而如果敌攻我防的战场位势发生转变，那么，敌退我追是一种制变策略，敌退我退也是一种制变策略。

由此可以看出，你打你的、我打我的，说起来容易，做起来不易。都说不按敌人的套路打，一旦遇到实际情况，却常常是敌人怎么打、我就“针锋相对”或者“兵来将挡”地怎么打；都说不随敌人的节奏打，一旦遇到实际情况，却常常是敌人“有步骤地按预期”采取行动，我则“有规律地按情况”做出反应。如此制变应对，也就难免会出现“一切尽在意料之中”“一切尽在掌握之中”的情况了，这怎么可能打成不对称之仗？又怎么可能给敌以意料之外的沉重打击？当年在朝鲜战场上，以美国为首的“联合国军”虽是“有步骤地按预期”向北推进，也就是“中国不会出兵”“圣诞节前结束朝鲜战争”，但并未得到中国方面“有规律地按情况”进行“响应”，也就是“面对强大的‘联合国军’按兵不动”，不敢与之直接交手，结果遭遇的是来自志愿军的迎头痛击，被打得一败再败。中国出兵朝鲜的“错位以对”，不仅在战略上让对手没想到，具有很大的突然性，而且在前期作战中，既没有采取以阵地战为主的敌进我阻，也没有采取以退却战为主的敌进我退，而是超乎寻常地采取以运动战为基本样式的敌进我进，相当于还给了美国人一个“暴扣”，也完全出乎其预料，因此取得了辉煌战绩。事实证明，只有错位以对地谋划打仗、指挥打仗，才有助于造敌不意、陷敌被动，更容易实现夺敌之优、取得制敌之效。而对于一支弱旅来说，没有错位以对则更是难有胜利。在把握这一制变应对策略的过程中，需要以错开对敌人更为有利的时间和地域、更为有用的样式和方法、更为有效的力量和手段为武器，这个时间或地域打不了你就找其他时间、地域打，这种样式或方法打不过你就用其他样式、方法打，这一力量或手段打不赢你就换其他力量、手段打，通过错位以对，努力降低其能量、减杀其优势；需要以不合逻辑、不合规律、不合规则的超常措施乃至“错误行动”为抓手，利用敌人线性思考所形成的“正确判断”，以及针对敌人由此所采取的“正确行动”，反向以求地找寻并创造乘敌之隙、出其不意的机会和条件，迅速果敢地逆势而动；需要以不是变量的变量、不像机会的机会、没有可能的可能为杠杆，紧要关头敢于大胆下注，猛冲猛打，有时甚至不计后果，哪怕是使用了“错误的力量”或“错误的手段”，在“错误的时间”“错误的地点”，同对手打一场没有胜算、没有把握之仗。能够做到这一切，就会让对手因为意想不到而变得极不适应，甚至措手不及，陷入极大的被动之中，进而谋取到我欲战则有力并确保敌不能避，敌能战而难遂、无法有效释放能量的不对称优势，形成敌为我所制的有利态势。这就是错位以对的作用机理。这一作用机理的终极目标是，变优势之敌为劣势之敌，改难打之势为好打之势，换困境之战为顺境之战。

2020 年 1 月 3 日，在伊拉克首都巴格达机场，美国人用无人机袭杀了伊朗革命卫队“圣城旅”指挥官苏莱曼尼，就是一次典型的错位以对式军事行动。之前，围绕伊核问题，美伊两国展开激烈斗争，大有一触即发的开战势头。但面对伊朗这个“死对头”、这块“硬骨头”，美国想打又不敢打，不打又不甘心。既然在正面战场不敢动，那就到其他战场下狠手，于是，有了这次换困境之战为顺境之战的斩首行动。再看伊朗，不仅迅速做出舆论和外交反应，更在 5 天之后，超乎寻常地由本国直接发射数十枚导弹，向驻伊拉克美军基地发起反击作战。这种不计后果甚至看似“鲁莽”“愚蠢”“错误”地在战略上以弱击强、敌进我进，让美国人乃至全世界都深感意外和震惊。但更让世人大跌眼镜的是，“老子天下第一”的美国特朗普政府竟然忍气吞声，最终选择“委曲求全”，未做进一步恶化局势的应对动作，相当于搞了一次“敌进我退”。从伊朗的立场和收效看，这次在战略上的错位以对，生生把美国这个优势之敌变成了劣势之敌，扳回重要一局。

二、换域以对

人类战争活动都是在一定时间内，依托陆战场、海战场、空战场、太空战场、网络战场、电子战场和心理战场进行的，这就决定了所谓作战域，主要包括陆域、海域、空域、天域、网域、频域和心域，外加一个时域。敌对双方的作战行动，没有不是紧贴这“7+1”作战域，凭借一定物质条件，展开互争优势和主动的对抗的。而在一定时间内，有资源、有能力把陆战场、海战场、空战场、太空战场、网络战场、电子战场和心理战场统筹构建成多维一体的大战场，这样的军队一定非常强大，通常掌握着全域优势，可在任一作战域攻击对手，直至压倒对手。

不过，并不是所有的军队都要掌握、都能掌握全域优势，国大力强的会有这样的需求，国小力弱的难有这样的作为。而即便是国大力强的，也未必都能做到全面发展、全面占优；即便是掌握全域优势的军队，也未必就能保证在每个作战域都打胜仗。对于制变应对来说，追求并运用全域优势是一种理想选择，追求并运用特殊优势是一种有力选择。历史经验告诉人们，当你在一个领域感到力不如人、技不如人，遭到敌人的打压而处于被动时，到别的领域去找应对灵感、找反制对策，往往十分有效。我们经常看到，有的在地面对抗不占优，就到空中对抗找出路，有的在水面对抗不占优，就到水下对抗找出路，有的在常规对抗不占优，就到非常规对抗找出路，有的在硬对抗中不占优，就到软对抗中找出路。第二次世界大战初期，纳粹德国针对海军实力不如英国以及战事吃紧的实际，放弃了原来由海军司令雷德尔主导的发展大型水面舰队与英法海军进行大海战的“Z 计划”，转而采纳了潜艇部队司令邓尼茨提出的建造庞大潜艇群，在水面舰艇配合下破坏敌人海上交通线的方案，并利用新开发的“狼群战术”一时称雄海上，令盟军束手无策、非常被动。虽说水面、水下均属海域，但两者作战空间差别巨大，具有“跨域”的特性。从这个意义上讲，邓尼茨的方案相当于“换域以对”，取得巨大成功。在把握这一制变应对策略的过程中，需要以跨域研发制敌“撒手锏”、探索作战新概念为武器，找寻并用好异样的“金刚钻”、干好原先的“瓷器活”，开发并用好异想的新战法、解决当前的大难题，只要具有独到优长、特殊功效，无须在意这样的手段有些异类、这样的想法有些异端，甚至有些非驴非马、不伦不类；需要以跳出对手熟悉的圈子、顺手的圈子、强大的圈子为转圜，不打敌人老到之仗，不打敌人擅长之仗，不打敌人强项之仗，注重“正守奇攻”，突出以新制优、以特制长、以易制强、以狠制怕，专攻精破与零打碎敲相结合，把制敌谋胜的着力点转到诸如似强非强的天基系统、优中有劣的网络空间、易攻难防的后方目标、如珍似宝的敌方人员上来，对主战场作战施以援手；需要以政治域、经济域、外交域、科技域等非军事领域反制为补充，在当战则战出个“血性”、战出个“灵巧”的同时，开辟多领域相互策应、相互配合的新战场，当斗则斗出个“刚强”，当喊则喊出个“气势”，如果当退也要退出个"稳妥"，当让也要让出个"适当"。能够做到这一切，就会实现用彼领域里的"优"弥补此领域里的"劣"，用彼战场上的"强"消融此战场上的"弱"，进而谋取到以"借风行船"、借力增效抑制或化解对手"船坚炮利"、势大力沉的不对称优势，促使战场态势发生转变。这就是换域以对的作用机理。这一作用机理的终极目标是，在某个领域一旦难有作为，就要想办法借助域外的力量和能量，来争取域内的破敌和求胜。

换域以对，无疑是制变应对的重要方法，但在具体选择和运用中，也需注意限度和底线。2020 年 2 月 22 日，俄罗斯媒体报道，美国日前进行核打击俄罗斯的模拟军事演习，引发俄方愤怒，直斥华盛顿在"玩火"，向核灾难又迈出一步。其实，对于美国来说，这种模拟军事演习只有象征意义，没有多少实际意义。因为一旦打成核战争，美国人承受的压力要比其他有核国家都大。毕竟，他不用打核战争就已拥有一定优势，起码能够保证不会大败，那么，干嘛要用核战争解决问题？但又不得不说，这样的"一定优势"在有核国家面前真的不算什么。原因在于，制变应对或者说换域以对一旦涉及核领域，一切都将变得简单起来：不管你有这个领域优势还是那个领域优势，也不管你有一个领域优势还是多个领域优势，在核武器面前，什么都不是优势。

三、变态以对

战争有冷兵器战争、热兵器战争、机械化战争、信息化战争等不同阶段形态，战斗有枪炮、舰船、飞机、航天、网电等不同力量形态，战斗力有基于体力加畜力、基于火力加机动力、基于信息力加火力等不同表现形态，军队则有领导管理体制、作战指挥体制、作战力量结构、部队编成结构等不同组织形态。所谓变态者，改变形态之义也。故而，此变态非彼"变态"，主要是通过适应战争形态，优化力量形态，改善能力形态，调整组织形态，力求在制变应对中形成优势、争取主动。

在战争领域，注重变态、及时变态、突然变态绝对是聪明之举、胜战之策。先看一个标志性事件。2015 年底，叙利亚政府军在攻打拉塔基亚省一处伊斯兰极端势力据守的高地时，在俄罗斯军队 4 台“平台”战斗机器人、2 台“阿尔戈”战斗机器人以及“仙女座”自动化指挥系统组成的无人作战系统支援下，仅用 20 分钟就占领该高地，打死武装分子约 70 人。这次行动，是人类首次使用战斗机器人实施集群作战。从中不难看出，由于战斗机器人的加入，使得叙利亚政府军进行战争的形态出现初级智能化、主战力量的形态出现无人集群化、战斗力表现的形态出现武器融合化、部队编成的形态出现人机一体化等巨大而深刻的变化。面对这样的变化，习惯于以往对抗形态和方式方法的极端分子显然不是对手，根本无力招架。如果追溯战争的历史还会发现，利用变态以对而赢得作战优势和胜利的事例不胜枚举。在中国，战国时期的赵威灵王仅仅将赵国军队的军服由“长衣宽袖”改为“短衣窄袖”，并学着胡人的样子骑马射箭，就赢得与周边国家作战的多次胜利；在西方，希腊的埃帕米农达斯在留克特拉之战中一改沿正面平分兵力的攻击形态，运用斜阵战术，集中兵力向斯巴达军队首领所在方阵一翼实施主攻而大获全胜。都充分表明，变态以对威力巨大、效能极高，常会以人所不及或者人所不备，而置敌于死地。在把握这一制变应对策略的过程中，需要以审时度势、洞见其变，变在敌先、标新立异为武器，注重观大势、察变势、判趋势，敢于打破既有定势，不拘成法旧套，主动促变生变，在求异中“脱俗”，在“脱俗”中出奇，在出奇中制胜；需要以“非正统”“反经验”“不规范”制变为路径，把思想上的“离经叛道”变成战场上的“洪水猛兽”，把对策上的“另辟蹊径”变成战场上的“见所未见”，把行动上的“奇谲怪异”变成战场上的“异军突起”，给对手制造更多“大吃一惊”、防不胜防的不确定性；需要以“众人皆是我独非”的独立视角和反论功夫为助力，进行“是”的不可行论证，提出“正”的反面性设计，或者围绕不被看重之“特”推动改造，着眼人所未识之“新”展开重构，奠定一鸣惊人、一战而胜的基础。能够做到这一切，就会促使我方力量形态、能力形态、组织形态等发生局部的、全新的有时是彻底的甚至是不可逆的突变或巨变，带来优劣强弱对比、攻防进退态势的强化或逆转，进而谋取到以变求强、以异求胜压倒故步自封、中规中矩的不对称优势，更为有力地夺取胜利。这就是变态以对的作用机理。这一作用机理的终极目标是，在拥抱“荒谬”中突破定势的禁锢，在促进“变异”中激发创新的活力，在不落窠臼中开辟制胜的新路。

变态以对有时可以获得全面优势，有时只能获得部分优势。但在赌生死、决胜负的战场上，千万不要轻看了哪怕只是部分的小优势。比如，一支装备了夜视器材的军队与一支未装备夜视器材的军队作战，就会形成看得见与看不见的不对称，前者将拥有“单向透明、单向屠杀”的绝对优势。可见，一部小小的夜视器材，足以带来战斗形态的颠覆性巨变。在系统科学中，有一个“巴拉特法则”，说的是有时改变事物的20%，就可以取得80%甚至是100%的功效。变态以对能够找到全变谋优的路径、实现全变谋优的目标、收获100%的功效并不容易，但起码需要进行关键性领域、决定性方面、颠覆性环节的部分改变，才能真正拉开与对手的差距。因此，注重掌握和应用“20%以上法则”，这可以说是变态以对能够取得成效的基本保证。

四、隔代以对

自古以来，战争无疑都是非常残酷的。然而，打“代差战”却是残酷之中最残酷的。毕竟，敌对双方如果打的是无代差作战，即便再残酷也是互有死伤，都要承受“杀敌一千，自损八百”的惨重代价。而如果打的是“代差战”，那就可能出现“杀敌一万，自损一百”的惊人场景，亦即出现只见对手死伤、不见或少见自己死伤，或者反过来，只见自己死伤、不见或少见对手死伤的境况。海湾战争中，多国部队以区区阵亡378人（其中，美军阵亡148人，另有死于事故145人）极微代价，毙伤伊拉克军队14万余人，取得空前的完胜。

此时，哪怕存在武器的“慈化”倾向，也不能改变战争的残酷事实，只会让曾经是双方都要品尝的战场死伤痛苦，变成一方的战场绝望体验。这正是隔代以对所要追求的作战效果。

在战场上，让对手完全处于被动，只剩下挨打的份儿、失败的份儿，比较而言，隔代以对更容易做到这一点。由此给敌人造成的心理震撼、心理重创尤其巨大，极易导致其精神崩溃，甚至会不战即溃。海湾战争中，萨达姆的军队遭受大败，到伊拉克战争再遇美军时，其数十万大军直接土崩瓦解，溃散得全无踪影。其中的原因固然是多方面的，但慑于对手的隔代式、压倒性优势，缘于战场打不过、打不赢的无力感、无助感，绝对是一个极其重要的方面。对于一支军队来说，打仗出现死伤甚至重大损失并不是最可怕的，只有自己死伤，对手却基本上毫发无损，这才是最可怕、最难以接受的。在一方利用隔代以对优势，拥有想怎么打就怎么打、想打成什么样就打成什么样的行动自由，且因为自己死伤轻微而更想打仗、更能打仗面前，另一方会因为没有作战主导权、没有行动自由权，只有损失、没有收益，且抵抗无效、胜利无望而更可能害怕打仗、逃避打仗，这将变成大概率事件。隔代以对所以能够成为制变应对的一种重要策略，这一点可以说是决定性因素。在把握这一制变应对策略的过程中，需要以装备技术、杀伤机理、作战理念等方面的领先一代甚至领先两代为武器，通过发展并掌握诸如人工智能、生物工程等先进技术特别是高端技术，发展并掌握诸如激光武器、基因武器为代表的，足以颠覆现有碰撞动能、爆炸化学能为主的杀伤机理，发展并掌握诸如“算法战”“脑控战”“超速战”等全新的作战概念和作战理论，把对手远远甩在身后；需要以技术不对称、距离不对称、维度不对称为杠杆，充分利用作战效能上的以优打劣、以高打低，作战距离上的以远打近、以非接触打接触，作战维度上的跨域打击、无形打有形，把非对称作战、非线式作战、非接触作战的威力发挥出来；需要以高端压制、快速作战、体系制胜为抓手，用更优质更强大的高新手段压迫敌人，加剧其低能化、虚弱化，用更快捷更迅猛的作战行动打击敌人，破坏其稳定性、协调性，用更多元更广泛的整体联动制服敌人，摧毁其抵抗力、意志力，把作战主导权和战场控制权牢牢掌握在手中。能够做到这一切，就会在敌我之间形成技不如我先进、力不及我强大、法不似我前瞻的巨大代差，出现不能与我对等抗衡、不能与我正面较量、不能与我强势碰撞的对抗格局，进而谋取到攻防进退决于我、而敌方行动制于人的不对称优势，给其造成“全面彻底的粉碎性”损害。这就是隔代以对的作用机理。这一作用机理的终极目标是，把对手打到透不过气，打到完全绝望，打到是怎么死的、怎么败的都不甚了了。

必须看到，隔代以对的确能够带来超级优势，带来无限风景，但也并非万能，并非针对任何一个敌人都有效、都管用。2001 年 11 月，美国以反恐之名，打响了与阿富汗塔利班政权的战争。这是一场完完全全的“代差”之战，而且这种“代差”至少一代，塔利班根本不是对手。尽管美国人能赢得了开头也能赢得了全程，能赢得了局部也能赢得了全局，但唯独赢不了结尾，导致这场战争旷日持久，美军死伤无数，却难以收局，被迫于 2020 年 2 月 29 日，同塔利班签署了多哈和平协议。同样是这支美国军队，而且比海湾战争、伊拉克战争时期更加强大，在面对连正规部队都没有的塔利班时，却破敌乏术、取胜无望，显现着无能为力、无可奈何。这表明，掌握至少领先一代，甚至领先两代之优，虽然是隔代以对的基础，但仅有这个基础还不够，还必须考虑作战的具体时间、地点和对手等因素，否则，就可能出现例外情况，未必能够稳操胜券。

五、跨界以对

有人曾在互联网上给出这样一条留言：这真是一个“跨界打劫”的年代！数码相机干掉了照相机，智能手机干掉了数码相机，移动支付干掉了现金，滴滴打车干掉了出租车，电商干掉了实体店，而智能机器人正在取代蓝领，智能软件正在替代白领。其中，就道出了一个制变应对的重要策略，那就是跨界以对。

中国有句老话，叫作“天外有天，人外有人”。意思是说，做人不要夜郎自大，不要自视过高，这世上比自己厉害的能人多的是。将这句话引用到战争领域，也可以这样理解：虽说战争问题最好还是听军事家的，但不要认为，军人打仗就一定比普通人更厉害，很多时候，军外谋战、兵外求兵也会创造战争奇迹。比如，春秋时期的曹刿，不过就是一介平民，却能走上战场，以“一鼓作气，再而衰，三而竭”的作战指导，帮助鲁国大败齐国。又如，三国时期的诸葛亮，不过就是一个农夫，却能未出茅庐，以“跨有荆益，西和诸戎，南抚夷越，外结孙权，北抗曹操”的战略规划，帮助刘备三分天下。再如，元末明初的朱升，不过就是一位儒生，却能高屋建瓴，以“高筑墙，广积粮，缓称王”的战略方针，帮助朱元璋成就帝业。谁说言兵者必是兵？事实上言兵者不止兵。如果联系地看、发展地看，又岂止是言兵者不止兵，就是参战者也早就不止兵了。有人说，“赳赳武夫国之干城”的时代已经过去，一个操纵着计算机的电脑“黑客”，一些让西方国家心惊肉跳的非国家组织，一个系统分析员、软件工程师、股票操盘手或是金融资本家甚至是电视主持人，都可能变成新型战争的参战者。由此可知，跨界以对，古已有之，于今更甚，因此，不可不鉴，不可不用。在把握这一制变应对策略的过程中，需要以借重和利用非战争领域各式奇才“别有用心地不务正业”为武器，打通集思聚力的渠道，广纳慧眼独具的妙策，善用功夫独到的绝技，凭靠云谲波诡的超凡运筹借智助战，凭靠怪异卓越的超强技能借力扬威；需要以吸纳和融合非军事专业的知识、技术、机理、手段、理念等为补充，把看似不直接相干的东西甚至没什么价值的东西，与打仗进行“碰撞”、进行“交互”、进行“嫁接”，争取在“天”与“地”之间建立联系，在“水”与“火”之间促成交融，实现作战力量、作战手段等的重组，作战样式、作战方法等的再造；需要以保持和落实跨界贵在无界、跨界重在破限的心态和举措为支撑，拆除思想的藩篱，克服习惯的束缚，突破本位的局限，跨越行当的边界，用别人的智慧经验和方式方法，弥补自己的不足，拓展自己的能力。能够做到这一切，就会踏上一反既往的“殊途”，开启敌所莫测的“异力”，创造远缘杂交的“奇迹”，进而谋取到“关公战秦琼”一样的不对称优势，让敌人在不可能变成可能的事实面前举足失措。这就是跨界以对的作用机理。这一作用机理的终极目标是，用无边界的渗透融合带来革命性的创新，让无禁忌的“生拉硬拽”产生爆炸性的效应。

古人说，“一己之见有限，众人之智无穷”[1]。同样，一界之力只是有限之力，多界之力才是无穷之力。尤其在当今战争向着超限作战、向着混合战争包括向着其他新的作战样式和形态跨界突破、跨界发展的时代，军事专业在战争领域的传统的天然的优势，已经不足以进行全面的有效的应对，从军事专业或者战争领域之外找寻新的谋战之策、培养新的胜战之力，正在成为一种必然选择。这也更加要求，制变应对不能存在封闭性、排他性的孤立倾向，必须要有开放性、多向性的融合属性，真正用好跨界以对所特有的“第三只眼”以及所特有的“外脑”功能，把那些用军事眼光看不到、看不清、看不透的东西，把那些用战争头脑想不到、想不清、想不透的东西，在跨界视角、跨界思维的审视和思考中，找到非专业的特别的解决办法为我所用。总的说来，专业的事用专业的人来干，肯定没错，但部分专业的事由某些非专业的人来干，也未必有错。对与错的要害及其标准在于，这些非专业的人所拥有的才干、技能，是不是恰好能够帮助人们拨开战争的迷雾、破解战争的困惑。

六、扭思以对

任何一张纸都会有正与反两个面，这是一个基本常识。不过，如果将一端扭转 180 度，再与另一端连接起来，会出现什么结果？你将惊异地发现，完成这种“扭曲”的任何一张纸，都会出现只有一个面的变化，也就是发生了由一体两面到合二为一、由单一长度

① 许保林，刘子强．中外军事名言录［M］．北京：军事科学出版社，1986：313.

到双倍长度甚至无限长度的质变。纸面扭曲有奇迹，那么，思想扭曲、思维扭曲又会怎样？在社会生活包括政治生活当中，思想扭曲、思维扭曲绝对不是什么好东西，但在科研领域特别是战争领域，思想扭曲、思维扭曲却不一定是坏事情。毕竟，超越认识的局限，才会拓展想象的空间；扭曲想象的空间，才会看清黑洞的景况。

在战争领域，一直存在这样一条制胜规律：你不知道的事情比你知道的事情更有意义，你想不到的事情比你想到的事情更能致命。通常情况下，富有想象力已经足以让人惊叹了，但在战争这个活力对抗的领域，有时仅仅有想象力还是很不够的，因为你的对手也可能拥有这样的想象力。换句话说，你能想到的事情，你的对手也会想到。所以，如果没有在既有的想象基础上再次扭曲想象的能力，就未必能找到克敌制胜或者防敌突袭的真正有效方法。考察战争历史就会发现，很多时候，一支军队不是败在弱点上，而是败在盲点上。因为弱点通常是“已知的已知”，自己很清楚弱点是什么、弱点在哪里，因此可以提前弥补或者临机弥补，而盲点往往是“未知的已知”，我们不知道但敌人很清楚，又甚或是“未知的未知”，我们不知道、敌人也不清楚，但随时可能因为敌人突发奇想地诸如取得技术突破或者采取军事行动，而让我们不知所措，导致根本无从下手、提前做好准备。当年日军偷袭珍珠港，连日本人自己都说：“如果完全依靠科学数字，建立在客观的基础上的话，无论如何也不会炮制出那样的方案来。”[①] 但恰恰得益于山本五十六扭曲了想象的空间，不受约束地去想敌人不敢想象的事情，竭尽全力地去做敌人认为不可能的事情，让美国人在“思维的黑洞”之中充分体验了一回“未知的未知”所带来的致命打击。从这个意义上讲，盲点比弱点更可怕，毕竟，最大的危险恰恰是看不到危险。扭思以对，就是重在找盲点、重在打盲点的策略。在把握这一制变应对策略的过程中，需要以发掘和利用战争的不确定性为武器，要么制造诸如

---

① 阿川弘之. 山本五十六［M］. 北京：解放军出版社，1987：373.

战略意图似此非此、实际威胁似有非有、事态演变似急非急、具体行动似战非战等模糊不确定性，要么制造诸如各种信息断断续续、零零散散、虚虚实实，既不连贯又不系统，还不完整等灰色不确定性，要么制造诸如让对手在情况上视而不见、在思维上想而未想、在技术上觉而难察等未确知不确定性，要么制造诸如将军事对峙、战争威胁视情或择机变成直接的摩擦冲突、突发的战略突袭等随机不确定性，也可综合施策，使各种不确定性此起彼伏，或者融会交织，而让敌人无所适从；需要以找准敌莫能测的作战楔入点为杠杆，从敌人意想不到的诸如开战时机、进攻方向、打击目标、作战行动等方面出手，向敌人认为不可能的诸如悖逆常理、弄险冒险、难以置信、攻之必败等部位开刀，用敌人摸不着门道的诸如邪招、损招、怪招、坏招等办法制敌，在看似不着边际、不太靠谱的运筹与行动中，给敌以超乎想象的沉重打击；需要以捕捉天马行空、电光火石的思想闪光点为保证，注意保持如“苹果砸到脑袋之后”一般的敏锐，激发如“澡水挤出浴盆之外”一般的顿悟，用跳跃性思维把无关的事物关联起来，用直觉性思考让模糊的东西清晰起来，找到突破混沌的原点，取得洞穿迷雾的奇效，拿出敌所未料的绝招。能够做到这一切，就会让敌人厘不清形势、看不懂招法、摸不着头脑、找不到规律，在突如其来的极端情势和意外打击面前目瞪口呆，进而谋取到以我之巧妙绝伦打敌之晕头转向的不对称优势，将对手置于随时倾覆的惊涛骇浪之中。这就是扭思以对的作用机理。这一作用机理的终极目标是，把战争确定性留给自己，将战争不确定性送给敌人，用战争不确定性毁灭敌人。

虽说扭思以对的核心在于解决“想到”问题，但必须得说，能够“想到”其实就已经达成了某种“先制”，因此，将这种“先制”称作“思想的先制”或许更为恰当。当它一旦变为作战行动，往往会展现超凡脱俗、无与伦比的巨大威力。古德里安的“坦克战”计划，在战前就是这样一种“思想的先制作战”。不过，到了战场上，正如毛泽东所言，“被敌逼迫到被动地位的事是常有的，重要的是要迅速地恢复主动地位”[1]。如何“迅速地恢复主动地位”？扭思以对肯定是有效办法之一。紧要关头，哪怕所思所想别扭一点、极端一点、凶险一点甚至非常别扭、非常极端、非常凶险，有时只能算是在无解之中找到的一个搏命招数，在无路之时走上的一条险恶途径，但只要能够出其不意地打击敌人，就有了胜利的希望。

第四节　制衡平抑之理

制胜难在制衡。避免被动、争取主动，始终是战争的指导原则；避免失败、争取胜利，始终是战争的直接目标。为此，没有谁会不希望强于对手，毕竟，这是赢得胜利的基本条件；也没有谁会愿意弱于对手，毕竟，这是导致失败的重要因素。战争无疑是解决问题的工具，不过，有时即便你十分强大，即便你很想制胜，却可能受到某些条件的限制，而难以随心所欲，比如，美国的核武器是超级“大棒”，对俄罗斯除了搞核威慑就没什么用。同样，即便你比较弱小，甚至力不能战，却可能因为拥有特殊的制约手段，而在失衡的态势中保持与强大对手的脆弱平衡。所以，战争并不适用于所有对象、所有问题，也不是解决问题的唯一工具。战争能够解决的，当然可以诉诸战争；战争不能解决的，那就只能另找出路。这种时候，非战制衡就会成为一种有力选项。其实，无论是强是弱，都会有制衡的需求，也会有制衡的可能，尤其在没有制胜条件的情况下，都会不得不选择制衡。就制衡的本意来说，是对立矛盾双方要在相互制约之中建立某种平衡状态。鉴于这种相互制约是主动施加的，是蓄意控制的，是动态变化的，最终，既有可能压制对方的影响、平抑对方的实力、削弱对方的优势、缩小对方的空间，也有可能拖垮对手、压倒对手或者超越对手，还有可能什么都做不到。因此，建立平衡既是目的又不是目的，打破平衡才是制衡的目标，才是最高追求。

---

① 毛泽东 . 毛泽东选集：第 1 卷［M］. 北京：人民出版社，1991：223.

要做到这一切，往往需要聪明的设计、精妙的操作和坚决的执行力，而这绝非是轻而易举的事。它通常包括以下几种主要样式。

一、遏阻式平抑

对付一个势均力敌、旗鼓相当的强大对手，如果不能在战场上直接击败他，那就把他孤立起来、包围起来，而后处处布设障碍、经常制造麻烦、持续进行打压，一以贯之地坚持强硬立场，使他所做的每一次努力或者每一次反抗，都要牵扯巨大的精力、分散有限的资源、消耗一定的实力，并使其利益一再受损、发展一再受限、信心一再受挫，但又不会迫其孤注一掷、铤而走险，发起直接的军事对抗，经久而耐心地发挥着从压缩到损耗、从侵蚀到颠覆的作用。这就是遏阻式平抑要做的事情和预期的效果。遏阻式平抑，是一种既可以选择全方位围堵、全领域压制、全手段制衡，又可以选择有限度隔绝、有重点阻滞、有节制攻击的平抑策略，是强强制衡的第一选择。

美国人可谓深谙此道，在运用上得心应手，且常用常新。第二次世界大战以后，仅用于对付苏联的遏阻式平抑，就历经“有取有予”方针、“耐心和坚定”方针、“遏制战略”“新面貌战略”“灵活反应战略”以及“缓和战略”，时间跨度长达 40 多年，直到 1991 年 12 月才迎来“遏制的完结”。[①] 无独有偶，美国人对付中国，也历经“封锁战略”“接触 + 遏制战略”“亚太再平衡战略”“全政府对华战略”（“全政府对华战略”还不止于遏阻式平抑），同样是数十年如一日，坚持不懈，至今还在延续。如果站在历史的角度、用客观的标准看，我们不得不说，遏阻对手是大国竞争的政治本能和战略需要，由于事关生存利益、发展利益、权势利益，是必须要做的事情，是没有条件也要创造条件去做的事情。大国之间，只要彼此威胁到这些利益，不论你想不想、愿不愿意，都是毫无争议的

① 约翰·刘易斯·加迪斯. 遏制战略［M］. 北京：商务印书馆，2019.

对手，即便曾是盟友，也绝无例外。而当战争不是可取的、可承受的解决手段时，就只能采取非战制衡的策略加以遏阻了。如果不这样做，那才让人难以理解，只会剩下“愚钝”可以与之匹配了。在把握这一制衡平抑策略的过程中，需要以政治颠覆、经济打压、外交围堵、科技封锁、文化渗透、军事恫吓为武器，广泛运用那些“正确的”或者“不正确的”“应该的”或者“不应该的”“上得了台面”或者“上不了台面”的理念、样式、手段和方法，道义感召与敲打相结合、以道义敲打为重，利益诱惑与侵害相结合、以利益侵害为重，相互接触与孤立相结合、以相互孤立为重，技术竞争与封闭相结合、以技术封闭为重，价值贯注与摧毁相结合、以价值摧毁为重，战略进逼与威慑相结合、以战略威慑为重，环环相扣、步步紧逼，常态牵制、综合施压，直至产生预期效果；需要以战略定力、战略耐力的比拼为保证，坚持长远打算、长期经营，保持足够压力，纵使一年不将军，不可一日不拱卒，坚持用强斗狠、能严能宽，注意有利有节，既要争一城之得失、一日之短长，又可视情不争一城之得失、一日之短长，坚持久久为功、循序渐进，突出稳扎稳打，不求一觉醒来全变样，不求毕其功于一役；需要以强大而可信的军事实力为后盾，强势展现力量的存在，清晰传递使用的决心，在决定性关头能慑敢战，可以断然出手，不妥协、不退让，足以让对手在激烈的军事对抗中付出巨大代价。能够做到这一切，就会使对手的内部崛起受到持久阻滞，向外拓展受到强力堵截，行动自由受到极大限制，权势空间受到严重压缩，进而谋取到越斗越强与越斗越弱的不对称优势，获得独一无二的领先地位。这就是遏阻式平抑的作用机理。这一作用机理的终极目标是，全力阻挡对手，大幅削弱对手，迫使其退出大国竞争的历史舞台。

虽说遏阻式平抑是强强制衡的第一选择，但就其本质来看，仍属于“一超对一强”的制衡策略，也就是处于“一超”地位的一方，往往更有意愿、更有资源、更有能力去做这件事情。这是一场意志战、权力战，也是一场持久战、消耗战，毕竟，拥有“一强”地位的另一方不是“平庸之辈”，不会束手就擒，从而决定着遏阻式平抑的发展进程和走向，并不完全由处于“一超”地位的一方所主导，也不是一定会取得预期的成效。如果不是这样，大国竞争、权力交替、位势转换的历史性事件，就会失去出现的可能性，但历史所呈现的却并非如此。所以，法归法、道归道，行归行、做归做，具体运用还要看符不符合双方情势，具体成效还要看适不适应对抗实际，没有什么一成不变的东西，也没有什么命中注定的东西。

二、竞争式平抑

对付一个势均力敌、旗鼓相当的强大对手，即使自己更有资源、更有力量，完全靠遏阻、压制的策略还是很不够的，有时甚至是难以奏效的。从根本上讲，你的资源再多、力量再大，如果自己不发展、不进步，总会有坐吃山空、力所不及的一天，很可能让对手追赶超越、后来居上，届时，就会出现想压而压不住、想困而困不了，乃至拱手让出主导权的局面。所以，还需关注和利用竞争式平抑策略予以补充。

与对手展开竞争，这是一种最常见、最常用的制衡平抑之道。所谓竞争式平抑，就是综合运筹政治领域、经济领域、技术领域、军事领域等资源，展开优于对手、强于对手、高于对手、胜于对手的角逐，力争获取对冲、抵消对手的优势，形成压倒、战胜对手的格局。美国特朗普政府上台后，很快将中国列为“优先级战略对手”，提出“重回大国竞争时代”，开启“全政府对华战略”。这一战略除了具有遏阻中国发展和复兴的意图外，就蕴含着统一美国政府的步调，动员所有资源与中国进行全方位战略竞争的图谋。什么叫大国竞争？归根结底地说，就是大国要有大格局，要看大趋势，竞争要成硬措施，要做主旋律。在本质上，玩的是零和博弈，同样是出于政治本能和战略需要。很难想象，面对中国的迅猛发展、日渐强大，美国人会蒙起眼睛，装作没看见，而什么都不做，任由不是我强大就是你强大、不是我胜出就是你胜出的比拼，向着不利于美国的方向倾斜下去。看不到这一点，无异于自欺欺人。正因为如此，美国针对中国采取一系列竞争式平抑举措，注定无法避免。从就事论事、就事析理的角度说开去，在把握这一制衡平抑策略的过程中，需要以真投入、真发展、真干事为武器，充分发掘内在潜力，调动可用资源，投向更具领先性、创新性、颠覆性的项目或领域，大力驱动相关建设，争取实质突破，形成政治经济、科学技术、军事实力等多方面的特殊优势，始终保持进取状态，注重苦干实干，呈现越是艰险越向前、不达目的不罢休的坚毅和锐气；需要以不平等甚至不正当竞争为助力，利用双方经济力的不平等，在更大的投入中进行竞争，利用双方科技力的不平等，在更高的起点上进行竞争，利用双方影响力的不平等，在更多的支持下进行竞争，同时，还要争夺博弈主导权，恶化或破坏对手的竞争环境，争夺局势控制权，限制或侵害对手的有效发展，争夺舆论话语权，诋毁或抹黑对手的声誉形象，等等；需要以误导式、诱骗式竞争为补充，主动用虚假信息和宣传进行造势，巧妙用“高大上”式包装进行欺骗，统筹好理念性误导、方向性误导、领域性误导、项目性误导等多种样式，力争带偏对手的思想观念，带错对手的发展方向，带乱对手的竞争节奏，诱使对手发展一些用处不大甚至是毫无用处但投入巨大的东西，从而增加其建设成本，消耗其有限资源，削弱其竞争基础，确保自己拥有更为有利的竞争地位。能够做到这一切，就会在宛如一场激烈的竞赛中占据了领跑位置，拉开了彼此距离，迫使对手的追赶越来越吃力，包袱越来越沉重，逐步出现虚弱化、边缘化的状态，进而谋取到敌消我长、敌慢我快、敌劣我优的不对称优势，真正立于不败之地。这就是竞争式平抑的作用机理。这一作用机理的终极目标是，最大限度地拖住对手、消耗对手，直至拖垮对手，争取使其误判形势、错用对策、损害发展，最终丧失竞争实力和竞争资格。

其实，竞争式平抑不只是相对强大一方“抑制”相对弱小一方的策略，也是相对弱小一方“抑制”相对强大一方的策略。区别在于，相对强大一方既可以进行“全面出击”、推开“全面竞争”，又可以进行“有限出击”、推开“有限竞争”，而相对弱小一方则只能进行“有限出击”、推开“有限竞争”。不过，古往今来，但凡搞竞争式平抑，都会引来对手的高度关注，并会做出剧烈反应。所谓“修昔底德陷阱”，从某种意义上看，正是竞争式平抑遭受挫败后的极端反应。至于哪一方会主动挑起战争，其实没那么重要，主要取决于平抑后果是否发生了质变，以及能否为竞争失利一方所接受。在当代，大国之间更想运用非战制衡，实现不战而胜。因此，竞争式平抑的应用将更加频繁、空间将更为广阔，其中，不仅充满着政治智慧、战略智慧，需要着眼大势搞竞争，也要展现出灵活策略、斗争艺术，坚持有所为有所不为，逐步积累优势，最终压倒对手。

三、迂回式平抑

对付一个势均力敌、旗鼓相当的强大对手，实施诸如遏阻式、竞争式等正面较量、直接平抑是必不可少的，没有这样的强力措施或手段，平抑就不会形成锐势，就不会构成压力，就不会达成目的。同时，采取诸如迂回式等侧面牵制、间接平抑的措施或手段，也不容忽视。首先，它是重要补充，能够为实现总体上的制衡平抑提供非常有用的帮助。这正像英国“铁娘子”撒切尔夫人讲过的那样：“我们想用军备竞赛拖垮苏联，却没想到苏联军事装备在竞赛中越来越强。于是转而和平演变，这一招好使，全民娱乐，向往西方，把苏联卫星国搞垮，苏联就这样解体了。”[①] 另外，它是特殊范式，能够借助硬中带软、急中寓缓、直中有迂来达成某种“平衡”、保证某种“持续”。这恰如毛泽东所言：“事物是往返曲折的，不是径情直遂的，战争也是一样。”[②] 换言之，既然是非战制衡，则规定了这样的较量不会是速战速决，不可能一蹴而就，总要有个一二十年或者三五十年甚至更长时间的斗争过程。在这一漫长过程中，存在着我走一段上坡路、你走一段下坡路，抑或反之，甚或交替几个

① 《历史新知网》.

② 毛泽东 . 毛泽东选集：第 2 卷［M］. 北京：人民出版社，1991：509.

回合的可能性，就算是相对强大一方，想要一鼓作气地取得最后胜利，也是难以做到的。这都决定着，采用迂回式平抑策略势成必然。

迂回式平抑，通常是以间接路线、主要是舍近求远，以婉转方式、主要是避实击虚，以隐晦手法、主要是抑于无形，或借力盟友、主要是分散对手的资源，或分化敌营、主要是挑起对手的内斗等，曲折实现制衡的一种策略。别看美国是当今世界唯一超级大国，在遏制、打压战略对手的过程中，并非只用强硬手段，也没少使用迂回式平抑的手法。仅从多年来针对中国的所作所为看，就提出了远距离封锁的“离岸控制概念”（采取的是舍近求远的平抑手法），组织了围剿华为公司的“新科技绞杀战”（采取的是避实击虚的平抑手法），实施了拉拢盟友共同遏中的“印太战略”（采取的是分散对手资源的平抑手法），推行了以颜色革命为重心的“和平演变战略”（采取的是挑起对手内斗的平抑手法），等等。2020 年 3 月，在新冠病毒肆虐全球的危急关头，在许多国家禁止粮食出口的敏感时刻，天津海关竟然从美国进口的一批燕麦种子中，首次检出原产地在北美，极具生物污染性、土壤破坏性和人体致病性的有害生物——豚草。尽管没有证据表明这是有意而为，却隐约显现着抑于无形的平抑手法，一旦得逞，将对中国粮食安全构成长远的严重威胁。迂回式平抑，表现多种多样，相对于其他平抑策略，既不可替代，也不可或缺。在把握这一制衡平抑策略的过程中，需要以绕圈子、走弯路，出歪招、使暗劲为武器，主动让开敌人的正面，避开敌人的强点，与敌暂时脱离直接军事接触，去扼控其不得不走的“险道”，攻击其相对薄弱的“翼侧”，不论这样的“险道”和“翼侧”是地缘属性的、经济属性的还是政治属性的，同时，不直接与其“交手”不等于不出手，不硬性与其“碰撞”不等于不对抗，采取一些表面平常、实质超常，表面柔性、实质刚性，表面温和、实质凶险，表面偶然、实质必然的措施，形成有效制衡；需要以尽可能低的成本、尽可能小的代价实现平抑为指导，通过调整部分部署，力争构成大的障碍，通过展开局部博弈，力争形成大的压力，通过采取微小动作，力争促成大的变化，再把盟友的力量加上去，把敌人的敌人的力量利用好，使用不多的资源，在敌人的外围营造隔离、封堵、遮断的态势，在敌人的内部引发焦虑、惊恐甚至混乱的反应，迫其消耗更多的资源来破局；需要以“慢功出细活”的精致为追求，周密设计，精准进行计算，周全进行统筹，缜密进行布局，确定迂回平抑的目标、样式、行动和方法，严密掌控，按照既定方案计划，稳步推进相关措施，并根据形势发展变化，搞好阶段转换和策略调整，从长计议，坚持步步为营，一招一式抓落实、求实效，不急于求成。能够做到这一切，就会在博弈应对过程中，使对手出现方向迷茫失准、重心偏移失衡、着力纷乱失误等问题，广受牵制甚至吃亏受损，进而谋取到以迂抑直、以偏制正的不对称优势，有效发挥扰乱、分化的功能。这就是迂回式平抑的作用机理。这一作用机理的终极目标是，绕远路找捷径，用偏师建奇功，使巧劲成大事。

迂回式平抑，同样是无论强者还是弱者，都可采用的一种平抑策略。而在某种意义上，对于相对弱小一方来说，采用这种平抑策略可能更有吸引力。毕竟，这是一种通过较小消耗就能谋取较大收益的有力措施，更适合、更适应相对弱小一方的力量实际和对抗需要。就像中国春秋时期的吴越争雄，相对弱小的越国利用先借粮、后还粮之机，向相对强大的吴国进贡了一批“蒸煮”过的种子一样，虽然属于略施小计，却不能不说相当阴险狠毒，造成吴国粮食大面积绝收的严重后果，大大削弱了对手的实力。

四、韬晦式平抑

没有谁生来就强大。一个人是这样，一个国家也是这样。历史上的强国大国，都有一个慢慢发展、慢慢强大的过程。在这一过程中，什么情况都可能遇到，其中，不得不与一个比自己更强大的国家进行竞争甚至对抗，经常是无法避让、不可调和的事情。作为相对弱小一方，如果不能采取某些特殊的策略，平抑来自相对强大一方的巨大压力，则很有可能在这种竞争或对抗中被完全碾压、遭彻底失败。

在这些特殊的策略当中，韬晦式平抑即是一种明智选择。

韬光养晦，是中国非常有名的成语。其本意是，收敛锋芒、隐藏才能，积蓄力量、等待时机。引申开来则是，陷困境而不坠，处逆境而不屈，卧薪尝胆、励精图治，以期东山再起、一飞冲天。所谓韬晦式平抑，简单说就是向强大对手示好、示弱，与他主动搞好关系，长期保持克制，同时示之无欲、示之无为，让他不视为威胁，不严加防范，尽可能避免被猜忌、被打压，不到万不得已，尽可能推迟直接摊牌、硬性对抗，从而赢得发展自己、壮大自己的机遇。别看当今美国霸气十足、盛极一时，想当初，也曾有过一段低眉顺眼、韬光养晦的漫长历史。建国之初，新生而相对弱小的美国即确立了一项长期国策，亦即与霸主英国保持良好关系，忍受伦敦有时出现的专横行为，积累国家财富和力量，等待时机超越英国。美国即使在后来与英国发生过一场战争和多次冲突，也未改变这一国策。政治上，美国坚持不结盟政策，不参与欧洲错综复杂的联盟体系，不掺和法俄与德奥两大军事集团的竞争；经济上，美国抓住一切机会进行扩张，抢占国际市场份额，控制世界黄金储备；军事上，美国严控国防开支水平，保持一支微不足道的军队，尽管优先发展海军，到 1880 年，其战舰吨位已居世界第四，但直到 1914 年，其陆军仅有 16.4 万人，在英、法、俄、德、奥、意等大国眼中，并不构成威胁。这一系列示弱、无欲的举措，为美国争取到良好的发展环境和崛起条件，最终取代了英国的霸主地位。要说韬光养晦、平抑强手，埋头苦干、实现崛起，美国完全可以作为近现代国家学习的榜样。在把握这一制衡平抑策略的过程中，需要以礼让、退让、避让和不当头、不出头、不露头等自我隐忍、自我保护措施为武器，“身段”要软而又软，不张狂、不凶蛮，“受气”要忍而又忍，不逞强、不硬抗，“处事”要平而又平，不显山、不露水，怎么柔和就怎么做，怎么低调就怎么做；需要以伪装、诡诈、欺骗等方法制造虚情假象迷惑、麻痹敌人为掩护，注意用而示之不用、准备行动却不暴露任何企图，让对手无备于己，注意能而示之不能、本领超群却表现为无能愚笨，让对手无视于己，注意实而示之不实、已经强健却故意地显示虚弱，让对手无惧于己，能蒙蔽一时是一时，能蛰伏一时是一时，能拖延一时是一时；需要以养精蓄锐、发愤图强为根本，紧盯富国强兵的远大目标，努力拼搏、积极进取，坚韧不拔、百折不挠，不怨天尤人，不懈怠沉沦，虽千辛万苦而不改初衷，虽千难万险而无所畏惧，下定决心，奋勇向前，直至超越对手、赢得胜利。能够做到这一切，就会不过早暴露自己、暴露实力，不容易引人注目、遭人疑惧，也就不会被强大对手给予“特殊关照”、施加“直接压力”，进而谋取到深藏不露与视若无睹、徐图自强与不以为意的不对称优势，在相对良好、相对有利的环境中发展出足以抵御、抗衡强大对手的力量。这就是韬晦式平抑的作用机理。这一作用机理的终极目标是，暂时的相让是为了最终的不让，一时的蛰伏是为了最终的崛起。

历史地看，韬晦式平抑不止一次地创造过奇迹，但这绝不意味着，韬晦式平抑可以贯穿始终地行之有效，可以无限期、无限度地持续下去。这是因为，一头雄狮不会把一只兔子当成威胁，但一定不会把另一头雄狮不当成威胁，即便那头雄狮尚未完全成年。所以，韬晦式平抑也会有走不下去、走到尽头的时候。这就像美国对“中国力量”的积聚和增长会心存恐惧一样：本来美国是头牛，中国只是一只羊，甚至连羊都称不上，只能算是一只兔子，但发展到现在，美国变成一头大象，中国也成长为一头与其不相上下的大象，并开始拥有了强劲冲力，导致原有的力量结构和力量对比发生严重扭曲，从而极易使其产生遏制和阻挠的冲动。这说明，当你强壮到无法在一棵大树背后藏身的时候，已经是躲无可躲、藏无可藏，避无可避、让无可让，只能放弃或者改变原有策略，勇敢地站出来，去迎接迟早要面对、迟早会到来的挑战。至于哪种新策略更加符合实际、更能取得成效，则是另外一个需要深入思考的重大问题了。

五、跑偏式平抑

不管是与一个旗鼓相当的对手相抗，还是与一个比自己强大的对手周旋，面对自身差距和不足时，都不能视而不见、任其存在，都需要奋起直追，想方设法予以弥补。但所想之方、所设之法，哪种能够更迅速地赶上对手？哪类能够更有效地制衡对手？却需要进行仔细斟酌、综合权衡。敌人搞什么，我们也跟着搞什么，这是一种追赶、弥补的思路；敌人搞一种东西，我们另搞一种东西，也是一种追赶、弥补的思路。两种思路并无优劣之分，但在建设路径、发展重点、最终成果，特别是应对策略、制胜机理、应用指导等方面，往往大相径庭。而最突出的差别在于，“跟随式追赶”的，始终也赶不上的可能性会更大一些；“跑偏式发展”的，实现换道超车的可能性会更大一些。道理无他，独辟蹊径发现别有洞天而已。

在某一领域，要么能够高人一筹、技压群雄，要么能够别树一帜、自成一派，否则，将难以成为领军人物，难以占据领先位置。国家与国家之间的竞争，军队与军队之间的对抗，想要超过敌人、制衡敌人，也是这样。对于后者，大国强国也都另眼相看，也曾屡试不爽。20 世纪中叶，出现了美苏太空竞赛。苏联率先于 1957 年 10 月 4 日将第一颗人造地球卫星送上天，其后，不给美国留下任何机会，接二连三地把小狗“莱卡”，把月球 1 号、2 号、3 号探测器，直至把航天员加加林送上天，而且很快实现了人类第一次太空行走、第一位女航天员上天，筹备了人类第一个太空站，等等。这让美国人陷入前所未有的恐慌，形成前所未有的压力，不只是因为这意味着苏联拥有了洲际打击能力，还因为美国自己的科技神主地位、超级大国形象、自由世界领袖脸面等都受到了严重威胁和巨大损害，从而迫使他们拼命追赶。美国在对手发展火箭、我也发展火箭，对手送人上天、我也送人上天的同时，清醒地知道，这种亦步亦趋、紧追对手的战术是行不通的，于是决定换道超车，推出了让人难以置信、起码苏联人就不信的“阿波罗”载人登月计划，以实现跨越式发展。这种跨越式发展，就具有了跑偏式平抑的性质。所谓跑偏式平抑，核心要义是不按敌人的套路出牌，采取另起炉灶、另搞一套的策略，发展和使用出敌意料、令敌错愕，属于不同思路、不同类型、不同体制、不同性质，甚至是不同物质的手段或方法，以此制衡、抵消对手的优势。美国人最终做到了这一点，凭借载人登月的辉煌成就后来居上，一举扭转了太空竞赛颓势，平抑了苏联的影响力。跑偏式平抑可以成就大作为，所以，在大国博弈较量中并不缺位。在把握这一制衡平抑策略的过程中，需要以新颖性构想、突破性转折、非线性制衡为武器，努力拓展新思维，把触角伸向前沿未知的新领域之中，努力开辟新境界，把探索放在制敌谋胜的新机理之上，积极寻求跨越发展，能弯道超车就弯道超车，能换道超车就换道超车，积极推进技术创新，有新概念技术就研发新概念技术，有新体制技术就尝试新体制技术，注重展开不走直线的对抗，你在这边称霸，我就到那边称雄，注重实现不求等价的增效，你用航母作为利器，我就发展反航母手段进行平抑，等等；需要以提高敌所不及的核心竞争力、掌握敌所未有的新质战斗力为目标，坚持自主创新，加大在差异性方面的投入，不搞跟着别人照猫画虎、如法炮制那一套，坚持跨越发展，推进在领先性方面的反超，不受别人已有经验、已有成果的诱惑，坚持出奇制胜，形成在对抗性方面的优势，不做别人早就做过、早就做成的事情，形象地说，就是力争取得如同中国华为公司在5G技术领域的成就，让美国人既相当错愕，又相当错乱，还相当抓狂一样的效果；需要以机敏、前瞻、勇气为前提，主要是拥有机警敏锐的品质，能够对敌我情况及态势变化做到察觉快、了然于心，反应快、先谋于敌，主要是拥有向前看、往深看的本事，能够看清别人一时尚未看清的趋势，理解别人一时尚未理解的事物，主要是拥有敢想敢干、毫不畏惧的气概，在充满未知面前敢为天下先，在充满危机面前敢设大棋局，在充满挑战面前敢逆水行舟，在充满风险面前敢孤注一掷。能够做到这一切，就会另辟蹊径、勇开新路，就会一点突破、全盘主动，产生“一步两阶”甚至“一步多阶”效应，进而谋取到我跳到圈外重新建立优势、敌留在圈内逐步丧失优势的不对称优势，确保甩开敌人、赶超敌人。这就是跑偏式平抑的作用机理。这一作用机理的终极目标是，暂时置当面敌情、当前威胁于不顾，从新的领域、在新的方向给敌人制造更大的挑战，形成有力的反威胁。

跑偏式平抑具有全新思考、全新设计和全新发展的显著特征，因为别具一格，能够出人意料，所以是制衡对手的有效策略。不过，在实际博弈中，能否想到并应用这一策略，最大的问题在于，能否克服“别人那样干、我却这样干，行不行”的狐疑。毕竟，这种“跑偏式发展”存在着较大的不确定性。但是，制敌制胜很难，制敌制衡也不易。如果在正常发展的轨道上，已经不能打破敌人的优势，那么，放手一搏、大胆一试，很可能成为不得不做出的关键决断。

六、攻击式平抑

历史早已昭示人们，没有只进不退的战争。按照同样的逻辑，也不应有只防不反的对抗。消极防御、被动防御，或者说只防不反、只守不攻，从来是没有出路的。在一个弱肉强食的丛林世界，攻击性是赖以生存、赖以成长的基本手段，是不可或缺、不可替代的优秀品质。美国作为拥有世界霸权的最强大国家，在一切领域都充满着攻击性。只要不如意、不遂愿，轻则举起制裁大棒，重则发出战争威胁，直至发动侵略战争。虽然不是唯一因素，但没有这一条，就不会有今天的地位；没有这一条，就不会有那么多国家退避三舍或者俯首听命。不只美国是这样，被中国网民称作“战斗民族”的俄罗斯也大致是这样，虽然没有达到“想打谁就打谁”的攻击境界，但“谁打我，我就打谁”的攻击品性，为地球人所熟知，也为其敌人所忌惮。可见，超级大国以及大国强国都是具有攻击性的。而一个没有攻击性的国家，是不可能成长为大国强国，不可能得到别人真正的尊重敬畏的，不仅如此，其能否生存下去都将变成令人担忧的问题。这是因为，这样的国家在强大壮大之前，很可能已被他国控制，又或者已被他国干掉。从这个意义上讲，不管大国强国还是小国弱国，都要有攻击性。

与一个比自己强大的对手周旋相抗，无论从什么意义上讲，都是一件非常困难,有时是非常痛苦的事情。如果面对的仅是处处为难、步步受限、时时委屈，还不算是最困难、最痛苦的，最让人感到困难和痛苦的是，一旦搞不好，很可能前功尽弃，甚至完全失败。这才是不可承受之重、不可承受之痛，却又是经常显现的风景、经常发生的故事。已经烟消云散的伊拉克萨达姆政权、利比亚卡扎菲政权是这样，一时岌岌可危的叙利亚巴沙尔政权、委内瑞拉马杜罗政权也是这样。所以，相对弱小一方要生存、要发展、要超越，绝非易事，没有过人的智慧，没有高明的策略，没有特殊的手段，没有必要的条件，是难以抵御敌人、难以战胜敌人的。其中，需要关注一种制衡策略，就是攻击式平抑。不过，大国强国与小国弱国，在攻击性上是有所区别的，主要是攻击目标、范围、手段、强度、时机、效果等方面存在不同。换言之，攻击可以用来毁灭对手，可以用来惩戒对手，可以用来警告对手，也可以用来反制对手，可以用来威慑对手，等等。有鉴于此，所谓攻击式平抑，就是利用所有惩戒、警告对手或者反制、威慑对手（包括极端状态下的毁灭对手）等手段，通过攻势制衡，使敌人感到不安全、受威胁而被迫做出防御反应，形成以攻逼守、以攻逼退的格局，或者通过绝地反击，把自己具有的独特性优势、致命性威力显现出来，必要时发挥出来，争取死地求生、换局转势的机会。对于小国弱国来说，当受到敌人的极限施压、强力逼迫，尤其是到了退无可退的地步时，既可以尝试以小博大，也可以争取以弱抑强。在把握这一制衡平抑策略的过程中，需要以确立进攻理念、塑造进攻态势为武器，强化“进攻是有力的策略”“进攻是最好的防御”意识，即便不是处处与敌针锋相对、寸步不让，起码也要有点棱角、带点锋芒，有时哪怕搞点虚张声势也很必要，注重既生“虎狼”之齿，又造“刺猬”之形，更养“雄霸”之气，该逼人时咄咄逼人，该拒人时拒人千里；需要以特殊的制衡手段、有利的制衡条件为支撑，要么掌握一击致命、为敌所惧的武器装备，使敌不敢轻举妄动，要么占据一夫当关、万夫莫开的地缘优势，使敌不能放开手脚，要么拥有一损俱损、倾力相助的强大外援，使敌不得不投鼠忌器，构建起攻击式平抑的防护圈；需要以多法并举、多力并用为保证，根据不同情势，将正规的诸如政治的、外交的、经济的等攻击方法与非正规的诸如网络的、隐蔽战线的等攻击方法结合起来，将软性的诸如舆论的、法理的、心理的等攻击手段与硬性的诸如示强的、震慑的等攻击手段结合起来，将军事的攻击力量与非军事的攻击力量结合起来，迫敌做出妥协或者让步。能够做到这一切，就会让敌人充分认识我不怕事、敢打事的强硬立场，充分感受我出狠手、打硬仗的明确意图，充分领教我遇攻击、必反击的坚定决心，在我破釜沉舟、拼死一战的威胁和压力面前被迫有所收敛，不使局势失控，进而谋取到以小抑大、以弱克强的不对称优势，形成有力的或者暂时的又或是哪怕有些脆弱的制衡。这就是攻击式平抑的作用机理。这一作用机理的终极目标是，敌进我进，反逼对手向后退缩；硬顶硬抗，力保自己利益不失。

需要注意的是，攻击式平抑，绝不是盲目攻击，绝不是冲冠一怒，更不是自杀式攻击。面对敌人的强势进逼和巨大压迫，虽不能坐以待毙，也不能自取灭亡。但有时，拿出“成功虽无把握，成仁却有决心”的气势，以自杀式攻击相威胁，未必不是一个有力的选择。所谓“一人投命，足惧千夫”。一个人豁出命来，足以吓阻住一千人。如果一个国家准备拼命，其能量则更加不容小觑。尤其是当这个国家尚有一定实力、能够给对手造成一定威胁和损害的情况下，豁出命来也要拼一下，有什么不可以的呢？

第八章　经略之要

从启蒙之时，我们即接受这样一种哲学观点：世界是物质的，物质是运动的，运动是有规律的，规律是可以认识的。据此审视人类战争这一特殊社会现象，不难看到，它具有独特的物质形态，同时具有独特的运动状态，也不难看到，依附其上的还有独特的精神形态，以及在认识过程存在着独特的运行状态。所以，战争也是运动的，也是有规律可循的。而作为战争终极智慧，经略不对称属于战争指导和作战指导范畴，是认识层面的能动反应，其本身也有复杂的运行状态，还有特殊的内在规律。从而决定着，经略不对称不是仅有主观意愿、不是凭想当然就能恣意而为的事情，还必须认识和把握特有的规律，遵循一定的原则与要求，讲求一定的方法与技巧。事实上，经略不对称是有“捷径”可走的，也是有“秘诀”可鉴的，更是有“失衡”可以作为追逐目标的。而能否找到“捷径”、掌握“秘诀”、实现“失衡”，关键在于是否掌握超凡思维这张真正的“王牌”。毕竟，过人的智慧源于超凡的思考。利用这种超凡的思考经略不对称，往往能够在激烈对抗与较量中带来丰厚的回报。具体操作时，把握的重点可概括为“经略不对称十八要则”。

第一节　开掘“捷径”

多走捷径、少走弯路，这是人所共有的本能，也是人所共求的目标。谁人不知，走捷径更能节约体力，更能节省资源，更能提高效率，更能又好又快地达成目的。因此，有捷径不走而非要走弯路，无论如何都不能说是明智的选择。指导战争、指挥作战，包括经略不对称，当然也会有这样的本能和目标。虽说有时“为了向正面而向侧面，为了走直路而走弯路”[①]，其本身就是一种特殊的捷径，但这毕竟只是辩证意义上的捷径，不是本质意义上的捷径。这里所说的“捷径”，在本质意义上更像是逢山凿洞、遇水搭桥一般，力求更短距、更直接，也包括更巧妙、更机智地解决问题。不过，走捷径先要找捷径，必须知道，“好风凭借力”的“好风”发自哪里，“曲径通幽处”的“曲径”藏在何方。这就像只有拨开和平的迷雾才能看清战争、只有拨开战争的迷雾才能看清战场一样，只有找到捷径才会走上捷径，才会在经略不对称之中真正掌握主动和优势。

一、扩大的是差距

古人说，“权然后知轻重，度然后知长短”[②]。认为对待两种事物或者两个物件，称一下才会知道谁轻谁重，量一下才会知道谁长谁短。正所谓没有比较就没有差别。其实，有句俗话更加一针见血：不比不知道，一比吓一跳。为什么会吓一跳？主要是一方经过对比、掂量之后，猛然发现与对手在某些方面存在较大的甚至是致命的差异或者差距，极易产生焦虑，直至产生恐惧。在赛场上，差距将决定胜败；而在战场上，差距将决定生死。这就是为什么差距会使人焦虑、会使人恐惧的原因。

经略不对称的一大要则，就是要千方百计地扩大敌我双方的某些差距。这是因为，一旦敌人与你有差距，你就会占据某种优势；同样，一旦你与敌人有差距，敌人就会占据某种优势。所以，只要有条件，就要努力扩大双方的差距。扩大这样的差距，既可以是单项的差距，也可以是多项的差距，既可以是局部的差距，也可以是

① 毛泽东 . 毛泽东选集：第 1 卷［M］. 北京：人民出版社，1991：196.

② 军事科学院 . 中国古代兵法选辑［M］. 石家庄：石家庄陆军学校翻印，1984：207.

整体的差距，既可以是一个领域的差距，也可以是多个领域的差距，同时，既可以是静态对比的差距，也可以是动态经略的差距，等等。鉴于敌我双方无论在哪个领域、哪个方面都不可能完全一样，总会表现出这样或那样的不同，我方可能在这个领域、这个方面有优势，敌方可能在那个领域、那个方面有优势，即使在同一领域、同一方面，双方也会有长有短、有高有低、有强有弱，这原本属于正常的现象。然而，高明的一方却能抓住并利用这些高低强弱的差距，主动扩大或经略这些差距，而给自己赢得优中更优或者劣中有优的不对称较量态势，陷对手于被动之地，甚至置对手于死地。第二次世界大战时期的不列颠空战，德国集中1300余架战斗机和1300余架轰炸机发动空袭，其第一位的企图是，在一个月内打垮仅有700余架战斗机且多数性能相对低劣的英国空军。为此，他们把英军战斗机部队列为“头号目标”，想以引诱出战、快速消耗的战术，扩大双方空战力量的数量差距，占据更有优势的主动地位。但英军并不上当，采取备足后手、避实击虚的战法，始终保留一支精锐的空中预备力量，尽量避免与敌战斗机单独作战，集中兵力对付庞大而笨拙的德国轰炸机群，并充分利用问世不久的雷达在目标探测方面的显著技术优势，使来袭敌机全部落入“雷达陷阱”，以敌我在新技术应用上的差距，弥补了飞机数量不足的差距，取得以损失各类飞机915架、飞行员414人的代价，击落敌机1733架、击毙和俘虏敌方飞行人员6000余人的巨大胜利。

战争是一个你来我往展开激烈对抗的过程。在这一过程中，此消彼长是一种经常发生、无法避免的动态变化。这一动态变化，既可能因为双方原有的诸如多与寡、强与弱的差距而加剧，也可能因为对抗出现了诸如多与寡、强与弱的反转而转换，但无论加强了此消彼长，还是转换了此消彼长，这些扩大了的差距都会为下一步组织实施的作战行动创造出更为有利的条件。所以，扩大差距才会成为经略不对称的一个要则。不列颠空战中，双方都知道各自的强点弱项在哪里：德军经略的不对称是以多打少，聚力消灭敌方的战斗机，以扩大双方力量对比的原有差距，争取让对手彻底丧失制空权；英军经略的不对称则是以战斗机主打轰炸机，努力消除对其本土的最大威胁，并借助雷达技术在战场感知方面的优势，扩大双方力量运用的最新差距，促成力量对比的敌消我长、对抗格局的敌劣我优，实现以少制多、以弱胜强。富有戏剧性的是，开战伊始，“被吓了一跳”的是英军，战至最后，“被吓了一跳”的却是德军。都想以己之长、击敌之短的双方，利用数量优势扩大双方力量对比差距来争胜的一方，最终败给了利用技术优势扩大双方力量运用差距来争胜的一方，这给人们留下了深入思考的空间。它充分说明，仅仅知道敌我之间存在可资利用的这样或者那样的差距，还不能确保打胜仗，只有看清这些差距具有什么性质、能够发挥什么作用以及懂得如何加以巧妙利用，才会确有把握地打胜仗。虽说采取增加数量、改善性能、创新战术等措施，都能扩大敌我双方的某些差距，但只有当这些差距是己方主要优势、核心能力与敌方主要优势、核心能力的对比差距时，对作战成败的影响才会更带有决定性。就像英军战斗机数量虽然不足，但借助雷达技术应用优势，却让德军飞机数量优势化为乌有一样，双方都在利用和扩大某种固有差距来谋取不对称优势，只是由于各自差距之间存在着质的差别，从而使某些差距所形成的压力和威胁，反而显得不那么巨大、不那么紧要，也不那么致命了。

二、塑造的是独特

汉语中的“异类”一词，泛指不同种类人群、不同种类禽兽或者不同种类事物。在特殊语境针对某一特殊对象时，常会作为一种蔑称来使用。平时说一个人很“异类”，更多的是含有贬义，而不是含有褒义。但不可否认，但凡“异类”之人，往往非常独特。其特就特在，不按常规思维，不按常态做事，不按常理出牌。这在某种意义上，反倒是一个难得的优点。尤其在战争领域，做一个与敌人完全不同的“异类”并不可耻，反而会因为不走寻常路、不做平凡事的独特，而让敌人感到很无奈，甚至感到很可怕。所以，经略不对称的又一要则，就是要积极塑造自己的独特。

独特性，通常是明显有别于敌人的突出个性，是为我所独有、为敌所不具的东西。这样的独特性，既可以是政略层面的道路独特、理论独特、制度独特、文化独特，又可以是战略层面的定位独特、任务独特、指导独特、策略独特，还可以是战役战斗层面的作战形式独特、具体行动独特、制胜机理独特、指导原则独特，也可以是建设层面的能力需求独特、项目设计独特、发展路径独特、建设成果独特。另外，还可以是素质层面的思维独特、阅历独特、见解独特、行为独特等等。无论哪个层面的独特性，从实际应用与具体效能来看都非常宝贵，都可能变成制敌谋胜的某种不对称优势，让敌人因为你的独特而望洋兴叹、无能为力，或者屡遭败绩、无计可施。在政治领域，例如2020年新冠病毒全球大流行期间，中国政府就表现出政治体制、政治制度与西方完全不同的独特性所拥有的优势。这种独特性，概括地说就是集中力量办大事，全心全意为人民。它确保中国政府在世界各国政府中交出的是唯一的最优答卷，不仅更为广泛地赢得了本国民心，而且更加强烈地震撼了整个世界，使东方政治优势与西方政治差距的不对称一目了然。同样，在军事领域，例如毛泽东指挥的红军在用兵打仗上也非常具有独特性。这种独特性，如果概括为一句话，就叫作积极防御，如果归纳为三句话，就叫作诱敌深入、拣弱的打、打歼灭战。事实证明，红军什么时候保持了这种独特性，就会拥有与敌人作战的不对称优势，而以弱胜强、多打胜仗。当然，一旦偏离了这种独特性，就会失去与敌人作战的不对称优势，而优胜劣汰、必打败仗。

这些事例都在告诫人们，塑造和保持自己的独特性非常重要。对于一个人来说，唯有与众不同，方显一枝独秀。而对于一个国家、一支军队来说，或许不一定能成为最强、最好的一个，但一定要成为最特别的一个，否则，如何抗衡、如何战胜比自己更强大的敌人？不过，这样的塑造必须突出自身的适应性。塑造独特不是单纯的求奇求怪、另搞一套，而要求真务实、量身打造，真正搞清楚什么是自己所需要的，什么更可能适合自己。2019 年 1 月，美国国防部出台新版“星球大战”计划，即《导弹防御评估报告》，特朗普得意地宣称，将“重启和重塑美国的导弹防御系统”。发展导弹防御系统，是美国基于追求绝对安全的一种战略考虑。鉴于连《华盛顿观察家报》都认为，“在发动核战争时，特朗普的太空卫星是否能可靠地抵御中俄的攻击令人质疑”[①]，那么其他国家是否跟着美国有样学样，也要追求绝对安全？这很值得深思。同时，这样的塑造必须突出实践的可行性。塑造独特不能一厢情愿，不是想怎么塑造就怎么塑造，想塑造什么就塑造什么，还要讲求必要的条件，处理好主观与客观的关系、需要与可能的关系。再以美国构建新的导弹防御系统为例，其众议院军事委员会主席亚当·史密斯就认为，这个系统“技术挑战性太大，而且成本过高”。其国内媒体也认为，“最终我们只会留下一个非常昂贵且无用的卫星系统”[②]。发展导弹防御系统无疑会形成一种很独特的优势，但它不是一个一般的大工程，而是一个超级大工程，如果没有强大雄厚的实力基础予以支撑，那么这样的独特并不具有吸引力，这时就要另辟蹊径，去塑造其他的独特。而更为关键的是，这样的塑造必须突出积极的求异性。塑造独特一定不能照着别人的模样“穿衣戴帽”，必须拒绝模仿，不当只懂得追赶的“追赶者”，而应寻找一个能让你与领先者相抗衡的对立属性，或者开创一个能让你与领先者相对抗的崭新领域。可以说，让自己独特的最简单办法，就是强化求异性。这就像是否发展导弹防御系统一样，既然耗资巨大且可能没什么用，那么，与其防不胜防，何不转守为攻，聚力发展进攻性武器？这不是同样很独特吗？

三、运筹的是意外

毛泽东讲过一段名言：“错觉和不意，可以丧失优势和主动。

① 环球时报，2019-01-21.

② 环球时报，2019-01-21.

因而有计划地造成敌人的错觉，给以不意的攻击，是造成优势和夺取主动的方法，而且是重要的方法。”[①] 什么叫造敌错觉？就是让敌人产生知觉扭曲、事物误认。什么叫攻敌不意？就是让敌人没有想到、没有准备地被动挨打。前者可以通过我之主观努力，使敌人产生某种“误会”、出现某种“错乱”，形成我误导误诱与敌误判误动的不对称；后者可以通过我之突袭奇袭，使敌人在始料未及、措手不及之中陷入慌乱混乱，以致遭受失败，形成我先谋先制与敌无戒无备的不对称。由此引申开来，“造成敌人的错觉，给以不意的攻击”，也是经略不对称的重要方法。就其实质及效果而言，两者均注重给敌以意料之外的困扰或打击。

这便涉及经略不对称的另一要则，就是巧妙运筹用兵的奇谲之道，给敌人制造“意外的”崩溃感受、构建“意外的”挨打态势。这样的意外，既可以是认识上的、理念上的、感知上的意外，又可以是手段上的、行动上的、样式上的意外，还可以是时机上的、方向上的、目标上的意外，也可以是方法上的、机理上的意外，等等。运筹意外的核心是想不敢想象之事、行不可思议之举，效果是让敌人难以招架、无从应对。用普鲁士元帅老毛奇的话说就是，敌人如果提供给我三种选择，我总是选择第四种。领略战争历史不难看到，善于运筹意外，亦即能够出意外之谋、造意外之局、打意外之仗，通常是高明的指挥员掌握战场主动、赢得作战胜利的重要保证。比如，可以超敌预想用兵。太平洋战争爆发时，日本既没有南下也没有北上，而是东进突袭了珍珠港，在进攻方向上让美国人完全没想到；英阿马岛战争时，撒切尔夫人不惜劳师万里坚决而快速地出兵马岛，在战争决策和作战行动上让加尔铁里完全没想到。可见，实施意想不到的攻击，很容易给敌方造成突发性被动，甚至引发全局性被动，而收到出奇制胜、一击致命的效果。又如，可以破敌定见用兵。你以为战场上暴露目标等于自寻死路，但柏林战役时的朱可夫，却偏

① 毛泽东．毛泽东选集：第2卷［M］．北京：人民出版社，1991：491.

偏下令突然打开143部探照灯照射敌方阵地而使守军惊恐万状，帮助苏军一举突破了德军防线；你以为山地、森林、沙漠和雨季是机械化部队的行动禁忌，但远东战役时的华西列夫斯基，却偏偏选在雨季，让担任主攻的坦克机械化兵团从日军意料不到的蒙古东部翻越大兴安岭，穿森林、过沙漠，直逼沈阳；你以为“蜀道之难、难于上青天”就能困住对手，但楚汉争雄时的刘邦，却偏偏上演一出“明修栈道，暗度陈仓”的好戏，从鲜为人知的陈仓道杀了出去。所以，千万不要以为，你以为你以为的就是你以为的，在战场上，一切皆有可能，任何先入为主的东西、已成定见的东西，都可能给你带来意外，而招致失败。再如，可以不着边际用兵。珍珠港遭袭后，美国积极谋划报复行动，破例使用航母搭载陆军航空队16架B-25中型轰炸机，对东京等城市发动了一次让日本人搞不清美陆军航空队来自哪里的空袭行动，一时被称作“来自香格里拉的空袭”，把敌人打得晕头转向、非常茫然。诸如此类手段选择的不着边际、兵力运用的不着边际，包括作战行动的不着边际、攻击领域的不着边际等，往往因为“不着边际”而让敌人摸不着门道，极易陷入完全的被动，极易产生巨大的震撼。

运筹意外需要有些小聪明，这在战术层面非常重要。头脑不够灵活、反应不够机敏、临机不会变通、遇险不擅巧对，只会循规蹈矩、呆板僵硬地设计作战、指导作战，想要造敌不意、攻敌不意，是很难做到的。不过，运筹意外更需展现大智慧。这样的大智慧，仅以诺曼底登陆战役为例，通常都是总揽全局、一体运筹——当时，法国北部较适宜的登陆地点有3处，即康坦丁半岛、加莱海滨和诺曼底地区，盟军经过认真分析和评估利弊得失后，最终确定诺曼底为登陆地点；通常都是隐真示假、声东击西——为了迷惑敌人，盟军不仅在加莱对岸的多佛尔港口虚拟了以巴顿为首的美第一集团军司令部，而且在奥维尔、多佛尔、福克斯通等港口和泰晤士河口构筑了规模宏大的假码头，还从洛斯托夫特到诺福克郡、从德文河到泰晤士河口的几乎所有港口、河湾设置了大量的登陆舰和其他舰艇模型，并在登陆战役开始时刻，出动上千艘装着角反射器、拖着涂铝气球的模拟舰艇，派出一批作战飞机和运输机，在加莱地区实施了战役佯动；通常都是顺详敌意、巧固成见——盟军对德国大本营和希特勒坚信加莱地区更危险的判断并强化加莱方向的作战准备情况了如指掌，为此，除了在其当面假戏真唱，展开虚假登陆准备外，还因势利导，有重点地轰炸加莱地区，整个准备阶段在加莱的投弹量超过同期在诺曼底的投弹量的两倍，以致盟军已经在诺曼底成功实施了大规模登陆，德国大本营和希特勒仍不相信那里会是主攻方向，继续将主要兵力用于防御加莱地区。足见，运筹意外必须注重依托正常谋反常，注重明枪当中藏暗箭，善于使敌人陷入“假作真时真亦假、无为有处有还无”的迷魂阵，在其懵头懵脑的时候，或者自以为是的时候，插上决定性的致命一刀。

四、构设的是颠覆

什么是战争的大手笔？直白地讲，战争的大手笔，就是“打出一个新世界”。借用毛泽东那句惊天地、泣鬼神的名诗来形容，就是“敢教日月换新天”。在这个世界上，不会再有比改天换地更大的手笔了。那么，改天换地的本质属性是什么？当然是除了颠覆，就只剩下颠覆了。所谓颠覆，是立足超凡思维、依托新颖手段、按照特殊路径、采取独到策略而对某一事物发展、某一活动运行所作的重塑性谋划和根本性改变，是乾坤颠倒、主客换位、首尾倒置的巨变、质变。这样的巨变、质变，相对于思想的小转小换、手段的小修小补、方法的小改小动、行动的小打小闹等渐变、量变来说，无论怎么看，都会构成极端的不对称。而如果你比敌人更善于构设颠覆、经略颠覆、运作颠覆，你就更有可能也更有把握置敌于死地，至少能给敌以致命性打击。从这个意义上讲，经略不对称的另一要则，就是展开颠覆的运筹，创造颠覆的条件，采取颠覆的行动，达成颠覆的效果。

通常，颠覆的构设，既可以从制度颠覆、体制颠覆进行构设，也可以从人心颠覆、形象颠覆进行构设，既可以从思想颠覆、认知颠覆进行构设，也可以从习惯颠覆、心理颠覆进行构设，既可以从方向颠覆、路径颠覆进行构设，也可以从结构颠覆、行动颠覆进行构设，既可以从技术颠覆、手段颠覆进行构设，也可以从战术颠覆、方法颠覆进行构设，等等。纵观一切颠覆的构设，无论在政治领域还是在战略层面，也无论在战争领域还是在战术层面，从来都是以本质的改变、以彻底的否定、以绝对的反转为目标追求的。例如，1847年11月，马克思发表《共产党宣言》，指出共产主义运动成为不可抗拒的历史潮流，昭告了“一个幽灵，一个共产主义的幽灵在欧洲大陆徘徊”，确立了“消灭私有制”“推翻资产阶级的统治”“夺取资产阶级的全部资本”的奋斗目标，公开了共产党人“用暴力推翻全部现存的社会制度”的斗争路径，就是一次对旧有政治制度、政治体制的颠覆构设，并在70年后的“十月革命”中得以实现。又如，中国自1978年改革开放，尤其是经过21世纪头十余年的快速发展，“中国力量”的增长在美国看来开始具有“结构破坏”的巨大潜力，美中之间已由原来的“牛对羊式”甚至是“牛对兔式”的力量对比，演变为“大象对大象式”的力量对比，此消彼长完全超乎想象，某种程度上被看作是中国的一次对现有战略格局特别是力量对比的颠覆构设，让当今美国人充满了焦虑和恐惧。再如，基于大数据、云计算、人工智能等技术创新，推动着智能化作战平台和力量体系迅猛发展，正在使未来作战更加凸显动态聚合、集群增效的作战形态，更加凸显隐形预置、适时激活的力量运用，更加凸显系统支撑、自主反应的行动控制，更加凸显精准剥离、智慧释放的效能发挥，也是一次对以往战争形态的颠覆构设，已经叩响未来颠覆性战争的大门。此外，战争史上的闪击战，则是一次以坦克集中使用为突破，而对以往战术运用的颠覆构设，其结果同样令人瞠目结舌。由此可见，颠覆的构设肯定都是大手笔，但大手笔绝不是凭空产生的，而是有规律可以遵循、有条件才能支撑的：其一，要想“打出一个新世界”，先要“设计一个新世界”，共产主义的美好愿景、中华民族的伟大复兴、智能战争的前瞻设想、闪击作战的超常勾画，这些都是完成上述颠覆构设的大前提；其二，要想“打出一个新世界”，还要“找到一种新路径”，马克思倡导的暴力革命、邓小平提出的改革开放、先悟者勾勒的技术突破、古德里安领悟的集群突击，这些都是完成上述颠覆构设的路线图；其三，要想“打出一个新世界”，需要“凝聚一股新动能”，推动“全世界无产者联合起来”所形成的社会磅礴伟力，实现“四个现代化”特别是“全民致富”所形成的人心强大引力，抢占技术领先优势所形成的战争破坏威力，运用闪击惊悚战术所形成的战场超级压力，这些都是完成上述颠覆构设的助推剂。

我们可以看到，战争的大手笔，都是制敌的催命符，能够导致可怕的不对称较量。其实，不仅战争的大手笔是这样，即使某些战场的小切口也常是这样，恰如“针尖大的窟窿透过斗大的风”，也能带来可怕的颠覆性后果。第一次世界大战时，德军一名参谋连续4天发现对面的法军阵地后方一处坟地上，一只名贵的波斯猫总是定时出现晒太阳。德军指挥官据此判断，坟地下面应当是个掩蔽部，并判断这只猫的主人是一位高级指挥官。于是集中6个炮兵营进行轰击，将整个坟场夷为平地。事后查明，这里还真有一个法军旅级指挥所，其人员已全部毙命。这在启示人们，战场上的小切口虽然多是细枝末节，但细微之处可能存在着用于进行颠覆构设的抓手。时刻保持机敏，善于见微知著，发现并利用这样的抓手，也会成为制敌的催命符，形成直击敌人要害的不对称较量，从而一战决胜。反过来，也在告诫人们，必须高度关注战场上的细节颠覆问题，因为一个不小心，就很可能使自己面临颠覆性的风险、受到致命性的威胁，而让对手趁机打出一个说大不大、说小不小的“新世界”。

五、攻击的是弱点

避强击弱，历来是克敌制胜的一个重要法则。实际上，这一法则是自然界里的“丛林法则”在战争对抗中的天然流露。“丛林法则”的本质是弱肉强食，但它具有两方面的基本含义：一方面，叫作遇弱而食，占据食物链顶端、中端的动物利用与生俱来的不对称优势，会猛烈攻击并吞噬所能遭遇的一切中端、底端的动物；另一方面，叫作遇强而逃，处在食物链中端、底端的动物，会本能远离或被迫躲避顶端、中端动物的攻击。无论哪个方面，都表现出一个共性特点，就是“主动”：一个是因为对手有弱点而“主动攻击”，一个是因为自己有弱点而“主动避让”。这说明，弱点这个东西有好坏之分：对手的弱点是个好东西，自身的弱点是个坏东西。对于经略不对称来说，还需把握的一个要则，就是善于抓住对手的弱点，猛烈攻击对手的弱点。

攻击对手的弱点之所以可作为一个要则，主要是因为，不只是弱小的对手会有明显的甚至是无法克服的弱点，哪怕是再强大的对手也会有潜在的甚至是难以回避的弱点，一旦对其实施攻击，很容易以较少的努力、较小的代价取得事半功倍的显著成效。这样的弱点，既可以是人员生理的又可以是人员心理的，既可以是装备功能的又可以是装备维护的,既可以是力量结构的又可以是力量运用的，既可以是后勤储备的又可以是后勤部署的，既可以是空间限制的又可以是时间限制的，等等。当弱点暴露之时，就会陷入危险之中。吴起曾经罗列过 13 种“可击之敌”，个个都是弱点昭昭：“敌人远来新至，行列未定可击；既食未设备可击；奔走可击；勘劳可击；未得地利可击；失时不从可击；涉长道后行未息可击；涉水半渡可击；险道狭路可击；旌旗乱动可击；阵数移动可击；将离士卒可击；心怖可击”[①]（敌人远道而来，尚未完成作战部署可突击；正在进食没有做好作战准备可突击；奔走力竭可突击；士兵过度疲劳可突击；没有占领有利地形可突击；违背天时可突击；长途行军后续部队尚未到达可突击；半渡时可突击；进出隘路可突击；部队混乱可突击；战斗部署变动频繁可突击；将领脱离部队可突击；部队心生恐惧可突击）。通常，弱敌才是“可击之敌”，也是“好打之敌”，

① 军事科学院．中国古代兵法选辑［M］．石家庄：石家庄陆军学校翻印，1984：143.

这就印证了毛泽东为什么一再强调要“拣弱的打”，恰恰在于这样打符合因为孱弱所以好打、因为好打所以可击的内在逻辑。但必须看到，弱点常常有，捕捉并不易，攻击更不易。这中间，你想扬长击短、打敌弱点，先要在寻敌之弱上下功夫。知敌是制敌的前提，不仅对弱敌不能小视要知之，对强敌尤须重视更要知之，要运用对立统一法则去辩证地分析对手，善于从其身上发现长中之短、优中之劣、强中之弱。比如，预警探测雷达再先进，也要选在孤立、突出、暴露的高处进行部署，就其防护而言，显然是一个空间限制的弱点。只有找到这样的弱点，才会为打敌弱点创造条件。你想扬长击短、打敌弱点，还要在造敌之弱上下功夫。兵法上讲，敌能战，应不与战，要逸能劳之；肥的拖瘦，瘦的拖死，要饱能饥之；敌不与战，却不得不战，要安能动之；等等。这些都是在要求，尽最大努力去变更敌人强点存在的时间、地点和状态，迫使或诱使其暴露弱点，或者说先使敌人变弱，再与之进行交战，才会使自己拥有不对称较量的某种优势。你想扬长击短、打敌弱点，更要在制敌之弱上下功夫。打弱敌、攻弱点，并不是想打就能打得上、想攻就能攻得了，也不是找到弱点、造出弱点就一定能打得成。想要打敌弱点，不仅需要解决好制敌之策、制敌之术的问题，更要解决好制敌之技、制敌之能的问题。人人知道，天基武器平台是构建联合作战体系、实施远程精确打击的基本依托，也是作战能力和作战效能的“倍增器”，但因其孤悬于太空，且基本处于不设防的状态，一旦受到干扰、迷盲、阻塞或者硬摧毁，上述能量和优势将不复存在。不过，这也需要你先拥有干扰、迷盲、阻塞或者硬摧毁的手段及能力，才能算作是对手的真实弱点。

弱点除了有好坏之分外，还有轻重之别。无论是敌是我，都会存在这种情形：有的弱点微不足道，没有大碍；有的弱点非常严重，攸关生死。经略不对称需要防止两种倾向：一种是把微不足道的弱点看重了。比如，很多人都说，美军打仗怕死人是一个突出弱点。殊不知敢于满世界打仗本身恰恰说明，为了美国利益，他们并非不能承受一定伤亡甚至重大伤亡的代价，未见得真有多么害怕。说这个弱点微不足道，显然有些轻描淡写；若说这个弱点极其严重，肯定有些夸大其词。另一种是把非常严重的弱点看轻了。早在20世纪60年代就有美国人指出，以洛杉矶为中心的地区，人为聚集的人口和全套工业，都无须敌人动用核武器，只消几枚重磅炸弹，从空中投下或秘密布设在6个大水坝后面，就可完全扼杀这个生产实体[①]。足见，这样的弱点才是死穴。攻击对手的弱点，需要把上述两种弱点清晰地区分开来，始终将矛头对准那些牵一发而动全身的严重弱点，才能真正地打痛、打垮、打服敌人。

六、谋取的是易胜

“胜于易胜”，这是孙子提出的一个重要思想，其本意是“战胜容易战胜的敌人”。为什么要打这样的敌人？因为这样的敌人一定会比你的力量要小，或者比你的装备要差，或者比你的能力要弱，或者比你的态势要险，又或者比你的士气要低迷。一句话，打这样的敌人，你会拥有轻轻松松就能战而胜之的某种或多种不对称优势。打仗是一件千难万险的事，谁人不想击敌软肋，确保轻松制敌、轻松胜敌？不是出乎意料、不到万不得已，没人愿意把仗打成“啃硬骨头”之仗。既然“胜于易胜”更有助于达成这样的目标，自然会得到军事家的青睐，也就顺理成章地成为经略不对称一个必不可少的要则。

战争的实践已经证明，易胜既可以通过谋取数量优势来实现、也可以通过谋取质量优势来实现，既可以通过谋取要素优势来实现、也可以通过谋取体系优势来实现，既可以通过谋取能量优势来实现、也可以通过谋取信息优势来实现，既可以通过谋取天时优势来实现、也可以通过谋取地利优势来实现，既可以通过谋取装备优势来实现、也可以通过谋取素质优势来实现，既可以通过谋取技术优势来实现、

① 瑞吉纳德·布雷特诺.决定性战争[M].北京：军事科学出版社，1989：28.

也可以通过谋取战术优势来实现，等等。谋取易胜的基本思路，从作战筹划来看是避难击易，从打击顺序来看是先弱后强，从力量运用来看是能击不能，从攻击效果来看是稳操胜券，不打力所不及之仗，不打勉为其难之仗，尤其不打杀敌八百、自损两千甚至杀敌未果、反受其累之仗。借用约米尼的话说就是："一个侵入性的战争，若是要想成功，则规模的大小一定要和所想获得的目的，与所要克服的障碍，能够成比例。"[①] 其实，一个战役性行动哪怕是战术性行动又何尝不是这样，你的作战企图和作战指导、打击目标和行动规模、主要样式和基本战法，都要与你能克服的战场障碍、与你能化解的作战阻力相适应，确保形成某种不对称较量才行。我们从毛泽东在抗美援朝战争初期的作战指挥中，可以清晰看到这样的思维脉络和指导轨迹。一个是，要选择更有把握的攻击对象。用老百姓的话讲，这叫作"柿子要拣软的捏"；用军事家的话讲，这叫作"敌人要拣弱的打"。毛泽东在志愿军入朝参战之初即电示，"第一仗似以打伪军为主为适宜"；"首先歼灭伪一、伪六、伪八等师，然后再打美英军。如伪一师与英美军在一起则暂时也不要打伪一师"；"我军第一个战役须确立以歼灭上述三个伪军师为目标"；"就总的方面说，只要能歼灭伪军全部或大部，美军即陷于孤立"。[②] 所谓"攻坚则轫，乘瑕则神"[③]（管仲语：打强敌可能碰钉子，打弱敌更容易成功），这恰是谋取易胜的内在逻辑。另一个是，要确定更具可能的攻击目标。通俗地讲，就是作战胃口不能过大，大了会消化不良甚至消化不了，可能导致想象的易胜变成实际的难胜。对于吃掉美军主力，毛泽东一直念念不忘，一旦出现有利的作战时机和战场态势，也会跃跃欲试，将进攻矛头直指美军。他曾一再电示，"坚

① 约米尼．战争艺术［M］．北京：战士出版社，1981：11.

② 毛泽东．毛泽东军事文集：第6卷［M］．北京：军事科学出版社，中央文献出版社，1993：156，161，163，245.

③ 军事科学院．中国古代兵法选辑［M］．石家庄：石家庄陆军学校翻印，1984：156.

决歼灭北进的美军第二师，此是第一紧要事，其余都是第二位”；“集中我四十二军、三十八军、四十军、三十九军歼灭美骑一师、第二师、第二十五师等三个师的主力。只要这三个师的主力歼灭了，整个局势就很有利了”；“如能以一个军的主力再歼灭社仓里地区美三师的两个团，则意义极大”①。然而，实际的交战情况让毛泽东逐渐看清了客观的对抗格局：“历次战役证明，我军实行战略或战役性的大迂回，一次包围美军几个师，或一个整师，甚至一个团，都难以达到歼灭任务。”②这说明，任何作战企图、作战目标都必须以能胜、易胜为尺度，否则将会使现实对抗难结胜果，反而可能陷入困境。再一个是，要使用更为相称的攻击力量。打仗必须量力而行，有什么条件打什么仗，有多大能力打多大仗，绝不能随意超出限度，不打只有期望却无条件的仗。毛泽东在梳理总结前期作战经验后，对志愿军的作战规模、作战目标等问题及时做出调整，指示“似宜每次作战野心不要太大，只要求我军每一个军在一次作战中，歼灭美英土军一个整营，至多两个整营，也就够了”；“多打小规模的歼灭仗，……每个军一次求得歼灭敌人一两个建制连到一个建制营”。③不难看出，这种新打法更易形成泰山压顶之势，一口就能吃掉敌人。

科学技术的飞速发展，让从事战争的手段和方法取得了惊人进步，超强的技术杀伤力、超级的作战破坏力、超常的自主控制力正在使作战行动变得越来越高效。想要谋取易胜的人们，理当高度关注这些更为有力、更具前景的技术手段和攻击方法，以使经略不对称拥有一个强大而雄厚的物质基础。比如，网络战容易发动、破坏力强，已经使任何网络系统都没有绝对安全可言，即使军用网络信

① 毛泽东．毛泽东军事文集：第6卷［M］．北京：军事科学出版社，中央文献出版社，1993：190，217，237.

② 毛泽东．毛泽东军事文集：第6卷［M］．北京：军事科学出版社，中央文献出版社，1993：282.

③ 毛泽东．毛泽东军事文集：第6卷［M］．北京：军事科学出版社，中央文献出版社，1993：282，292.

息体系也难以确保万无一失，导致连美国人都不得不承认，“美国的信息网络将保持安全的设想已经变得无效”“任何针对美国金融机构和关键基础设施，如港口、高速公路和电网进行网络攻击，都会严重破坏美国经济和美军快速动员以及海外增兵的能力”。可见，利用新技术、开辟新途径，显然更有利于谋取易胜，也更有利于有效制敌。

第二节　把握“秘诀”

打胜仗需要战争智慧提供有力的支撑与保证。这表明，但凡战争智慧，都会有制胜秘诀。作为战争终极智慧的经略不对称，更会有制胜的特别秘诀。这些特别秘诀特在何处？其特就特在，可以制造诸如思路诡异而致敌惑、行动奇谲而致敌乱、手法阴毒而致敌惧等不对称反应，可以创造诸如“以计代战一当万”“胜兵若以镒称铢”“力有不敌而势均”等不对称奇迹。掌握和应用这些特别秘诀，将在军事竞争或战争对抗当中，能够实现兵以诈立、兵以奇胜，能够达成威加于敌、诡道制敌，能够经略以实击虚、以弱抗强，等等，进而牢牢掌控作战主动权和行动自由权。

一、把起跑变成抢跑

“抢跑”，是一个体育用语，有抢先一步、提前出发的意思。在体育赛场上，这是一种明令禁止的犯规行为，谁敢抢跑，谁就会受到处罚，甚至会遭到淘汰。然而，战争是特殊的竞赛，取胜是唯一的目标。无论是敌是我，想要赢在起跑线上，都必须起步要早、起步要快、起步要猛，争取一上来就把对手甩在身后，才会成为赢家。如果不是这样，反倒是让对手抢跑在先，自己落在后面，则很可能因为慢了半拍甚至两拍、三拍，而最终输给对手。所以，在战争领域，“抢跑”不是受处罚的行为，而是受鼓励的行为，早已潜移默化地变成战胜对手、赢得胜利的一种自觉意识和必然选择。这中间，就蕴含着经略不对称的大智慧。

把起跑变成抢跑，高明之处在于抢先一步，能够形成以先制后的不对称；深邃之处在于未战先胜，能够运筹敌败我胜的不对称。很多时候，优势是抢出来的，主动是抢出来的，战机是抢出来的，胜利也是抢出来的。其奥秘主要体现在“六先”上：一是先知。善于以敏锐的洞察力循着细微迹象发现大征兆，以超凡的理解力穿透混沌无序看清大趋势，从错综复杂的矛盾中抓住主要矛盾，在浅表平常之中透过现象看本质，做到神知鬼不觉、我知敌未觉，自然会“动而胜人，成功出于众”[①]（孙子语：一出手、一行动就能获胜，比一般人更成功）。二是先悟。掌握一叶知秋、见微知著，触类旁通、举一反三的诀窍，能够找到寻常与奇谲之间、平直与突变之间、潜性与显性之间、现实与未来之间的相互联系点和有机嵌入点，在“树愈静”之中体察到“风不止”，在“人皆醉”之中保持着“我先醒”，做到把风险料在前面，把危局控在前面。三是先谋。不只注重“谋贵从时”（计谋贵在符合实际），更加注重谋在敌先，提前捕捉攸关安危存亡的端倪，及时把握引发质变突变的枢纽，预先谋划有效应变应战的策略，做到预研没有疏漏、预判没有死角、预估没有空白，不会出现“出乎意料”“仓促上阵”“勉为其难”的状况。四是先备。按照“思则有备，有备无患”[②]（考虑到了才会有所准备，有所准备才会没有祸患）“不备不虞，不可以师”[③]（不做好应对风险忧患的准备，是不可以用兵作战的）“防乱于未乱，备急于未急”[④]（在战乱没有爆发之前就设法制止它，在危难没有到来之时就设法

① 吴如嵩.孙子兵法浅说［M］.北京：战士出版社，1983：126.

② 军事科学院.中国古代兵法选辑［M］.石家庄：石家庄陆军学校翻印，1984：31.

③ 军事科学院.中国古代兵法选辑［M］.石家庄：石家庄陆军学校翻印，1984：132.

④ 军事科学院.中国古代兵法选辑［M］.石家庄：石家庄陆军学校翻印，1984：31.

防备它）的标准要求，预先搞好作战筹划，预先展开必要准备，做到祸水到来之前，先把堤坝筑牢。五是先机。不仅能够掌握作战行动上的先机，还能掌握战争观念上的先机、军事思想上的先机、作战指导上的先机、行动样式上的先机、技术装备上的先机、制胜方式上的先机、作战方法上的先机等等，并能根据形势发展变化，或者隐忍不发、暗中用力，以积蓄作战潜在效能，或者择机而用、一鸣惊人，以获取战场优势地位。六是先制。一旦开战，要毫不动摇地坚持“先下手为强”，即便可能受制于战略背景、力量对比、战场环境等诸多因素，而难以随心所欲地取攻势行动，也要突出以攻助防，有首战或接战即取攻势的筹划与准备，力争给敌人以重创，哪怕最终只能取得小胜，努力在被动之中争取主动。还有一种情形，用毛泽东的话讲，就是“处在强敌的进攻面前，若不退让一步，则必危及军力的保存”[①]，而主动实施的退却，这可视为特殊的“先制”。在这一过程中，如果做到如孙子所说，“退而不可追者，速而不可及也”[②]，也就是自己的后退使敌人无法追击，是因为行动快得让敌人追赶不上，则更可视为一次成功的“抢跑”。综合地看，“六先”当中，先知、先悟、先谋是经略“抢跑”的起点，先备、先机、先制是经略“抢跑”的落点，彼此互为因果、互为支撑，才能在起跑时制造出“抢跑”的不对称较量。

不过，即使能把起跑变成抢跑，也未必确保最后能赢。这是体育赛场上的经验，也是战场对抗的经验。山本五十六偷袭珍珠港，虽能先发制人、一时得手，给美军以重创，却最终输掉了战争，就是一个例证。那么，如何让“六先”赢得的不对称优势持续下去？除了实现“抢跑”之外，还要关注“领跑”问题。也就是在抢得半步之优、一时之快的同时，要么跑出“加速度”，利用某种有效路径或特有优势，一点一点地拉开与对手的距离；要么跑出“耐久力”，适时补充能量、调整快慢策略，努力保持与对手的相对距离优势；

①　毛泽东．毛泽东选集：第1卷［M］．北京：人民出版社，1991：206.

②　吴如嵩．孙子兵法浅说［M］．北京：战士出版社，1983：73.

要么设置“障碍物”，围绕“急停”“转弯”“摔跟头”不断出损招、阴招，就像美国为了遏制中国崛起，又是打贸易战、又是打科技战进行迟滞、阻击一样，彻底打乱对手的比赛节奏。但无论从方法看还是从效果看，“抢跑”，经略的是不对称，“领跑”，经略的也是不对称。

二、将极端推向极致

如果说，办事有板有眼、中规中矩，还能算是一个正面评价，但若说，打仗有板有眼、中规中矩，某种意义上就不算是什么正面评价了。这是因为，有板有眼，多是有条理、有步骤的反应，体现的是某种程式性；中规中矩，多是合乎情理、合乎标准的行动，体现的是某种规律性。不过，一旦到了战场上，这将存在着被敌人看破、识破，自己反受其制、反受其害的巨大危险性。所以，打仗不能过于有板有眼，不能过于中规中矩，而尤其要有别出心裁的运筹，要有剑走偏锋的睿智，要有铤而走险的勇气，要有孤注一掷的决绝，敢于在特别时刻、危难关头做出极端反应、采取极端行动。不仅如此，还要尽力让这些极端反应、极端行动出人意料、难以理解，操作中变本加厉、没有底线。这样的所为，就是将极端推向极致。

将极端推向极致，同样充满着经略不对称的大智慧。一方面，极端反应相对于正常反应，其本身就会构成一种不对称；另一方面，极端反应如果带有狡黠、充满算计，则会加剧并扩大这种不对称。其实，战争一直是运筹极端、展现极端、博弈极端的大舞台。人们熟悉的诸如作战决心上的“破釜沉舟”“决一死战”，作战指导上的“不计成败”“不惜一切代价”，作战地域上的“投之亡地”“陷之死地”，作战行动上的“放手一搏”“一锤子买卖”，作战力量上的“押上全部家当”，作战方法上的“杀鸡偏用牛刀”，作战目标上的“确保相互摧毁”，等等，都是某种极端思维、极端策略、极端行动的最直接表现，有时也可以说是最智慧表现。将极端推向极致，通常都会立即给对手制造极大的麻烦，形成极大的压力，甚至会构成极大的威胁，产生极大的震撼，还可能因此而扭转态势，一举打开局面。1947年8月7日，根据毛泽东的战略决断，刘伯承、邓小平发出命令，要求部队勇往直前，不要后方，不向后看，千里跃进大别山。在随后的20多天里，刘邓大军12万人马，以放手一搏、拼尽全力之心，以遇佛弑佛、遇鬼斩鬼之锐，以狭路相逢勇者胜的无畏气概，冲过陇海路，越过黄泛区，连续突破涡河、沙河、汝河、淮河等一道道障碍，先后战胜数十万敌军的围追堵截，直插敌人的心脏地区，创造了战争史上的一个壮举。考察这段惊心动魄的历史，可以明显感到，不要后方、自断后路，只管向前、不顾其余，向着敌人的心脏地区千里跃进，完全违背依托根据地打仗的既有原则，已与疯狂几无二致，无论怎么看，都是一个极端的决定，都是一次极端的行动。但正是这种极端，打了蒋介石一个冷不防，促成国共双方攻防格局的战略性转变。其中，把极端推向极致之作为，给了后人一些重要启示：一要下狠心，敢于铤而走险。刘邓千里跃进，确是一步险棋，但毛泽东认为，“如陈谢及刘邓不能在两个月内以自己有效行动调动胡军一部，协助陕北打开局面，致陕北不能支持”[1]，为此指示刘邓，“下决心不要后方，以半个月行程，直出大别山，……吸引敌人向我进攻打运动战”[2]，并明确，“总的意图是将战争引向国民党区域，使我内线获得喘息机会，以利持久”[3]。可见，从毛泽东到刘伯承、邓小平，都是下了最大狠心，有点铤而走险实施了这次外线作战。二要出奇兵，注重突然发力。极端之举不仅展现的是一种超常化、绝对化状态，而且一旦出手，往往让人预想不到、猝不及防，很难快速有效地进行应对。刘邓千里跃进，就是抓住蒋介石两个“拳头”

---

① 毛泽东．毛泽东军事文集：第4卷［M］．北京：军事科学出版社，中央文献出版社，1993：158.

② 毛泽东．毛泽东军事文集：第4卷［M］．北京：军事科学出版社，中央文献出版社，1993：147.

③ 毛泽东．毛泽东军事文集：第4卷［M］．北京：军事科学出版社，中央文献出版社，1993：189.

分别打向陕北和山东，却将中原地区这个“软腹部”暴露出来之际，突然实施的中央突破，打得蒋介石一时没有缓过神来，还以为刘邓大军是连战疲惫，“北渡不成而南窜”，直到渡过沙河，兵锋指向淮河时，才如梦方醒。三要打重拳，坚持攻敌所怕。不是任何情况下的任何极端行动都不可承受，这是由极端行动所能造成的危害程度决定的。只有将极端之举打到敌方痛点、打向敌方死穴，才会令其害怕。刘邓千里跃进，直取大别山区，看中的正是其东窥苏皖、西控川陕，既可威逼武汉又可震撼南京的独特战略价值，打得恰恰是敌人的要害，结果一击即痛，仅大别山一地，最多时就拖住蒋介石的 33 个旅。四要拼血本，必须不计代价。既然是极端决定、极端行动，那么，付出的代价肯定会超乎寻常。但付出代价的大小其实并不重要，重要的是，这样的代价应当怎么算，是不是值得付出。刘邓千里跃进，12 万人马降至 5 万余，重型装备全部丢掉、扔掉，实力受到极大削弱，代价不可谓不大，但正像毛泽东于战前指出的那样，“此种代价，无论起何种作用均须准备付出，但如能取得变化全局之作用，则付出此种代价更加值得”[①]。换言之，敢于走极端，并将极端推向极致，就要付得起极端的相应代价。

战场上的极端决定、极端行动并不少见，比如，项羽的破釜沉舟，韩信的背水为阵，均属此类，但要说时时极端、处处极端、仗仗极端也是不对的，否则，就可能出现“常走夜路遇见鬼”的情况，招致一战不胜、全军覆没的结果。所以，“极端事”“极端策”不是很轻易、很随意就可以去做的，一定是基于某种顶点状态，或者是应对某种绝境状况，才不得已冒死一试、不顾一切。当然，一说极端就是孤注一掷、死打硬拼也是不对的，还要巧用谋略、精心运筹，以争取发挥极端本身的最大效能。但不得不说，只要做出极端反应，只要采取极端行动，就一定会与对手形成不对称对抗态势，起码会让对手大吃一惊，甚至完全陷于被动。而战争实践早已证明，“极

① 毛泽东．毛泽东军事文集：第 4 卷［M］．北京：军事科学出版社，中央文献出版社，1993：171.

端策”有时恰恰就是“最优策”。

三、让刀尖更加尖锐

刀尖是什么？对于一支军队来说，刀尖就是核心竞争力，就是核心战斗力，或者说，就是一击致命的“撒手锏”，就是所向无敌的“三板斧”。核心竞争力、核心战斗力从来都是军队打仗的根本依靠，其优劣强弱直接攸关生死、决定胜败。我们当然承认，人的因素在核心竞争力、核心战斗力中的突出地位和决定作用，同时承认，人的因素在一个时段或一个时期内会有起伏、会有变化，对核心竞争力、核心战斗力可能产生正面有分量的影响，也可能产生负面有分量的影响，但在同一时段或同一时期内，物的因素特别是武器因素的功能效能却是基本不变的。因此，此处所谓让刀尖更加尖锐，暂且不论作为“变量”的人的因素，只说作为“恒量”的武器因素。

让刀尖更加尖锐，实质是确保自己的核心竞争力、核心战斗力具有对敌作战的不对称优势。在拼死搏杀的战场上，没有谁不想让自己的刀尖比对手更加锋利，毕竟，尖于对手、锐于对手，才更有可能掌握优势、更有把握打败敌人。即便一时不具备这样的优势，也要积极创造条件，以使自己的刀尖变得尖锐起来，把相对的优势努力建立起来。这是别无选择的竞争，也是没有退路的对抗，你若不尖不锐、没有优势，只有死路一条。那么，如何让刀尖更加尖锐？其一，注重以新求锐经略不对称。敌对双方的技术优势或差距，能够形成巨大的不对称。优势越大或者差距越大，相互之间不对称的坡度就会越大，作战胜负的天平倾斜角就会越大。懂得这个道理就不难理解，依靠技术进步和装备创新，是夺取作战优势、弥补作战劣势的根本出路。环顾当今世界，美军在军事技术方面一骑绝尘、遥遥领先，却仍在不遗余力地加大投入，所求所图正是以新求锐，牢牢掌握与其他大国军队之间的不对称优势，让自己的刀尖始终都比别人的更加锐利。其二，注重以用求锐经略不对称。装备都是建出来的，因此实验数据很重要，这是刀尖锐利与否的物质支撑，具有与生俱来的不对称；装备又是用出来的，因此作战数据更重要，这是刀尖锐利与否的实践验证，具有真打实抗的不对称。此外，装备有时还需要超限发挥，因此敢于突破数据极限也特别重要，这是刀尖锐利与否的智慧挑战，具有超限制敌的不对称。20世纪60年代，中国空军突破歼六飞机装备极限，采取超限高跃升的办法，成功击落了美国G–147高空无人侦察机，让对手没想到；而在马岛战争中，阿根廷空军也曾突破装备极限，敢于超作战半径使用作战飞机袭击英国特混舰队，采用的是加油机出海接应作战飞机的办法，也让对手没想到。这说明，不怕做不到，就怕想不到，具有某种意义的真理性，非常有助于武器装备的以用求锐经略不对称。其三，注重以联求锐经略不对称。现代战场不是一两件武器可以主宰的，必须依靠多种武器装备的综合运用，但最大限度地发挥主战武器、制敌利器的技术效能，仍将是与对手形成不对称优势，进而取得最佳作战效果的关键因素。为此，可以软硬“联”，比如，把电子进攻与火力突击融为一体，形成联动制敌的合力；也可以长短“联”，比如，把一种装备的短项，置于其他装备的长项掩护之下，形成相互支撑的格局；还可以新旧“联”，比如，把最新手段与老旧装备搭配使用，打好“组合拳”，形成借力发力的共生效应。马岛战争时，阿根廷空军常用陈旧落后但数量较多的A–4型攻击机组成4机编队，吸引英军防空火力，以掩护超级军旗飞机实施攻击，就是借助新旧“联”而保刀尖锐利的一种独特经略。其四，注重以体系求锐经略不对称。刀尖再锐，也只是局部之锐。如果再配有“刀身之长”“刀背之厚”的优势，就会形成整体之锐。换言之，只有体系支撑的战力，才会除了“尖锐”之外，还会有“势大”+“力沉”的作战威力，进而与对手拉开距离，形成不对称对抗态势。

虽然从战场实际对抗看，体系支撑确实是让刀尖更加尖锐的重要途径，但同时，体系支撑本身也会存在巨大风险：一旦某些关键节点遭到袭击或破坏，体系支撑的战力很可能出现大幅削弱甚至完全丧失的状况。从这个意义上讲，以体系求锐经略不对称并不可靠，这将取决于你的对手在体系破击上到底会有多大的能力和能量。如果你的对手足够强大，那么，就要高度警惕“体系陷阱”，努力摆脱“体系依赖”，不能指望体系支撑的战力能够真的带来具有决定性的帮助。这就像美军作战过度依赖天基系统一样，用日本人的视角看问题：优势卫星已经变成美国软肋，在中俄这样的国家面前，正成为美国的“阿喀琉斯之踵”。因此，要发挥装备最大效能，让刀尖变得更加尖锐，还必须坚持多法经略、多法并重的原则，不能把立足点完全放在体系支撑上。必须看到，面对强敌时，既求“拳头”硬又求“块头”大，很可能受制于人、难以施展；但求“拳头”硬、不求“块头”大，很可能更为有力、更为有效。而这恰恰体现了经略不对称的辩证逻辑。

四、与对手背道而驰

老子曾经提出过一个重要哲学观点，叫作“反者道之动”。通俗地讲，就是事物发展到极端状态，会发生反向运动或转化。这或许是“反动”一词的最早出处。不过，在中国，“反动”一词除了在物理学领域是指反向运动外，在历史学领域是指与历史发展方向相悖的言行，在政治学领域则泛指反对进步、反对社会变革的言行，因此名声一直不好，人人唯恐避之不及。其实，另有一句流传久远、人所常用的“反其道而行之”，就蕴含着“反动”的意思，却并不带有贬义。足见，“反动”在人们心理上是被视为可接受的现象或状态，只不过表述差异会带来不同结果而已。所谓与对手背道而驰，实质是相对于敌人思想或行动的一种“反动”，借用毛泽东的话讲就是：“凡是敌人反对的，我们就要拥护；凡是敌人拥护的，我们就要反对。”[①] 表面看，毛泽东的名言充满着斗争精神，内涵上则体现着深邃的斗争智慧，就是处处跟敌人“不一致”、处处跟敌人“对着干”，坚持反向而为、反向而动。这不正是一种经略不对称的战

① 毛泽东．毛泽东选集：第2卷［M］．北京：人民出版社，1991：590.

争终极智慧吗?

与对手背道而驰，通常可表现为泾渭分明的立场不对称，表现为南辕北辙的方向不对称，表现为分道扬镳的路径不对称，表现为天差地别的对策不对称，等等。它具有显著的自主性，坚持按自己的意志行事，完全不受制于人；具有鲜明的求异性，注重谋求有利可图的另辟蹊径、与众不同；具有强硬的对抗性，不惧与对手形成根本的对立或完全的相悖；具有可期的转折性，可能促进整个局势或局部态势发生全新的转变。与对手背道而驰的一个根本着力点，就是要建立“你想要这样”而“我偏不这样”的对抗逻辑。仅就这一点来说，毛泽东就是一位无与伦比的大师。毫无疑问，毛泽东军事思想博大精深，充满着战争智慧，与对手背道而驰仅是他诸多战争智慧中克敌制胜的一招，但只此一招，便已胜敌无数。其可圈可点、可思可鉴之处在于：一是反敌政治图谋而动。“道不同”，怎么办？圣人之训是“不相为谋”。“不相为谋”确实是一种对策，但“针锋相对”也是一种对策，而且一定是更加有力的对策。毛泽东深谙此道，针对抗战初期汪精卫提出的“反蒋、反共、亲日”三个口号，非常明确地指出：“我们的口号一定要和汪精卫的口号有区别，一定要和汪精卫的口号对立起来，而决不能和他相混同。他要反蒋，我们就要拥蒋；他要反共，我们就要联共；他要亲日，我们就要抗日。”[①] 正所谓“汉贼不两立”。面对敌人，在政治立场上必须旗帜鲜明，在政治态度上必须斩钉截铁，决不能当妥协派，更不能当投降派，这是重大原则问题，考虑到这样做还有助于拉住政治盟友、巩固政治同盟，那么，就只能也必须针锋相对，与对手背道而驰了。二是反敌战略选择而动。毛泽东在这方面的一系列举动与成就，堪称是后世的典范。土地革命战争时期，你军阀不是逐鹿中原，抢夺大城市、抢占地盘吗？我偏偏去经略农村，搞“工农武装割据”；你不是想让红军打阵地战而被一举剿灭吗？我偏偏要诱敌深入，“以

① 毛泽东．毛泽东选集：第2卷［M］．北京：人民出版社，1991：590.

保存军力，待机破敌”。抗日战争时期，你日军不是想实现战略速决吗？我偏偏跟你打持久战；你不是想在正面战场进行战略决战吗？我偏偏到敌人后方去，打“独立自主的山地游击战”。解放战争时期，开始时你蒋介石不是磨刀霍霍想打内战吗？我偏偏高举“和平建国”大旗，不惜深入虎穴，到重庆与你谈判；后来你不是想划江而治吗？我偏偏要打过长江去、解放全中国。伟人毛泽东的辉煌成就告诉人们，顺大势者，可以成大事；逆大势者，同样可以成大事。可见，在顺之者昌、逆之者亡的“大势”面前，不是没有例外，甚至不止仅有几个例外。但这里有一个重要前提，就是所逆之“势”一定是可逆之“势”，有时，也可能是奋起一搏的不得不逆之“势”。三是反敌作战预期而动。但凡与毛泽东交过手的，都有一个极大的不适应，就是把不准脉搏、跟不上节奏：你所想的刚好不是他所想的，你要做的刚好不是他要做的。比如，1950 年的志愿军入朝作战，又如，1962 年的解放军对印作战，中国出手都完全不在对手的预期之内，所以一出手就把对手打懵了。即便在战役战术层面，毛泽东也常常是反敌作战预期而动，坚持你打你的、我打我的，并让我打我的完全与你的不一样，坚持你攻我的内线、我打你的后方，而让我打你的后方完全超出你的想象，坚持你救你的必救、我打你的救者，让我打你的救者完全使你防不胜防，等等，非常善于在多种攻防进退行动中与对手背道而驰，牢牢掌握着不对称较量的主动权。

与对手背道而驰作为一种“反动智慧”，既可以当作制胜的智慧来用，比如，敌进我进；又可以当作避险的智慧来用，比如，敌进我退；有时还可以当作妥协的智慧来用，比如，山不过来，我就过去。但无论怎么用，都不是刻意而为的“反动”，也不是勉为其难的“反动”，更不是不计后果的“反动”，还必须坚持谨慎的原则，不能因为与对手背道而驰导致兵入险境，还必须坚持务实的原则，不能因为与对手背道而驰导致以卵击石，还必须坚持趋利的原则，不能因为与对手背道而驰导致重大损失甚至失败，否则，只会离克敌制胜、化险为夷或者促成妥协越来越远。

五、用手枪对付大象

先来做一种假设：当你不得不近距离地直面一头凶猛狂暴的大象时，如果只有匕首、砍刀、手枪三种手段可供选择，你会选择哪一种手段？毋庸置疑，你一定会选择手枪。虽说三种手段都是近战武器，但握有手枪，才有可能心里不慌。假如手里拿的是匕首或砍刀，那就只会剩下跑路的份儿了。无论在世界历史上，还是在战争舞台上，都会经常看到这样的情形：一个国家、一支军队不得不面对或是体量巨大，或是实力超强，或是兼而有之，犹如庞然大物一般的敌人，且不得不与之对抗，甚至不得不与之展开殊死较量。这种时候，敌超强、我超弱成为一种天然的不对称对抗状态。然而，即便双方存在如此悬殊甚至极端的不对称状态，也常会看到，有的弱小一方不甘束手就擒，选择奋起抵抗，并千方百计地找寻制衡强敌、战胜强敌的生路或出路。其间，尤以经略用手枪对付大象一样的不对称态势为核心追求。

用手枪对付大象，本质是以弱抗强，以小博大，目标是争取态势反转，或者促成均势重构。具体表现是，一方面着眼在不对称对抗之中超越不对称，亦即在充分发掘自身潜力的同时，积极争取外力、借助外力、聚合外力，努力实现敌超强、我超弱力量对比和对抗态势的根本改变；另一方面，着眼在不对称对抗之中平衡不对称，亦即如果达不成上述目标，也要通过以上方法和路径，争取与强敌形成某种均势，哪怕这种均势不够稳固甚至比较脆弱也是好的。通俗地讲，用手枪对付大象，其实就是"利用不对称因素建立平等关系"。换言之，我虽然弱小，但我拥有制约、制衡你的有力武器；你虽然强大，但你并不敢完全无视我的制约、制衡武器而贸然采取行动。"利用不对称因素建立平等关系"，既需要非凡的力量因素或能力因素给予支撑，更需要超凡的智慧因素进行运筹。第一种智慧，叫作"大团结战略"。团结大多数，融合朋友圈，建立统一战线，促成"抱团取暖"，常常是用手枪对付大象的第一选择。东盟就是一个典型例子。如今的东盟之所以吸引大国的注意，并不是因为某些国家重要,而是因为作为整体的东盟已初步具备影响东亚格局的战略潜力，甚至初步具备与大国博弈和对抗的能力，成了东亚地区一支不可忽视的战略力量。而任何一个东盟国家要想在大国博弈的政治战场上立于不败之地，则必须依靠东盟这个平台，否则，就是痴心妄想，就是以卵击石。所以，东盟这个整体就是对付其他势力特别是大国的手枪。第二种智慧，叫作“大树下战略”。也就是俗话所说的“大树底下好乘凉”。你的实力可以不如对手，但这并不妨碍你去找一个能够为你遮风挡雨、提供安全庇护的强大靠山，一旦有事能替你罩着，哪怕惹是生非也能替你兜住底，不会让你受委屈，不会让你受到致命伤害。在这一点上，东欧一些国家、东北亚一些国家都非常精于此道，注重依附大国求生存、谋利益，虽然看上去有点“狐假虎威”，但这个“虎威”正是对付“大象”的手枪。第三种智慧，叫作“大杀器战略”。管仲有言：“制适，器之至也”[①]（能控制敌人，是武器精良的结果）。戴高乐则强调：“我们要为自己准备的是防范和压制敌人的武器。”[②]基辛格更是认为：“我们的时代之所以是一个发生革命性变化的时代，其标志就在于战略武器保持着高度的战备状态并且具有巨大的摧毁能力。”[③]但同时他又无可奈何地说：“一个国家可以强大得足以摧毁它的对手，但是却不能再能够保护它自己的人民不受攻击。”[④]可见,国有重器锐器,方可慑敌拒敌。尤其是对于那些体量不大或者实力不足的国家来说，手中握有大杀器，才有可能实现与强敌的真正抗衡。俄罗斯之所以能够以世界二流的国力支撑着世界一流的影响力，首先是因为本身是数一数二的

① 曹步墀,程秀龙.兵家名言词典[M].太原：书海出版社，1991：25.

② 许保林，刘子强.中外军事名言录[M].北京：军事科学出版社，1986：215.

③ 曹步墀,程秀龙.兵家名言词典[M].太原：书海出版社，1991：431.

④ 军事科学院战略研究部.话说战略[M].北京：军事科学出版社，1987：62.

核大国。这也难怪美国总统特朗普会不止一次地强调，俄罗斯与美国的核武器占到全球的90%，美国必须与俄罗斯融洽相处。在这里，核武器成为俄罗斯对付美国这头大象的手枪。

可见，善战者求之于势。两国交兵、两军对垒，谁人不想谋取横扫千军的胜战之势？然而，作为弱小一方，在未战之时特别是险恶态势之下，能够激发内在潜能自强图存，能够联手强大外力遏强拒敌，最终从严重的失衡状态达成哪怕是初步的平衡状态，实现转危为安，已经绝对称得上是一个战略胜利。从这个意义上说，用手枪对付大象，重在抓住两点：一要经略不被强大对手侵犯之势；二要经略不被强大对手战胜之势。其中，握有的手枪必须是一把真手枪，要有可信可靠的威慑力，尤其要有让强大对手感到畏惧的杀伤力，而绝不是一支徒有其表、毫无威力的“玩具手枪”。唯其如此，才能有效应对挑战，真正挽救危局。

六、讲胜利不讲公平

对于军人来说，把胜利作为唯一追求、唯一目标，绝对无可厚非。因为一旦作战失利，则往往意味着失去生命、失去一切。所以，全力争取作战的胜利特别是“争取自己的胜利”（毛泽东语），天经地义。古往今来，在把握如何争取自己的胜利问题上，可谓见仁见智，莫衷一是。不过，只做赚钱生意，不做亏本生意，却是难得的各方共识。在打仗这件事情上，没有谁不想得到一本万利的回报。那么，想要一本万利，哪条路径、哪条策略最有效？当然是与敌人多做不公平交易了。毕竟，唯有不公平交易，才能确保作战收益大于作战投入；唯有超级不公平交易，才能确保收获作战投入的超级利润。所以，不与敌人讲公平，显然又是一种作战大智慧。

从一般意义上理解，公平意味着对等，而不公平意味着不对称。但是，与体育竞赛讲公平原则正好相反，战争恰是一场不讲公平的竞赛，到处充斥着不对称竞争和不对称对抗，人人都企望能以自己的“全副武装”碾压敌人的“赤手空拳”，而且无须感到羞耻或不安。

这就是为什么，有的人会倡导为了胜利可以不择手段，有的人会鼓吹为了胜利甚至可以不讲道义。美军打仗也曾立过一条规矩：绝不让自己的部队陷入一场公平的战斗。比较而言，说不择手段的太过露骨，说不讲道义的太过流氓，美军说得“文明”一些，但本质是一样的，都是为了胜利而主动经略不公平。通常，经略不公平主要是围绕交战双方在一定时空范围内，形成作战部队数量多寡的不公平、质量优劣的不公平、性质异同的不公平、手段强弱的不公平、方法巧拙的不公平，以及形成战场信息的不公平、战场环境的不公平、作战态势的不公平和行动样式的不公平、行动速度的不公平等来展开，都是要确保拥有与敌人作战时的不对称优势。经略这样的不公平，最本能的反应是改变制胜手段。毕竟，作战手段越新，相较于敌人的作战能力就会越强，或者差距就会越小，更容易打成不公平之仗，战则必胜的把握也就越大。当交战双方中的一方主要是由机械化装备武装起来，而另一方主要是由信息化装备武装起来，打的即是不公平之仗，由机械化装备武装起来的一方，几乎没有获胜的可能性。经略这样的不公平，最灵动的策略是改变对抗方法。机动灵活，不拘常法、定法，总能给敌人以不意的打击，而你能想得到，对手却想不到，自然会形成不公平交战的态势，让你拥有了更多的作战优势。当敌人对你打游击战、运动战已经成为一种刻板印象或是思维惯性，而你突然跟他打起了攻坚战、阵地战，那就不只是存在打他个措手不及的问题，更会构成某种不公平交战的局面，而使敌人付出高昂代价。1948 年 6 月至 11 月间，粟裕在豫东战役中攻克开封之战，在济南战役中攻克济南之战，以及在淮海战役中先后围歼黄百韬兵团、黄维兵团和杜聿明兵团的作战中，都是一改惯用的大踏步前进、大踏步后退的运动战战法，跟对手打起强硬的攻坚战和顽强的阵地战而取得的巨大胜利。经略这样的不公平，最关键的动作是改变作战规则。把握的核心是绝不理会、更不遵守敌人的作战规则，尤其不能用敌人的规则自缚手脚、按敌人的规则亦步亦趋，坚持以不守规则、自创规则的作战指导和行动，与敌人打不公平之仗。如果引申开来研究问题，你想战胜敌人吗？那就一定不能以敌人的政治标准为标准，不能以敌人的价值标准为标准，不能以敌人的理论标准为标准，不能以敌人的舆论标准为标准，不能以敌人的作战标准为标准，这才是正确的做法。经略这样的不公平，最有效的攻击是改变以牙还牙。总以构建敌我双方不公平对抗条件和不对称较量态势为主要着力点，能以长击短就不以长拼长，能以硬击软就不以硬碰硬，既可变以牙还牙为以锤还牙，也可变以眼还眼为以牙还眼，通过向敌之柔软处、薄弱处开刀，打成不公平之仗。比如，但凡战争体系，都会有一些颇具战略价值和潜力意义的支撑点，这样的“支点”，既有军用目标，也有军民两用目标，还有民用目标。特别是那些军民两用或民用目标，通常面积较大、防护较弱，一打就乱、一打就瘫，一旦遭袭或被毁，往往会带来强力震撼和全局性连锁反应。以锤还牙、以牙还眼，应当多打这样的支撑点。

不过，要做到讲胜利不讲公平，还有一个至关重要的方面，就是一定要有自己的主见，不能有战争观念受制于人、作战理念受制于人、交战规则受制于人、制胜路径受制于人等问题。具体一点说，就是不能别人讲体系制胜你也跟着讲体系制胜，别人讲精确作战你也跟着讲精确作战，别人讲速战速决你也跟着讲速战速决，别人不让打这种目标你也跟着讲不能打这种目标，别人不让这么办你也跟着讲不能这么办，甚至比别人讲得还积极，比别人做得还极致，完全被人牵着鼻子走，完全没有了机动灵活和“个性”。作为军人，应当问自己的问题永远是，我会遇到什么样的战争？我怎样做才能确保打胜仗？没有诸如完整可靠的体系支撑怎么办？没有诸如能力和条件实施精确作战怎么办？对此要有自己的看法、自己的答案，而绝不是别人说什么、做什么就跟着说什么、做什么；应当时刻准备的是，如何把敌人置于各种不公平对抗的险恶境地，而无须考虑这样做会不会违反道德，或者考虑什么前怕狼后怕虎的其他问题。如果不是这样，你想要取得的胜利很可能遥不可及，你想要打的不公平之仗很可能根本不存在。

第三节 追逐“失衡”

在艺术家眼里，平衡是一种美感；在运动家眼里，平衡是一种能力；在政治家眼里，平衡是一种艺术；在战略家眼里，平衡是一种智慧。那么，在军事家眼里，平衡又会是什么呢？中国有句古话，叫作“力敌势均，终相吞咀”[1]。意思是说，两个力量相差不大的人打架，最终只能是互相消耗、两败俱伤。这与外军依据模型推算得出的结论非常一致：当敌对双方的力量对比和能力评估接近平衡时，力量的消耗趋向缓慢，作战行动也就不具有决定性了。由此可知，在军事家眼里，平衡是一种安全。然而，一旦打起仗来，军事家们就不这样想了，因为此时此刻的平衡成了制敌制胜的严重障碍，只有打破平衡才有出路、才有生路，只有追逐失衡才有希望、才有胜利。所以，对于军事家来说，只会做出两个选择：平时，开启平衡的努力；战时，追逐失衡的效果。

一、执行有力的全维失衡战

现代战争是敌对双方在一定时间内，立足陆战场、海战场、空战场、太空战场、网络战场、电子战场和认知战场，并延伸至政治、经济、科技、文化等社会战场，依托一定的物质条件进行的互争优势和主动的对抗。这就决定了战争活动具有多域性、混合性特点，主要是在一定的物理域、信息域、认知域和社会域里展开，敌对双方的作战力量和资源，也主要是分布于这些领域，并依托这些领域发挥着作战效能，同时，又反作用于敌方在这些领域的作战力量和资源。要战胜敌人，就不能不关注这些领域，不能不关注这些领域里作战力量与资源的运用。必须看到，敌对双方在这些领域里的作战力量与资源，通常存在着你多我少或者你劣我优等诸多不平衡、不对称，如果经略得当，可以获得巨大的作战优势，并将战争导向

① 《南史·刘穆之传》.

胜利。而这正是执行有力的全维失衡战的物质基础。

何谓全维失衡战？所谓“全维”，是指支撑作战力量和资源发挥作用的全部物理域、信息域、认知域和社会域的各个空间、各个维度；所谓“失衡”，是指相较于敌方作战力量和资源不占优势或者更占优势的方面或能力。全维失衡战由此可定义为，在任何时间、任何地点、任何空间、任何维度，运用并发挥相较于敌方作战力量和资源所能拥有的诸多不对称优势，专打有利于己、不利于敌的各种不平衡之仗。为什么要打全维失衡战？一方面，打全维失衡战存在着客观可能性。战场何处无失衡？从具体表现看，敌对双方尚未交战即可能存在力量失衡、技术失衡、手段失衡、功能失衡、平战失衡，以及理念失衡、指导失衡、战术准备失衡等问题；从局部表现看，敌对双方一旦交手即可能出现时间失衡、空间失衡、指挥失衡、行动失衡、保障失衡，以及认知失衡、心理失衡等问题；从全局表现看，敌对双方展开战略博弈时即可能存在意识形态失衡、战略格局失衡、政治权力失衡、经济竞争失衡、科技实力失衡、攻守位势失衡等问题。种种失衡，都是不对称形态的表现，也是不对称较量的条件。另一方面，打全维失衡战存在着自觉能动性。趋利避害是人的本能，更是一种自觉。受这一本能和自觉的驱动，见缝插针、乘敌之隙、以强击弱地打全维失衡战，将是一种自然选择。尤其考虑到上述种种失衡中，既有有利于己、不利于敌的方面，也有不利于己、有利于敌的方面，那么，避开不利的方面，用好有利的方面，与敌人打全维失衡战，用以减杀敌人优势，创造制胜的条件，从而加速作战进程，争取最后胜利，几乎会成为指导战争、指挥作战的唯一遵循，而且不论强弱，都将做出这样的明智抉择。否则，就会使自己深陷被动，甚至可能招致失败。再一方面，打全维失衡战存在着获益便捷性。打这样的仗，不光是自己的优长更便于利用、更便于发挥，关键是能够快速形成对敌优势、快速产生作战效果，容易达成胜于易胜。特别是对于弱势一方来说，由于不具整体优势，仅有局部优势，更需要把这些局部优势充分发挥出来，争取打到敌人的痛处，打到敌人战争体系和作战能力的关键节点上，即便不能完全做到这一点，也要争取形成一定的牵制、干扰和消耗作用，才可能与敌相抗衡，才可能给敌以重创，才可能积小胜为大胜。

那么，如何打全维失衡战？在制胜机理上，主要是攻击能够攻击的敌人弱点；重点施放更占优势的破坏力；尽可能扩大失衡的状态；用好时间的压力。（一）攻击能够攻击的敌人弱点。再强大的敌人，也会在陆、海、空、天等物理域，在网络、电子等信息域，或者在认知域，包括在政治、经济、文化、科技等社会域，呈现出这样或那样的弱点。仅以作战指挥为例，正像毛泽东指出的那样，“任何高明的敌军指挥员，在相当长时间中，要不发生一点过失，是不可能的，因此我们乘敌之隙的可能性，总是存在的”[①]。同样，敌人在其他方面的弱点也会或多或少地存在，而这些弱点即是全维失衡战的攻击目标。但并非敌人所有的弱点都能作为攻击的目标。“能够攻击”有两个基本的含义：一个是指能力所及的攻击。如同“军事家不能超过物质条件许可的范围外企图战争的胜利”一样，攻击敌人的弱点也不能随心所欲，不能超出自己现有能力的范围。另一个是指效果可期的攻击。同样是轰炸，攻击的是房屋还是机床，从支撑战争的效果看，绝对大相径庭，因此，对敌人弱点的攻击要有精准选择。（二）重点施放更占优势的破坏力。准备攻击能够攻击的敌人弱点，说明已经具备某些占有优势的特殊破坏力，这样的破坏力既可以是单一的又可以是联合的，既可以是一域的又可以是多域的，既可以是军事的又可以是非军事的，它们施放得越充分、越彻底，就越有可能在一个方面或多个方面促使战场胜负的天平发生不利于敌的倾斜。某种程度上，全维失衡战的成败，恰恰取决于这些破坏力能否得到有效施放。不过，有两个问题需要关注：一个是，这些破坏力在施放前仅有内在的作战潜能，施放时所能达到的毁伤程度并不确定，换言之，有些破坏力可能完成不了匹配给它的

① 毛泽东．毛泽东选集：第 1 卷［M］．北京：人民出版社，1991：209.

作战任务。比如，美国特朗普政府从 2018 年起同中国打的贸易战，虽然很卖力也很费力，但实际效果较之此前的预期显然差距很大。另一个是，这些破坏力自身也会存在弱点，一旦被扰或遭袭，其作战潜能就会削弱甚至丧失，这都给实施全维失衡战带来一定风险。（三）尽可能扩大失衡的状态。外军作战实验证实，当敌对双方的力量对比和能力评估出现不平衡尤其是出现严重失衡时，劣势一方的力量消耗会非常迅速，导致其弱点暴露也越来越多，作战行动和作战体系将快速崩溃。可见，尽可能扩大失衡的状态，尤其是争取出现严重失衡的状态至关重要。为此，与敌人既可以打一点失衡战、又可以打多点失衡战，既可以打一域失衡战又可以打多域失衡战，既可以打局部失衡战又可以打整体失衡战。但无论打哪一种失衡战，都要以“明显的优势”“足够的分量”，打到对手在某一方面或几个方面“无力挽回的程度”为首要目标，争取一剑封喉、一击制胜。同时，还要以“遍地开花”的攻敌弱点行动，迫使对手陷入“多面应对”“全维应对”的被动境地。（四）用好时间的压力。紧紧盯住敌人弱点暴露的三种状态（第一种是时时摆在那里、随时可以攻击的弱点，第二种是特殊时机或条件下暴露、稍纵即逝的弱点，第三种是持续一段时间才会暴露的弱点），根据总的战略意图和具体行动计划，将那些更占优势的破坏力在“平凡的日子里”作用于敌人的第一种弱点，就像美国对中国搞和平演变，几十年如一日、无止无休一样；在单位时间或有限时间内作用于敌人的第二种弱点，就像日本偷袭珍珠港之战，虽说美国太平洋舰队实力强大，但在那一时刻却十分脆弱、不堪一击一样；在人为拖延的时间内作用于敌人的第三种弱点，就像阿富汗塔利班同美国人打仗，虽然正面交锋时迅速失败了，但在“战后的持久”中却让美国军事优势难以完全施展、饱受旷日持久的折磨一样，用最无感的时间在平时形成“温水煮青蛙”的格局，用最短促的时间在紧要时形成“即时聚优向敌”的格局，用“加时赛”的时间在拖延中形成敌人“露拙、出错、犯难”的格局，以时隐时现、时急时缓的全时段压力保证打好全维失衡战。

执行有力的全维失衡战，还须高度关注以下几个问题：一是把握失衡要“准确”。特别是在敌人的弱点和我方的破坏力上，双方的对比失衡必须是真真切切的、实实在在的，不能有臆断的东西、错判的东西和误导的东西，也不能有拔高的东西，否则，基础没了，如何会有后来的结果？二是构成失衡要“严重”。既要重视以石击卵式的局部失衡，更要争取泰山压顶式的整体失衡，不仅制造失衡的手段要非常有力，而且制造失衡的效果要非常可靠，还要在制衡、压制敌人的核心战斗力上有准备、有办法，注意给自己的作战能力留有一定的神秘感。或者留有一定的技术突然性，毕竟突然出现或使用新手段、新力量，才会发挥更大的失衡作用。同时，还要尽量不使敌人形成于我不利的严重失衡。三是保持失衡要“连续”。打全维失衡战，仅仅依靠一两种手段、样式或方法的一两次攻击，造成敌对双方在某些方面的严重失衡,并不能保证从根本上打败敌人，还需要多力并用、多法并举，明暗结合、平战一体，以保持压力的始终如一甚至变本加厉,才可能通过更多的毁点、断链,更多的强压、长耗，最终战胜敌人。四是追逐失衡要“恰当”。虽说打全维失衡战的着力点可以多种多样，理论上只要是敌人的弱点，且在我能力所及范围内，都可以作为攻击的目标，但攻击那些更有意义、更有价值的目标将会取得事半功倍的成效，可以急剧地削弱敌人，而真正构成对抗的严重失衡状态。诺曼底登陆准备期间，盟军曾就什么是空袭作战最有利的目标进行讨论，最终确定，予以最先攻击的应该是运输系统和综合的石油工厂。事实证明，打运输系统和石油工厂的目标选择，对于摧毁敌人抵抗能力、加速整个战争进程而言，贡献无与伦比。可见，只有“恰当”才更有力。五是借力失衡要“务实”。在全维失衡战的构想之下，可以与敌人打堂堂之阵，也可以与敌人不打堂堂之阵，条件对我有利、失衡状态严重时就打堂堂之阵，条件对我不利、失衡状态不够严重时就不打堂堂之阵。前者是利用压倒性优势打不对称之仗，后者是利用局部性优势打不对称之仗，都是量力而行的表现。六是拥抱失衡要“决绝”。一旦决定采取行动，就要确保这些行动具有决定性、压倒性或者颠覆性，尤其是当你只有几种能够与对手形成严重失衡的优势破坏力时，必须考虑如何保证它们全面而有效地发挥作用，并毫不犹豫地尽早施展出来、尽力施展出来，去争取最有可能也是最有把握的胜利。换言之，就是要有首战即决战甚至每战都是决战的思想。为此，必须突破诸如“后发”“有限”“对等”“慎重”等理念的桎梏，不能消极被动，要赶在敌人前头做出决绝反应，予以有力遏阻。就像西方人自己反思的那样，当日本开始征服中国本部及满州时，当希特勒进军莱茵地区时，当墨索里尼侵略埃塞俄比亚时，当纳粹夺取苏台德区及吞并奥地利时，如果以英法美为首的西方大国更有意愿、更加主动，采取一步到位的强硬行动，哪怕付出一定的代价，而与这些扩张主义国家建立起严重失衡的不对称对抗状态，完全有可能避免后来所付出的极其惨重的代价，历史或将因此而改写。

二、打造让对手失控的战场

谁能控制战场，谁就会掌握作战主动，这是战争的宝贵经验。现在，我们已知的战场大致可分为三类：一类是有形战场，由陆、海、空、天等空间构成；另一类是无形战场，由网络、电子、心理等空间构成；再一类是有形无形兼备战场，由社会空间构成。军事家们所要控制的战场，不外乎这些空间。所以不难想象，无论是敌是我，也无论平时战时，围绕制陆权、制海权、制空权、制天权的争夺，围绕制网络权、制电磁权、制心理权、制社会权的争夺始终非常激烈。然而，现实的残酷性恰恰在于，并不是谁都有资格、有能力夺取这些制权，更不是谁都可以夺取所有的这些制权，即使强大如美国这样的超级大国也不例外。如果无力主导某些战场空间，那么，想办法多制造一些严重障碍或是麻烦，以使这些战场空间呈现出部分有利于己的失衡状态，而不为敌人所控，起码也要降低其控制的有效性和行动的顺畅性，应当成为经略不对称的一个重要策略。

打造让对手失控的战场，说到底，是行动自由权之争。鉴于“行动自由是军队的命脉，失了这种自由，军队就接近于被打败或被消灭”[1]，因此，把行动自由权牢牢抓在手中，确保什么时间打仗、在哪里打仗、打什么样的仗、打到什么程度、什么时候结束作战，必须操之在我，不在于敌，从对手的角度看，就意味着失去了对战场的控制。这方面的经典战例之一当属金门炮战。当年炮击金门时，毛泽东指挥东南沿海部队突然发力，先机制敌，一举夺取战场主动权和控制权；其后，根据形势和战局的发展，主动把炮战改作双日不打单日打；再后，先敌导变地把炮弹只打到对方海边，换来蒋军对等而默契的回应；最后，引导金门炮战走向平息。这一过程持续20余年，解放军一直掌握着开战时间、作战地点、行动样式、打击程度以及结束时间的行动自由权，始终牵着敌人走，使其从头到尾都无法控制这场炮战。不过，能够如此控制战场的并不多见，很多时候,强大一方的力量或能量虽然会让对手失去对战场的有效控制，同时，也常会因为弱小一方的骚扰或攻击而使自己无法全面控制战场，有时甚至还会面临失控的局面。打造让对手失控的战场，如何才能做得到？首先，就是不按敌人的节奏打。始终坚持以我为主，哪里好消灭敌人就在哪里打仗，什么时候好消灭敌人就在什么时候打仗，什么敌人好消灭就打什么敌人，见可而进、打得赢就打，知难而退、打不赢就走，作战行动只有主动性、灵活性，没有确定性、规律性，让打仗的地点不为敌所控，让打仗的时间不为敌所控，让打仗的对象不为敌所控，一旦出手，就是超乎预料之战，就是严重失衡之战，就是确有把握之战。其次，就是不用敌人的套路打。坚决反对邯郸学步，不能拿敌人的作战思想、作战理论“穿衣戴帽”，不能唯敌人的作战样式、作战方法“马首是瞻”，尤其不能模糊了自己的定位，没有了自己的“个性”，决不干不从实际出发、不做具体分析，只知生搬硬套、只会照单全收的蠢事，把自己的不可测、不可控，变成了敌人的可测、可控。对此，美国人就曾有过检讨，

① 毛泽东.毛泽东选集：第2卷［M］.北京：人民出版社，1991：487–488.

认为“在很多情况中游击队的武器和技术是难以用正常手段实施战斗的”，“我们不能用杀老虎的武器去杀黄蜂……我们决不可犯下大错，去简单地抄袭并加剧使用其对我们行之有效的技术……用游击战的方法去对付游击队，其结果必然使冲突冗长乏味，耗费巨大和拖延不决”[①]。以敌为师肯定没错，关键在于学什么、怎么学。如果只是照猫画虎地学，你与“老师”过招时又哪里会有优势可言？又如何不为敌人所控呢？再次，就是不受敌人的限制打。先让我们看一看美国人是怎么说的，又是怎么做的。“化学武器（不一定是那些不人道的化学武器）可以设计成能适用于丛林作战的条件。普通射弹，特别是平射火器不能突破的限制，对自由扩散的化学分子几乎毫无障碍。……此举将引起反对，认为使用化学武器违反国际公法。我们的答案是，可以不承认共产党的论点，即这些叛乱是真正的战争。这些叛乱应被看成内乱（不论其有无外部势力介入），而化学战剂的使用，只是警察镇压内乱的常用手段而已。”[②]美军在越南战场上抛洒“落叶剂”，在海湾战争中使用“贫铀弹”，包括北约军队在科索沃战争中也使用过“贫铀弹”，都是毫无顾忌，又何曾有什么限制？更早的时候，英国首相丘吉尔还讲过另外一段话：“我们的空中攻势应该是一致地对准敌人的军队和舰队的战斗力所必须依靠的基地和交通线。至于平民百姓将在攻击过程中遭受的任何伤害，那只是不可避免的意外事件而已。”[③]为什么这类战场上的“意外”屡见不鲜？领教了丘吉尔的“名言”，也就不难理解了。由此可见，战争没有绝对的道德可言，没有绝对的禁忌可言，没有绝对的限制可言，什么手段好用就用什么手段，什么方式好用就用什么方式，什么办法好用就用什么办法，即使没有把握确保胜利，

① 瑞吉纳德·布雷特诺.决定性战争［M］.北京：军事科学出版社，1989：128，131.

② 瑞吉纳德·布雷特诺.决定性战争［M］.北京：军事科学出版社，1989：173–174.

③ 富勒.战争指导［M］.北京：解放军出版社，1985：263.

也要打成一个方面或几个方面让对手不可控之仗，绝不能在用什么兵、打什么仗的问题上受人蛊惑、受人制约，搞成这个不能用、那个不能打，千万不能自缚手脚、自废武功。在战争状态下，你有能力破敌网络，为何不用？你有手段袭敌后方，为何不用？你有办法哪怕仅仅能够杀敌一个单兵，又为何不用？能够打造让对手失控的战场，却不努力为之、不全力为之，难道不是把自己的生死置之度外、把自己的胜利挡在门外吗？难道不是对敌人讲道德、对自己不讲道德吗？

但凡高明的指挥员，都会把控制战场状态、控制战局发展作为一种重要追求。然而，如果面对的是一个充满“自由精神”、崇尚“自由行动”的不可控、不受控的对手，那就不知会制造多少麻烦，不知会增大多少风险，不知会造成多少伤害，甚至不排除出现颠覆性结果的可能性。可见，无论“自由精神”还是“自由行动”，都是打造让对手失控的战场的关键因素，也是制造战场失衡打不对称之战的重要支撑。必须看到，“自由精神”和“自由行动”之所以为敌所忧、为敌所惧，其力量源泉恰恰来自你打你的、我打我的作战自主性和作战灵活性，其作战效果是，除了确保自己不受制于人、不受控于人之外，还要争取让对手受制于我、受控于我，如果做不到，也要把水搅混、把局搞乱，让战场处于失控、失序、失衡的状态。当然，正如毛泽东所言“灵活不是妄动，妄动是应该拒绝的”[1]一样，自主不是任性，任性也是应该拒绝的。打仗需要竞自由，但打仗未必都自由，具体操作时，作战自主性有一个审时度势是否精准、力道拿捏是否得当的问题，其得失成败取决于“运用之妙，存乎一心”。

三、至少打断一根“顶梁柱”

无论战略对抗还是战场较量，一旦出现失衡状态特别是出现严重失衡状态时，就会让战略对抗的走势、战场较量的前景、战争结

① 毛泽东．毛泽东选集：第 2 卷［M］．北京：人民出版社，1991：494.

局的轮廓变得清晰起来，甚至对战争将止于何时、停于何处，都能据此做出一个比较精准的预见。1948 年 11 月，毛泽东根据国共两军战场较量的态势变化断言：“原来预计，从一九四六年七月起，大约需要五年左右时间，便可以从根本上打倒国民党反动政府。现在看来，只需从现时起，再有一年左右的时间，就可能将国民党反动政府从根本上打倒了。”①毛泽东之所以敢于做出这样颇有自信的断言，是因为自第三次国内革命战争爆发至今，已使国民党军由初始的430万人下降到290万人，解放军则由120万人增至300万人，首次实现双方力量对比的根本性逆转，有利于解放军不利于国民党军的失衡状态已经显现。加之毛泽东设想，“我军大约再以一年左右的时间，再歼其一百个师左右”②，这必将进一步加剧已有的失衡状态，使之演变为严重级别甚至是非常严重级别，到那时，国民党的败亡也就无法避免了。从中不难看出，对这一进程和结局真正起决定作用的因素是，国民党军已经损失的 140 万人和即将损失的 100 个师左右的有生力量。这些有生力量正是国民党赖以进行战争、赖以维持统治的“顶梁柱”，而毛泽东要聚力打断的恰恰就是这根“顶梁柱”。

至少打断敌人一根“顶梁柱”，是制造严重失衡状态的重要途径，也是构建不对称较量态势的基本方法。大厦巍峨高峻，全靠“四梁八柱”作支撑。同样道理，国家强盛、军队强大，也离不开相应的“四梁八柱”作支撑。在战场上，打断敌人赖以夺取胜利或者赖以确保生存的“四梁八柱”，肯定会加速作战进程，当然是最佳结果，不过，鉴于实现这个目标的难度之大、条件之严苛可能超出能力范围，那么退而求其次，争取打断敌人几根“顶梁柱”，又或者一个时段至少打断敌人一根“顶梁柱”，应当纳入作战设计和作战指导的基本

① 毛泽东 . 毛泽东军事文集：第 5 卷［M］. 北京：军事科学出版社，中央文献出版社，1993：219.

② 毛泽东 . 毛泽东军事文集：第 5 卷［M］. 北京：军事科学出版社，中央文献出版社，1993：203.

考虑之中。从本质意义上讲，所谓敌人的“顶梁柱”，正是那些在各领域、各阶段或各行动中需要我“聚力关照”的作战重心。其一，要有“伤其十指不如断其一指”的理念。打歼灭战的思想什么时候也不过时，只会随着战争的发展而变化了其手段、变化了其方式、变化了其要求而已。哪怕出现了一些新的作战样式、作战方法，就其作战理念、作战效果而言，依然具有歼灭战的意义。比如，现在的瘫毁体系节点作战，不过是由过去的兵力兵器集中向信息、火力、效能聚优进行了转变，由过去的“拣弱的打”、打好打之敌向打支撑作战体系的节点或结构性弱点进行了转变，由过去的断敌“一指”、全歼敌有生力量向攻敌“死穴”、彻底解除敌作战能力进行了转变，等等。必须得说，只有打歼灭战，才会制造严重失衡状态，加剧严重失衡状态，才会随着时间的推移，促使战局向更有利于我的方向发展，特别在全维失衡战的构想之下，确立断敌一指的理念至关重要。所谓打不成全维失衡战就打一维失衡战，打不成一维失衡战就打局部失衡战，换言之就是，打不断敌人全部“顶梁柱”，就要争取打断敌人一个领域里的“顶梁柱”，打不断敌人一个领域里全部“顶梁柱”，就要争取打断敌人一个领域里的几根“顶梁柱”，或者打断其中一根“顶梁柱”也行。总之，要以每战争取断敌一指来为全维失衡战提供支持。其二，要有“破网断链、击要瘫体”的锐利。任何一个作战体系，都会由众多要害目标构成，这些要害目标互为支撑，确保整体作战效能得以充分发挥。但必须看到，其中一些起关键支撑作用的目标一旦遭到破坏，也将使整个体系陷于瘫痪而丧失作战能力。至少打断敌人一根“顶梁柱”，就是要精选那些既能产生强力震撼、加速作战进程直至影响战争全局，又是自己武器装备打击精度、毁伤能力可及的要害目标，通过坚决切断对手作战体系的某些“神经”和“纽带”，以降低或摧毁其作战效能，进而战胜敌人。比如，如能切断敌侦察预警链，可使其战场感知系统看不到、辨不明，如能切断敌作战指挥链，可使其指挥信息链路传不了、传不快，如能切断敌武器控制链，可使其精确制导武器打不出、打不准，如能切断敌综合保障链，可使其气象水文、地理测绘及后勤、装备保障跟不上、供不足等等。另外，如能破坏敌方信息网络，还可扰乱敌社会经济运行，瘫痪敌战场信息基础设施或指挥信息系统，如能对敌实施斩首作战，还可摧毁其指挥中枢，致乱其作战行动。打断敌人这类“顶梁柱”，收到的作战效益往往会更大。其三，要有“投鼠不忌器”的胆识。两军交战，既有实力相当的情况，又有实力悬殊的情况。作为总体实力特别是技术水平处于劣势的一方，为抑敌长项、限敌优势，主动采取某些极端的手段和方法，力求不能全部也是大部、不能大部也是局部地缩小敌我双方的技术差、能力差，以此创造与敌在相近技术层次进行较量的环境和条件，绝对是一种明智而正确的抉择。因为不这样做，将难以逃脱失败的厄运。为此，需要找到自己虽会遭受部分损失、付出一定代价，却能最大限度地抑敌长项、限敌优势的路径，以对双方原来的失衡状态加以有效恢复。比如，鉴于电磁环境复杂将严重制约信息优势，其后果对敌对双方均有灾难性影响，要敢于把着力点放在制造更为复杂的电磁环境上，通过实施大范围信息压制、人为制造大功率干扰环境和进行特定战场信息阻断，将电磁环境由只对我方复杂拼到对双方都复杂；又如，鉴于依托天基、空基和陆基衔接配套的侦察探测系统，以及功能强大的数据链，可对战场情况进行实时监控和高效处置，要敢于拿出破天网、毁雷达、打压预警机、断扰数据链等对策措施，通过降低对手侦察探测能力，争取变全时单向透明为阶段性透明甚至不透明，将战场由只对敌方单向透明拼到对双方都不透明。

瞄着打断敌人的“顶梁柱”用力，不仅需要拥有相应的能力，还要拥有特别的慧眼，也就是面对敌人的众多目标时，能够展现慧眼识珠、慧眼辨要的硬功夫。指挥打仗并不是有多少力量就投入多少力量、有多大能量就施放多大能量，能够以最少投入、最小代价获取最大收益、最大胜利，才是好中最好的作战指导。鉴于在敌人众多要害目标中，既有要害之中更要害的目标，还有要害之中最要害的目标，至少打断敌人一根“顶梁柱”，应当把作战重心放在这样的目标上。1943 年 8 月 17 日和 10 月 14 日，美军第 8 战略航空队各出动数百架 B–17 轰炸机，对德国工业实施了“致命的打击”。但令人意想不到的是，其攻击目标竟然是德国小城魏施因富特的几家滚珠轴承厂。美军这样打的理由是，滚珠轴承虽然不起眼，却是现代军事工业的润滑剂，是德国工业众多要害目标中更要害的目标，因为飞机、坦克、大炮都离不了它。事实验证了美军的正确性：自此以后，德军飞机、坦克、大炮和卡车的补充速度出现了断崖式下跌。从《美国战略轰炸调查总结报告》（太平洋战争）中，还可以看到如下检讨：海运上的损害才是日本经济崩溃的主要因素。这是因为，对日本经济的致命打击，不是毁坏工厂和都市中心，而是切断重要原料、煤、石油和谷物的交通运输。……如果对铁路网进行攻击，那就会加快和加大海运攻击所产生的效力。调查报告估计，只要出动 650 架次 B–29，让它们携带 5200 吨高爆炸弹，就能有效地封锁日本所有的铁路干线。可实际上，美军出动 1.5 万架次、投下 10.4 万吨炸弹（其中 2.29 万吨落到工业地区），轰炸了 66 座城市。在富勒看来，“没有集中兵力去攻击日本的海运”这一要害之中最要害的目标，是美国参谋长联席会议犯下的“多么严重的战略错误”。足见，打断敌人的“顶梁柱”，还必须狠打要害之中更要害的目标，或是狠打要害之中最要害的目标，才更带有致命性，更有助于赢得主动和优势，赢得最后的胜利。

四、不放过最低限度的作战红利

打全维失衡战，肯定是越能制造某个领域、某个方面的严重失衡状态越好，越能制造多个领域、多个方面的严重失衡状态更是好上加好。然而，自己的能力不够强，敌人的弱点不够多，制造的失衡状态不够严重，又或者构不成严重威胁、造不成重大影响，是不是就不能打这种仗了呢？绝对不是。如果总是出现强者恒强、强者恒胜的情况，以抗强为主旋律的战争将不会发生，就算一时发生，结局也是确定的，弱小一方将永无翻身之日、永无胜利之日。但战争的历史告诉人们，事实并非是这样。自己的能力确实有大有小，敌人的弱点也会有大有小，造成的失衡同样有大有小，不过，只要自己有能力、敌人有弱点，就能制造相应的失衡状态，就能展开某种不对称的较量，就可能取得局部的小胜，并可能积小胜为大胜。所以，不要轻看了局部的失衡和局部的小胜，基于某个战略构想之下的全维失衡战，既需要打当面之仗的失衡战也需要打纵深之仗的失衡战，既需要打硬摧毁的失衡战也需要打软杀伤的失衡战，既需要打“高端化”的失衡战也需要打“低端化”的失衡战，既需要打“车马炮联动式”的失衡战也需要打“单兵拱卒式”的失衡战，为此，不能放过哪怕是最低限度的作战红利。

何谓最低限度的作战红利？简单地说，就是某些方面拥有的比敌人强一点点、好一点点的作战优势所能带来的有限作战效益。打全维失衡战，要求与敌人在所有时间里的所有对抗都是有利于己的严重失衡状态下的对抗是不现实的，总会有一些一般失衡状态的对抗情况，甚至还会出现有利于敌的失衡状态对抗情况。退一步讲，就算能力样样具备、对抗处处占优，也不能期望“一口吃个胖子”、一棍子打死敌人。美国以超级强大的军事实力，自 20 世纪 90 年代以来，先后打了数场局部战争。1991 年打的海湾战争历时 46 天，1999 年打的科索沃战争历时 78 天，2003 年打的伊拉克战争，主要军事行动历时 36 天，而 2001 年打的阿富汗战争，到奥巴马正式宣布战争结束，历时长达 13 年零 2 个月。可见，即使能够制造有利于己的严重失衡状态的军队，想要打败对手，也是需要时间的，更何况无法做到这一点的军队？而阿富汗战争到了 2020 年还看不到尽头，又从另一侧面说明，不放过最低限度的作战红利，虽然没能让塔利班越战越强，却能让塔利班一直战斗下去，并使美军难以全胜而退（本书付梓之际，我们看到最终结果：美军在付出 2400 余人死亡、2 万多亿美元消耗的沉重代价后，匆忙撤离阿富汗，塔利班随即发起全面反击作战，所向披靡，迅速赢得胜利，并于 2021 年 8 月 15 日兵不血刃重占喀布尔，成为 20 年战争中以弱抗强的最后赢家）。

这在启示人们，与敌人特别是强敌对抗，大的失衡战要重视，小的失衡战也要重视，只要“有利可图”，可以多打速战速决的小仗，哪怕做不到一口一口地吃掉敌人，也要一点一点地消耗敌人，哪怕做不到一点一点地消耗敌人，也要一仗一仗地惊扰敌人，最终让时间压力发挥独特的作用。一是把能做到、能做好的事情做起来，古人倡导“勿以善小而不为”，军人应当讲求“勿以利小而不争”。到了战场上，尤其是面对强敌时，如果眼高手低、挑肥拣瘦，这个不争、那个不取，你要怎样打仗？你要如何取胜？难道只想搞决一死战的一锤子买卖吗？根据双方力量对比的实际，确立以能击不能、抓一把就走的作战指导，多组织小规模、无规律的“微作战”行动，抓住机会就狠咬一口，起码在战术层面是可取的，也是能够做得到、做得好的。朝鲜战场上，志愿军采用“零敲牛皮糖”战术，就曾大获成功。42 军自 1951 年 6 月 8 日至 1952 年末，约有 10 个月时间未与敌人交手，却用冷枪冷炮“敲”掉美韩军 5027 人；狙击英雄张桃芳，在 33 天内、用弹 442 发，“敲”掉美韩军 214 人。这不正是不放过最低限度作战红利的题中应有之义、战中应有之得吗？二是把可利用、好利用的因素用到位。作为弱小一方，想要不放过最低限度的作战红利，仅仅依靠某些方面拥有的比敌人强一点点、好一点点的作战优势是很不够的，还需要拓宽视野、广泛借力，随时准备利用地理环境、气象因素、机会窗口以及民众支持、技术创新等诸条件，多域联动、多点造势、多法配合，又或者多手组合，力争在某一地点、某一时刻扩大与敌人对抗的失衡状态，确保一击而胜。比如，无论强弱，都可利用无人机低成本、高赋能、便于操控等优势，实施战场遥控式精确打击，以更加可靠地获取最低限度的作战红利。2018 年 8 月 4 日，委内瑞拉总统马杜罗在国民卫队成立 81 周年庆典大会上，遭到 2 架无人机攻击，造成至少 7 人受伤。这起袭击事件，就非常具有典型性。三是把“铁钉效应”“蝴蝶效应”放大开来。在西方，很久以来流传着这样一段民谚：因为丧失了一颗钉子，所以丧失了一枚马蹄铁；因为丧失了一枚马蹄铁，所以丧失了一匹马；

因为丧失了一匹马，所以丧失了一名传骑；因为丧失了一名传骑，所以丧失了一次会战；因为丧失了一次会战，所以丧失了一个国家。在这个民谚中，仅仅因为丧失了一颗钉子，其结果却丧失了一个国家，这足以说明，只要涉及打仗，就没有什么是小事。换个角度可以说，小仗也有某种决定性。不放过最低限度的作战红利，尽管多以打小仗、搞小事为表现形式，但小仗不小、小事不小，也是一种特殊的战争现象，有些时候，甚至可能产生“蝴蝶效应”。发生于 1857 年 5 月至 9 月间的印度大起义，就是由一则宗教谣言为导火索而引爆的。所以，能够把小仗的效果搞大，把小事的结果放大，就不是收获最低限度的作战红利那么简单了，而是可以制造出制胜敌人的严重失衡状态，实现更大的企图和目的。

战场是趋利逐利之所，作战红利有大利小利之分。不放过最低限度的作战红利，绝不是什么斤斤计较，更不是什么贪得无厌，而是图存、制敌、谋胜的本能反应和必然选择。当然，也不是什么利都要争、都要取的，见机而动，小利也争，见害而止，大利不取，这才是明智的、正确的，所以，任何时候都不能只见利不见害，只趋利不避害。虽说打仗总要付出一定的代价，但作为弱小一方，为了趋利逐利而付出的代价必须在可控、可承受的范围内，毕竟，相对于强大一方来说，你更输不起也耗不起。这也决定了，不放过最低限度的作战红利，不能以牺牲太大的代价为条件，不能干得不偿失的赔本生意。

五、把理性对抗寓于非理性对抗之中

战争需要理性，有时也需要非理性，但无论是敌是我，理性才是进行较量或对抗的基础性因素。不过，我们常常看到，在战略对抗或是战场较量中，面对极限压力或凶险局势，是进行理性反应还是进行非理性对抗，人们会非常纠结，这也使得选择避让还是不顾一切地应战，选择后退还是无所畏惧地前进，成为一种经常性的考验。这种时候，应对上的勇敢与怯懦之间，后果上的稳固与崩溃之间，往往仅存一念之差。正是这一念之差，将带来天差地别的迥异结果。什么叫理性反应？什么叫非理性对抗？举个不大恰当的例子，如果说，狼来枪打，狗来棒揍，是理性反应，那么，狼来炮轰，狗来枪打，就有点非理性反应了。古人说，“事有便宜，而不拘常制”[①]。意思是说，处理事情要采用最有利的方式，而不应拘泥于某种固定的程式。用炮轰狼、用枪打狗，显然超出了某种固定的程式，但有时，却又是最正确的策略选择、最有利的处理方式。这是因为，当狼与狗知道除了将面对枪打、棒揍外，还将面对炮轰、枪打时，则很可能收敛其攻击性，甚至收住其前行的脚步。从这个意义上讲，非理性反应或者非理性对抗不是什么坏东西。

打全维失衡战，不能不关注非理性对抗问题。毕竟，其中存在着导致敌人心理失衡、认知失衡包括行为失衡等可资利用的诸多机会。无论对手有多么强大，如果在心理方面、认知方面受到误导、受到限制又或是受到震撼而出现问题特别是严重问题，难免会给作战决策、力量运用等带来严重影响，由此可能将战场主动权和控制权转移到你的手中。只要看一看朝鲜半岛，几十年来战争危机不断，无数次仅差一步之遥就跨越了开战门槛，但面对美国的气焰万丈、来势汹汹，朝鲜几乎都是硬顶硬抗，全然“不顾后果”，主动拉升对抗等级，以超强硬对强硬，以非理性示之于人，最终却都没打起来，其中固然有背靠中俄的战略依托因素，更有把理性对抗寓于非理性对抗之中的谋略运筹因素。战争的秘密深藏于人体之中，战争的神奇蕴含在人脑之中。不得不说，拿非理性造势是用来吓唬对手的，而理性对抗才是背后的真实考虑。表面看，“光脚的不怕穿鞋的”，样子很是吓人，其实非常清楚底线在哪里、红线是什么，行动很有分寸，这正是高明之处。可以这样讲，把理性对抗寓于非理性对抗之中，是有效的制敌之道，甚至是“不战而屈人之兵”的全胜之道，其本质是攻心夺志，其形式是背水一战，其追逐的目标是敌人心理

① 《旧唐书·陆贽传》.

严重失衡、认知严重失衡以及由此产生的行为严重失衡，最终迫敌收敛、逼敌后退。这也是经略不对称的一种大智慧：与其被动应付、坐等挨打，不如主动出牌、用好先手，把对抗强度直接推向极致，与对手打战争意志和作战决心的不对称之仗。为此，第一要有针锋相对、敢于斗争的勇气。在敌对双方的对抗最先表现为政治意志的碰撞与较量中，不容妥协、不能退让、不可示弱，必须坚持“斗”字当头，以置之死地而后生的胆略，充分展现骨头硬、血性强的国家本色，展现敢于出手、不惜一战的强硬姿态，展现不拿原则做交易的坚定决心，才会让对手有所顾忌、有所畏惧。必须看到，此时的让步，只会让对手得寸进尺，并可能逼迫自己一退再退，必将贻害无穷。越南战争中，周恩来在接见巴基斯坦《黎明报》记者时，曾代表中国政府对美国讲了四句话：一是中国不会主动挑起对美国的战争；二是中国人说话是算数的；三是中国是做了准备的；四是战争打起来，就没有界限。[①]明确警告美国，不要扩大战争的范围。周恩来的这次警告，怎么看都属于理性反应，但在美国人看来，其“危险性”和“可信性”却是建立在朝鲜战争时中方果敢出兵的“绝对非理性反应”基础之上的，这一点给美国人留下了太过深刻的印象，所以才会有后来的越南战场上，美军始终不敢越过北纬 17 度线的情况。第二要有打则必痛、打则必成的实力。尽管应当承认，面对意识形态、宗教信仰、民族认同等软性优势，先进的武器装备并不总是所向无敌，有时也会显得力不从心，但无论进行理性对抗还是进行非理性对抗，总要以拥有一定的硬实力为基础，以能够实施一定的硬对抗为条件，哪怕较之敌人在总体实力上有所不足，也要真有几手、真有几招为敌人所惧怕才行。否则，你想理性对抗也好，你想非理性对抗也罢，都将失去实际意义。以朝鲜为例，姑且不说其他能力，仅一个万炮齐发就能把首尔变成一片火海，足以让韩国全力阻止美国实施主动攻击的任何企图，而这恰恰是朝鲜可以展现非

① 解放军报，2019-09-12.

理性对抗的本钱之一。第三要有扰敌思维、挫敌锐气的运筹。利德尔·哈特说过："使敌人在心理上和物理上丧失平衡，常常是最后打败敌人的一个重要前提。"[1] 为什么可以这样说？因为信息不会打仗，数据不会打仗，机器也不会打仗，会打仗的是人，只有深入洞察和透析人的心理，准确把握和干预敌人的认知逻辑，才会找到制造严重失衡、开辟胜利坦途的又一关键突破口。而这一关键突破口，在以非理性对抗思路和手段扰敌思维、挫敌锐气方面尤其具有价值。比如，着眼"让敌人去猜"，把你的理性对抗寓于非理性对抗之中，通过有真有假、半虚半实的行动，可使敌人猜不透、摸不准，由疑生虑，由虑生惧，从而达成自己的预期目的。

不过，对于大国之间的对抗来说，理性对抗必须成为首选。毕竟，大国对抗、大国战争不是儿戏，搞不好就会翻天覆地，甚至会毁天灭地。所以，把理性对抗寓于非理性对抗之中需要谨慎，尤其不能把非理性对抗当作常态，那些企图以此挑战对方来谋取利益的行为将十分危险。试问，你不怕战争，难道敌人就怕战争吗？这就像人性常常经不起考验一样，非理性对抗也会经不起考验。比如，任何一方采取的威慑或者挑衅行动，都会存在可能失效或者失控的风险，而导致擦枪走火，导致对抗升级，甚至导致局势完全失控。当然，也会有例外。如果局势的失控、局面的失衡正是我之所求，而恰恰不是敌之所求，或者由此付出的代价并非不可承受，又或者能在下探"底线"与上触"红线"之间找到某种平衡，让对手受制于"非理性对抗"的压力，困惑于你是处在理性的状态，还是处在把理性寓于非理性的状态，抑或处在完全的非理性的状态，即使不能把对手吓退、吓破胆，不能让对手作出调整，也会把主动权、主导权掌握在自己的手中。要知道，你怕战争，难道敌人就不怕战争吗？你怕敌人动手，难道敌人就不怕你动手吗？这样做，当然存在着突破底线、越过红线的危险性和可能性，一旦过了临界点，也并非无能

---

① 利德尔·哈特．战略论［M］．北京：战士出版社，1981：13.

为力、一筹莫展，要么适可而止或者立即撤回，给紧张局势降温，要么就在一定时机、一定范围，让大炮开口说话好了。

六、要做就做“终结者”

在战争领域，能够成为某一力量、某一行动、某一样式、某一形态或者某一观念、某一规则、某一方法的终结者，一定拥有某种巨大而可怕的力量。就像步枪终结了刀剑格斗、坦克终结了堑壕防御、航母终结了战列舰重炮轰击，以及远程战终结了短兵相接、精确战终结了狂轰滥炸、多域战终结了单打独斗一样，每一次终结，都充分展现了终结者的强大威力，让人们见识了由这种威力制造的严重失衡所带来的严重后果，都强烈冲刷了人的思想、观念、心理和经验等方面的深厚积淀，让人们领略了对这些积淀给予的沉重打击所催生的全新战场。客观地看，只要有终结、能终结，就会有失衡，而且多是严重失衡；只要有终结、能终结，就会有创造，而且多是全新创造。可以说，制造失衡、启动创造，这是做一个终结者的核心技能。

打全维失衡战，最具决定意义的就是终结能够终结的一切，包括从物质的到精神的、从实践的到理论的、从结构的到功能的、从力量的到行动的、从样式的到方法的、从技术的到战术的以及从敌人的到自己的、从过去的到现在的，等等。只有终结能够终结的一切，才会逼出改变的空间，重构制胜的路径，才会掌握异样的优势，占据有利的位置，才会把对手留在昨天，使自己更有力量，继而以形成的严重失衡状态，给敌人以致命打击。中国春秋时期的宋襄公，因为做过一件鼎鼎有名的事情，成为一位鼎鼎有名的历史人物。公元前638年，宋国与楚国爆发泓水之战。作战中，宋襄公又是“不困人于厄”（不把敌人困在险境而取胜）“岂可诡计而破敌乎”（怎么能用诡计战胜敌人），又是“不鼓不成列”（不主动攻击尚未列好阵的敌人）“不擒二毛”（不抓头发花白的敌方老兵），两次拒绝大臣“半渡而击”“未成列而击”的好建议，坚持跟敌人讲仁义道德，与对手打堂堂之阵，结果大败。此战以后，以“诡道奇谋”为主导的新型作战得以全面崛起，但在那一历史时刻，宋襄公自己却“死在了昨天里”，成了自商周以来以“成列而鼓”为主导的“礼义之兵”的可悲的被终结者。毛泽东直截了当地说过：“我们不是宋襄公，不要那种蠢猪式的仁义道德。”① 直接点明了宋襄公的问题所在。但富勒的一句话，更是道出了不犯蠢猪式错误的真谛所在：“战争中，你不要为绝对的观念所束缚，也不要为不可改变的契约或决定所约束。”② 打仗没有什么可以被束缚、可以被约束的，思想不可以，行动也不可以，规则不可以，方法也不可以，哪怕是思想先驱者、行动创新者、规则制定者所倡导的东西，甚至是上级指挥员明确的东西，都是不可以被动接受、简单照办、机械执行的。正如粟裕指出的那样，“不结合实际情况具体灵活地执行上级指示，即使是在正确路线的领导下也是应当加以反对的”③。换言之，就算是上级指挥员的某些命令指示，不合时宜的、脱离实际的也是可以终结的。毕竟，新颖也好、先进也罢，更多时候只会使你受益于一战或一时，不会让你受益于每战或永远，更何况诸如命令、指示等还可能有主观的、教条的、错误的东西。而你一旦被束缚、被约束，接下来很可能是失败。所以，从广义上说，一切都不可以被束缚、被约束，一切都可以被终结。我们看到，无论历史终结者还是战争终结者，都是不受别人思想束缚、不受敌方行动限制、不受现有规则约束之人，正因为如此，他们在同对手的对抗与较量之中，能够经常制造某种失衡状态，打的都是要么高人一招、出敌意料，要么胜人一筹、敌所不及的不对称之战。做一个终结者，通常需要把握好以下几个方面：一个是，利用前瞻性眼光突破认识局限，让老思想、老观念走向终结。虽然战争现象较之任何别的社会现象更难捉摸，更少确实性，但总会有端倪可察、有征候可寻，高明的指

① 毛泽东．毛泽东选集：第 2 卷［M］．北京：人民出版社，1991：492.

② 富勒．战争指导［M］．北京：解放军出版社，1985：3.

③ 粟裕．粟裕军事文集［M］．北京：解放军出版社，1989：34.

挥员能够在混沌之中预见形势的走向,在迷茫之时看清变化的趋势。正如毛泽东所言："不管怎样的战争情况和战争行动，知其大略，知其要点，是可能的。"[①]关键在于，能否顺应战争起变化了的那些因素而超越历史，能否契合战争发展的基本走向而把握未来。美军在这方面下得功夫很大，用新思想、新观念终结旧思想、旧观念成为一种常态。海湾战争不久，即推出"快速决定性作战""基于效果作战"和"网络中心战"等新概念，终结了名噪一时的"空地一体战"理论；进入2010年后，又先后推出"空海一体战""联合作战进入""分布式杀伤"等新概念，终结了海湾战争之后形成的作战概念；而随着人工智能第三次发展浪潮的兴起，近年推出"多域作战""马赛克战""决策中心战""联合全域作战"等新概念，又终结了前期形成的一批作战概念。这些思想的创新、概念的突破，带来了巨大的理论领先优势，使他们与其他国家军队经常处于某种思想的失衡状态，并因此可能成为未来作战的终结者。另一个是，利用先进性手段突破物质局限，让老样式、老打法走向终结。在战争历史上，技术进步以及由此带来的能量爆发，常常使人瞠目结舌。现在，高超声速、全频隐身、无人机蜂群、精确制导、定向能等新型武器大量出现,导致从杀伤方式到制胜机理都在发生深刻的变化，有些变化甚至给作战样式、作战方法等带来彻底的颠覆。比如，太空打击武器的高边疆贯顶、全球快速打击系统的高速度打击、大功率激光武器的高能量摧毁、新型穿透制空武器的高隐身突防、数据算法战武器系统的高智能破袭等，已经制造出多种严重失衡状态，让人防不胜防，必将演变为以往作战样式、作战方法的终结者。再一个是,利用批判性思维突破范式局限,让老定势、老规则走向终结。终结能够终结的一切，说到底，考验的是自我反思、自我校准、自我解放的能力，这是需要有一点批判思维和否定精神的。尤其在面对已经成为战争领域某种公认的诸如意识、观念，价值、标准，理

① 毛泽东.毛泽东选集：第2卷[M].北京：人民出版社，1991：490.

论、技术等规范或模式时，非常需要把否定与创造统一起来，通过抛弃现有的定势或者规则，建立全新的定势或者规则，而与敌人形成失衡状态，形成不对称作战态势。现在，有这样一种“新伤亡观”：军事强国在开展军事行动时，十分注重先进武器支撑、灵活运用战法、合理选择时机、注重心理攻势、严密组织防护等，追求己方“少伤亡”甚至“零伤亡”；对敌方目标则采取严密侦察、确定“禁止打击目标清单”、使用威力相对较小的“小直径炸弹”“非致命性武器”等，力避伤及无辜，减少国际社会和民众对战争的阻力。[①] 同时，还有这样一种“新控制观”：一方面，必须对敌方的军事、政治和经济等目标造成相当程度的损毁破坏，另一方面，又要对军事行动主动进行控制限制，减少和避免附带损伤，不能随意扩大打击的范围领域，以避免激发敌方更大的对立与仇恨。[②] 然而，这是敌对双方都要遵守的作战规则吗？还是无论强弱都要拥有的普适观念呢？如果是，那就不会冲抵、改变强者与弱者之间业已存在的失衡状态，而只会产生一个后果：弱小一方将永远是战争的被终结者。

这在启示人们，如果你不能终结敌人，就可能被敌人所终结；如果你不能终结过去，就可能被未来所终结；如果你不能终结条条框框的限制，就可能被条条框框所终结。当然，做一个终结者，也是需要具备一定的条件的。这些条件主要包括正确的判断、必要的手段、主观的努力，还有勇敢的担当。到了战场上，终结敌人包括可能被敌人所终结的机会、态势有时会突然出现，却又可能与远离战场的上级的命令或者意图不相符合。此时是依令行动，还是主动作为？粟裕给出的答案是：“由战役指挥员依据战场上千变万化着的实际情况去做出决定。”[③] 林彪给出的答案是：要敢于打违抗命令的胜仗。在生死存亡系于一念的紧要关头，如果适时的“机断”、偶然的“抗命”，是因为不得不适应战场实际情况，躲避或利用严

---

① 解放军报，2019-08-15.

② 国防大学学报，2020 年第 4 期 .

③ 粟裕 . 粟裕战争回忆录［ M ］. 北京：解放军出版社 ,1988:139.

重失衡状态，以确保打胜仗、不打败仗，且从全局看、长远看，还能更好地实现上级意图，这种时候最需要的就是勇敢的担当了。孙子极力提倡：“战道必胜，主曰无战，必战可也；战道不胜，主曰必战，无战可也。故进不求名，退不避罪，唯人是保，而利合于主，国之宝也”[①]（有必胜把握的仗，即便国君主张不打，坚持打也是可以的；没有必胜把握的仗，即便国君主张打，不打也是可以的。所以，战不谋求胜利的名声，退不回避失利的罪责，只求保全民众、保全部队，且符合国君利益，这样的将帅才是国家的宝贵财富）。换言之，让听得见炮声的人去做出击还是不出击的具体决定，这在某些境地、某些时刻不仅十分必要，而且十分正确。不过，其结果是，你不仅会终结敌人，也会终结上级的某些命令、指示。但是，能够因此把部队带离险境，或者带上百战不殆的坦途，应当说最是难能可贵。这种勇气与担当的力量源泉，来自对部队的责任和对胜利的渴望，充分展现着制造失衡与启动创造的有机统一：在对手未曾想到甚至连自己的上级指挥员都未曾想到的情形下断然出手，促使战场态势发生有利于己的颠覆性改变，要么将对手原以为的胜券在握变成空欢喜一场，要么将对手原以为的平安无事变成大祸临头，进而争取主动、赢得胜利。1988 年发生在南海的中越“三一四”海战，中国海军编队指挥员机断行事，在敌人先打第一枪的情况下奋起反击，以轻伤 1 人的代价，不仅取得击沉敌舰 2 艘、重创 1 艘，乘势收复此前被越南非法侵占的 6 个岛礁的重大胜利，而且从战略全局上深刻而深远地影响了整个南海局势，既终结了现场的敌人，更打开了全新的局面。

① 吴如嵩．孙子兵法浅说［M］．北京：战士出版社，1983：103.

跋

战有奇正之别，学有偏正之分，古今皆然也。凡从众之为，皆人情之常，正也；凡独立之行，皆人情之悖，偏也。由是观之，世有百业，独入兵家之门，是以择业偏也；兵有百术，唯言胜战之智，是以选项僻也。入旁门、出偏论，此诚经略不对称之功也。

兵事须专攻，吾深以为然，乐此不疲。且素知道可道、非常道，无术业之专不可为也。况用兵之道，乃国之大事，非慎之又慎无以言也。是故借冷眼以观之力，谋苦思以求之得，成一家之言，偏论亦为论。若有片言启思开悟，或有碎语交集共鸣，自当欣慰之至。

好男带吴钩，吾愿以为业，甘于趋附。吾本兵家子弟，以疆场效命为念，披坚执锐，置身行伍三十有八年矣。苍生何其幸哉，适逢国无战事；吾辈何其憾哉，常嗟身无所用。昔日家翁，十四从军，援朝鲜助越南，穿枪林而越弹雨，扶道义而尽职责。此英雄之壮举，唯高山仰止矣。

圣人尚三立，吾尝以为志，莫敢偏废。然素有破敌之心，今出谋战之言，操干戈而舞长缨，兴血雨而弄腥风，安敢立德乎？或曰：苟利止战胜战，德莫大焉。此犹未可知，唯以观后效。而今年近花甲，立功恐无期矣，唯余立言耳。虽勉为其难，犹可竭力而为之。

文章千古事，吾甚以为重，极欲求精。故潜研兵事，心怀忐忑，莫敢视之轻也，专以求之，以践圣人立言之诲。偶得偏论，自惭笔拙，莫敢谓之善也，聊以记之，唯待方家刀斧之琢。倘于止战胜战有益，不求一日用，但解一时忧，夫复何求？

拙著乃专而从业之余，学而时习之作，时断时续，偷闲而成，历时数年。其间，广鉴前贤今人之宏论，颇得醍醐灌顶之启迪，虽未逐一罗列，自是感怀不忘；幸获国家社会科学基金立项，更属冰炭之助；军事科学出版社潘友木社长、张大禾总编及诸位编辑，思力俱付，增益多多，于此并致谢忱。吾妻孙波，多分家事之劳，素解后顾之忧，若无其促，无以成书，是以记之。

吾自忖才学疏浅，丘八弄墨，贻笑方家。

是为跋。

2020 年 10 月于北京

参考文献

[1] 马克思，恩格斯 . 马克思恩格斯选集［M］. 北京：人民出版社，1972.

[2] 马克思，恩格斯 . 马克思恩格斯军事文集［M］. 北京：战士出版社，1981.

[3] 毛泽东 . 毛泽东选集［M］. 北京：人民出版社，1991.

[4] 万同林 . 中国古代兵法大全［M］. 北京：国防大学出版社，1994.

[5] 军事科学院 . 中国古代兵法选辑［M］. 石家庄：石家庄陆军学校翻印，1984.

[6] 克劳塞维茨 . 战争论［M］. 北京：商务印书馆，1982.

[7] 约米尼 . 战争艺术［M］. 北京：战士出版社，1981.

[8] 利得尔・哈特 . 战略论［M］. 北京：战士出版社，1981.

[9] 富勒 . 战争指导［M］. 北京：解放军出版社，1985.

[10] 理查德・尼克松 . 1999・不战而胜［M］. 上海：上海三联书店，1989.

[11] 约翰・柯林斯 . 大战略［M］. 北京：战士出版社，1978.

[12] 爱德华・鲁特瓦克 . 战略［M］. 北京：解放军出版社，1990.

[13] 约翰・刘易斯・加迪斯 . 遏制战略［M］. 北京：商务印书馆，2019.

[14] 特雷弗・N. 迪普伊 . 把握战争［M］. 北京：军事科学出版社，2001.

[15] 贝文・亚历山大 . 统帅决胜之道［M］. 北京：新华出版社，1996.

[16] 瑞吉纳德・布雷特诺 . 决定性战争［M］. 北京：军事科学出版社，1989.

[17] 岩岛久夫 . 突然袭击的研究［M］. 北京：国防大学出版社，1987.

[18] 亨利・基辛格 . 世界秩序［M］. 北京：中信出版集团，2015.

[19] 何太由，张忠良 . 毛泽东战法［M］. 北京：国防大学出版社，1988.

［20］粟裕．粟裕战争回忆录［M］．北京：解放军出版社，1988.
［21］乔良，王湘穗．超限战［M］．北京：解放军文艺出版社，1999.
［22］梁必骎．军事哲学［M］．北京：军事科学出版社，1995.
［23］庄世奎．军事哲学概论［M］．北京：军事科学出版社，1987.
［24］张俊波．中西军事哲学比较研究［M］．北京：军事科学出版社，1993.
［25］李际均．军事战略思维［M］．北京：军事科学出版社，1998.
［26］军事科学院战略研究部．战略学［M］．北京：军事科学出版社，2001.
［27］周薇．军事决策矛盾论［M］．北京：军事谊文出版社，2008.
［28］李炳彦，孙兢．纵横捭阖［M］．北京：解放军出版社，1991.
［29］杨旭华，蔡仁照．威慑论［M］．北京：国防大学出版社，1990.
［30］刘学启．权谋百术［M］．山东：山东人民出版社，1993.
［31］齐正钧．战术学概论［M］．北京：解放军出版社，1988.
［32］鲁胡春．资产阶级军事思想研究［M］．北京：国防大学出版社，1987.
［33］许保林，刘子强．中外军事名言录［M］．北京：军事科学出版社，1986.
［34］军事科学院世界军事研究部．战略瘫痪论［M］．北京：军事科学出版社，2005.
［35］军事科学院世界军事研究部．基于效果作战论［M］．北京：军事科学出版社，2005.
［36］军事科学院世界军事研究部．快速决定性作战构想［M］．北京：军事科学出版社，2005.
［37］军事科学院世界军事研究部．打破方阵［M］．北京：军事科学出版社，2005.
［38］李炳彦．兵家权谋［M］．北京：战士出版社，1983.
［39］战景武，姚侠．现代战争例评一百篇［M］．河南：解放军出版社，河南人民出版社，1986.
［40］托马斯・哈默斯．弹弓与石子［M］．北京：军事科学出版社，2010.
［41］杉田一次．从兵要地志看中苏战争［M］．北京：战士出版社，1983.
［42］曹步墀，程秀龙．兵家名言词典［M］．太原：书海出版社，1991.
［43］刘基．百战奇略［M］．长春：长春市古籍书店，1982.

［44］吴如嵩．孙子兵法浅说［M］．北京：战士出版社，1983.
［45］大桥武夫．千古奇谋三十六［M］．西安：三秦出版社，1990.
［46］戴庞海，等．兵经百字　唐李问对［M］．郑州：中州古籍出版社，2010.